经济管理学术文库 • 经济类

中国畜牧业产业体系发展研究

Research on the Development of Livestock Husbandry Industry System of China

王 莉 等／著

经济管理出版社
ECONOMY & MANAGEMENT PUBLISHING HOUSE

图书在版编目（CIP）数据

中国畜牧业产业体系发展研究/王莉等著．—北京：经济管理出版社，2017.11
ISBN 978－7－5096－5304－3

Ⅰ．①中…　Ⅱ．①王…　Ⅲ．①畜牧业—产业发展—研究—中国　Ⅳ．①F326.3

中国版本图书馆 CIP 数据核字(2017)第 203558 号

组稿编辑：曹　靖
责任编辑：杨国强　张瑞军
责任印制：黄章平
责任校对：张晓燕

出版发行：经济管理出版社
（北京市海淀区北蜂窝 8 号中雅大厦 A 座 11 层　100038）
网　　址：www. E－mp. com. cn
电　　话：(010) 51915602
印　　刷：北京玺诚印务有限公司
经　　销：新华书店
开　　本：720mm×1000mm/16
印　　张：22
字　　数：424 千字
版　　次：2017 年 12 月第 1 版　　2017 年 12 月第 1 次印刷
书　　号：ISBN 978－7－5096－5304－3
定　　价：98.00 元

编 委 会

前　言

大力推进农业现代化，必须着力强化物质装备和技术支撑，着力构建现代农业产业体系、生产体系、经营体系，实施“藏粮于地、藏粮于技”战略，推动粮经饲统筹、农林牧渔结合、种养加一体、一二三产业融合发展，让农业成为充满希望的朝阳产业（2016 年中央一号文件）。加快构建农业“三大体系”成为我国实现农业现代化的重要途径。

畜牧业是国民经济的重要组成部分，大力发展畜牧业经济，对于调整农业结构、转变农业生产方式、推动农业现代化建设、增加农民收入、促进农村小康社会建设具有重大的现实意义。改革开放以来，我国畜牧业经济取得了长足发展，有效保障了城乡居民对畜产品的需求，有力促进了农民生产性收入。但是，目前的畜牧业发展仍存在产业体系不健全、生产供给结构不合理、经营服务不到位等诸多问题。必须着力谋划构建畜牧业产业体系、生产体系和经营体系，开创畜牧业发展新局面，促进畜牧业经济健康持续发展，为推动畜牧业在农业当中率先实现现代化的宏伟目标做出新贡献。

现代畜牧业产业体系，强调合理定位畜牧业在大农业中的地位，根据资源环境承载力和市场需求，建立粮经饲统筹、农林牧渔结合、种养加一体和一二三产业融合发展的产业结构，使其具有较强的产业竞争力。现代畜牧业生产体系，强调用现代手段武装畜牧业，提高良种化、机械化、科技化、信息化、标准化水平。现代畜牧业经营体系，强调合理的养殖模式，推动家庭经营、集体经营、合作经营和企业经营共同发展，提高畜牧业集约化、规模化、组织化、社会化、产业化水平。

简而言之，这三大体系分别解决“养什么”、“如何养”和“谁来养”的问题，它们既相互关联，又各负其责。构建畜牧业产业体系关键是做好顶层设计，根据农业供给侧结构性改革和现代农业产业体系的部署，把握好畜牧业在整个农业中的战略定位，处理好内部各畜种的供给结构。这也是构建现代畜牧业生产体系和经营体系的重要指导思想和依据。生产体系重在提升农业生产力，经营体系重在完善农业生产关系，二者相互作用、有机融合，共同支撑产业体系的发展。

本书重点研究畜牧业产业体系。全书由三部分构成：第一部分是“综合篇”，对中国畜牧业产业体系和国际经验进行整体分析介绍；第二部分是“主要畜种产业体系的发展”，选取生猪、肉牛、奶牛、肉羊、绒毛用羊、肉鸡、蛋鸡七大畜种，突破以往只关注生产环节的研究，从整个产业链的视角，全面审视每个畜种产业体系的现状和问题；第三部分是“主要畜种国际市场及贸易分析”，对以上七大畜种的国际生产发展、产业模式、贸易规模、发展趋势等方面进行深入研究。

本书是多部门、多位研究者共同完成的成果。第一部分由农业部农村经济研究中心（以下简称“农研中心”）的王莉和张斌完成；第二部分的第一章由农科院信息研究所的张学彪完成，第二章由农科院信息研究所的司智陟完成，第三章由农科院信息研究所的董晓霞完成，第四章由北京物资学院的王贝贝完成，第五章由农研中心的张莹完成，第六章和第七章由全国畜牧总站的周荣柱完成；第三部分的第一章由农研中心的陈艳丽完成，第二章由司智陟完成，第三章由董晓霞完成，第四章和第五章由王贝贝完成，第六章和第七章由江苏省家禽科学研究所的梁忠完成。全书由王莉统稿。

本书的研究和出版资助来自于农业部畜牧业司行业发展与科技处近年来委托的研究课题经费。在课题研究过程中，罗健处长、黄庆生调研员、曾珉及畜牧业司的其他领导和同志给予了客观、全面的指导及意见，在此一并表示感谢，当然文责自负。

目　　录

第一篇　综合篇

大力推进农业现代化，必须着力强化物质装备和技术支撑，着力构建现代农业产业体系、生产体系、经营体系。畜牧业是农业不可或缺的一部分，专业化、产业化、组织化水平也比较高，应该全面推进畜牧业三大体系的建设，推动畜牧业在农业当中率先实现现代化。产业体系是三大体系之首，必须为生产体系和经营体系提供战略指导。

一、畜牧业产业体系的基本内涵及主要内容

（一）基本内涵

畜牧业是利用畜禽等已经被人类驯化的动物或者一些野生动物的生理机能，通过人工饲养、繁殖，使其将牧草和饲料等植物能转变为动物能，以取得肉、蛋、奶、毛、绒、皮张、蚕丝和药材等畜产品的生产部门。随着畜牧业商品化、专业化、规模化的不断发展，不同畜种逐步形成了相对独立的细分产业，同时为畜牧业生产提供投入品和服务的相关产业也发展壮大，这就形成了畜牧业产业体系。

因此，畜牧业产业体系可以定义为，畜牧业内部各产业以及畜牧相关产业按照一定的秩序和内部联系组合而成的整体。

（二）主要内容

畜牧业产业体系的具体内容主要包括四个方面：

1. 畜牧业的整体特征

通常说的狭义畜牧业指牲畜、生猪、家禽等动物的养殖情况，主要是各畜种的整体产能。

2. 畜牧业与其他产业的关系

农业包括农、林、牧、渔等产业，其中畜牧业是仅次于种植业的第二大产业，其与种植业的关系最为密切，既存在互补关系，又存在一定的竞争关系。种植业为畜牧业提供饲草料等重要原料，畜牧业废弃物的资源化利用又可以为种植业提供养分来源。种植业和畜牧业如果形成良好循环，还可以发挥重要的生态效益。同时，由于土地、劳动力、资本等农业生产要素总量是一定的，所以在种植

业、畜牧业等不同部门的投入会存在此消彼长的现象。

3. 畜牧业内部的产业细分

随着畜牧业商品化、专业化、规模化的不断发展，畜牧业内部按不同畜种形成相对独立的各种细分产业，这些产业可看作是畜牧业产业体系的横向结构。例如，生猪产业、肉牛产业、肉羊产业、奶牛产业、蛋鸡产业、肉鸡产业、兔产业、蜂产业等。

4. 畜牧业一二三产业的纵向融合

侧重于养殖环节的狭义畜牧业与产前、产中、产后各环节相关产业的纵向融合程度。主要包括：机器、设备、兽药、配合饲料等支持产业，畜牧业产品屠宰加工业、制造业，畜产品批发零售业等。

根据当前我国对产业的划分和统计的依据——新国家标准《国民经济行业分类》（GB/T4754－2011）①，农业、林业、畜牧业、渔业和“农、林、牧、渔服务业”以及相关的制造业、批发业、零售业，构成广义农业产业体系。畜牧业产业体系是农业产业体系的重要组成部分。具体包括“牲畜的饲养”、“猪的饲养”、“家禽的饲养”、“狩猎和捕捉动物”、“畜禽屠宰”、“肉制品及副产品加工”、“液体乳及乳制品制造”、“肉、禽类罐头制造”、“皮革、毛皮、羽毛（绒）及其制品业”、“牲畜批发”、“肉、禽、蛋批发”、“肉、禽、蛋零售”等，见表1。

表1　广义农业产业体系

大类＼门类	农业	林业	畜牧业	渔业	农、林、牧、渔服务业
农、林、牧、渔业	谷物及其他作物的种植	林木的培育和种植	牲畜的饲养	海洋渔业	农业服务业
	蔬菜、园艺作物的种植	木材和竹材的采运	猪的饲养	内陆渔业	林业服务业
	水果、坚果、饮料和香料作物的种植	林产品的采集	家禽的饲养		畜牧服务业
	中药材的种植		狩猎和捕捉动物		渔业服务业

① 它主要是参照2008年联合国新修订的《国际标准行业分类》（修订四版）（简称：ISIC4），再结合我国近年来经济发展状况和趋势进行调整修改的标准。

续表

大类 \ 门类		农业	林业	畜牧业	渔业	农、林、牧、渔服务业
制造业	农副食品加工业	谷物磨制				
		饲料加工		畜禽屠宰	水产品冷冻加工	
		植物油加工		肉制品及副产品加工	鱼糜制品及水产品干腌制加工	
		制糖			水产饲料制造	
		蔬菜、水果和坚果加工			鱼油提取及制品的制造	
		其他副食品加工			其他水产品加工	
	食品制造业	焙烤食品制造		液体乳及乳制品制造	水产品罐头制造	
		糖果、巧克力及蜜饯制造		肉、禽类罐头制造		
		方便食品制造				
		调味品、发酵制品制造				
		其他食品制造				
	其他制造业	饮料制造业	木材加工及木、竹、藤、棕、草制品业	皮革、毛皮、羽毛（绒）及其制品业		
		烟草制品业	家具制造业			
		纺织业	造纸及纸制品业			
			印刷业和记录媒介的复制			

续表

大类＼门类		农业	林业	畜牧业	渔业	农、林、牧、渔服务业
批发业	农畜产品批发	谷物、豆及薯类批发		牲畜批发		
		种子、饲料等产品批发		肉、禽、蛋批发		
零售业		食品、饮料及烟草制品专门零售，其他产品的零食		肉、禽、蛋零售		
国家机构	行政部门					

二、中国畜牧业产业体系的演变及现状

我国是世界上畜牧业发展最早的国家之一，畜牧业生产历史悠久。改革开放以后，畜牧业快速发展，畜牧业内部品种结构不断丰富，畜产品屠宰、加工、制造、流通等二三产业也不断壮大，逐渐形成畜牧业产业体系。

（一）从家庭副业发展为农业支柱产业

中华人民共和国成立初期，虽然采取了一些政策措施鼓励畜牧业发展，但这一时期农业是“以粮为纲”，优先发展粮食生产，以解决人民群众的温饱问题，因此，发展畜牧业主要是为粮食生产提供农业畜力和肥料来源。全国提倡家家养猪、户户积肥。在1950年颁布的《家畜保护暂行条例》中规定，凡可供使役和繁殖用家畜一律严禁屠宰，否则人民政府视情节轻重予以处罚。畜牧业从属于家庭副业，在农业中处于补充地位的现象一直持续到改革开放前。农业以种植业为主，种植业以粮食为主，粮食生产又以高产作物为主。种植业与林牧副渔业的结构比始终维持在7∶3左右。与1952年相比，1978年种植业占农业总产值的比重仅下降了6.9个百分点，畜牧业比重上升了3个百分点，渔业则仅提高了1.3个百分点。

改革开放以后，农业生产全面恢复，并出现快速发展态势，畜牧业逐渐发展壮大。1985年畜牧业总产值达到800亿元，是1978年的4倍，占农林牧渔业总产值的比重达到22%，比1978年提高了7个百分点。此后，随着粮食生产能力的持续提高和改革开放的深入推进，畜牧业继续保持良好的发展势头。1995年，畜牧业产值超过6000亿元，占整个农业产值的比重达到30%，显著高于林业和渔业所占比重，成为大农业的支柱产业。

进入21世纪，尽管面临“入世”的冲击，但中国的种植业、畜牧业等农业依然保持快速发展，畜牧业产值在农业（农、林、牧、渔业）总产值中的份额稳定上升，地位不断加强。截至2008年，畜牧业产值超过2万亿元，占农林牧渔业总产值的比重高达35.5%，创历史最高水平。在某些省（市、自治区），畜牧业已经成为当地农业发展的核心和主导。北京、内蒙古、吉林、辽宁、西藏、青海、四川7省（市、自治区）畜牧业产值占农业产值的比重均超过40%，青海省则在50%以上，见图1。

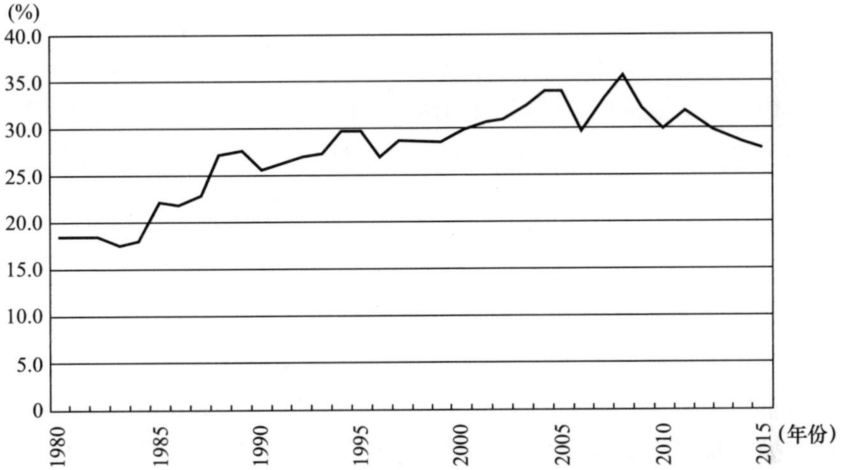

图1 畜牧业产值占农林牧渔业总产值的比重

资料来源：国家统计局。

（二）生产能力显著提高

中华人民共和国成立初期，我国的畜牧业生产力降到历史最低水平。在政府的一系列支持政策和措施下，我国畜牧业生产经过1949～1952年的恢复，在1953～1957年取得较大发展，畜牧业生产能力恢复到历史最好水平。1957年，我国大牲畜存栏数达到8382万头，比1949年增加2380万头，增长39.65%；猪存栏数为14590万头，比1949年增加8815万头，增长152.6%。猪、牛、羊肉总产量达到398.5万吨，人均占有量为6.16千克，比1949年增长50.24%。

1958～1977年，我国相继经历了“大跃进”、人民公社化运动、三年自然灾害和“文化大革命”等事件，畜牧业发展时起时落，处于曲折徘徊阶段。1961年，我国大牲畜存栏量为6949万头，比1957年减少1433万头，下降了17.1%，猪存栏量为7552万头，比1957年减少7038万头，下降了48.2%。1962年，我国逐步开始纠正“左”的错误思想，实行国民经济调整，鼓励发展畜牧业，使农业生产逐步恢复发展。1965 年，全国大牲畜和猪的存栏量分别为 8421 万头和 16693 万头，分别比 1962 年增加 1401 万头和 6696 万头，分别增长了 20% 和 67%；全国肉类总产量达到 551 万吨，比 1962 年增加 357 万吨，增长了约 1.5 倍。然而，1966 年 5 月，我国发生了“文化大革命”运动，在经济领域大批“唯生产力论”，在农业方面搞“以粮为纲，战备夺粮”、“割资本主义尾巴”，严重挫伤了农民的生产积极性，整个农村经济因此停滞不前，刚刚复苏的畜牧业经济又遭受破坏。同时，“文化大革命”期间，由于农业生产片面强调“以粮为纲”，也限制了畜牧业的发展。

改革开放以后，农业生产经营管理制度发生了重大变革，畜牧业飞速发展，迅速壮大。1979 年，党的十一届四中全会通过了《中共中央关于加快农业发展若干问题的决定》，鼓励家庭养畜和大家畜的养殖；1980 年，国务院批准了农业部《关于加速发展畜牧业的报告》，农民开始有了生产经营的自主权。同时，我国草原地区还实施了以家庭承包经营为主要形式的“草畜双承包”责任制，实行“牲畜归户，私有私养，自主经营，长期不变”和“草场公有，承包到户，自主经营，长期不变”的政策，明确了草原保护建设和发展畜牧业生产的责、权、利，实现了“草有其主”。特别是 1985 年国家完全放开猪肉、蛋、禽和牛奶等畜产品价格，加之我国处于经济短缺时代，畜产品需求旺盛，养殖业利润丰厚。农民发展畜牧业的积极性空前高涨，主要畜产品产量大幅增长，总量上实现了供求平衡、丰年有余。1999 年，大牲畜年底存栏数达到 15025 万头，其中牛存栏 12698 万头，均是历史最高水平；肉类总产量达到 5949 万吨，禽蛋产量 2135 万吨，跃居世界首位，人均占有量超过世界平均水平。

20 世纪 90 年代后期，畜牧业发展在取得举世瞩目成就的同时也出现了结构性、地区性的相对过剩、产品质量安全、环境压力加大等一系列问题，同时生产受国内外市场的影响越来越明显。我国畜牧业发展进入结构调整的阶段。从 2000 年起，大牲畜的存栏量呈现逐步下降趋势；2000 ~ 2007 年，生猪存栏量在 4.3 亿头水平徘徊；家禽保持稳步发展；奶牛养殖快速扩张，牛奶产量显著增长。2008 年“三鹿婴幼儿奶粉事件”爆发，对奶业生产经营造成巨大影响，也将畜牧业发展方式转型升级推到一个重要位置。随着农业行业标准专项制修订计划的启动、一系列促进畜牧业发展的政策措施的颁布，畜牧业发展从数量增长转为质量效益齐增阶段。2014 年，肉类产量达到 8707 万吨，禽类产量达到 2894 万吨，居世界第一位；牛奶产量 3725 万吨，居世界第三位。

为了对畜产品的供给增长进行综合审视，这里根据不同产品的蛋白质含量标准，将各种畜产品的产量折算成蛋白当量，再进行加总，从而得到所有畜产品总体的供给变化情况。1985 年我国畜牧业产出的蛋白当量仅有 250 万吨；1985～1995 年经历了快速增长阶段，绝大部分年份的增长率在两位数之上，1995 年达到 709 万吨；从 90 年代中后期起，畜产品生产速度放缓，进入结构调整阶段，1996～2005 年年均增长率达到 4%，2005 年蛋白当量达到 1058 万吨；随后十年（2006～2015 年）畜产品生产继续进行提质增效的转型升级，保持 2% 的年均增长率的平稳提高，到 2015 年蛋白当量达到 1327 万吨，见图 2。

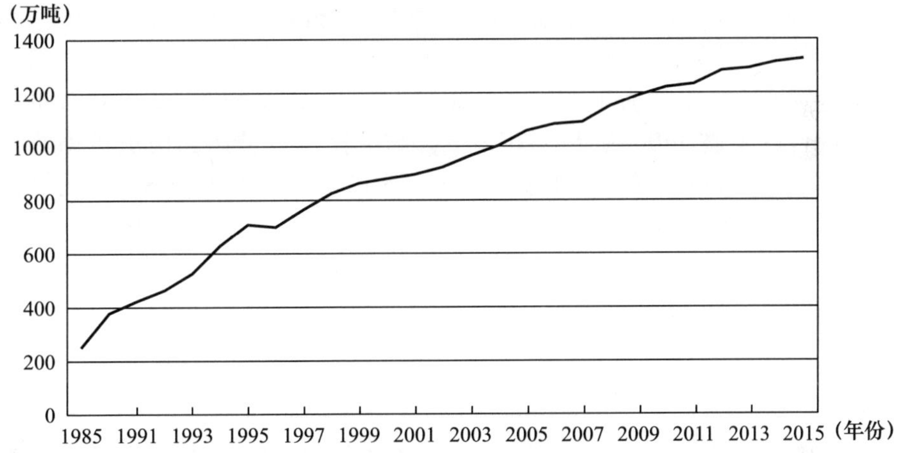

图 2　30 年中国畜产品的供给变化

资料来源：国家统计局网站，http：//data. stats. gov. cn/easyquery. htm？ cn = C01，再根据各产品的蛋白当量标准计算得到。

（三）产品结构不断细分

改革开放初期，畜牧业生产基本以生猪为主。猪肉产量超过 1000 万吨，占肉类总产量的 94%。牛的年末存栏量达到 7000 万头，但主要是役畜，出栏量在 300 万头左右，牛肉产量不足 30 万吨。另外，有 45 万吨的羊肉和 18 万吨的羊毛。其他畜产品产量微乎其微。

进入 20 世纪 80 年代，在畜牧业全面快速发展的同时，家禽业出现快速发展。截至 1985 年，全国禽肉产量达到 160 万吨，超过牛羊肉的产量，占肉类总产量的比重达到 8. 3%，同年猪肉所占比重下降到 90% 以下，为 86%。此后，家禽、肉牛肉羊的发展进一步加快。

20 世纪 90 年代中期，牛羊肉、禽肉产量显著增长，占肉类总产量的比重显著提高，猪肉比重进一步下降。1995 年牛肉、羊肉、禽肉产量分别达到 415 万吨、202 万吨和 724 万吨，合计占肉类总产量的 1/4，同年猪肉产量的比重下降到70%以下，一统天下的局面有所改观。此外，90年代期间，我国蛋鸡产业进入了新的发展阶段，增长速度加快。禽蛋产量突破1000万吨和2000万吨大关，多数年份保持两位数速度增长，个别年份增长率甚至高达25%。

进入21世纪，各种肉类产品的生产增速逐步放缓，结构较为稳定。2000～2006年，猪肉产量占肉类总产量的比重保持在66%；2009～2013年，猪肉比重均为64%，2014年还提高了1个百分点。

奶牛产业成为21世纪以来畜牧业生产的新亮点。随着《全国奶业“十一五”发展规划和2020年远景目标规划》、《奶牛优势区域发展规划（2003～2007年）》、《奶牛优势区域布局规划（2008～2015年）》等管理政策出台，我国奶牛养殖业迅速发展，生产能力不断提高。2010年，全国奶业生产跃上新台阶，奶牛存栏数量首次突破1400万头；2012年，奶牛存栏数量达到历史最高峰，为1493.90万头，是2000年的3.06倍，2000～2012年年均增长9.8%。在存栏数量和单产水平双重提升的推动下，牛奶产量迅速增加，2000～2008年，全国牛奶产量由827.40万吨提升至3555.80万吨，年均增长率高达19.2%，远远高于同期全球奶类产量年均增长2.1%的水平，见表2。

表2　改革开放以来主要畜产品产量增长　　单位：万吨

年份	猪肉	牛肉	羊肉	禽肉	兔肉	牛奶	禽蛋	绵羊毛	蜂蜜
1980	1134	27	44	—	—	114	—	18	10
1985	1655	47	59	160	—	250	535	18	16
1990	2281	126	107	323	11	416	795	24	19
1995	3648	415	202	724	24	576	1677	28	18
2000	3966	513	264	1191	41	827	2182	29	25
2005	4555	568	350	1344	54	2753	2438	39	29
2010	5071	653	399	1656	73	3576	2763	39	40
2014	5671	689	428	1751	83	3725	2894	42	47

资料来源：国家统计局。

目前，我国各种畜牧品种产业全面发展，不仅肉、蛋、奶产业发达，而且羊毛、羊绒、兔毛、鸭绒、蜂蜜等产业也逐步发展壮大，多元化的产品结构基本能够满足人们多元化的消费需求。

（四）纵向产业链逐渐延伸

畜产品加工业是联系畜牧生产与人民生活的重要中间环节，是畜牧业产业化的关键环节。畜产品加工业对畜牧业生产起到蓄水池的调节作用，既能够防止畜牧业生产过剩，又能够满足我国居民多元化的消费需求，通过加工转化实现畜产品的增值，促进畜牧业的可持续发展。

中华人民共和国成立后，国家通过建立食品公司，实现畜产品的流通，畜牧业产后环节有所发展，不过主要集中在屠宰、批发、零售等环节，加工水平比较低。改革开放以来，特别是 20 世纪 80 年代中期全面开放畜产品市场之后，畜产品国家独营的格局被打破，集体、个人多种经济成分和多种经营方式快速发展，畜产品屠宰加工业不断扩大，畜牧产业链不断延伸。目前，畜产品加工业已经发展成为涵盖肉类加工、蛋品加工、乳制品制造、皮革等畜副产品加工等众多产业的大产业，在国民经济中占有重要地位，见图 3。

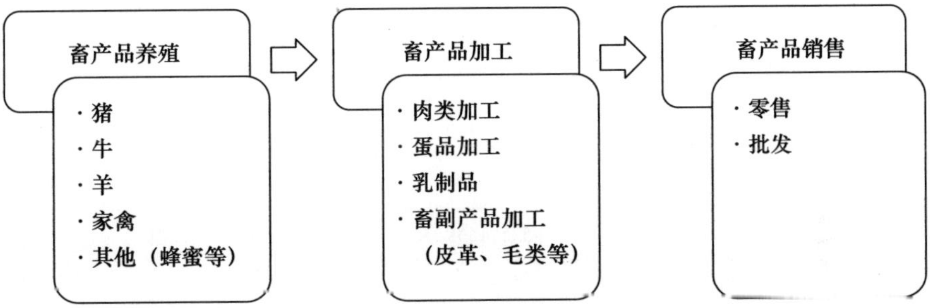

图 3　畜产品加工业上下游产业链

1. 加工能力不断增强

在畜产品加工业中，肉类加工业的起步较早，规模也最大。改革开放以后，生猪、肉鸡等产品的生产能力不断提高，肉类加工业蓬勃发展。从 90 年代后期，逐渐进入向成熟期发展的转型时期。企业规模不断扩大，实力不断增强。2000 ~ 2014 年，规模以上企业的数量由 1715 家增长到了 3786 家，从业人数由 40 万人增长到了 98 万人，均增长了 1 倍以上；利润总额由 16.6 亿元增长到了 643.6 亿元（见表 3）。当前，中国的肉类加工业已基本建立起以现代肉类加工业为核心，涵盖畜禽养殖、屠宰及精深加工、冷藏储运、批发零售及相关服务的完整产业链。

蛋品加工是传统的畜产品加工业，一直保持稳步发展。2003 ~ 2014 年，规模以上企业的数量由 65 家增加到 174 家，利润总额从 3730 万元增长到了 17 亿元，年均增速达 30% 左右，见表 4。

表 3　2000～2014 年规模以上肉类工业企业经营情况

年份	企业数量（家）	资产总额（万元）	利润总额（万元）	从业人员数（人）
2000	1715	5838554	165971	399347
2001	1734	6110387	199193	410602
2002	1787	6923854	324006	418587
2003	1889	8138827	346131	459694
2004	2155	9684250	486770	500447
2005	2466	11439040	783731	558863
2006	2686	13022262	1052754	612529
2007	2847	14801478	1326871	635803
2008	3096	18136754	1537489	667553
2009	3696	22560210	2058975	760706
2010	4054	29402226	3041911	847808
2011	3277	36727112	4927783	905067
2012	3415	43551960	5598836	984251
2013	3693	53571539	6737807	—
2014	3786	62457095	6436328	—

注：根据历年《中国食品工业年鉴》整理得到，其中 2007～2010 年的数据缺失，本表采用 Wind 数据库中对应年份 11 月的累计数据替代。2011 年企业数量下降的主要原因是，从 2011 年起，规模以上工业企业起点标准由原来的年主营业务收入 500 万元，提高到年主营业务收入 2000 万元，下同。

表 4　2003～2014 年规模以上蛋品加工企业经营情况

年份	规模以上企业数量（家）	资产总额（万元）	利润总额（万元）	从业人员数量（人）
2003	65	121392	3730	6376
2004	69	199853	7452	6609
2005	67	125130	11118	6330
2006	84	173317	18903	7633
2007	100	225423	18307	9182
2008	119	269532	27125	10499

续表

年份	规模以上企业数量（家）	资产总额（万元）	利润总额（万元）	从业人员数量（人）
2009	159	325184	39216	12978
2010	179	382834	52718	15291
2011	138	492015	85957	15451
2012	150	647942	115852	17861
2013	165	816686	145283	—
2014	174	1046660	169966	—

资料来源：Wind 数据库。

进入 21 世纪后，我国乳制品加工业飞速发展，规模迅速扩大，已经成为畜产品加工业的重要组成部分。乳制品加工业从规模以上企业的发展情况来看，规模企业的就业人数、利润总额和资产总额都出现了显著增长。2014 年，规模以上企业的利润总额达到了 225.3 亿元，比 2000 年的 8.4 亿元高出了 25 倍；资产总额达到了 2321.2 亿元，比 2000 年的 175.6 亿元高出了 12 倍，见表 5。

表 5　2000～2014 年规模以上乳制品制造业企业的经营情况

年份	企业数量（家）	资产总额（亿元）	利润总额（亿元）	从业人数（人）
2000	377	175.6	8.4	—
2003	561	437.7	30.1	—
2005	698	647.0	49.1	192359
2006	717	719.5	55.0	202995
2007	728	832.9	64.4	207044
2008	756	975.4	43.7	210419
2009	812	1085.0	82.4	212253
2010	828	1249.1	89.0	221759
2011	644	1543.2	148.9	230713
2012	649	1744.1	159.6	243409
2013	658	2056.9	180.1	—
2014	631	2321.2	225.3	—

注：根据历年《中国食品工业年鉴》整理得到。从 2011 年起，规模以上工业企业起点标准由原来的年主营业务收入 500 万元，提高到年主营业务收入 2000 万元。

畜牧加工品不仅整体生产能力在提升，而且产品类别也不断丰富。目前肉类加工的主要产品是生鲜肉（根据产品工艺划分，分为热鲜肉、冷鲜肉和冷冻肉）和肉制品（如香肠、火腿、培根等）。肉制品中：根据品种来源，可以分为中式肉制品和西式肉制品；按照加热杀菌温度不同，可以分为高温肉制品和低温肉制品；根据加工方法，可以分为腌腊制品、酱卤制品、熏烧烤制品、火腿制品、肠类制品、肉干制品、油炸制品、罐头制品等。蛋品加工产品包括再制蛋类（如皮蛋、咸蛋、糟蛋等）、干蛋类（如全蛋粉、鸡蛋黄粉、鸡蛋白片）、冰蛋类（如冻鸡全蛋、冻鸡蛋黄、冰鸡蛋白）以及其他类（如蛋黄酱、色拉酱）。乳品加工品更加丰富了，有乳粉类、液态奶类、炼乳类、乳清粉、奶油、干酪、干酪素和冰激凌等。

2. 大中型企业数量不断增加

近年来，畜产品加工业集中度逐渐上升。2014 年，全国屠宰及肉类加工行业 3786 家规模以上企业中，大型企业 143 家、中型企业 639 家、小型企业 3004 家。与 2011 年相比，规模以上企业中大型企业的比重提高了 1.8 个百分点，中型企业比重提高了 4.8 个百分点，小型企业比重下降了 6.6 个百分点。目前，双汇、雨润、金锣三大龙头企业在主要养猪大省均设立了屠宰加工基地，形成了集养殖、屠宰、加工、销售为一体的综合性大型企业。这三大品牌占据肉制品市场 80% 左右的份额，见表 6。

表 6　规模以上企业的构成情况　　单位：%

年份	大型企业	中型企业	小型企业
2011	2	12	86
2012	3.4	15.8	80.8
2014	3.8	16.8	79.4

资料来源：根据 2011 ~ 2013 年《中国食品工业年鉴》和 2015 年《中国食品工业年鉴》整理得到。

乳制品行业的市场集中度更高。2014 年，全国规模以上乳制品加工企业 631 家。其中，大型企业 47 家，占 7.4%，比 2007 年提高了 5.4 个百分点；中型企业 159 家，占 25.2%，比 2007 年提高了 8.2 个百分点；小型企业 425 家，占 67.4%，比 2007 年降低了 13.6 个百分点。2014 年，乳制品产量前十位企业产量合计 1290 万吨，占全国规模以上企业乳制品产量的 48.6%。伊利、蒙牛和新希望三大乳制品加工企业的主营业务收入均超过 500 亿元，相比于 2006 年，分别增长了 2.25 倍、2.08 倍和 18.61 倍。另外，2014 年光明乳业的主营业务收入也达到了 204 亿元，北京三元食品的主营业务收入达到了 45 亿元，见表 7。

表7 重点乳制品加工企业的发展情况（主营业务收入） 单位：亿元

年份	伊利	蒙牛	三元	光明	新希望	皇氏	西部牧业
2006	166	162	10	74	36	1.5	—
2007	194	200	11	82	48	2.1	0.6
2008	217	239	14	74	73	2.5	2.4
2009	243	257	24	79	68	3.1	2.7
2010	297	300	26	96	531	4.1	3.0
2011	375	374	31	118	716	5.7	3.2
2012	420	361	36	138	732	7.5	4.8
2013	478	434	38	163	694	9.9	4.5
2014	540	500	45	204	700	11.3	7.7

资料来源：根据《中国农产品加工业重点行业研究报告》以及公司年报整理得到。

3. 加工区域逐渐集中

畜牧加工业的投资区域分布逐渐趋向于主要畜禽产区。山东、河南、辽宁、四川、江苏5省份集中了全国肉类工业企业50%以上的工业资产，见表8。

表8 肉类工业企业的区域布局结构

序号	地区	企业资产（亿元）	占全国比重（%）	序号	地区	企业资产（亿元）	占全国比重（%）
1	山东	1161.89	21.69	17	浙江	76.40	1.43
2	河南	848.38	15.84	18	山西	75.37	1.41
3	辽宁	395.10	7.38	19	天津	73.52	1.37
4	四川	384.41	7.18	20	广东	73.23	1.37
5	江苏	255.57	4.77	21	广西	71.92	1.34
6	北京	192.95	3.60	22	陕西	49.30	0.92
7	内蒙古	192.07	3.59	23	上海	47.83	0.89
8	安徽	189.63	3.54	24	新疆	36.86	0.69
9	黑龙江	181.17	3.38	25	云南	28.67	0.54
10	福建	179.07	3.34	26	甘肃	26.61	0.50
11	吉林	174.79	3.26	27	贵州	18.63	0.35
12	河北	158.75	2.96	28	青海	14.07	0.26
13	湖北	137.12	2.56	29	宁夏	10.42	0.19
14	湖南	128.95	2.41	30	海南	9.34	0.17
15	江西	83.70	1.56	31	西藏	0.96	0.02
16	重庆	81.54	1.52	合计	全国	5357.22	100.00

资料来源：《中国食品工业年鉴》（2014）。

内蒙古、山东、河北、黑龙江和河南五省区是全国乳制品产量最高的地区，五省区乳制品产量的总和一直保持在全国总量的50%左右，见表9。

表9 乳制品生产区域分布 单位：万吨,%

	2012年		2013年		2014年	
	产量	占全国比重	产量	占全国比重	产量	占全国比重
全国总计	2545.2	—	2698.0	—	2651.8	—
内蒙古	325.7	12.8	300.9	11.2	269.8	10.2
山东	320.7	12.6	274.7	10.2	212.8	8.0
河北	272.5	10.7	298.1	11.0	328.9	12.4
黑龙江	185.7	7.3	213.7	7.9	195.4	7.4
河南	175.4	6.9	193.1	7.2	220.8	8.3

资料来源：各年份《中国奶业统计年鉴》。

4. 产业融合度有所提高

畜牧业产业融合度是指畜牧业养殖环节与其产业链的前端和后端的整合程度，其中向上游的饲料、种植业延伸就是后向整合，向畜产品加工、销售以及观光旅游等方向延伸就是前向整合。具体形式包括战略联盟、订单合作、参股经营、全产业链投资运营等多种形式。

近年来，我国畜牧业“产加销”一体化、一二三产业融合发展势头加快推进，形成了“企业+农户”、“企业+合作社”、“企业+基地”等形式多样的产业化生产经营模式。2014年，畜牧业国家级农业产业化龙头企业达583家，占全国农业产业化龙头企业总量的47%，比2004年增加了401家。

此外，全产业链模式也有所发展。一些畜产品屠宰加工企业尝试进入养殖环节，开展牲畜饲养。例如，科尔沁牛业，过去主要是从分散养殖户收购肉牛进行屠宰加工后销售肉制品，近年来流转土地种植青贮玉米、牧草等饲草料，兴建养殖场，改良肉牛品种，开展专业化规模肉牛饲养，从而形成高品质牛肉全产业链生产线。这不仅确保高品质、质量安全的原料来源，而且降低了整个产业链成本，提高了经济效益。同时，也有一些牲畜养殖企业从产中环节逐渐向产后加工、流通、销售环节延伸，也形成全产业链的经营模式。如成立于2005年的现代牧业，最初只是奶牛饲养企业，为国内各大乳品企业供应奶源，后来逐步发展“牧草种植、奶牛养殖、牛奶加工”一体化生产模式，经过10年的发展已成为国内规模较大的奶牛养殖企业、高品质原奶供应商以及优质乳加工制造者。

三、中国畜牧业产业体系存在的问题

经过几十年的快速发展，目前我国畜牧业产业体系基本建立，产能充沛、部门齐全、产品多样，发展成效显著，但依然存在一些问题。

（一）产业地位没有得到充分重视

在大农业中，尽管畜牧业已经成为仅次于种植业的重要支柱产业，但在农业中的地位依然不高。从历史看，国家对于畜牧业发展的重视一般都是出现种植业产品供过于求、进行结构性调整的时候。20 世纪 80 年代中期，粮食连续增产，多个粮食品种产量创下历史最高水平。对此，1985 年中央“一号文件”提出“大力帮助农村调整产业结构”，提出“国家将以一定的财力物力支持粮棉集中产区发展农产品加工业”。同时，中央还决定“拿出一批粮食，按原统购价销售给农村养殖户、国营养殖场、饲料加工厂、食品加工厂等单位，支持发展畜牧业、水产养殖业、林业等产业”。90 年代末，粮食生产再次出现明显供大于求的情况，对此 1998 年《政府工作报告》指出：“要以市场为导向，调整和优化农业结构，在不放松粮食生产的同时，积极发展畜牧业、水产业和林业，促进农业向高产、优质、高效方向发展。积极稳妥地发展农业产业化经营，拓宽流通渠道，推动农产品生产、加工和销售环节的有机结合和相互促进，使农民不仅从生产中得到收益，也能分享加工和销售环节的利益。”

进入 21 世纪，我国对农业生产的财政支持力度不断加强，但支持保护的对象侧重于种植业，对畜牧业的支持力度明显较弱。并且，粮食价格支持政策还对畜牧业产业发展造成一定影响。2004 年以来，我国在放开粮食购销市场的同时，逐步建立了以最低收购价、临时收储和目标价格为主的价格支持政策体系。以玉米为例，2004 ~ 2014 年，我国连续四次提高玉米临时收储价格，累计增长 49%，政府“托市”收购价格远高于市场均衡价格，国内外价格倒挂且差距持续扩大。玉米是重要的饲料原料，玉米价格的连续上涨对畜牧业产业发展造成一定的影响。

（二）产业整体竞争力不强

国际贸易状况是反映产业竞争力的重要指标。进入 21 世纪，我国畜产品的贸易格局发生重大变化，占世界畜产品出口的比重不断下降，进口比重显著增加，国内产业竞争力的提升跟不上消费需求的增长。根据联合国粮农组织（FAO）的贸易数据，世界畜产品贸易主要分为肉产品（Meat and Meat Preparations）和乳蛋（Dairy Products + Eggs）两大类。2000 ~ 2013 年，世界肉产品总出口额增长了 2.23 倍，中国仅增长了 1.45 倍，中国肉产品出口额占世界的比重从 2.82% 下降到 2.14%；世界肉产品进口额增长了 2.64 倍，中国则增长了 8.21

倍，中国肉产品进口额占世界的比重从4.54%增加到11.47%，成为世界第四大肉产品进口大国。乳蛋类产品的进出口贸易表现出同样的变化趋势：出口增长幅度不大，占比下降；进口增长速度较快，占比显著增加，并且幅度更大。2013年中国乳蛋类产品进口额是2000年的24倍，成为仅次于德国、意大利的世界第三大进口国，见图4。

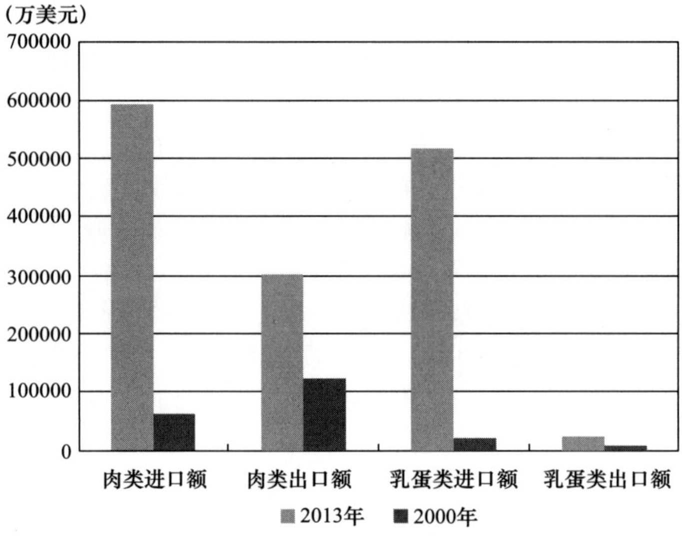

图4　中国主要畜产品国际贸易形势变化

（三）不同产品产业的发展存在较大差异

尽管自1980年以来，畜牧产业内部结构不断优化，品种结构逐渐多元化，猪肉比重逐渐下降，牛肉、禽肉等其他肉品比重有所提高。但是，在肉类产品中，猪肉比重依然过高，牛肉等草食肉品比重过低。2000年以后肉类生产结构基本稳定，其中猪肉占65%左右，牛肉占8%左右，羊肉占5%，禽肉等其他肉品占22%左右，见图5。

我国生猪、家禽产业发展较早，专业化、规模化、产业化水平提高较快。2007~2014年，年出栏50头以下的养殖场（户）数量由8010万户持续下滑至4689万户，降幅达41.5%。同时，年出栏3000~9000头的养殖场数量快速增长。2014年规模化比重达到70.8%（新标准为41.8%）①。2015年，大约有500

① 调整前的生猪规模化标准，即年出栏50头以上养猪场（户）出栏生猪所占比重。调整后的新标准为年出栏500头以上。

万养殖散户退出养殖业，全国养猪户减少到4000万户以下，规模化养殖场成为生猪饲养主体。2007年肉鸡养殖年出栏1万只以上、5万只以上、10万只以上、50万只以上、100万只以上的规模比重分别为55%、22.0%、12.8%、6.8%、4.9%，2014年这一比重分别提高到73.3%、44.7%、31.8%、19.2%、13.6%，中大型规模的肉鸡养殖已成为我国未来肉鸡饲养的主要模式。

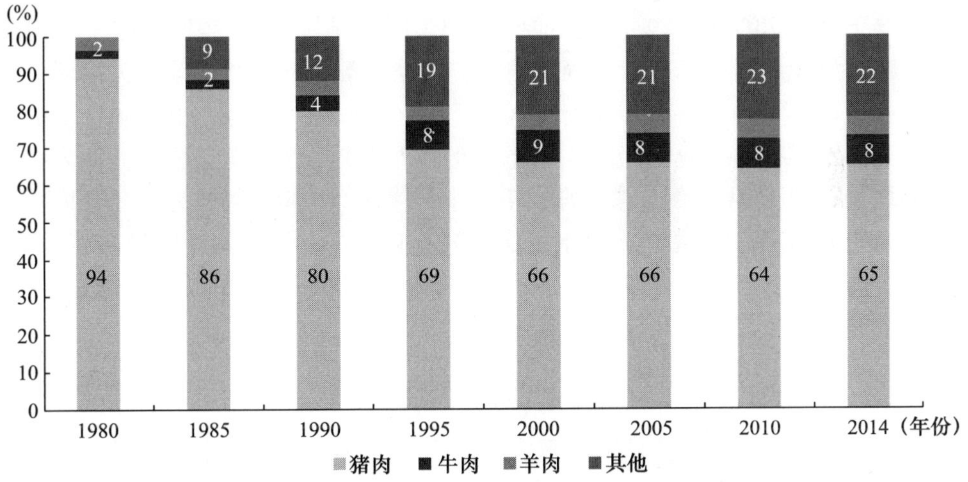

图5 1980~2014年肉类产品的结构变化

资料来源：根据国家统计局网站数据整理得到，http：//www.data.stats.gov.cn/easyquery.htm？cn=C01.

规模化水平的提高带来较强的生产能力和市场竞争力。我国猪肉、禽肉、禽蛋的自给率都较高，基本能够满足国内消费需求。2008年以前，我国猪肉不仅能够满足国内需求，而且还能出口近30万吨到国际市场，近年来尽管猪肉进口增长幅度较大，但绝对量相对较小，不足100万吨，不到国内总产量的2%，因此我国猪肉依然保持较高的自给率。禽蛋和禽肉的自给率都在100%以上，不仅能够满足国内需求，而且还能保持少量的出口。

牛羊肉竞争力在下降。2007年以来我国牛肉生产增长变得较为缓慢。“十二五”期间，中国牛肉产量以年均1.4%的速度增长，较“十一五”期间下降了1.4个百分点。供求矛盾推动近年来牛肉价格显著增加。我国牛肉集市均价从2000年的12.63元/千克上涨到2015年的63.24元/千克，价格连涨14年，上涨了4倍。2012年以来，牛肉进出口逆差逐年扩大，2015年牛肉进口连续第四年增长，且增速明显。规模化、产业化、组织化发展缓慢是导致肉牛产业竞争力下降的主要原因。2014年我国肉牛年出栏50头以上规模养殖比重仅为27.6%。散养户及小规模养牛户仍占主体，这种分散的小规模养殖，绝大部分是粗放式的饲养管理与经营方式，养殖环境差，科技能力不足，高耗低效，造成肉牛育肥效率低、牛肉品质差，并导致非定点屠宰和集贸市场销售为主导的流通方式，无法形成具有较强市场竞争力的肉牛产业体系。肉羊也存在类似的问题。

相比之下，奶制品产业竞争力最弱。根据《中国农业展望报告》（2016～2025）的分析和预测，2015年我国奶制品的自给率只有78%，2020年和2025年将进一步下降到73%和71%。这主要是由于国内奶制品的生产发展跟不上消费增长。我国奶业从种牛、冻精、饲草饲料、饲养设备等整个产业链的关键环节均高度依赖进口，且奶业发展方式仍然落后，单产水平相对较低，单位奶产量的成本明显高于世界其他奶业主产国。此外，乳制品是我国近年来安全事件最为频发的食品之一。从2004年的安徽阜阳“毒奶粉”事件，2008年的“三聚氰胺”事件，2012年的光明“质量门”事件，到2013年的新西兰奶粉有毒物质事件等，频频发生的食品安全事件严重打击了消费者对国产乳制品的消费信心，城乡居民对国产乳制品的信任度明显降低，见表10。

表10　主要畜产品的生产消费现状及预测　　单位：万吨，%

	猪肉	禽肉	禽蛋	牛肉	羊肉	奶制品
2015年						
生产量	5487	1826	2999	700	441	3890
消费量	5545	1818	2985	747	463	5010
自给率	99	100	100	94	95	78
2020年						
生产量	5830	1968	3143	785	510	4200
消费量	5880	1961	3133	860	535	5758
自给率	99	100	100	91	95	73
2025年						
生产量	6250	2124	3291	850	560	4500
消费量	6340	2125	3279	954	590	6320
自给率	99	100	100	89	95	71

资料来源：《中国农业展望报告》（2016～2025）。

（四）产业各环节发展不均衡

畜牧业良种繁育体系薄弱，养殖和加工技术落后，良种和新技术大多靠国外引进，自主研发创新少，科技成果转化率比较低。现代畜牧业科技推广服务体系尚没有建立健全，许多新的公益性的科技成果难以推广。

产中环节，养殖规模较小，生产率和效益较低。在肉牛养殖环节，散养户及小规模养牛户仍占主体，这种分散的小规模养殖，绝大部分是粗放式的饲养管理与经营方式，养殖环境差，科技能力不足，高耗低效，造成肉牛育肥效率低、牛肉品质差、产品缺乏竞争力。2014 年，我国肉牛年出栏 50 头以上规模养殖比重仅为27.6%。生产基本上还是以分散饲养，非定点屠宰和集贸市场销售占主导的方式，无法形成规模化的肉牛生产体系。在奶牛养殖环节，2015 年，我国奶牛的平均单产水平为6.0 吨，散养和小规模奶牛养殖场的平均单产水平为5.3 吨，远远低于美国、以色列等国家平均单产高于9 吨的水平。由于国内较低的单产水平，以及相对高的饲料成本投入，国内原料奶生产成本平均比其他奶业主产国高出 30% ~50%。根据 FAO 统计数据，近年来中国玉米价格差不多是美国玉米价格的2.8 倍，作为饲料的主要原料，较高的玉米价格显著提升了国内奶牛养殖成本，且国内奶业奶牛、冻精、苜蓿、养殖设施设备等均依靠进口。根据《全国农产品成本收益调查》，2014 年我国散养和小规模养殖场每千克牛奶的总成本分别为3.27 元/千克和3.18 元/千克，大规模养殖场的牛奶成本为3.70 元/千克，比其他奶业主产国平均高出30% ~50%。

表 11　2003 ~2011 年畜禽屠宰和肉制品加工行业规模以上企业的基本情况

年份	畜禽屠宰			肉制品及副产品加工业		
	企业数量（家）	利润总额（亿元）	从业人员数（万人）	企业数量（家）	利润总额（亿元）	从业人员数（万人）
2003	866	17.3	18.5	1023	27.3	27.5
2004	1117	16.7	25.2	1038	32.0	24.9
2005	1476	30.8	30.8	990	47.6	25.1
2006	1613	47.0	33.6	1073	58.2	27.6
2007	1672	63.6	34.8	1175	69.1	28.8
2008	1799	80.4	37.1	1297	73.3	29.7
2009	2076	103.7	41.9	1620	102.2	34.2
2010	2237	153.9	46.9	1817	150.3	37.9
2011	1956	303.6	54.0	1321	189.2	36.5

资料来源：Wind 数据库。

产后环节，屠宰业比重较大。从屠宰、肉制品加工业规模以上企业数量、利润和就业人数看，屠宰业增长要快于肉制品加工业。2003～2011 年，屠宰业的从业人数从 18.5 万人增长到 54 万人，增长了近 2 倍，利润总额从 17.3 亿元增长到 303.6 亿元，增长了 16 倍；而同期肉制品加工业的从业人数仅增长了 30%，利润总额增长了 6 倍，见表 11。

因此，目前屠宰行业的规模、销售收入等依然高于加工业。2014 年我国畜禽屠宰规模以上企业 2188 家，其中牲畜屠宰业 1339 家，禽类屠宰业 849 家，销售收入分别达到了 5353 亿元和 3296 亿元；肉制品及副产品加工业规模以上企业 1598 家，其销售总收入为 4225 亿元（见表 12）。屠宰业的进入门槛比较低，机械设备投资不大，技术要求不高，投资回报周期比较短。这就反映出我国畜牧加工业还停留在相对初级的水平。

表 12　2014 年重点行业规模以上企业数量

重点行业	企业数量		销售收入（亿元）	
	家数	比重（%）	总收入	单家企业平均收入
牲畜屠宰业	1339	35.3	5353	4.0
禽类屠宰业	849	22.4	3296	3.9
肉制品及副产品加工业	1598	42.3	4225	2.6

资料来源：根据《中国食品工业年鉴》（2015）整理得到。

屠宰行业的过度集中和加工制造行业发展的相对缓慢，进一步加剧了畜产品品种结构问题。肉品结构出现“四多四少”：白条肉多，分割肉少；热鲜肉多，冷鲜肉少；散裸肉多，包装肉少；高温制品多，低温制品少。我国蛋品加工以咸蛋、松花蛋等传统蛋制品为主，其产量约占蛋制品总产量的 80% 左右，而现代蛋制品的开发不足。以整体形态呈现在消费者面前的松花蛋，即不符合现代人对蛋白、蛋黄营养的差异需求，也不符合大多数消费者对松花蛋白、松花蛋黄食用嗜好的差异需求，这严重影响了松花蛋制品的生产和市场的扩大。目前我国乳制品品种单一，主要以液体乳和乳粉为主。正是由于品种单一，使得乳制品市场同质化现象严重，竞争激烈。而乳酪、干酪、黄油等竞争较弱、利润较高的产品微乎其微，深加工、高科技和高附加值的产品更少。我国每年耗巨资进口干酪、奶油、奶粉等产品。

此外，养殖、加工等重要环节的链接还是不够紧密，纵向整合度不高。屠宰加工主要是从散养户或者市场上收购初级畜产品加工后进行销售，较少或者不涉及牲畜养殖环节。近年来，我国屠宰及肉类加工、乳制品加工企业向后销售环节的整合程度有所上升，但向前整合养殖环节的程度则非常低；反而是养殖企业向后加工环节的整合程度在上升。叶云等（2015）利用25家上市畜牧业企业的数据分析发现，2012年畜产品加工企业的后向整合程度达到了0.24，而前向整合程度仅0.065；养殖企业前后整合程度的差异相对较小，2012年养殖企业后向整合程度为0.2164，比2010年提高了0.48，其前向整合程度为0.1421，比2010年略有下降。

这主要有两个原因：一是养殖环节存在疫病、死亡等自然风险，投资大，回报期长；二是过去农户散养可以充分利用富余的农副产品和家庭剩余劳动力，因此生产成本相对较低，而工厂化饲养的生产成本较高。这样产业链中的养殖与加工环节相对独立，没有形成稳定的产业链。这在奶业中尤其显著。20世纪初乳制品企业迅速扩张，急需原料奶，因此在地方上争抢奶源；“三鹿婴幼儿奶粉事件”之后，国内原料奶的质量安全水平受到消费者质疑，并且生产成本不断增加，因此企业转向争抢“物美价廉”的国际奶源。2014年我国进口奶粉总量高达92.33万吨，折合原料奶738.64万吨，以同年奶牛单产5.8吨计算，相当于127.35万头泌乳牛的产奶总量，约占我国泌乳牛总量的18%，与此同时，国内奶业主产省则频现“倒奶卖牛”现象。

四、世界畜牧业产业体系的发展经验

（一）畜牧业的产业地位及影响因素

1. 具有显著的地域性

在世界不同区域，种植业与畜牧业的比例关系存在较大差异。欧洲和大洋洲地区，农业以畜牧业为重，畜牧业产值超过种植业；美洲地区，以种植业为主，畜牧业产值只有农业产值的1/3；亚洲地区，畜牧业比重较低，平均不足30%；非洲地区，基本是种植业，畜牧业比重仅为22%。[①]

在欧洲内部，不同国家的农业产业结构也存在较大差异。英国、挪威、丹麦、瑞典等北欧国家畜牧业比重较大，2013年畜牧业产值比重达到65%；法国、德国、荷兰等西欧国家畜牧业比重也超过种植业；相比之下，东欧地区畜牧业比重有所下降，南欧地区畜牧业比重则明显小于种植业。

在亚洲地区，乌兹别克斯坦等中亚国家畜牧业产值比重略高，超过40%；土耳其等西亚国家畜牧业产值比重为36%；中国在内的东亚国家，畜牧业产值比重不足30%；印度等南亚国家，地处热带，畜牧业以热作种植业为主，畜牧业比重非常低，为20%左右。

在美洲地区，无论是美国、加拿大等北美国家，还是巴西、阿根廷等南美国

① 根据联合国粮农组织农业数据库的产值统计数据。其中，农业只包括了种植业和畜牧业，而林业和渔业是单独统计，与农业并列的。这与我国的统计有所区别。我国广义的农业包括农林牧副渔五业。

家，都是以种植业为主，畜牧业约占农业的1/3。澳大利亚、新西兰等大洋洲国家草场资源丰富，畜牧业比重较大，畜牧业产值比重达到57%。非洲地区由于有相当一部分面积是沙漠地区，因此农业发展受到影响，整个非洲地区的农业总产值小于北美地区，畜牧业产值比重更小，仅为22%，见表13。

表13　世界主要地区畜牧业地位比较　　单位:%

地区	畜牧业产值比重	地区	畜牧业产值比重	地区	畜牧业产值比重
北欧	65	中亚	44	北美	36
西欧	57	西亚	36	南美	38
东欧	43	东亚	28	大洋洲	57
南欧	30	南亚	22	非洲	22

注：该数据中的“产值”仅包括种植业和畜牧业，不包括林业、渔业和副业，因此计算结果与我国的情况有一定偏差。

资料来源：根据联合国粮农组织FAO数据库提供的各行业产值数据计算，为2013年数。

2. 发展初期农业产业结构呈动态变化

世界绝大多数国家的农业发展基本上是，种植业率先发展，满足人们的基本谷物需求，随着经济发展和农业生产率的提高，畜牧业逐渐发展，满足人们对肉、蛋、奶等更高层次的营养需求。畜牧业内部品种结构不断丰富，纵向产业链逐渐延伸，逐渐形成产业体系，在农业的地位不断提高。日本，从20世纪60年代初到21世纪初的经济快速发展过程中，畜牧业产值占农业总产值的比重从6%增加到15%，之后基本保持在这一水平。巴西，从20世纪60年代初畜牧业产值比重不足20%，进入21世纪基本上稳定在40%水平。印度，以种植业为主，比重非常大，但畜牧业也有所发展，畜牧业产值比重从1961年的14%增加到1995年的21%。

3. 产业地位趋于稳定

经过一段时间的发展变化后，农业产业结构逐渐稳定下来，种植业与畜牧业的比例关系将保持稳定。美国，从20世纪80年代中期开始，畜牧业产值占农业总产值的比重基本上保持在35%~40%。德国，进入20世纪70年代畜牧业产值比重超过60%，至今一直保持在该水平之上，但不超过70%；法国，1975年至今，畜牧业产值比重在45%~50%小幅度波动。

影响种植业和畜牧业结构形成的因素很多，并且在不同时期有所不同。归纳起来，大致集中在消费需求、生产效率和政策环境三个方面。农业产业结构的最终形态往往是多种因素共同作用的结果。

消费需求。需求是产业结构变化的首要因素。“衣”和“食”是人类的两大基本需求，这拉动了棉花、粮食等农产品的生产，因此一般来说种植业会率先发展，并占有重要地位。随着经济的发展、收入水平的提高，食物消费逐渐多元化，植物油、蔬菜、瓜果、肉禽、蛋类、奶类的消费需求不断增加。很多研究表明，肉禽、蛋类、奶类等畜产品的消费收入弹性要明显高于粮食、植物油、蔬菜、瓜果等产品。在畜产品中，呈现向蛋白质含量较高的产品转移的消费趋势（见图6）。因此，当市场处于相对封闭的状态时，畜牧业将会在一段时期内出现快速发展，同时也会带动饲料粮等作物的生产发展。

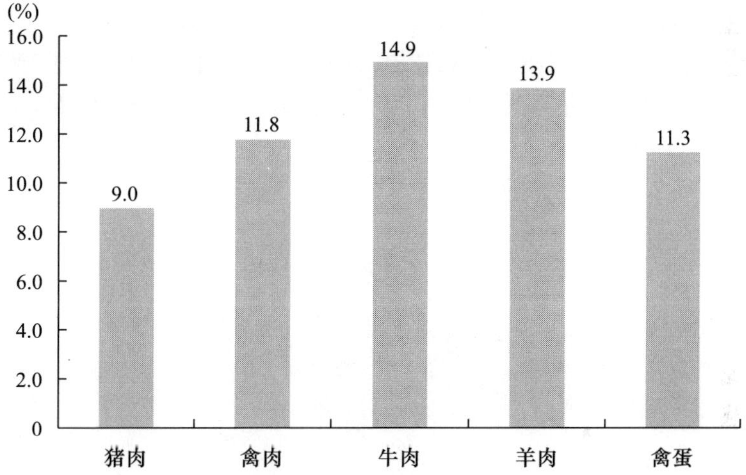

图6　主要畜产品的蛋白质含量比较

生产效率。农业生产首先受到温度、光照、降雨等自然条件的影响。欧洲大部分地区位于中纬度大陆西岸，那里以平原为主，地势低平，是温带海洋性气候。冬无严寒，夏无酷暑，并且全年多雨，更适合多汁牧草的生长，牧草幼嫩多汁，适口性好，并且牧草含有丰富的蛋白质、矿物质、维生素、各种酶、有机酸，消化率较高，因此欧洲大部分地区畜牧业发展较好，比重较高。土地、劳动力、资本等也是影响农业生产的重要因素。当市场需求呈现多元化增长而资源相对有限时，不同产业的发展和格局就要受到资源吸引力的影响。随着社会经济的发展，劳动力成本不断上涨、资本积累不断增加，从而机械化程度较高的大田作物和工厂化生产的畜牧业发展较快。

政策环境。农业产业结构还将受到相关政策的影响。第一是国际贸易政策。欧盟、日本、韩国等对很多农产品的关税保护和技术壁垒，是区域内农业生产得以维持的重要条件。中国加入世贸组织，降低了农产品准入门槛，旺盛的进口需求推动了美洲大豆、棉花、玉米等种植业的发展。第二是产业支持政策。近年来，中国不断出台的粮食支持政策，是种植业比重连续提高的重要原因。第三是产业限制政策。当经济发展到一定程度，为了保护资源环境和可持续发展，一些国家实行土地休耕、退耕还林、退耕还草、草畜平衡、养殖区域限定、粪污处理要求等政策法令，这些也对农业产业结构的形成产生了影响。

（二）畜牧业产业体系内部的特点

1. 结构均衡，品种丰富

根据联合国粮农组织的生产数据，全球主要肉产品有猪肉、鸡肉、牛肉、羊肉等，其中猪肉产量最高，鸡肉其次，牛肉第三。2013 年这三种肉的产量占肉类总产量的比重分别达到 38%、32% 和 21%。如果加上水牛肉的产量，牛肉的比重达到 22%。此外，绵羊肉和山羊肉合计要占到肉类总产量的 5%，见图 7。

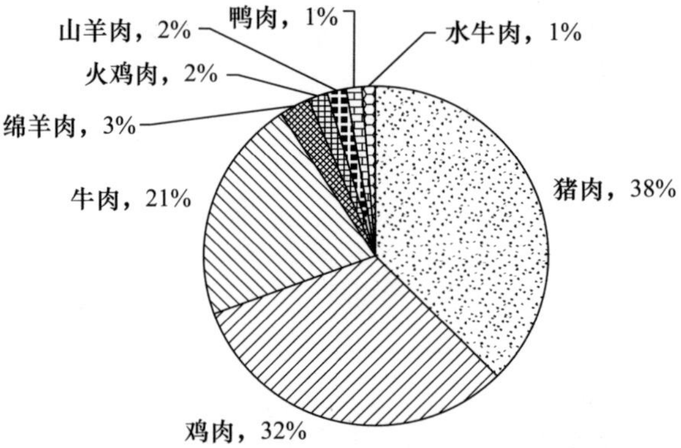

图 7　2013 年全球肉产品结构状况

资料来源：FAO 数据库。

从世界人均消费量看，我国在牛肉、牛奶方面与其他国家存在较大差距。阿根廷、新西兰、澳大利亚、美国、加拿大、乌拉圭等国家是牛肉消费大国，前三个国家人均牛肉消费量均在 30 千克/年以上。与世界平均水平相比，我国人均牛肉消费量不高。2013 年我国人均牛肉消费量为 5. 12 千克/年，仅是世界平均水平的 56%，阿根廷的 9%，澳大利亚的 19%。世界牛奶人均消费量达到 53 千克/年，我国人均消费量只占其 1/2 左右。

此外，发达国家的畜产品加工流通业发达，产品丰富。从产品形态看，冷鲜肉具有高安全性、高营养价值、高保鲜性等特点，因此发达国家 90% 以上是冷鲜肉，但中国仅为 30%，2/3 左右是热鲜肉和“冻转鲜”。同时，对产品特别是牛肉进行精细分割。如在美国，由八大企业控制着90%的屠宰量，其中75%的牛由最主要的4家企业加工，并制成高端产品。85%供国内消费，15%供出口，只有10%的牛由小型屠宰场加工，为方圆100千米内的当地客户提供新鲜牛肉。肉鸡深加工程度也比较高。美国1997年宰杀后整鸡的销售已小于15%。目前中国的鸡肉制品加工程度仅为5.8%，远低于发达国家鸡肉制品的加工程度（30%）和世界的鸡肉平均加工程度（20%）。国外蛋制品主要是液态蛋、冷冻蛋、浓缩蛋、分离蛋、干燥蛋等现代蛋制品，其中大多数是以半产品形式利用其热凝固、起泡性、乳化性用于烧烤制品、糕点、糖果、蛋黄酱和沙拉的调制，人造奶油、肉制品、水产品的生产方面。在乳制品中，液态奶只是其中一部分，奶粉在乳品中所占比重也相对较小，主要作为特殊功效产品，或对外出口商品，大部分乳制品为干酪、奶油。

2. 因地制宜选择适合的产业形态

从世界各国畜禽养殖业发展历程来看，由于资源、技术、经济发展水平和发展阶段的不同而呈现出不同的发展模式。土地资源丰富、劳动力相对短缺的美国，采取了大规模机械化的发展道路；人多地少的日本和韩国，采取了资金和技术密集的集约化发展道路；经济发展水平较高、人口和资源相对稳定的欧洲国家，普遍采用适度规模农牧结合的发展道路；草地资源丰富的澳大利亚和新西兰，采取围栏放牧，资源、生产和生态协调的现代草原畜牧业发展道路。

不同的发展道路，决定了不同的产业形态。美国形成了“公司+规模化农场”，农场和企业之间采取合同制进行利益联结的产业化模式；欧洲在经历几百年的发展后形成了“农户+专业合作社+专业合作社企业”，农户和企业利益共享、风险共担的产业化模式；日本则采取了“农户+农协（综合性合作社）+公司”，重点通过农协保护农民利益的模式。无论哪一种产业形态都对这些国家的畜牧业可持续发展起到了巨大的推动作用。

3. 组织化产业化水平较高

在美国，畜牧产业体系的产业化水平普遍较高，养殖企业与加工企业通常形成较为紧密的利益链接机制。例如，在20世纪90年代，美国通过推广合约养殖模式促进了南部的北卡罗来纳州和西部的俄克拉荷马州生猪产量的急剧扩张。猪肉加工企业和生猪养殖企业订立委托代养合同能够降低与调查、协商、转让有关的交易费用，减少两类企业之间猪肉质量信息的不对称，加强猪肉供应链各节点企业之间的协同性，降低生猪养殖企业和猪肉加工企业的经营风险。委托代养合同有助于增加猪肉产业供应链各节点企业物资资本投入，扩大经营规模，并降低生产成本。美国肉鸡产业经过多年的发展，逐步形成了高效、成熟的产业模式，以屠宰加工业或大型流通业为主导、产加销整合的纵向一体化经营模式。目前美国肉鸡99%以上都是由合同生产一体化和公司纵向一体化生产，肉鸡产业已经成为美国食品和农业部门中产业化程度最高的分部门之一。

在土地和劳动力资源相对稀缺的西欧地区，尽管以适度规模的家庭农场为畜牧生产主体，但通过农工商一体化的农民合作社，依然形成较为紧密的畜牧产业链。在荷兰，农户须加入至少一家农业合作社，所有产品也都卖给合作社。荷兰农业合作社是“社员所有、社员控制、社员受益”的企业。合作社本身不以盈利为目的，也就是说，合作社的所有收益，除了扣除约30%作为合作社机构运行资金及抵御风险资金之外，其余都将分配给社员。农民合作社在生产、销售、加工服务、供应服务和信贷服务等方面发挥了很大作用，把畜牧业生产的产、供、销紧密连接起来，是畜牧业产业一体化的重要组成部分。

丹麦的生猪产业具有很强的国际竞争力，这主要得力于具有高度组织化的合作经营体制。在农业委员会、熏肉和肉制品委员会、养猪协会及农业协会等合作社基础上合并成立的农业和食品理事会①，是农业初级产品生产者、各类合作社和相关产业的代言人，在布鲁塞尔、伦敦、北京和东京均设有代表处。理事会从生猪育种、饲养、屠宰到产业规划、市场营销、疫病防控、猪舍建设，提供一体化、专业化服务，确保动物卫生、食品安全、可持续发展等理念和标准在全产业链的共同遵循和执行。产业链上各类主体互为股东，形成利益共享和风险共担机制，有效避免市场风险。例如，皇冠集团由大量养猪场持股，养猪场养一头生猪利润为120克朗，年终屠宰环节还会按照每头猪10克朗返还分红。

在澳大利亚、新西兰这样地域宽广、养殖户规模较大的国家，也通过各类合作组织和中介组织提高产业的组织化程度。以肉羊产业为例，澳大利亚的肉羊合作组织拥有自己的仓储设施和销售渠道，负责产品的统一定价、仓储、加工、运输、销售等。牧场主则以会员身份向合作组织交售产品，委托合作组织在交易市场拍卖产品，公平交易。合作组织还为牧场主提供生产过程中的产前、产中、产后所需的各种服务，帮助其及时了解掌握先进技术和信息、调整生产结构。并且，一些基础性和技术性工作，如围栏建设、播种施肥、病虫害防治、牲畜配种等，都有专门的公司帮助完成。新西兰的肉羊产业社会化服务体系也很健全，充分为农场主提供肉羊生产经营服务。政府各类部门和民间组织定期向牧场主提供市场最新信息，帮助牧场主以最快的速度了解市场变化，及时调整生产方向；牧场主生产的产品可以直接国内销售或送到港口出口，也可以通过固定的收购公司销售；所需的农药、化肥、种子等生产资料和技术咨询，可以通过电话或网络顺利完成。

---

① 张滢．以合作社为核心的丹麦猪肉产业组织体系：组织架构、制度特性与经验借鉴［J］．中国农村经济，2016（1）．

（三）畜牧业的产业发展政策

1. 产业规划

产业体系的形成离不开政府的长远规划。以绒毛主产国为例，均对本国绒毛产业的发展具有明确的产业规划。如澳大利亚着力从完整的羊毛产业链各环节进行设计，新西兰则注重先进技术的运用和加强绒毛产业自我发展能力的培育，阿根廷更是专门制订了全国养羊振兴计划，促进本国绒毛产业的发展。从绒毛主产国产业发展规划的内容看，各国均按照各自的资源环境特点、产业发展现状及前景等，从生产、流通、加工、销售各环节构建完整的政策支持体系。在生产方面，促进农牧户使用优良的品种和先进的生产养殖方式，为农牧户提供必要的标准化基础设施，改善绒毛生产的技术装备，特别是在羊毛收获环节，推广更加科学的剪毛收获技术。在流通方面，促进优质羊毛质量维持较高的价格，确保绒毛质量在流通过程中得到控制，同时，加强与加工企业的合作，了解加工企业对绒毛原料的具体要求，改进绒毛纤维的质量，开发更加适合加工的绒毛产品。特别是在绒毛检验方面，构建规范、公平的质量检验体系，改进检验技术手段，促进检验过的绒毛进入市场后信息及时披露，成为绒毛交易的参考标准。在销售方面，加强对绒毛作为天然纤维的市场宣传，改善羊毛、羊绒制成品的质量标准，迎合现代消费者的消费习惯等。

2. 收入支持

欧盟畜牧产业的发展很大程度上源于共同农业政策（CAP）的支持。包括：一是提供优惠贷款，从信贷方面支持农业产业化经营。二是实行价格补贴，对农业生产经营进行保护。1992 年和 2000 年，共同农业政策经过两次大幅度改革之后，欧盟各成员国对农业的主要补贴形式不再与产量挂钩，改为依据不同作物的面积补贴和对牲畜的头数补贴，其绿箱政策的属性越来越强。

美国通过“农业方案”以法律形式确保对畜牧产业在内的农业支持政策。例如，以奶业为例，自 1933 年颁布第一部农业法以来实施了一系列奶业支持政策，经历了“价格支持—收入补贴—利润保障”三个阶段，2008 年开始实施牛奶利润保障保险（LGM－D），基于牛奶价格和饲料价格两个方面综合考虑来保障奶农的基本收益。

受土地、饲料、劳动力等资源约束，日本畜牧产业并不具备发展需要的诸多优势条件。但是，日本的肉牛、奶业生产水平却居世界先进行列，主要得益于其政府制定的一系列保护政策和发展措施。以奶业为例，1961 年日本《农业基本法》的实施推动了其奶业的快速发展，奶业主产区逐渐形成，西方发达国家的经营模式被引入，奶业结构逐步调整，规模化、集约化、标准化趋势初露端倪。同时，颁布实施了《畜产品价格稳定法》和《加工原料奶生产者补助暂定措施法》，保证了原料奶价格的稳定，保障了日本奶业的持续稳定发展。

从绒毛主产国实施的各项政策看，价格政策是促进绒毛生产效果最直接的政策措施。澳大利亚、新西兰等世界先进养羊大国均在本国羊毛价格低迷、羊毛产业发展低谷时期实行过最低羊毛保护价政策，政策的实施避免了市场价格过低给绒毛生产者带来的损失，迅速刺激了绒毛生产；当绒毛生产能力提高、绒毛产业发展相对稳定后，这些国家又纷纷取消价格支持政策，转向其他方面的政策促进绒毛产业发展。

3. 环境治理引导与补贴

在美国，要求规模化养殖场要制订全面的肥料管理计划，养殖企业必须有符合联邦标准的存储和处置肥料的计划，包括适当规模的土地来处理肥料、符合气体发散限制的指导方案和确保氮磷最低流失率的控制措施。生猪养殖企业需要将此做成文件并报告给环境保护组织的监督员。“环境质量激励计划”规定，生猪养殖者可以自愿参加补贴申请。在生猪养殖者采取环保措施后，政府通过事后的环境评估，提供以下两方面的补贴：一是分担环保工程设施成本的75%；二是激励补贴，主要是通过补贴，鼓励农牧民的生产活动达到政府的环境标准。按照“环境质量激励计划”提供环保工程设施成本75%的政策规定，联邦政府对生猪养殖场沼气池的补贴超过了2500万美元。

20世纪90年代，由于牛奶产量的过快增长，日本奶业也出现了乳制品阶段性供应过剩、生产者补贴财政负担过重、环境污染等问题，日本政府迅速采取措施加以干预，推进了奶业生产再调整，出台《废弃物处理与消除法》、《家畜排泄物法》等相关法律法规，加强畜牧业经营环境保护，鼓励养殖户（场）投资建设环境保护设施，国家和地方政府支付费用的75%，养殖户（场）支付25%。

新西兰政府非常重视保护草场资源，为了避免过度放牧，规定1英亩土地上只能放牧1头牛或4只羊；为了防止草原退化，鼓励采用分栏式放牧。新西兰政府一直重视生态保护，2003年，“乳业与河流清洁法令”颁布实施，要求所有奶牛场的废水及排泄物都符合当地环保部门规定；2004年起，新西兰政府对牛、羊、鹿等畜产品养殖按头征收“屁税”，每头牛约54～72新西兰分。这些政策的实施在保证奶业发展的同时，也保护了新西兰的生态环境。

4. 贸易协助

为扩大农产品出口，美国政府制订了“扩大出口计划”，并采取了一系列措施。如美国政府通过乌拉圭回合多边谈判，以消除国际间的贸易壁垒为借口，在政府层次上为美国农畜产品出口开辟了良好的国际环境。例如，美国采取的肉鸡扶持政策有隐性补贴、交易援助贷款和贷款缺额补贴、贸易保护政策和出口补贴、特设灾害援助计划、作物和收入补贴保险、鼓励使用循环设备的税收优惠及其他地方性相关补贴项目等。

五、构建现代畜牧业产业体系的战略目标和政策建议

（一）战略目标

按照党中央、国务院、农业部的决策部署，以提高质量效益和竞争力为中心，以多种形式适度规模经营为引领，加快转变畜牧业发展方式，构建“与资源环境承载力相匹配，与市场需求相吻合，横向拓展和纵向延伸有机统一”的现代畜牧业产业体系。具体讲：

根据整个农业发展规划，兼顾资源环境承载力，合理定位畜牧业，加快推进粮经饲统筹、农林牧渔结合、种养加一体，形成畜牧业与种植业等其他产业协同发展的格局。畜牧业发展方式实现转型升级，标准化、专业化、规模化水平明显提升，质量安全有保障，产业竞争力明显提升。畜牧业内部结构多元化，生猪、家禽生产保持稳定，牛奶、牛肉、羊肉等草食畜产品快速发展，基本满足国内鲜食消费需求。畜牧业加工业结构优化，市场集中度提高，产业链延伸，产品附加值增加，养殖与加工环节形成紧密的利益链接机制。

（二）政策建议

1. 合理定位，加强行业规划和政策支持

切实改变只有当粮食供过于求的时候才重视畜牧业的现状。充分认识畜牧业发展在优化农业结构、满足食物需求、实现农民增收的重要作用，统筹考虑种养规模和资源环境承载力，以消费需求为导向，兼顾国内外比较优势，合理定位畜牧业，科学规划畜牧业产业发展线路和内部品种结构，并以此为基础，制定良种、饲料、饲料粮、牧草等相关产业的行业规划。增强对畜牧业产业的财政支持政策，提高标准化、规模化基础设施建设补贴、机械购置补贴、粪污处理补贴等政策的支持力度，探索在担保、抵押、利息等方面的金融优惠政策。

2. 培育比较优势，提升产业整体竞争力

加快推进畜禽良种繁育和推广，加快推进标准化、规模化、集约化生产方式，因地制宜，发展适度规模养殖，探索多种生产经营方式，提高单产水平，降低单位成本。加强生产过程中的质量监管，提高产品质量安全水平。挖掘和培育畜牧业的比较优势，全面提升产业整体竞争力。此外，在多边和双边贸易谈判中，注意保留对畜产品市场的适当保护；当发生严重市场冲击和产业损害时，采取技术壁垒、特殊保障等措施维护产业安全；严厉打击走私牛肉、羊肉的行为，维护质量安全和公平竞争。

3. 大力发展草食畜牧业，优化产业内部结构

统筹资源、产业、技术和市场等因素，结合全国种植业结构调整，科学确定

畜牧业各品种的发展重点和空间布局，因地制宜选择推广适当的养殖模式和组织方式。对生猪，以稳定为主，改变大起大落的现象，实现基本自给。对肉鸡等家禽行业，鼓励兼并重组，提高市场集中度，加快生产方式的转型升级，发展环保型和福利型生产模式。对牛羊等草食畜牧业，要抓住“粮改饲”的契机，加强品种改良和推广，完善良种补贴政策，扩大标准化养殖补贴覆盖面，显著提高牛羊生产力。

4. 促进产业纵向整合，提振消费信心

大力发展畜牧业加工业，延长产业链、提升价值链。根据不同畜种的养殖方式、产品加工程度、市场消费特点，加大科技创新，研发新产品，优化产品结构，选择合适的产业组织方式和产业链形态，推动一二三产业融合发展，提高畜牧业的国际竞争力。加强畜产品市场监管，建立健全质量安全追溯体系。建立畜产品质量安全信息的官方发布制度，严厉打击虚假炒作信息，全面提振消费者对国内畜产品的消费信心。

第二篇　主要畜种产业体系的发展

随着专业化规模化的不断发展，每个畜种的产前、产中、产后各环节也聚集了众多相关主体，自成体系，各具特点。这里重点选择生猪、肉牛、奶牛、肉羊、绒毛羊、肉鸡、蛋鸡七大畜种，进行深入研究。

第一章　生猪产业体系

“猪粮安天下”，生猪产业是我国农业的重要组成部分，猪肉是城乡居民的重要食品，猪肉产量占我国肉类总产量的60%以上。改革开放以来，生猪产业快速发展，不仅为改善人民膳食结构和营养水平，保障我国居民食物安全做出了重要的贡献，而且成为农民维持和增加经济收入的重要来源。在整个生猪产业链中，包括饲料及兽药供应、生猪繁育、养殖、屠宰、加工、储运、销售等环节，其中涉及种猪场、养殖场（户）、养殖企业、饲料企业、兽药企业、经纪人、经销商、批发商、屠宰加工企业、零售商等多个行为主体。本章重点分析了我国现阶段生猪产业发展的特点，进一步剖析了存在的问题，并提出相关政策建议。

一、产业发展现状

养猪是我国传统的养殖业，具有悠久的历史。我国也是生猪生产和消费大国，猪肉是深受我国城乡居民消费者喜爱的食品，占肉类消费总量的60%以上。但长期以来，我国生猪养殖方式落后，生产水平低下，持续存在着以小农户的零散养殖为主体的养殖模式。自中华人民共和国成立尤其是改革开放以来，我国生猪产业发展迅速，猪肉供应逐渐由供不足需过渡到供需平衡，并成为世界猪肉生产大国和消费大国。2015 年，全国生猪出栏 70825 万头，猪肉产量 5487 万吨，占全年肉类总产量的 63.6%，约占全球猪肉总产量的 49.9%，见图 1。

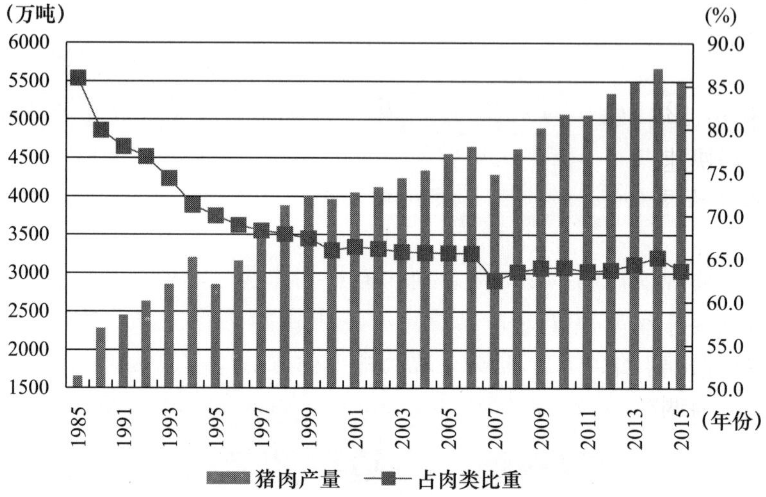

图1　我国猪肉产量及占肉类总产量比重

（一）生猪产业发展阶段

中华人民共和国成立以来，在国家政策和市场经济等多重因素综合影响下，我国生猪产业在波动中持续发展。尤其是在改革开放以后，我国生猪产业发展迅速，生猪出栏量和猪肉产量快速稳步增加，大体可以划分为以下阶段①：

1. 改革发展时期（1979～1984 年）

自十一届三中全会以后，我国畜牧业所有制和生产体制出现新变化，生猪产业发展进入新阶段。1978 年家庭联产承包责任制的实施使农户有了生产经营自主权，畜禽养殖积极性大大提高。1979 年国家发布《中共中央关于加快农业发展若干问题的决定》，明确指出要大力发展畜牧业，提高畜牧业在农业中的比重，并提出鼓励社员家庭养殖，积极发展集体养殖，重申了奖励饲料粮等措施，同年将生猪收购价提高 26.3%。在这些政策刺激下，生猪养殖数量迅速增长。据统计，1984 年生猪存栏达到 3.07 亿头，出栏 2.2 亿头，1980～1984 年生猪出栏量年均增长 2.7%。

2. 供求平衡的快速发展时期（1985～1997 年）

随着我国生猪产销经营体制改革的不断推进，生猪生产呈现强劲的发展势头，进入供求平衡的快速发展阶段。生猪出栏量和猪肉产量都出现快速增长。1985 年 1 月，中共中央、国务院发布《关于进一步活跃农村经济的十项政策》，

① 王明利. 中国生猪产业波动规律及调控对策研究［M］. 北京：中国农业出版社，2013.

决定取消生猪派购，实行自由上市，自由交易，随行就市，按质论价，并取消多数畜产品的统一定价，生猪购销政策全部放开，生猪养殖迎来契机。1988 年，农业部提出建设“菜篮子工程”，生猪生产发展迅速。据统计，1997 年生猪出栏达到 4.65 亿头，年均增长 5.9%；猪肉产量达到 3596.3 万吨，年均增长 6.7%。生猪产业取得快速发展，猪肉市场首次出现供求平衡、略有富余的买方市场。

3. 以市场为导向的结构化发展时期（1998 ~ 2006 年）

生猪产业的迅速发展逐渐面临着资源和环境的压力，制约养猪业的内外部因素逐渐增多，并推动生猪产业进入以市场为导向的结构化发展时期。1999 年国家先后发布《关于当前调整农业生产结构的若干意见》和《加快畜牧业发展的意见》，明确提出要推广优新品种，降低成本，提高效益，实现均衡供应；改变养殖方式，大力调整、优化畜牧业结构和布局，加强良种繁育、饲料生产和疫病防治体系建设，提高畜产品质量水平。生猪生产开始由数量增长型向质量效益型转变。本阶段内，养猪龙头企业带动农户养猪的产业化体系成效显著，生猪产业内出现了一批年出栏在万头以上的规模养殖企业，形成了“公司 + 农户”、“市场 + 农户”等多种产业化模式。据统计，2006 年生猪出栏达到 6.12 亿头，年均增长 3.1%；猪肉产量达到 4650.5 万吨，年均增长 2.9%。大规模养殖场的出现拉开了我国生猪产业现代化转型的序幕。

4. 规模化、标准化、产业化的现代化猪业发展时期（2007 年以来）

进入 21 世纪以来，我国生猪产业保持快速发展，但波动较大，特别是自 2006 年下半年以来，生猪市场步入剧烈波动期，2007 年生猪存栏量和猪肉产量首次出现绝对减少。市场剧烈频繁波动暴露出我国生猪产业存在的新问题，引发了全社会高度关注，政府着手出台一系列生猪扶持政策、加大补贴力度。2007 年，国家颁布《国务院关于促进生猪生产发展稳定市场供应的意见》，明确提出要加大生猪生产政策支持力度。具体政策包括能繁母猪保险和补贴、疫病防疫补贴、高致病性猪蓝耳病的强制扑杀补偿、生猪的良种补贴、生猪调出大县奖励等。这些政策措施对提高养殖户积极性，促进生猪养殖方式转变，推动生猪产业向产业化、规模化和标准化发展等都起到显著作用。据统计，2014 年生猪出栏达到 7.35 亿头，年均增长 2.3%；猪肉产量达到 5671 万吨，年均增长 2.5%。

（二）现阶段生猪产业新特点

随着我国经济发展步入新常态，现代农业发展进入“调结构、转方式”的关键时期，我国生猪产业也逐渐显现出新的特点，尤其是自 2007 年起，生猪产业受扶持政策、市场刺激、疫病疫情、环保政策等多重因素综合作用，规模化、标准化获得迅速增长，对整个生猪产业的影响巨大。主要特点包括：

1. 饲养方式转变，规模化养殖场（户）成为养殖主体

长期以来，农户分散的小规模饲养一直是我国生猪生产的主要方式，生猪出

栏量占全国出栏总量的3/4以上，这一比重在20世纪90年代初期甚至超过80%[①]，即使在2000年仍高达77%。但是，进入21世纪尤其是自2007年起，为扶持生猪生产稳定发展，防范生猪市场异常波动，国家强化对畜牧业的政策扶持和财政投入，促进了生猪养殖规模化的迅速发展，2006～2009年我国生猪养殖规模化比重年均递增幅度超过5个百分点[②]，2009年达到61.3%。2010～2014年生猪养殖规模化比重增速相对放缓，生猪结构调整接近平稳，2014年规模化比重达到70.8%（新标准为41.8%）。据统计，2007～2014年，年出栏50头以下的养殖场（户）数量由8010万户持续下滑至4689万户，降幅达41.5%。同时，年出栏3000～9000头的养殖场数量快速增长。2015年，大约有500万养殖散户退出养殖业，全国养猪户减少到4000万户以下，伴随着规模化水平的提升，散户持续退出。规模化养殖场成为生猪饲养主体，这是现阶段我国养猪业发生的最重要变化，它有利于发挥生猪养殖的成本优势，增强生猪供给能力[③]，并有利于质量监管及发挥市场竞争优势等特点，但同时也易引起畜禽污染等问题。

2. 养殖成本持续增加，养殖收益呈下降趋势

课题组调研发现，近年来，随着玉米等饲料原料价格的不断攀升以及人工、水电等费用的持续上涨，生猪养殖成本不断增加。据调查，重庆当地养殖场的雇工工资已由2008年的约1000元涨至2014年的约3000元，涨幅达200%，且雇工老龄化特征突出，平均年龄均超过50岁，但温氏等大型企业的养殖工人仍以青年为主；由于重庆是非玉米主产区，90%的玉米来自外地，当地玉米价格上涨较快，由2008年的每千克约1.7元涨至最高时的约2.8元，涨幅为64.7%。目前，玉米价格虽有下降，但防疫、水电、环保等成本增加，如每头猪的防疫费由不足10元已涨至约45元。生猪养殖的高成本时代已来临，据测算，前一轮周期猪粮比价平均为7.07∶1，而本轮周期猪粮比价为6.31∶1，养猪行业的高盈利时代已经结束。

3. 养殖类型由以家庭副业为主向专业化、集约化为主转变

在传统的养殖模式中，生猪养殖更多的是小农户从事农业生产的副业，生猪产区也多集中在饲料资源丰富的农区。根据农业部农村固定观察点数据测算，1995～2010年，畜牧业收入占农民家庭总收入的比重不足10%，且呈下降趋势。受人口增长、收入增加以及城镇化建设快速推进影响，我国畜禽产品需求持续增

① 张学彪，聂凤英．2009年我国猪肉市场回顾与后市展望［J］．农业展望，2010（3）：15－18.

② 调整前的生猪规模化标准，即年出栏50头以上养猪场（户）出栏生猪所占比重。调整后的新标准为年出栏500头以上。

③ 张学彪，朱增勇，聂凤英．近期中国猪肉价格快速上涨原因分析及后期走势判断［J］．农业展望，2015（8）：18－20.

长，生猪市场潜力巨大，加上国家政策的扶持及市场刺激，养猪业逐渐成为受工商业资本青睐的对象，不仅吸引到基金、钢铁、信息以及互联网等行业资本的积极参与，更是促使很多传统的饲料、屠宰加工等企业纷纷延长产业链条，工商界资本对养猪业的逐渐渗透在促进了生猪专业化、集约化发展的同时，也给生猪产业带来了丰富的管理经验、先进技术以及优秀人才，成为推动生猪产业转型的重要力量。但是，后期要加强对工商界资本生猪产业的监测和引导，避免形成市场垄断及恶性竞争，并积极维护小农户在畜禽养殖中的地位。

4. 环保政策影响，产业结构调整进入末期

规模化生猪养殖的迅速发展给资源环境带来较大压力，为推动生猪养殖可持续发展，自 2014 年起国家先后颁布实施《畜禽规模养殖污染防治条例》和新修订的《环境保护法》，并编制《水污染防治行动计划》，科学划定畜禽养殖禁养区、限制养殖区等，依法关闭或搬迁禁养区内的养殖场。据统计，南方水网地区已加强对禁养区养殖场的拆迁，中小养殖户加速退出。根据国家统计局数据，2014 年末，浙江、上海、福建、广东、海南和广西生猪存栏量下降幅度较大，平均降幅比全国高 8 个百分点；而新疆、西藏、山西、湖南、江西、甘肃和黑龙江等省区生猪存栏量在增加。随着环保政策的持续执行，浙江、江苏、广东、福建等省部分地区生猪存出栏量仍将减少，直接影响到生猪市场供需和区域格局。根据周期测算看出，我国生猪结构调整已持续发生两个周期，并显著造成猪周期的延长，随着规模化饲养户成为主体，此轮结构调整已接近尾声，且在环保政策影响下，部分省（市、区）养殖用地使用受限，生猪产能将迎来新的结构平衡。

5. 猪周期呈延长趋势，猪价波动频繁，下跌时期长

随着养殖规模化的迅速发展，我国生猪产业结构不断调整，猪周期波动也呈现出新的特点。基于农业部畜牧业司月度价格数据，采用 Census X12 季节调整方法和 H－P 滤波法对猪肉价格进行了分解①。结果显示，我国猪肉市场周期性波动依然明显，但是 21 世纪以来波动周期明显拉长，最近的三个周期时间分别是 37 个月、45 个月和 56 个月。周期性波动的另外一个重要特点是猪价下跌时间不断延长，最近三个周期的下跌时间分别是 22 个月、23 个月和 41 个月，见表 1。21 世纪以来，在市场刺激和政策扶持等各种因素作用下，生猪养殖结构调整客观上造成猪周期的延长。

6. 进口持续增加，多元化趋势明显

2006 年我国生猪养殖遭遇重大疫情，影响到猪肉供应，猪肉市场价格出现

① FengyingNie. Fluctuation and Cycle of Pork Price in China，Contributed Paper Prepare for Presentation at the International Association of Agricultural Economists Conference［R］. Beijing，China，August 12－22，2009.

飞涨，导致次年猪肉进口量创历史纪录①。之后，我国先后与德国、西班牙、荷兰、英国、墨西哥、巴西等国签订关于冷冻猪肉进口的议定书，顺利实现我国猪肉进口来源地的多元化，猪肉进口量稳步增加，使猪肉贸易成为调节国内市场的重要手段。据统计，2010～2015 年我国猪肉进口持续增长，2015 年达到 77.75 万吨，比 2010 年增长 2.9 倍；猪杂碎进口均保持在 80 万吨以上的较高水平，2015 年为 81.73 万吨。猪肉进口占国内比重不足 2%，受国内外价差影响以及大规模纵向一体化龙头养殖企业的出现，在利润驱使下低价猪肉进口增加，短期来看，其对国内市场冲击尚不显著，但这一现象值得跟踪研究。

表 1　1994 年 6 月至 2016 年 2 月全国猪肉价格波动周期　　单位：元，千克

截止时期	上涨期间			下跌期间			周期长度（月）
	持续时间（月）	最高值	最低值	持续时间（月）	最高值	最低值	
1994 年 6 月至 1996 年 2 月	6	13.32	9.4	14	13.13	10.66	21
1996 年 3 月至 1999 年 5 月	15	14.07	11.36	24	13.97	8.47	39
1999 年 6 月至 2003 年 6 月	25	10.84	8.65	24	10.74	9.68	49
2003 年 7 月至 2006 年 7 月	15	15.21	10.15	22	15.03	10.58	37
2006 年 8 月至 2010 年 5 月	22	26.08	12.01	23	24.1	15.46	45
2010 年 6 月至 2015 年 1 月	15	29.82	16.04	41	30.35	19.70	56

资料来源：根据农业部畜牧业司数据测算。

7. 屠宰行业发展迅速，但产能严重过剩

屠宰加工是生猪产业链尤其重要的中间环节。为加强生猪屠宰市场的管理，国务院于 1997 年 12 月发布《生猪屠宰管理条例》，对生猪实行“定点屠宰、集中检疫、统一纳税、分散经营”，随后又公布了相关的屠宰检测、惩罚等条例，标志着我国生猪屠宰行业步入依法管理新阶段。2013 年，国务院决定将商务部的生猪屠宰管理职能移交到农业部②。随着养殖业的发展和商品化程度的加深，我国屠宰行业得到了较快发展。据农业部监测，2015 年全国规模以上生猪定点屠宰企业屠宰量累计为 2.14 亿头，比上年下降 9.5%，比 2009 年增长 2.9%。目

① 聂凤英，张学彪．中英猪肉贸易协议对国内猪肉市场的影响分析［J］．农产品市场周刊，2012（24）：52－53.

② 高观．中国生猪屠宰行业现状及趋势发展［J］．中国畜牧杂志，2014，50（20）：50－51.

前，全国规模以上[①]屠宰企业 2937 家，比“十一五”末增长 17.9%。常见的定点屠宰企业有肉联厂、食品站、肉品加工企业等。经营方式主要为代宰及自营两种，许多企业都是自营兼代宰。据统计[②]，我国前 10 位生猪屠宰企业的年生猪屠宰能力约为 1.7 亿头，占全国生猪出栏量的 23% 左右。但由于产能严重过剩，即使是大规模屠宰企业，屠宰开工率也较低。在 30% ~50%，前 10 家企业的实际屠宰量为 7000 万头左右，占我国生猪出栏量的比例仅为 13%。而美国、荷兰前三强生猪屠宰企业市场份额分别占 50% 和 75%，丹麦最大的屠宰企业占到 80%。在前 10 位的企业中，除双汇、雨润和金锣外，大部分企业仍属于地方品牌。生猪屠宰技术装备水平低，机械化程度低，许多企业还处于小规模、作坊式，手工或半机械加工的落后状态。

（三）现阶段生猪产业链利润分布[③]

为准确了解生猪产业发展形势，把握产业链各环节成本收益情况，课题组与国家生猪产业技术体系产业经济研究室曾于 2009 年赴山东肥城和广州白云区进行了实地调研，先后对散养户、中小规模户、种猪场、贩运商、屠宰场、食品加工企业相关情况进行了详细的书面调查，并通过产业技术体系内的试验站问卷调查，了解了全国范围内 19 个省市的生猪生产成本收益及各环节利益分配情况。

通过实地调查发现，猪肉产销流程主要有两种模式：

模式 1：生产→收购→运输→屠宰→批发→零售。即生猪养殖户将所饲养的活猪卖给贩运商，贩运商将活猪运输到屠宰加工企业，屠宰加工企业将原来的活猪加工为白条猪，再将白条猪卖给批发商，批发商再卖给零售商，零售商把白条猪分割为不同的部位卖给消费者。

模式 2：生产→收购→运输→屠宰→超市。与模式 1 相比，前四个环节基本一致，不同之处在于活猪屠宰后，加工企业直接将品质规格较好的白条猪卖给超市，超市经过分割后卖给消费者。

随着“互联网 +”现代农业的迅速发展，互联网、电商对畜牧业影响逐渐显现，“互联网 +”对生猪产业影响最大的即是生猪的流通模式，规模化、标准化和集约化的发展将为电商渗入生猪产业创造良好的基础。鉴于互联网对生猪产业的渗透尚不明显，本部分暂不考虑将其作为对生猪产业的重要因素进行分析。

1. 生产环节收益不稳定，处在盈亏平衡边缘

据调查及试验站资料，山东肥城生猪出栏平均活重为 108.92 千克，总收入

① 指年屠宰量 2 万头以上的企业。

② 北方牧业．中国生猪屠宰流通市场的情况分析［R］．2016－05－05.

③ 本部分主要基于 2009 年的调研数据，当时猪肉价格处于下行阶段。本部分仅用于说明生猪产业链中各环节利润分布的特点。

为1159.06元，扣去总成本1037.34元，每头猪获利约121.72元。广东粤东试验站生猪出栏平均活重为106千克，总收入为1153.99元，扣去总成本1150.78元，每头猪获利约3.21元，见表2。

表2 生产环节收益状况

	出栏活重（千克）	总收入（元）	总成本（元）	利润（元）
山东肥城	108.92	1159.06	1037.34	121.72
粤东试验站	106.00	1153.99	1150.78	3.21

资料来源：根据调研整理。

2009年上半年，生猪价格下行为主，但受多种因素影响，波动较大，使生产环节收益较不稳定，甚至出现亏损。调查发现，除季节性因素外，生猪价格还受市场状况、政策及突发事件等因素影响。4月底，甲型H1N1流感暴发初期，生猪价格跌至最低，每千克仅为7.0～7.5元，严重损害了养殖户利益；政府出台的调控政策也在短期内影响了生猪市场，据山东肥城养猪专业户反映，受国家储备冻肉影响，7月1日前后生猪价格曾涨至11.2元，由于储备能力有限，7月8日价格迅速跌回10.2元。生猪价格的剧烈波动造成了生产环节收益的不稳定，据山东、广东反映，目前盈亏平衡的生猪收购价格为10～11元，价格的波动使农户养殖处在微利和亏损边缘，风险增大。

2. 规模户成本优势不明显，地区差异大

为便于说明，把养殖户划分为三类：第一类是大规模猪场，年出栏在3000头及以上；第二类是中小规模猪场，年出栏在50～2999头；第三类是散养户，年出栏在1～49头。根据调查及试验站资料，规模猪场养殖的成本优势并不明显，广东规模猪场生产成本甚至高于散养户。山东肥城中小规模猪场生产成本最低，为1028.44元；散养户生产成本最高，为1046.07元；大规模猪场生产成本处在中间水平，为1037.5元。广东粤东试验站反映，散养户生产成本最低，为1104.55元；大规模猪场生产成本最高，为1185元；中小规模猪场生产成本处在中间水平，为1162.8元。生猪生产成本地区差异明显，广东明显高于山东，见表3。

从构成看，规模猪场的防疫费、人工费及其他成本（包括猪舍折旧、水电等费用）明显高于散养户，这是规模猪场成本高的主要原因。近些年来，我国规模化猪场发展迅速，许多社会资金投入养猪业，与传统的散养方式不同，规模猪场在加强猪舍建设的同时，也往往加大了防疫力度，并雇工进行经营管理，这些做法都相应增加了生产成本。在传统的散养方式中，多是一家一户养殖，生产成本不包含人工费，粤东试验站所反映的散养户生产成本中人工费一项即为零。

表3　不同规模户生产成本状况　　单位：元

		饲料成本	仔猪成本	防疫费	人工费	其他成本	总成本
山东肥城	大规模猪场	752.75	195.25	25.75	44.50	19.25	1037.50
	中小规模猪场	714.69	266.38	11.90	21.38	14.08	1028.44
	散养户	738.36	262.14	6.29	29.29	10.00	1046.07
粤东试验站	大规模猪场	786.40	145.20	34.80	74.00	144.60	1185.00
	中小规模猪场	733.40	311.00	21.60	49.00	47.80	1162.80
	散养户	696.40	382.10	8.95	0.00	17.10	1104.55

注：生猪养殖户包括散养户（年出栏1～49头）、中小规模养殖场（年出栏50～2999头）及大规模养殖场（3000头及以上）。

3. 生产环节利润变化大，其他环节相对稳定

据调查及试验站资料，生猪价格的剧烈波动使生产环节利润变化较大，贩运、屠宰、批发及零售环节利润相对稳定，养殖户成为近期价格下跌的主要受害者。调查发现，山东肥城八戒食品有限公司收购、屠宰了该市近85%的生猪，集屠宰、加工与零售于一体，产业链模式主要是生产—贩运—屠宰加工—零售；广东嘉禾屠宰场反映，该地生猪产业链模式则是生产—贩运—批发—屠宰—零售。

从各环节利润分配情况看，在山东肥城，生产环节获得的利润最高，占总利润的48.6%，其次是零售环节，占39.9%，贩运和屠宰环节分别占6.2%和5.3%，见图2。

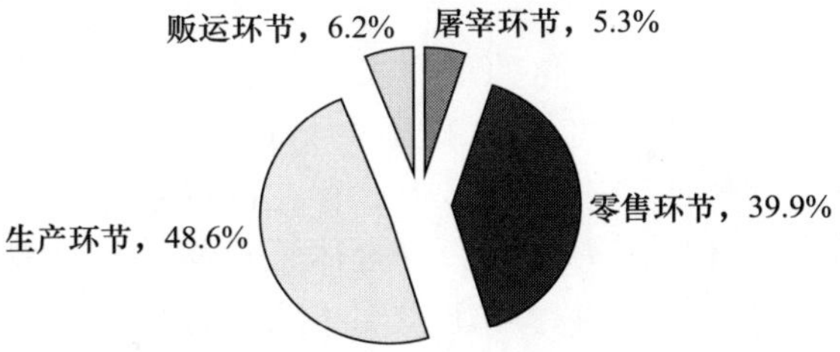

图2　山东肥城各环节利润分配情况

在广东粤东试验站，零售环节所占比重最高，达到69.0%，批发环节占14.9%，贩运环节占8.1%，生产环节所占比例最低，仅为1.3%，见图3。

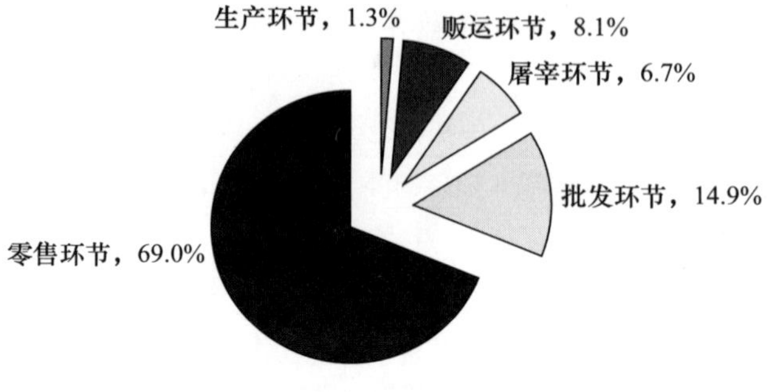

图3　粤东试验站各环节利润分配情况

调查发现，生猪收购、贩运、批发环节操作灵活，盈利稳定。在屠宰环节，广东屠宰场实行代宰制，每头盈利约16元，较为稳定；山东肥城八戒食品公司屠宰环节内部化，降低了企业成本，最终盈利亦有保障。在零售环节，据了解，广东每个超市均有1~3个稳定供货商，销售不完的猪肉可以退回供货商，且自己有冷库，盈利较高且稳定。生产是此轮价格下跌过程中获利最不稳定的环节，养殖风险大。

综合看，生猪产业链中生产环节利润较不稳定。在猪价上涨时期，养殖环节收益较高，但遇猪价下滑，养殖收益明显减少，甚至亏损。主要因为生产环节投入大、时间长，且受饲料、疫情、仔猪等价格波动影响，风险较大。屠宰加工环节投入大、成本高，具有一定的进入门槛，但规模效益明显，代宰收益稳定。猪肉零售环节周转快、风险小，无论猪价上涨还是下跌，收益保持稳定。此外，在收购贩运环节，弹性较大，经营者可随时调整自己的业务量，进出行业也较为容易，因此利润也相对稳定。

二、存在的问题

随着生猪养殖规模化、标准化的迅速发展，我国生猪产业转型升级取得明显成效。但是，饲养方式的转变也给我国生猪产业的持续稳定发展带来了挑战，制约生猪产业的内外部因素日益显现，存在的问题也日益突出。主要表现在：生猪养殖效率低、环保压力加大、政策体系挑战、产业链风险加大、疫病疫情等，这些问题的存在，严重影响了我国生猪产业的稳定发展，加剧了生产和市场波动。

（一）生猪生产效率有待提高

随着生猪规模化的迅速提高，我国生猪生产效率在不断提高。据统计，2014年我国每头能繁母猪年提供商品猪数量为14.8头，比2010年增长8%，出栏率为155%，比2010年增长9.2%。2010~2014年，育肥猪饲料转化率由2.9∶1提升至2.8∶1。但是，与世界先进水平相比，我国生猪养殖仍有较大差距。从能繁母猪年提供断奶仔猪数（PSY）来看，丹麦为30头，荷兰为29头，美国、法国、德国和加拿大等国超过25头，我国生猪产业技术体系的27个综合试验站2015年也达到30头，但不同养殖场之间差距较大，中小散户仅15~16头，差距明显；从母猪年提供商品猪数量看，丹麦、荷兰达28头，美国达22.7头，而我国不足15头。这表明，我国生猪生产效率与发达国家相比差距仍然较大，且发展极不平衡。

（二）环保压力增大

近年来，生猪产业的迅速发展引起社会各界对环境污染的关注，国家先后多次颁布针对畜禽养殖污染的环保政策，对畜禽养殖废弃物综合利用和无害化处理提出了新要求，针对畜禽养殖污染防治和无害化处理等进行部署，要求现有规模化养殖场（小区）要根据污染防治需要，配套建设粪便污水贮存、处理、利用设施。散养密集区要实行畜禽粪便污水分户收集、集中处理利用。并对南方水网地区生猪养殖的污染防治进行具体规定等。这些政策措施是贯彻落实绿色发展新理念的具体体现，有利于促进生猪产业的绿色可持续发展。但是，短期来看，这些政策措施的严格实施提高了生猪养殖的门槛，养殖场和养殖企业为达到环保标准，必须加大环保投入，增加养殖成本。同时，多数地方政府采取减、限、禁为目标的土地使用规划，导致规模化养殖用地困难，对部分生猪养殖形成限制，迫使生猪产业进行新的结构调整并达到新的平衡。

（三）政策体系的挑战

为稳定生猪生产，维护生产者利益，我国自2009年初起先后颁布《防止生猪价格过度下跌调控预案（暂行）》、《缓解生猪市场价格周期性波动调控预案》（2012年）及重新修订的《缓解生猪市场价格周期性波动调控预案》（2015年），主动适应生猪产业迅速变化的新形势，对生猪市场调控的依据、指标、响应机制等进行不断调整完善，并持续增加中央冻猪肉收储规模，切实防控生猪市场波动风险，保护养殖者利益，促进生猪产业健康稳定可持续发展。但是，随着生猪养殖规模化的迅速推进并成为生猪养殖的主体，传统的政策体系面临着巨大挑战，除环保政策压力增大外，良种繁育、公共防疫和屠宰加工等环节的政策也均将面临挑战。

（四）疫情等不确定性因素

疫病是生猪产业不稳定的主要来源。2015年全年疫情总体较为平稳，猪病发生以局部地区散发为主，为生猪养殖业健康发展提供了有力支撑。随着生猪养殖规模化、标准化、组织化水平的提高，养殖场（户）将更加重视疫病防控，减少了疫情暴发的风险，但仍存在一定的不确定性。2015年，美国暴发仔猪流行性腹泻，直接导致猪价创下历史高位。我国目前猪肉由产区运输至销区仍以活猪调运为主，疫病跨区域传播的风险依然存在，稳定生猪市场的不确定性至关重要。

三、政策建议

根据以上研究及发达国家促进畜牧业发展的经验做法，得出今后完善我国生猪产业的政策建议，包括：

（一）重视生猪生产服务性补贴

我国应该借鉴欧盟经验，逐渐增加对养猪业的生产服务补贴。

一是加大对饲养基础设施建设的补贴力度。包括种猪业、饲养小区、生猪疫病防治、先进饲养技术推广和生态环境保护等领域，改善生猪生产条件，增强抗御疫病能力，稳定和保护生猪生产能力。

二是加强在科技研究和教育培训等方面的投入，尤其是加大对养殖户的文化教育培训投入，努力提高养殖户的素质，这一方面亟待相关部门的投入和财政扶持。

三是加大对建立健全生猪及生猪制品质量标准体系和检测体系的补贴，稳步提升生猪产业的标准化，加强屠宰环节的检验检疫。

四是加强农产品市场体系和信息网络建设，及时掌握生猪供需信息，加强对生产、销售和消费环节的监测，为生猪养殖户提供及时的市场信息。

（二）完善生猪市场调控预案及补贴机制

目前我国生猪产业正处于结构转型期，生猪价格体系还不完善，猪价波动频繁且剧烈。政府已先后发布《防止生猪价格过度下跌调控预案》、《缓解生猪市场价格周期性波动调控预案》以及新修订的《缓解生猪市场价格周期性波动调控预案》，防止生猪市场价格过涨或过跌，但生猪产业涉及面较广、环节众多，为稳定猪肉市场，维护广大生产者、消费者及中间主体的利益，可参照欧盟及日本设定的基础价格，对生猪价格和饲料价格分别设定基准进行调控，并通过发放补助金的方式，支持生猪养殖。

探索建立与环保挂钩的补贴政策措施。加大建立健全中央与地方相结合的猪肉储备制度，在价格下跌时加大储备量，既能保证足量平稳市场，也可保护农民利益和他们的饲养积极性，不至于导致猪肉市场陷入大跌大落的恶性循环。猪肉储备制度的调节作用必须以一定的储备量为基础，只有当储备量达到一定规模时才能对市场起到积极的调节作用，随着我国规模化的迅速发展，生猪产能迅速扩大，必须加强储备基地的建设，才能保持我国储备制度的有效性和合理性。

（三）减少生猪流通环节，降低产业链中的交易费用

生猪养殖规模化的迅速发展正改变着传统的生猪流通模式，尤其是“互联

网 +”现代畜牧业的发展，有望减少生猪流通环节，降低产业链中的交易费用。但目前看，我国生猪产业的流通环节过多、交易成本较高的问题仍然存在，生猪收购、运输、屠宰、加工、批发、零售等各环节不同节点都存在着一个交易价格，直接增加了交易成本。要借助规模化的发展以及“互联网 +”等现代信息技术，改造传统生猪产业链，鼓励电商进行生猪相关交易，搭建集饲料、兽药、种猪、育肥猪、屠宰场、批发商等于一体的网上交易平台，减少流通环节，降低流通成本，提高流通效率。组建涉及兽药、饲料、养殖、屠宰加工、销售的全产业链组织，使交易费用内部化。建立生猪全产业链信息监测预警机制，及时掌握生猪流通、各环节主体盈亏、区域流向等信息，稳定生猪产业链，促进生猪产业健康持续发展。

（四）整合生猪资源，提高生猪生产效率

鉴于环保政策的强力实施以及养殖规模化的迅速推进，我国生猪产业发展有必要进一步整合资源，培育生猪产业竞争力，提高生猪生产效率。

一是严格贯彻落实环保政策，加快不合格养殖场（户）的退出速度，积极培育有实力、有基础，又符合环保的养殖场发展，进一步提高规模化比重。促使中小散养户组建合作社，提高组织化水平。

二是积极推动育种、饲料、兽医等产业企业与科研院所联合，实施科技工程，提高科研院所和企业科技创新的积极性。控制进口种猪的数量和引进频率，保护特色地方品种，推动饲料原料多样化，提高饲料转化率，稳步提高生猪生产能力。

三是完善公共防疫服务体系。加强对养殖场（户）的技术指导及疫病防控培训，加大生猪产业人才培训，提高兽医队伍的专业水平和覆盖范围，提高疫病疫情防范意识。

第二章　肉牛产业体系

我国肉牛产业从 20 世纪 80 年代起步，1990 年以来中国肉牛养殖迅速发展，实现了从传统的役用为主向肉用（或乳用）为主的商品生产方式的根本性转变。同时，肉牛屠宰、加工、贸易等相关行业也有所发展，肉牛产业体系逐步形成。

一、产业发展现状

（一）生产

黄牛是我国肉牛业的主要牛种，我国有着丰富的黄牛资源，秦川牛、晋南牛、南阳牛、鲁西牛和延边牛为五大著名品种。近年来，国家注重引进国外优良品种进行适度杂交改良，同时积极培育自己的肉牛品种。我国已经成为仅次于美国、巴西的第三大肉牛生产国。牛肉产量从1996年的356万吨增长到2015年的700万吨，产量增长接近一倍。

由于牛的生长周期长、繁殖率低，牛肉产量增速无法达到消费需求的增长。2007年以来牛肉生产增长变得较为缓慢。2011年肉牛存栏、出栏和产量出现小幅下降。全国牛肉产量从2010年的653万吨下降到2011年的648万吨。“十二五”期间，中国牛肉产量以年均1.4%的速度增长，较“十一五”期间下降了1.4个百分点（见图1）。为此，国家出台了一系列推动牛产业健康发展的政策措施，例如种畜良种补贴、标准化规模养殖场（小区）建设、基础母牛扩群增量、草原生态保护补助奖励、国家动物防疫补助等。据统计，从2014年8月开始，中国能繁母牛存栏开始恢复性增长，初步扭转了2009年以来存栏下滑的趋势。随着母畜存栏增加和规模化水平的提高，国内牛肉市场供应偏紧状况有所缓和。

由于长期供求矛盾突出，推动近年来牛肉价格显著增加。我国牛肉集市均价从2000年的12.63元/千克上涨到2015年的63.24元/千克，价格连涨14年，上涨了4倍。2015年以来，受进口大幅增加和需求走弱影响，价格趋稳。随着肉牛生产方式的转变，国家对肉牛养殖政策的倾斜，肉牛生产有望稳步发展，供不应求局面将有不同程度的缓解，牛肉价格不会出现大幅波动的态势。但受养殖时间较长和高成本支撑，牛肉价格将高位趋稳。

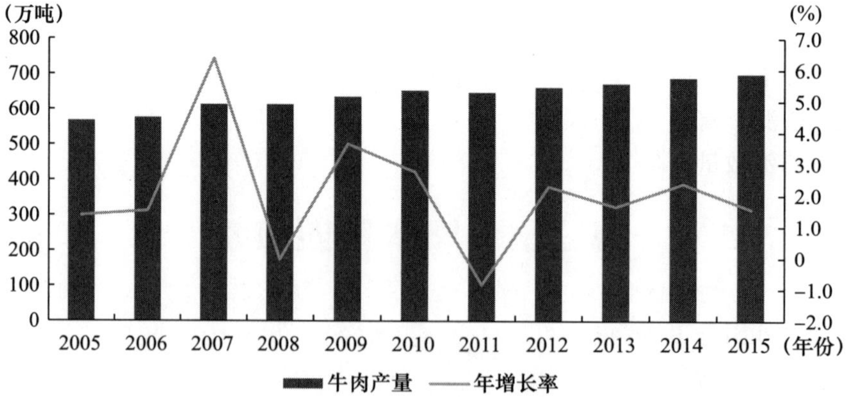

图1　2005～2015年中国牛肉产量及年增长率

我国现代肉牛加工业起步较晚，目前肉牛屠宰方式主要分为大型肉牛屠宰企业和小型非定点屠宰。绝大多数屠宰厂还处于小规模、手工或半机械屠宰的落后状态。大型肉牛屠宰企业主要集中在东北肉牛带和中原肉牛带，吉林、黑龙江、内蒙古、山东的屠宰企业屠宰量占全国的一半以上。规模较大的现代屠宰加工企业采用屠宰流水线及排酸、部位分割等先进工艺，检疫严格，生产的牛肉品质好，符合卫生条件。2008 年，中国牛肉加工业产值已经突破 1700 亿元以上，高于同期牛肉养殖业产值。加工品种中主要是常温肉，占牛肉加工业总产值的 70% 以上，其次为冷鲜肉、冻肉和高低温肉制品。从利润率来看，牛肉常温肉的利润率为 5%，冻牛肉为 8%，而冷鲜肉的利润率最高（14%）。

我国缺乏分割肉产品质量标准，分割肉市场比较混乱。具体表现为：一是分割方法多样。由于牛种繁多、育肥方式多样、胴体大小参差不齐、肉质差别巨大等原因，造成我国肉牛胴体分割方法杂乱，严重影响着屠宰分割企业和消费市场的连通。二是胴体再分割率低。再分割是在初级分割的基础上将原来品质不同的混合肉块再分割成品质均一、价值更高的单一小分割肉。虽然目前国内的一些大型屠宰加工企业已开始尝试再分割销售并获得较好效益，但整体胴体再分割率较低。三是分割肉类名称不规范。国内市场现有生鲜牛肉产品品目较多，但同一类产品，甚至同一部位肉名称各异。即使在同一地区，差异也广泛存在。分割方法的多样，部位肉名称的混乱，必然造成定价的不均衡。一些小型屠宰加工企业制定价格缺乏理论依据，为增大销售额，对胴体只进行简单的分割后便将各部位肉作“同价”销售，严重破坏了优质优价的产销体系。

从牛肉产品的区域布局上看，20 世纪 80 年代以来，中国肉牛生产区域优势布局逐渐形成。肉牛生产逐渐从牧区向农区转移，根据各地区的资源、市场、区位、肉牛产业发展基础及未来发展潜力等多方面因素，已经形成中原、东北、西北、西南四个明显的优势区域。

中原肉牛主产区包括河北、安徽、山东、河南 4 个省 51 个县市，该区域农作物秸秆资源丰富，约占全国总量的 1/3，饲料资源基础好。2005 年以来中原区能繁母牛养殖数量下降，饲草料资源利用率低，造成架子牛、犊牛供应紧张，牛源严重不足，产量占全国比重有所下滑。

东北肉牛主产区包括吉林、黑龙江、辽宁等省 48 个县，肉牛产量占全国比例为 1/5。东北优势区保持相对稳定，该地区饲料资源丰富，饲料价格相对较低，劳动力外出务工比例相对较小，因而肉牛生产成本较低。该区域以满足北方地区居民牛肉消费需求为主要目标，兼顾大城市消费。

西北重点肉牛产区，包括新疆、内蒙古、西藏、青海、宁夏、甘肃、山西、陕西 8 省区。该区域天然草原优势突出，是中国肉牛养殖的主要牧区。但该区域基础设施较为薄弱，饲草资源利用效率低，饲养技术低、过度放牧等问题突出，肉牛产业专业化、市场化程度较低，产业化发展落后，防灾抗灾能力薄弱。

西南肉牛区包括四川、重庆、云南、贵州、广西 5 个省市区的 67 个县市，正在成长为我国一个新型肉牛产区，其牛肉产量占全国比例的15%左右。该区域农作物副产品丰富，草山草坡较多，拥有天然草场面积1.4亿亩，年产3000万吨秸秆，超过60%以上待开发。主要限制条件是肉牛产业基础薄弱，地方品种生产性能较差，草场资源和饲料资源利用率低。

（二）消费

整体消费增长，增速放缓。随着城乡居民收入水平提升、消费结构优化以及城镇化率的提高，高蛋白、高品质的牛肉产品受到较多青睐，消费人群和消费量总体保持稳定并继续增加。牛肉需求收入弹性高，从20世纪90年代初随着生活水平的提高消费逐年增加。1990年全国人均牛肉占有量仅为0.97千克，占肉类消费比重的5.4%，到2015年人均牛肉占有量为5.43千克，较上年增加3.5%，消费比重增加到8.5%。

消费分层分级，由追求量向质提高。牛肉总体消费需求增长，但受中国经济发展进入新常态、整体经济增速放缓影响，消费者对中高端产品消费趋于谨慎。自2012年底高端餐饮进入“寒冬”期，牛肉作为肉类产品中的“贵族”首当其冲，消费水平有所放缓，整体呈现低迷态势。但随着人民生活水平的提高和居民膳食结构的调整和丰富，需求市场逐渐分化，牛肉消费仍有提升空间。牛肉消费也呈现了从冷冻肉到热鲜肉，再从热鲜肉到冷却肉的发展趋势。另外，小包装肉、半成品肉、熟肉制品消费比例逐渐上升。同时，质量安全问题已经得到全社会的重视，越来越多的消费者将会选择无公害、绿色、有机肉等有质量安全认证的肉类产品。

（三）贸易

我国牛肉产品出口相对较少，近年来出口还在萎缩。2009年后牛肉进口超过出口，由原来的顺差转为逆差，牛肉贸易以冷冻带骨牛肉为主，2015年牛肉出口4702.07吨（见图2），同比减少27.6%，主要出口到吉尔吉斯斯坦、中国香港地区和朝鲜。截至2016年4月，牛肉累计出口1344.27吨，同比减少14.0%。出口市场大多集中在我国周边地区和中亚等国，这些国家和地区都不是世界主要牛肉进口市场。我国牛肉产品无法与其他出口大国相竞争，至今无法打入欧盟等发达国家市场。

因国内市场供给短缺和国内外价格倒挂，2012年以来逆差逐年扩大，2015年牛肉进口连续第四年增长，且增速明显。2015年中国牛肉进口量47.39万吨，同比增长59.0%。主要进口来源是澳大利亚（进口量占总进口量的32.9%）、乌拉圭（26.0%）和新西兰（14.8%），牛肉进口来源国新增了巴西、美国、智利和匈牙利，从这些国家的牛肉进口增长较快。截至2016年4月，累计进口18.52万吨，同比增长71.9%，主要从巴西、乌拉圭、澳大利亚和新西兰进口。巴西赶

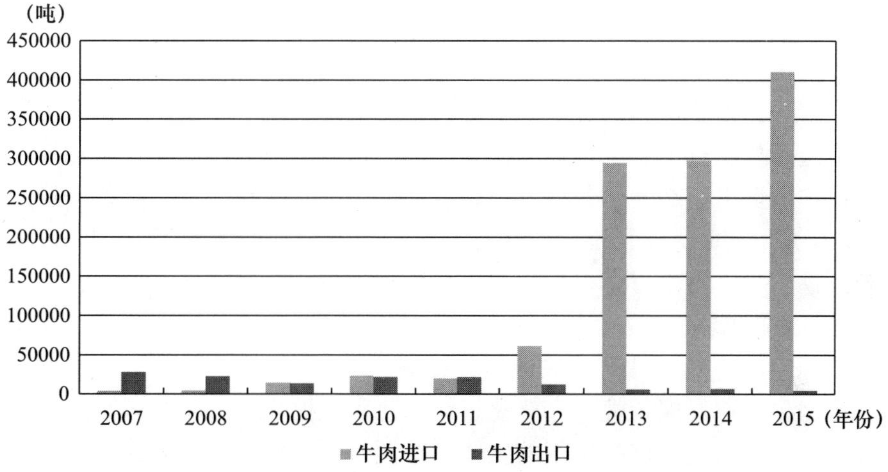

图 2　2007～2015 年中国牛肉进出口量

超澳大利亚成为我国牛肉进口第一大来源地。

二、存在的问题

（一）生产成本

1. 生产成本上升较快，不具有价格优势

近年来，随着饲料原料价格上涨，人工、土地、建材、环保、运输等费用的增加，肉牛养殖成本继续加大。从 2006 年的 2299 元/头提高至 2014 年的 8600 元/头，增加了 2.7 倍，其中，精饲料费上涨了 4.7 倍，仔畜费上涨了 3.7 倍，人工费上涨了 1.1 倍。与肉牛发达国家相比，我国生产成本上升较快，不具有价格优势。从 FAO 数据库生产者价格指数显示，近 10 年来，牛肉生产者价格逐年攀升。自 2007 年以来，牛肉价格指数上升较快。2013 年我国每吨牛肉生产者价格指数为 325，而同期澳大利亚、巴西生产者价格指数为 97、211，澳大利亚近年还有下降的趋势，见表 1。

表 1　中国与其他国家牛肉生产者价格指数比较（2004～2006 年 =100）

国家＼年份	2003	2004	2005	2006	2007	2008	2009	2010	2011	2012	2013
中国	93	95	101	104	124	177	183	187	210	247	325
澳大利亚	85	92	103	105	101	95	96	94	103	103	97
巴西	100	104	99	97	122	152	153	159	186	191	211

资料来源：FAO 数据库生产者价格数据。

2. 养牛比较效益不高，处于微利

由于受生产成本不断上升，犊牛、架子牛与育肥牛的价格倒挂等因素影响，致使肉牛产业仍处于微利状态。养牛比较效益不高，肉牛养殖户不再愿意继续养牛，而是选择外出打工和从事别的行业，散户退出加快，而规模化增加速度不足以弥补散户的退出。在养殖各环节中，基础母牛饲养效益更低，存栏一度出现下降。“十一五”期间，全国能繁母牛存栏比“十五”期间下降了10.2%。由于母畜生长周期较长，当前母畜存栏数量还在恢复当中。

（二）生产组织

1. 产业化水平低，未形成良好连接机制

我国肉牛产业发展较晚，产业化、组织化和规模化水平不高，均低于生猪和家禽业，散户养殖仍是肉牛生产的主体。据调研，我国肉牛产业化发展模式仍处在初级阶段和不断探索过程中，基本模式以“企业+农户”为主。从现有的产业化发展看，户企连接关系多为松散型关系，企业与农牧户之间缺乏良好的沟通，不利于专业和标准化生产。除了企业以外，养殖协会、肉牛养殖合作社等中介机构普遍没有起到有效的连接作用。未能形成良好的企业、合作社（协会）、农户“利益共享、风险共担”的产业化机制。小生产与大市场的矛盾依然突出，生产存在一定的盲目性。

2. 生产方式落后，规模化、专业化程度不高

虽然肉牛养殖规模化程度在不断提升，但散养户及小规模养牛户仍占主体，这种分散的小规模养殖，绝大部分是粗放式的饲养管理与经营方式，养殖环境差，科技能力不足，高耗低效，造成肉牛育肥效率低、牛肉品质差、产品缺乏竞争力。2014年，我国肉牛年出栏50头以上规模养殖比重仅为27.6%。与猪禽相比肉牛规模化程度较低，生产基本上还是以分散饲养、非定点屠宰和集贸市场销售占主导的方式，无法形成规模化的肉牛生产体系，专门的标准化、规模化肉牛养殖有待进一步普及。我国肉牛产业正处于由粗放式的传统生产方式向集约化专业化生产过渡阶段。

（三）质量安全

1. 私屠滥宰现象普遍，难以控制肉类品质

我国肉类在卫生标准和品质质量上还达不到国际市场的要求。虽然国家商务部已经下发了《加强牛羊屠宰管理工作》文件，但由于不具有法律约束力，导致一些地区私屠滥宰现象普遍，甚至一些不法分子为了获得更大经济利益，违法销售注水肉、合成肉等。北美、欧盟及澳大利亚等发达国家，已经形成了基于动物福利的系统完整的屠宰管理程序。我国屠宰加工操作规范化和卫生条件差，管理控制不严格，难以控制肉类品质。

2. 分级标准亟待执行，与国际市场接轨

在分级标准方面，发达国家具有成熟的分级分割标准，实现了对嫩度、蛋白质、脂肪的快速预测。我国虽然有现行的分级、分割标准，但并没有进行市场化的应用。等级的准确评定及胴体合理有效的分割是保证优质优价的有效手段。此外，产品质量安全追溯技术已在发达国家普遍应用，但我国追溯机制还仅停留在部分试点和概念展示阶段。面对国际市场上较严格的技术标准与质量认证要求，我国牛肉产品往往因为不够准入条件而被挡在关外。

（四）科技水平

1. 育种科技发展缓慢

我国肉牛技术水平与发达国家存在很大差距，主要表现在育种技术体系研究基础非常薄弱。我国有 54 个黄牛品种，但真正得到改良的肉牛品种只有 5 个，牛种资源未得到充分的研究、开发和利用，有些品质资源已经灭绝或者濒临灭绝。新中国成立后我国开始重视引进国外牛种，但至今没有走出引种—退化—再引种的恶性循环。我们不能过度依靠国外肉牛种质资源，对本土黄牛品种的选育支持力度有待加强。

2. 饲养管理与营养调控技术进展缓慢

我国在肉牛饲养管理方面正在由耕牛饲养向肉牛饲养过渡，在肉牛饲料管理上仍处于摸索阶段和比照奶牛饲料配方。肉牛饲料配比还处于比较混乱的状态，生产厂家根据饲料价格而随意改变配比与种类，散户还处于“有啥喂啥，啥便宜喂啥”的水平。而发达国家肉牛饲养管理和营养调控的研究与技术研发已达到标准化、精确化水平，并且建立了基于饲料营养价值评价系统支撑产业发展的肉牛饲养标准。我国在饲料营养价值评价和饲养标准研究上，沿用国外模型或估算大部分参数，科技落后于畜牧业发达国家几十年水平。

三、政策建议

（一）产业发展总体思路

当前，我国肉牛产业正处在产业转型升级，提升竞争力的关键时期。我国农业生产基本条件与欧美等国家相比有很大的区别，劳动力丰富且成本低，但畜牧业技术和资金实力不高。我国肉牛产业发展应与我国农业生产条件相对应，在模式上应借鉴西欧经验，坚持以适度规模的肉牛养殖为主，通过规模效益降低牛肉生产成本。按市场经济发展的规律和社会化大生产的要求，通过龙头企业组织协调，把我国牛繁殖、育肥、屠宰加工、销售及流通与统一的大市场衔接起来，促成产业的布局区域化、生产专业化、经营一体化。

当前，国际牛肉生产成本低廉，国外资源被我国利用的空间和机会很大。鉴于我国牛肉需求和资源禀赋状况，我国肉牛产业发展的总体趋势是在坚持以国内生产保证牛肉需求的基本前提下，充分利用好“两种资源两个市场”，鼓励企业加快“走出去”步伐，满足多元化的市场需求。

（二）产业发展对策建议

1. 创新养殖模式，重点扶持主产省

坚持以肉牛主产省区为发展重点，以适度规模的新型经营主体为抓手，通过加大金融、保险等支持方式确保这部分养殖户利益不受损，提高养殖积极性。

一是繁育和育肥区域化发展。当前母畜繁育环节仍为产业发展的瓶颈，可在牧区和农牧交错带推广牧区放牧繁育，充分利用牧区放牧繁育低成本的优势，将繁育的仔畜断奶后转往农区进行规模化育肥，降低人工成本。

二是选择优势产区重点扶持。针对目前基础母畜存栏量下降问题，建议在全国范围内选择优势产区进行重点扶持，保证一定数量的基础母畜，但也要注意不可盲目扩大。针对肉牛生产大县的育肥户，建议由国家、生产大县、育肥户共同成立产业发展基金，用于补贴价格大幅下跌和遭遇重大灾害带来的损失。

三是培育新型经营主体，建立利益联结机制。加快培养新型农牧民，鼓励养殖户成立专业合作组织，引导养殖家庭农场、养殖小区和专业合作社的发展。采取信贷担保、贴息等方式，引导和撬动金融资本支持肉牛规模化生产，推动解决规模养殖贷款难题。探索建立肉牛保险制度，提高抵御风险能力。

2. 注重饲草料供给，走可持续发展道路

借鉴澳大利亚发达的草地畜牧业模式和经验，建立饲草料均衡供应体系是发展现代肉牛产业的物质保障。改变原来我国草畜发展隔离状态，支持草食性畜牧业首先要重视饲草料发展。

一是继续在玉米与肉牛生产大县推进“粮改饲”试点，大力推进青贮玉米和优质牧草生产。各级财政部门将采取先建后补、以奖代补方式给予鼓励支持，研究考虑把饲草料种植纳入良种补贴范围内。

二是要充分利用农作物秸秆，建立专用饲料作物基地，大力推广氨化等粗饲料加工调制技术，开发专用饲料及饲料添加剂，改变传统饲料结构。

三是在牧区、半农半牧区推广草地改良、人工种草和草田轮作方式。加快建立现代草产品生产加工示范基地，推动草产品加工业的发展。

3. 加强行业组织作用，做好市场与农户连接

发达国家的畜牧业产业组织在行业发展过程中，既可以维护农民利益，又可以为农民提供公众服务，起到了政府部门不可替代的作用。在发达国家政府赋予农民组织许多权利，例如行业的规章制定、产品质量检测、技术标准和规范的制订、技术推广、政府补贴的发放、质量认证、市场监督等许多工作都交由行业组

织办理。而我国目前行业管理的许多权利掌控在政府部门手中，并且由于人力资源缺乏，许多事情想管而无力去管，很容易形成管理漏洞，不利于产业的发展。政府部门将来应该逐步放权，把自己不擅长的事情交由行业组织来管，让行业组织发挥更大作用。

4. 制定法规加强监管，提升质量安全水平

近年来受国内牛肉价格高企和国内外价差的影响，国内牛肉的假冒伪劣和走私行为十分猖獗，既打压了国内消费者对国产牛肉的消费信心，也给国内牛肉产业的可持续发展带来不利影响。

一是着力推进品牌化建设。牛肉品牌化是现代畜牧业的重要标志，依靠品牌带动牛肉产业转型升级，符合当今市场发展规律。加快牛肉全产业链追溯体系建设，进一步扩大覆盖范围，提高产品竞争力，保障牛肉品质。加大宣传力度，拓宽销售渠道，提升品牌知名度，实现优质优价。

二是强化牛肉市场监管。加大牛肉市场巡查，注重源头治理和产销过程监管，严厉打击肉类产品掺假售假以及销售注水牛肉、假牛肉等违法行为，保护地区品牌，维护消费者利益。另外，需加强进口牛肉品质监管，对走私牛肉予以严厉打击，维护正常市场秩序。

5. 拉长与拓宽肉牛产业链，提高效率和品质

针对我国肉牛产业链条短且窄的现状：

一是拉长产业链。通过产业融合、产业集聚，将资本、技术以及各种资源要素跨界集约化配置，使生产、加工和销售、物流、仓储、技术推广等其他服务业有机整合在一起，使得一二三产业之间紧密相连、协同发展，最终实现产业链延伸、产业范围扩展和农牧民收入增加。

二是拓宽产业链。发达国家奶公犊一向是中高档牛肉的原料，我国在利用奶牛业生产牛肉的技术体系方面与国外有一定差距。我国每年生产奶公犊 350 万头左右，如果将奶牛资源很好地利用起来，将是我国牛肉的最好补充。建议在奶牛的主产区黑龙江、内蒙古、辽宁、山东等地规划犊牛育肥试点工作，进一步满足高端消费市场的青睐。

第三章　奶牛产业体系

我国奶业生产起步较晚，中华人民共和国成立之初，我国奶业生产水平极其低下。进入 21 世纪，奶业生产进入高速发展阶段，生产经营模式在动荡中不断发展，规模化养殖比重明显提高，产业政策也得到了不断完善。

一、产业发展现状

（一）生产发展

1. 奶业生产起步较晚，奶牛存栏由稳增趋于稳定

中华人民共和国成立之初，我国奶业生产水平极其低下，奶牛存栏仅 12.0 万头，20 世纪 50 年代，奶业与国民经济同步恢复，1957 年奶牛存栏 15.98 万头。1958～1978 年，由于国家实施限制私营发展政策，奶业生产增长缓慢，1978 年奶牛存栏 47.50 万头。党的十一届三中全会后，各项生产优惠政策促进了奶业的快速发展，1990 年，全国奶牛存栏 269.10 万头。20 世纪 90 年代，奶业生产重点逐渐向产业结构调整转变，1998 年奶牛存栏 426.50 万头。21 世纪以来，随着《全国奶业“十一五”发展规划和 2020 年远景目标规划》、《奶牛优势区域发展规划（2003～2007 年）》、《奶牛优势区域布局规划（2008～2015 年）》等管理政策出台，我国奶牛养殖业迅速发展，生产能力不断提高。2010 年，全国奶业生产跃上新台阶，奶牛存栏数量首次突破 1400 万头；2012 年，奶牛存栏数量达到历史最高峰，为 1493.9 万头，是 2000 年的 3.06 倍，2000～2012 年年均增长 9.8%。2013 年以来，受饲料价格上涨、人工费用增加、牛肉价格高企、进口奶制品冲击等诸多因素影响，尽管奶牛养殖户减少，奶牛存栏数量有所下降，但奶牛存栏数量一直保持在 1400 万头以上，2015 年约为 1480 万头，见表 1。

表 1　2000～2015 年全国奶牛养殖业的发展现状

年份	奶牛存栏（万头）	牛奶产量（万吨）	单产水平（吨/头·年）
2000	488.7	827.4	2.82
2005	1216.1	2753.4	3.89
2010	1420.1	3575.6	5.40
2011	1440.2	3656.0	5.40
2012	1493.9	3743.6	5.50
2013	1441.0	3531.0	5.50
2014	1499.1	3725.0	5.80
2015	1480.0	3755.0	6.00

资料来源：2000～2014 年数据根据历年《中国奶业统计年鉴》整理，2015 年数据来源于《中国奶业统计摘要》。

2. 21 世纪以来牛奶产量高速增长，近年来处于波动徘徊状态

与奶牛存栏数量的发展趋势相似，20 世纪 90 年代中期以前，我国牛奶产量

的增长相对缓慢，牛奶产量的高速增长主要发生在20世纪90年代末尤其是2000年以后，10多年来基本经历了由快速增长向稳定发展的变化过程。1949年，我国奶类总产量仅21.70万吨，1990年提升至415.70万吨，1995年为576.4万吨，1949～1995年奶类产量年均增长7.4%。21世纪以来，在存栏数量和单产水平双重提升的推动下，牛奶产量迅速增加，2000～2008年，全国牛奶产量由827.40万吨提升至3555.80万吨，年均增长率高达19.2%，远远高于同期全球奶类产量年均增长2.1%的水平。2008年“三聚氰胺”事件后，国内奶业生产遭受打击，奶类产量的增长明显放缓，2009年以来，国内牛奶产量一直处于波动徘徊状态，尽管2014年和2015年连续两年同比增长，2015年牛奶产量达到了历史最高值3755万吨，但是2008～2015年牛奶产量的年均增长率仅为0.4%，不仅远远低于2000～2008年的增长水平，也明显低于1949～1995年的增长水平。

3. 生产经营模式在动荡中不断发展，规模化养殖比重明显提高

20世纪50年代初，我国政府对奶牛养殖实施了“支持并引导私营养殖发展，鼓励建立国营养殖场”政策，个体养殖户数量不断增加。但受1958～1978年政府限制私人养牛政策影响，1978年全国77.1%的奶牛由国营农场饲养。随着改革开放后私营养牛禁令的取消，奶牛个体养殖户的数量迅速得到恢复，此后奶牛散养户（20头以下）在我国奶业发展中一直占据重要地位，2004年散养户奶牛存栏占全国奶牛存栏的比重高达75.0%。2007年以来，《国务院关于促进奶业持续健康发展的意见》、《奶业整顿和振兴规划纲要》、《全国奶业发展规划（2009～2013年）》等行业政策驱动了奶牛养殖规模化的迅速演变，我国奶牛养殖的规模化程度快速提高。据农业部统计，2002～2006年，存栏100头以上奶牛规模化养殖比重仅提高了1.23个百分点，2007～2014年，这一比例提高了28.65个百分点，2015年，存栏100头以上奶牛规模化养殖比重达到51.0%，超额实现了《全国畜牧业发展第十二个五年规划（2011～2015年）》目标。

4. 奶牛养殖区域化成为趋势，优势区域存栏和产量比重提升

在过去计划经济时期，各地区鲜活农产品以自给为主，我国奶业生产也遍布全国31个省（自治区、直辖市）。为了促进国内奶业的持续稳定健康发展，结合养殖历史、地理区位和气候条件等诸多因素，2003年和2007年农业部先后组织并实施了《奶牛优势区域发展规划（2003～2007年）》和《奶牛优势区域发展规划（2008～2015年）》。随着两轮全国奶牛优势区域布局规划的推进，奶牛养殖的区域集中度进一步提高，京津沪奶牛优势区、东北内蒙古奶牛优势区、华北奶牛优势区和西北奶牛优势区共四大区域逐渐形成，其在全国奶业中的地位不断提升。2015年，全国奶牛优势区域（内蒙古、辽宁、黑龙江、山西、山东、陕西、宁夏、新疆、河南、河北、上海、北京、天津13个主产地）的存栏数量为

1258.9 万头，占全国总存栏的 85.1%，产量 3255.6 万吨，占全国总产量的 86.7%。与 2000 年相比，存栏比重提高了 11.7 个百分点，产量比重提高了 9.3 个百分点，见表 2。

表 2　13 个优势区在全国奶牛养殖中的地位

单位：万吨，万头，%

年份	产量			存栏		
	全国	优势区域	优势区域比重	全国	优势区域	优势区域比重
2000	827.4	640.5	77.4	488.7	358.9	73.4
2005	2753.4	2383.6	86.6	1216.1	1054.4	86.7
2010	3575.6	3144.3	87.9	1420.1	1185.0	83.4
2011	3656.0	3214.0	87.9	1440.2	1202.9	83.5
2012	3743.6	3285.9	87.8	1493.9	1253.8	83.9
2015	3755.0	3255.6	86.7	1480.0	1258.9	85.1

资料来源：根据历年《中国奶业统计年鉴》整理。

5. 乳制品加工量快速增长，近十年产业政策不断完善

20 世纪 80 年代以前，由于我国原料奶产量较低，乳制品加工量也相应较少，在相当长的一段时期内属于稀缺产品。20 世纪 90 年代以后，随着国内原料奶产量增加，乳制品加工业也快速发展壮大，尤其 2000 年以来我国乳制品加工量增长迅速。据国家统计局统计，2015 年全国乳制品累计加工量为 2782.53 万吨，是 2000 年 217 万吨的 12.82 倍，2000～2015 年的年均增长率为 18.5%。其中，液体乳的加工量占全国乳制品总加工量的比重超过 90%，2015 年液体乳的加工量为 2521.00 万吨，是 2000 年的 18.80 倍，年均增长 21.6%；干乳制品加工量为 261.53 万吨，是 2000 年的 3.15 倍，年均增长 7.96%（见表 3）。随着乳制品加工业的发展，相关产业政策也不断完善。2008 年 6 月，中华人民共和国成立以来第一部系统的乳制品工业政策《乳制品加工业产业政策》发布，“三聚氰胺”事件后，2009 年 6 月，工业和信息化部、国家发展和改革委员会对《乳制品工业产业政策》、《乳制品加工行业准入条件》进行整合修订，发布《乳制品工业产业政策（2009 年修订）》，乳制品加工业的质量安全逐渐得到重视。

（二）消费现状

1. 乳制品消费受供给和政策影响，居民乳制品消费稳步增加

中华人民共和国成立初期，除了一些少数民族地区外，多数地区的居民极少消费乳制品，相当数量的农村人甚至从未见过和食用过，人均乳制品消费量非常

低。1949 年，我国人均奶类占有量仅为 0.40 千克，其中牛奶占有量为 0.37 千克①。20 世纪 60～80 年代，由于供给不充裕，国家对牛奶实行“严格定量供应”和“凭票供应”，消费人群主要是老人、婴幼儿、病人、外宾及其他特殊用户。20 世纪 90 年代，乳制品供应逐渐充足，政府开始关注提升居民消费水平。随着城乡居民收入水平提高、“学生饮用奶”计划推进和生育政策调整等，10 多年来我国城乡居民人均乳制品消费量（含乳饮料、冰激凌、蛋糕等食品中乳制品的消费量，下同）翻了一番，由 2004 年的 16.07 千克提升至 2015 年的 32.77 千克，提高了 103.9%，年均增速为 6.7%。考虑人口因素，2015 年国内乳制品总消费量（折鲜）5009 万吨，是 2000 年的 4.64 倍，年均增长 10.8%。

表 3　全国乳制品加工情况　　单位：万吨

年份	乳制品	液体乳	干乳制品
2000	217.00	134.10	82.90
2005	1310.42	1145.79	164.63
2010	2159.60	1845.80	313.80
2011	2387.50	2060.80	326.70
2012	2545.10	2146.50	398.60
2013	2697.97	2335.97	362.00
2014	2652.55	2400.00	252.55
2015	2782.53	2521.00	261.53

资料来源：国家统计局。

2. 城乡乳制品消费存在二元结构，农村居民消费增长快于城镇

与长期的城乡二元经济相似，我国城乡居民的乳制品消费也存在“二元结构”。由于我国城乡居民间存在显著的收入差异，城镇居民一直是我国乳制品消费的主力军，其消费量一直明显高于农村居民。根据国家统计局数据，我国农村居民乳制品消费量仅为城镇居民乳制品消费量的 40%～50%，但是 10 多年来农村居民乳制品消费量的增长速度要明显高于城镇居民。根据《中国农业展望报告》（2016～2025），2015 年，农村居民的乳制品消费量为 22.21 千克，是 2004 年的 3.14 倍，2004～2015 年年均增长 11.0%；2015 年，城镇居民的乳制品消费量为 41.02 千克，是 2004 年的 1.63 倍，年均增长 4.5%。但是，受国内乳制品安全事件频发的影响，居民消费信心受到打击，2008 年以后尤其是近两年城乡居民的乳制品消费需求出现疲软状态，国产乳制品消费量增长明显放缓。

① 奶类占有量、牛奶占有量均是笔者根据奶类产量、牛奶产量除以人口数量计算得出。

3. 流通和运输环境不断完善，乳制品消费品种趋于多元化

20 世纪 90 年代中期以前，我国城乡居民的乳制品消费品种相对较为单一，城镇居民以液态奶为主，农村居民以奶粉为主，黄油、奶酪等高端乳制品的消费量极少。1996 年，超市零售业在中国的大中城市出现，并开始经营鲜活农产品，随之冷链物流快速发展，冷冻（藏）设备被零售商广泛应用，农村地区鲜奶消费流通环境逐步改善，广东、上海、浙江、江苏等沿海发达地区的乳制品企业已经推出鲜奶和酸奶直接送到农户家的服务，从而使农村居民增加鲜奶和酸奶消费成为现实。此外，随着营养知识的普及，奶酪、黄油等其他乳制品的高营养价值逐渐被城镇居民认可，不少城镇家庭的孩子已经习惯食用，乳制品消费品种多样化格局将逐步形成，新的市场需求逐渐产生。

（三）贸易现状

1. 国际贸易环境发生变化，乳制品进口由波动到大幅度增长

20 世纪 90 年代以前，我国的乳制品供应主要是依靠自给，贸易量是非常低的。2001 年，中国正式加入世界贸易组织（WTO），乳制品关税水平全面降低，其中鲜奶、奶粉、黄油分别由“入世”前的 25%、25% 和 50% 降至目前的 10%，乳酪由“入世”前的 50% 降至目前的 12%。随着国际贸易环境的变化，与 2000 年乳制品进口 21.88 万吨相比，2002 ~ 2008 年乳制品贸易量略有增长，一直在 26 万 ~ 35 万吨间波动徘徊。2009 年以来，在国产乳制品安全事件频发、国际市场低价、国内需求增加以及《中新自贸协定》实施等多重因素的刺激下，我国乳制品进口量呈现“井喷式”的增长。2014 年，乳制品进口量达到历史峰值，为 180.35 万吨，是 2000 年的 8.28 倍，年均增长 16.3%；同年乳制品贸易逆差 63.38 亿美元，是 2000 年的 40 倍。2015 年，尽管受国内供给相对过剩、企业消除库存压力增大等诸多因素影响，乳制品进口量的增长有所放缓，进口量同比明显下降，但 2015 年乳制品进口量仍达到 160.03 万吨，为历史第二高位，见表 4。

2. 奶粉进口量迅速提升，取代乳清粉成为最主要的进口乳制品

我国进口乳制品一直以乳清粉和奶粉为主。2000 ~ 2008 年，乳清粉进口量基本保持在 12 万 ~ 21 万吨，占乳制品进口总量的 48% ~ 61%；奶粉进口量基本保持在 10 万 ~ 15 万吨，占乳制品进口总量的 30% ~ 40%。2009 年以来，奶粉进口量迅速增加，其占乳制品进口总量的比重不断提升，2010 年奶粉进口量为 41.74 万吨，占乳制品进口总量的比重达到 55.6%，第一次超过乳清粉成为我国最大的进口乳制品。此后几年奶粉进口量继续大幅度增加，2014 年，奶粉进口量达到历史峰值，为 92.33 万吨，比 2000 年增加了 85.0 万吨，年均增长 19.8%，占乳制品进口总量的 51.2%。2015 年，奶粉进口量虽有所下降，但其

占乳制品进口总量的比重依然最高（见表4）。新西兰在中国奶粉贸易国中的竞争优势明显提升，2015 年中国奶粉进口量排名前三位的来源国分别为新西兰、澳大利亚和美国，分别占奶粉进口总量的81.8%、4.9%和3.9%。

表4　乳制品进口情况　　单位：万吨

年份	合计	鲜奶	奶粉	酸奶	乳清粉	奶油	乳酪
2000	21.88	1.49	7.34	0.26	12.29	0.31	0.20
2005	32.03	0.38	10.80	0.05	18.79	1.28	0.72
2010	74.54	1.59	41.74	0.12	26.46	2.34	2.29
2011	90.61	4.05	45.45	0.25	34.42	3.57	2.86
2012	114.00	9.66	57.31	0.48	37.84	4.83	3.88
2013	158.25	18.51	85.44	0.93	43.41	5.23	4.73
2014	180.35	32.02	92.33	0.89	40.47	8.04	6.60
2015	160.03	46.01	54.72	1.03	43.58	7.13	7.56

资料来源：中国海关总署。

3. 液态奶进口增速领跑乳制品，德国是最大的进口来源国

液态奶（鲜奶和酸奶）是我国10多年来进口增长最快的乳制品，尤其2012年以来每年均呈现成倍增长的趋势。根据海关总署统计，2000~2011 年，我国液态奶进口量一直在0.33万~4.31万吨间徘徊，2012年陡然增至10.14万吨，2013年为19.44万吨，2014年为32.91万吨，2015年为47.01万吨，2012~2015年年均增长率高达81.8%（见表4）。在进口量发生变化的同时，21世纪以来，我国液态奶的进口来源国也发生了显著变化，2011年开始德国超过新西兰和澳大利亚，成为我国最大的液态奶进口来源国。2015年液态奶进口量排名前三位的来源国分别为德国、新西兰和澳大利亚，分别占液态奶进口总量的44.1%、16.5%和13.4%。

4.《中新自贸协定》改变贸易格局，进口地由多元向新西兰集中

随着2008年9月《中华人民共和国政府和新西兰政府自由贸易协定》（以下简称《中新自贸协定》）的实施，我国乳制品的国际贸易格局发生了显著变化。2000~2008年，我国乳制品进口国主要包括新西兰、美国、法国、澳大利亚等，各国在乳制品贸易中所占比重相对均衡，从新西兰进口乳制品数量占乳制品进口总量的比重一直在22%~35%之间徘徊。2008年9月《中新自贸协定》实施以来，从新西兰进口乳制品数量迅速提升，其占乳制品进口总量的比重明显提高。2009年从新西兰进口乳制品数量由2008年的7.84万吨猛增到24.74万吨，占进

口总量的比重上升至 41.4%；2012 年从新西兰进口乳制品 56.54 万吨，占进口总量的 49.6%；2015 年从新西兰进口乳制品 92.85 万吨，占乳制品进口总量的 58.0%。目前新西兰在我国奶粉、鲜奶等乳制品贸易中均占有重要地位。

二、存在的问题

1. 生态环境制约日益凸显，奶牛存栏数量增长受到约束

奶牛养殖业的快速发展在改善城乡居民生活的同时，也带来了日益严重的环境污染问题。奶牛的个体生命周期粪便排放量是畜禽中最高的，每头为 20.49 吨，是生猪的 13.47 倍，羊的 25.06 倍。由于观念、技术和经济等多重因素制约，我国大多数奶牛养殖场（小区、户）对环境保护问题并没有得到明显的重视，很多主产省（直辖市、自治区）单位耕地面积上的粪便承载量过高，粪水的肆意排放也导致水体的严重污染。随着 2014 年 1 月 1 日起国家开始实施《畜禽规模养殖污染防治条例》，全国各地对奶牛养殖业的污染防控提出了更高要求，生态环境问题已经成为制约我国奶牛养殖业持续快速发展的主要瓶颈之一。适宜的土地资源减少、水资源短缺、饲料饲草资源不足，存栏数量的大幅度扩充受到约束，同时，由于环境控制成本的增加，奶牛养殖户的养殖积极性受到制约，中国奶业依靠增加存栏数量提高奶产量的时代已经结束。

2. 生产成本高于其他主产国，产业发展缺乏国际竞争优势

我国奶业种牛、冻精、饲草饲料、饲养设备等整个产业链的关键环节均高度依赖进口，且奶业发展方式仍然落后，单产水平相对较低，单位奶产量的成本明显高于世界其他奶业主产国。2015 年，我国奶牛的平均单产水平为 6.0 吨，散养和小规模奶牛养殖场的平均单产水平为 5.3 吨，远远低于美国、以色列等国家平均单产高于 9 吨的水平。由于国内较低的单产水平，以及相对高的饲料成本投入，国内原料奶生产成本平均比其他奶业主产国高出 30% ~50%。根据 FAO 统计数据，近年来中国玉米价格差不多是美国玉米价格的 2.8 倍，作为饲料的主要原料，较高的玉米价格显著提升了国内奶牛养殖成本，且国内奶业奶牛、冻精、苜蓿、养殖设施设备等均依靠进口。根据《全国农产品成本收益调查》，2014 年我国散养和小规模养殖场每千克牛奶的总成本分别为 3.27 元和 3.18 元，大规模养殖场的每千克牛奶成本为 3.70 元，比其他奶业主产国平均高出30% ~50%。

3. 国内外奶价联动性增强，国内原料奶收购价格波动加剧

近年来，随着我国乳制品进口数量激增，国内外奶价的联动性明显增强，国内原料奶收购价格受国际市场的影响逐渐显现。2008 年“三聚氰胺”事件之前，乳制品进口量较少，国内原料奶收购价格受国际市场价格的影响较小，一直呈现稳中有升的走势。2009 年以来，随着乳制品进口数量的增加，国内原料奶收购

价格与国际市场奶价波动趋于一致，2012 年以来国内原料奶收购价格呈现出“过山车”式波动。由于国际市场主要乳制品价格上涨，2012 年 9 月至 2014 年 2 月，我国原料奶收购价格连续 18 个月上涨，累计涨幅为 30.3%；同样，随着国际市场主要乳制品价格下降，2014 年 3 月至 2015 年 7 月，我国原料奶收购价格又出现了连续 17 个月下跌，累计降幅为 20.0%。原料奶收购价格的频繁剧烈波动导致奶牛养殖户的收益极其不稳定，近年来在奶业主产区多次出现“倒奶卖牛”现象，养殖户积极性受到抑制。

4. 乳制品安全事件频发，城镇居民消费出现低位徘徊

乳制品是我国近年来安全事件最为频发的食品之一。从 2004 年的安徽阜阳“毒奶粉”事件，2008 年的“三聚氰胺”事件，2012 年的光明“质量门”事件，到 2013 年的新西兰奶粉有毒物质事件等，频频发生的食品安全事件显著打击了消费者对国产乳制品的消费信心，城乡居民对国产乳制品的信任度明显降低。2004 年以来，农村居民的乳制品直接消费量增长明显放缓，城镇居民的乳制品直接消费量低位徘徊甚至出现了下降。2012 年，农村居民人均乳制品直接消费量（折鲜，奶粉以 1∶8 折算，下同）为 12.9 千克，城镇居民为 20.9 千克，城镇居民人均乳制品直接消费量低于 2003 年的水平（25.07 千克），为 2002 年以来的历史第二低值。受国内消费需求萎靡影响，全国乳制品加工量的增速也明显放缓，2014 年全国乳制品加工量 2651 万吨，同比下降 1.2%，这也是 21 世纪以来的首次下降。

5. 较高零售价格制约市场需求，奶类消费比例明显偏低

在中国，由于人均收入和生活习惯等原因，乳制品消费具有“奢侈品”的特征，即随着收入的增长，城乡居民的乳制品消费量应该明显提高。但当前中国乳制品消费却出现了“收入增长，消费徘徊”的困惑现象，除了上述乳制品安全事件外，国内乳制品零售价格偏高也是导致需求低位徘徊的重要原因之一。近年来国内市场鲜奶和奶粉的零售价格一直呈上涨趋势，其中鲜奶的零售价格从 2008 年的 3.2 元/千克上涨至 2015 年的 5.3 元/千克，累计涨幅为 65.6%，年均增长 7.6%，超过同期 CPI 的上涨幅度。作为价格敏感性产品，零售价格的过快上涨抑制了消费需求的增长。从动物性产品的消费结构看，目前我国城乡居民肉、蛋、奶的消费结构中奶类消费比例明显偏低，发达国家肉、蛋、奶消费量的比例平均为 0.40∶0.06∶1，奶类消费比例最高；而我国城镇居民这一比例为 1.26∶0.41∶1，农村居民为 2.08∶0.51∶1，奶类消费比例偏低，国产乳制品消费萎靡抑制了国内奶业发展。

6. 国内外奶价严重倒挂，进口过快增长冲击奶农利益

受生产成本上升、汇率下滑等多重因素影响，国内外乳制品价格存在倒挂问

题。2009年是国内外乳制品价格出现倒挂现象的转折时期，2009年以前，进口奶粉的到岸价格明显高于国内奶粉的原料奶生产成本，2009年以后，国内奶粉的原料奶生产成本就已经明显高于进口奶粉到岸价格。在国际贸易环境不断开放的大背景下，由于国内外乳制品价格的严重倒挂，乳制品尤其是液态奶和奶粉大量进口，在提升国内消费者福利的同时，也给国内奶业发展带来了一定的冲击。“价廉物美”的进口乳制品，抑制了乳制品加工企业收购国内原料奶的积极性，乳品加工企业在利益面前，更愿意购买进口奶粉，而非采用国内奶牛养殖户生产的原料奶，造成国内奶源的“相对过剩”。例如，2014年我国进口奶粉总量高达92.33万吨，折合原料奶738.64万吨，以同年奶牛单产5.8吨计算，相当于127.35万头泌乳牛的产奶总量，约占我国泌乳牛总量的18%。因此，在2014年底和2015年初奶业主产省（自治区、直辖市）频现“倒奶卖牛”现象，奶农的养殖收益严重受损，不利于我国奶业的持续健康发展。

三、政策建议

1. 加强奶业政策的执行力度，提高产业效率增强竞争力

加强《国务院关于促进奶业持续健康发展的意见》、《奶业整顿和振兴规划纲要》、《乳制品工业产业政策（2009年修订）》、《畜禽规模养殖污染防治条例》等奶业政策的执行，定期开展政策落实情况的监督和检查。通过资金、科技、税收等多种形式，进一步推进奶牛养殖场标准化建设补贴、奶牛良种补贴、性控冻精补贴等扶持措施，将粪污处理设备纳入农机补贴中，鼓励支持国内乳品养殖、加工机械和包装材料等相关产业的发展。在推动规模养殖的基础上，以提高单产水平为突破口，积极开展奶农技术培训，降低生产成本，优化产业结构，提升产业效率，从奶源上增强产业整体竞争力。

2. 构建原料奶价格保险机制，保证奶业生产稳定发展

借鉴其他奶业主产国的发展经验，纠正当前扭曲的奶价形成机制，从奶业风险管理需求出发，建立原料奶收购价格的保险机制，政府补贴保费，由保险公司对原料奶的收购价格保险托底，帮助养殖场（户）规避市场风险，保证奶业生产稳定发展。同时，以保障奶源持续稳定供应和保证中小规模养殖户收入为目标，构建协调配套的奶业支持政策体系，综合运用贸易策略、收入补贴、保险与信贷等政策工具，积极稳妥地推进相关政策的制定落实，为奶业提供全方位多层次的立体安全网防护。

3. 积极提升国内消费者信心，刺激国内乳制品消费需求

一是加强媒体宣传鼓励乳制品消费。一方面，加强国内乳制品质量公益性宣传，提升消费者对国产乳制品的消费信心，提升国产乳制品的市场需求；另一方

面，积极推进巴氏奶、酸奶等低温奶的营养价值宣传，鼓励大众消费低温奶，为国内原料奶的需求市场争取空间。

二是优化产品结构促进消费。推动加工企业乳制品结构转型，增加大众消费产品的供应，将乳制品从“奢侈品”转变为大众消费品，刺激国内乳制品消费需求。

三是多元化渠道拉动消费。通过发放乳制品消费券或优惠券的形式，提升城乡特殊人群和低收入群体的消费，增加居民乳制品消费。

4. 加强国内外市场监测预警，增强进出口贸易调控能力

一是加强市场监测预警研判产业动态。完善乳制品市场的调控机制，建立和完善奶业市场监测预警体系，加强国内外乳制品生产成本差、国内市场价格与完税到岸价差等监测，及时跟踪产业发展动态，准确判断产业发展趋势，引导产业稳定健康发展。

二是“以需定产”稳定国内外市场预期。做好国内乳制品市场的供需研究工作，准确研判国内乳制品市场的供需缺口，及时发布相关信息，稳定国内外市场预期。

三是加强还原奶管理抑制过度进口。严格执行还原奶标识制度，严厉查处不标识复原乳的违规行为，从源头减少企业对进口奶粉的过度需求；加强对有进出口贸易权的企业管理，实现进口乳制品渠道和用途可追溯。

四是运用贸易技术壁垒适当调控进口。加强对进口奶制品的质量检测，对检出问题的奶制品，可以采取暂停进口该国奶制品的措施，适当控制进口量过快增长。

第四章　肉羊产业体系

我国肉羊养殖业历史悠久。改革开放以来，肉羊产业发展加快，逐渐形成相对完整的产业体系。

一、产业发展现状

（一）肉羊养殖生产情况

1. 肉羊养殖品种资源丰富，良种繁育体系初步建立

我国肉羊养殖品种的遗传资源十分丰富。2011 年列入《中国畜禽遗传资源志·羊志》中的肉羊遗传资源达到 140 个，包括地方品种 100 个、培育品种 29 个和引进品种 11 个。其中，小尾寒羊、辽宁绒山羊等 27 个优良地方品种更是纳

入了《国家级畜禽遗传资源保护名录》。这些肉羊遗传资源为我国肉羊产业可持续发展提供了宝贵资源和育种素材。同时，我国也不断推进肉羊良种繁育体系建设，以满足不同生产方式和生产规模的肉羊繁育需求。截至2014年底，我国共有种羊场1730个，较1998年增加了近2倍；存栏种羊达到332.60万只，较1998年增加了近3倍；出场种羊108.85万只，较1998年增加了4倍；生产胚胎11.62万枚，较2002年增加了75.45%。

2. 肉羊养殖方式向舍饲转变，养殖技术水平有所提高

为有效改善、治理和保护草原、山区的生态环境，我国自2003年起推行划区轮牧、休牧和禁牧制度，覆盖范围与强度持续扩大。目前除部分草原牧区实行季节性禁牧之外，其他地区基本执行全年禁牧政策。该政策已经在全国27个省、市、自治区实行。受此政策的督促影响，以及肉羊产业现代化发展的要求，我国肉羊养殖已由粗放放牧方式逐渐向舍饲和半舍饲转变。并且，在此过程中，我国农牧户的肉羊养殖技术水平也有所提高，基本掌握了舍饲饲喂管理技术、基础饲草料加工技术等，肉羊繁育和羊肉生产的水平和效率均有所提高。

3. 肉羊养殖数量波动增加，稳居世界第一大肉羊养殖国

自羊被驯化为家畜以来，中国肉羊养殖业发展迅速，已成为并稳居世界第一大肉羊养殖国。根据统计数据，我国肉羊存栏量已从1965年的13903万只波动增至2014年的30315万只，年平均增长速度为1.60%，实现了继2004年后的再一次突破3亿只大关。与世界其他肉羊养殖国家相比，我国肉羊存栏量遥遥领先，远超世界肉羊养殖大国澳大利亚、新西兰水平，是名副其实的世界第一大肉羊养殖国，肉羊存栏数量占世界肉羊存栏量的比重也从1965年的9.93%波动上升至2014年的14.34%，见图1。

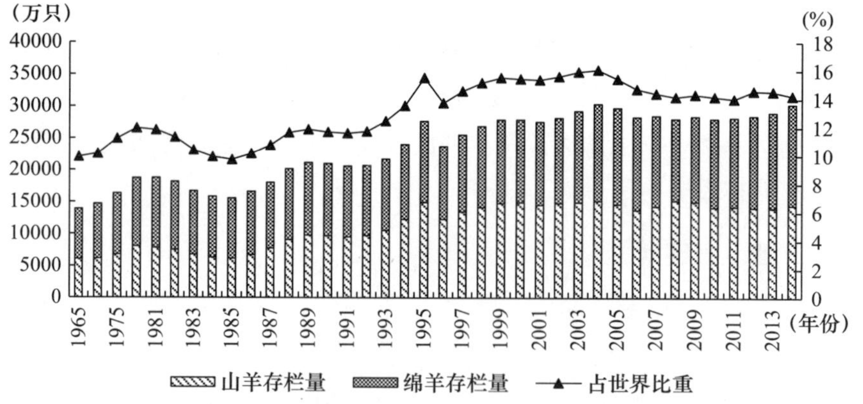

图1 我国肉羊存栏量及其占世界比重变化情况

资料来源：《中国统计年鉴》、FAO数据库。

4. 肉羊养殖产区相对分散，有向优势区域集中趋势

我国基本上所有省区都养殖肉羊，养殖产区相对比较分散。但近年来，我国肉羊养殖有向四大优势区域①集中的趋势。四大优势区域作为我国肉羊生产的主力军，肉羊养殖数量占全国总量的比重一直较高，并且该比重由1980年的77.67%大幅提升至2014年的87.94%，增长了10个百分点左右。从四大优势区域内部看，中东部农牧交错带优势区逐渐发展成为我国肉羊养殖的主要产区，肉羊存栏量占全国的比重从1980年的22.45%上升至2014年的28.21%，高于其他区域，见表1。

表1　我国肉羊养殖区域分布变化情况　　单位:%

年份	西北优势区	西南优势区	中东部农牧交错带优势区	中原优势区	合计
1980	23.11	11.04	22.45	21.06	77.67
1990	23.19	9.11	21.51	27.82	81.63
2000	20.26	10.65	20.17	34.03	85.11
2005	19.64	10.81	24.30	33.03	87.77
2010	20.90	12.37	28.62	24.37	86.27
2014	23.61	12.65	28.21	23.47	87.94

资料来源：《中国统计年鉴》。

5. 肉羊养殖场户数减少，规模化养殖不断发展

受城镇化发展和农牧户就业渠道多样化的影响，我国肉羊养殖场户数正不断减少，已从2002年的3822.41万户减少到2014年的1726.98万户，降幅为54.82%。从养殖场户构成来看，我国肉羊养殖一直以农牧户小规模养殖为主，年出栏肉羊1~29只的养殖场户数一直在80%以上。但该规模水平的肉羊养殖场户数在不断减少，从2007年的2393.44万户减至2014年的1518.69万户，占全国肉羊养殖场户数的比重也从92.82%下降至87.94%。与此不同，我国年出栏羊30~99只、100~499只、500~999只和1000只以上的养殖场户数不断增加，已分别增至169.55万户、34.29万户、3.49万户和0.96万户，较2007年的增幅

① 四大优势区域是指《肉羊优势区域布局规划（2008~2015年）》中的西北优势区、西南优势区、中东部农牧交错带优势区和中原优势区。考虑到数据统计的完整性，西北优势区调整为新疆、甘肃、陕西和宁夏四省区；西南优势区调整为四川、重庆、云南、湖南和贵州五省市；中东部农牧交错带优势区调整为山西、内蒙古、辽宁、吉林和黑龙江五省区；中原优势区调整为河北、山东、河南、湖北、江苏和安徽六省。

分别为6.00%、46.85%、107.74%和284.00%（见表2）。可见，我国农牧户肉羊养殖规模正不断扩大，规模化养殖有所发展。

表2　我国不同规模肉羊养殖场户数变化情况　　单位：万户，%

年份	场户数	年出栏数1~29只		年出栏数30~99只		年出栏数100~499只		年出栏数500~999只		年出栏数1000只以上	
		场户数	比重	场户数	比重	场户数	比重	场户数	比重	场户数	比重
2007	2578.68	2393.44	92.82	159.96	6.20	23.35	0.91	1.68	0.07	0.25	0.01
2008	2297.63	2119.53	92.25	152.76	6.65	23.73	1.03	1.37	0.06	0.24	0.01
2009	2163.06	1970.71	91.11	166.32	7.69	24.25	1.12	1.49	0.07	0.28	0.01
2010	2166.46	1979.52	91.37	160.20	7.39	24.63	1.14	1.74	0.08	0.37	0.02
2011	2080.93	1887.83	90.72	164.49	7.90	25.93	1.25	2.20	0.11	0.48	0.02
2012	1957.98	1755.83	89.68	170.71	8.72	28.44	1.45	2.41	0.12	0.60	0.03
2013	1829.32	1623.65	88.76	170.18	9.30	31.75	1.74	2.93	0.16	0.81	0.04
2014	1726.98	1518.69	87.94	169.55	9.82	34.29	1.99	3.49	0.20	0.96	0.06

资料来源：历年《中国统计年鉴》、《中国畜牧业统计》。

（二）肉羊屠宰加工情况

1. 肉羊销售以贩子收购为主，屠宰以个体屠宰户为主

目前，由于我国肉羊养殖仍然以小户养殖为主，各养殖户的肉羊出栏较少且分布分散，基本上都是通过中间商销售出栏活羊，要么是中间商上门收购，要么是到集市上出售给中间商。这种销售方式方便了肉羊养殖户，同时对收购方来说也很灵活便利。近年来，我国各地也开始鼓励通过合作社、基地等组织实现养殖户与屠宰加工企业的肉羊产销对接。肉羊出栏销售后最终会进入屠宰环节，由于当前我国尚没有出台对肉羊屠宰实施定点屠宰的政策，所以国内肉羊屠宰仍以个体屠宰为主，据估计个体屠宰户大约承担了全国近90%的肉羊屠宰量。伴随着肉羊产业发展，一些规模水平各异的屠宰加工厂、大型现代屠宰加工企业应运而生，这些屠宰企业的设计屠宰能力较大，加工水平也不断深化，逐渐在肉羊屠宰环节中发挥重要作用。

2. 肉羊出栏率和胴体重提高，羊肉产出水平不断提升

随着肉羊育种水平的不断提高、饲养方式的不断规范、饲养科学化程度的不断提升，我国肉羊出栏率和胴体重均呈现不断上升趋势。出栏率从1980年的

22. 65% 波动上升至 2014 年的 94. 81%，大幅提高了 72. 16 个百分点；同时，胴体重水平从 1980 年的 10. 60 千克/只持续升至 2013 年的 14. 80 千克/只，年平均增长速度为 1. 02%。出栏率和胴体重作为羊肉产出水平的两个重要指标，反映出我国羊肉产出水平正不断提升（见图 2）。

3. 羊肉产量大幅增加，长期位居世界之首

在我国肉羊养殖业发展的同时，受肉羊养殖量增加和羊肉产出水平提升的影响，我国羊肉产量也不断增加。自 1980 年以来，我国羊肉产量大幅增加，从 44. 50 万吨增至 2014 年的 428. 20 万吨，增长了近 9 倍，年平均增长率达到 6. 89%。不论在增量还是增幅方面，我国羊肉生产发展取得的成绩不容小觑。随着羊肉产量的增加，我国羊肉生产在世界中的地位也不断上升，羊肉产量占世界羊肉产量的比重从 1980 年的 6. 06% 上升至 2013 年的 29. 23%（见图 3），并且自 1990 年以来羊肉产量长期位居世界之首，是世界最大的羊肉生产国。

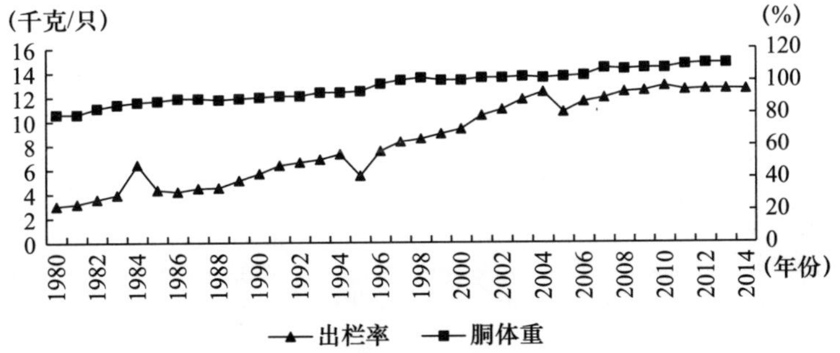

图 2　我国羊肉产出水平变化情况

资料来源：《中国畜牧业统计》、FAO 数据库。

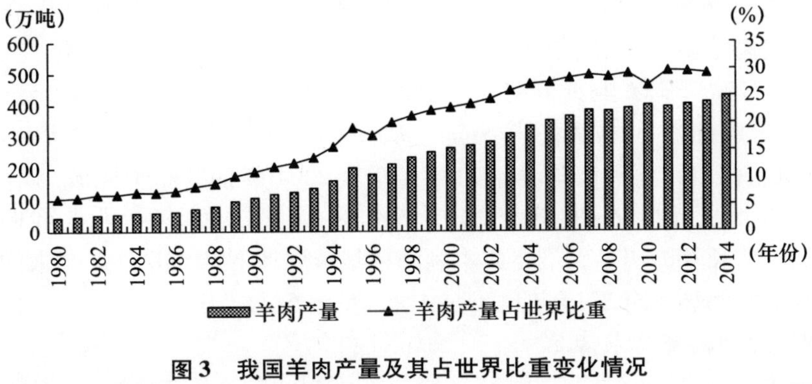

图 3　我国羊肉产量及其占世界比重变化情况

资料来源：《中国统计年鉴》、FAO 数据库。

（三）肉羊养殖效益情况

1. 肉羊出栏价格整体上涨，近年持续回落

自2004年以来，我国肉羊出栏价格整体表现为上涨，从7.14元/千克波动上升至2014年的25.74元/千克，增幅达到260.62%，年平均增长率为13.69%（见图4）。这与长期以来肉羊养殖成本上升、肉羊养殖规模增速放缓和羊肉消费需求旺盛息息相关。值得关注的是，2014年肉羊出栏价格自2013年的28.27元/千克高位开始回落，并且回落趋势一直持续到2016年。根据农业部肉羊生产定点监测数据，截至2016年5月，肉羊出栏价格已不及20元/千克。2013年底，我国22个省区均发生了小反刍兽疫确诊疫情，在国内肉羊供应增加而消费需求减少的供求背景下，受控制疫情的调运限制措施和国外低价羊肉冲击的综合影响，我国肉羊出栏价格自此开始了持续下跌。

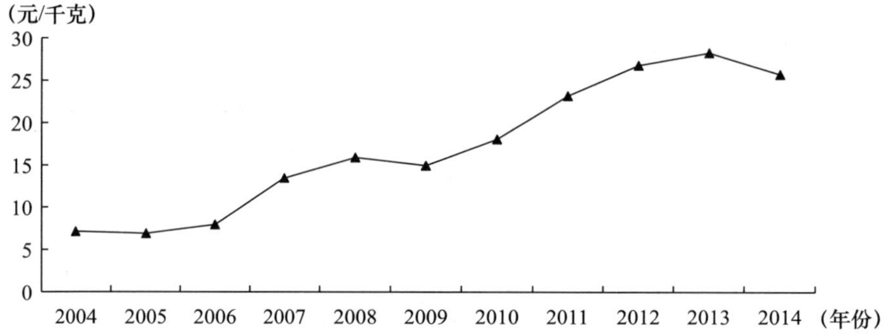

图4　我国肉羊出栏价格变化情况

资料来源：《全国农产品成本收益资料汇编》。

2. 肉羊养殖净利润近年下降，成本利润率大幅下跌

主要受肉羊出栏价格波动的影响，我国每只肉羊的总产值整体波动增加，2014年开始有所下降。与此同时，由于物质与服务费用和人工成本上涨的影响，每只肉羊养殖的总成本也不断增加，从2004年的243.52元增至2014年的1084.81元。最终，每只肉羊养殖的净利润从2004年的85.69元波动增至2012年的197.84元，此后又大幅降至2014年的38.91元。总体看，由于我国肉羊养殖的总成本增长较为明显，最终成本利润率整体波动下降，并且近年来的成本利润率降幅非常明显，至2014年已不足4%，见图5。

（四）羊肉消费需求情况

1. 城乡居民羊肉消费需求先增后减

随着我国居民收入水平的提高、消费观念的转变以及对食品安全的高度关

注，羊肉因其具有的低脂肪、低胆固醇、高蛋白质、高氨基酸等健康特点，受到消费者的欢迎。羊肉消费打破地域和季节限制，从区域性、一季性消费变成全国性、四季性消费，羊肉消费需求增加。然而近年来受中国经济大环境影响，我国居民人均可支配收入增速放缓，加上小反刍兽疫疫情、布病疫情和假羊肉事件引起的消费恐慌，我国居民日常羊肉消费有所减少。并且自 2012 年 12 月以来，中央陆续出台“八项规定”、“六项禁令”以及“反四风”等政策，要求厉行勤俭节约。各地区多举措严格贯彻落实，压缩公务招待费，控制高津贴福利，严禁公款大吃大喝和送礼。受这些举措影响，羊肉作为高价位肉类，政府食堂采购羊肉数量大幅下降，工会团购羊肉作为福利发放的情况基本消失，高端羊肉礼品需求减弱，导致我国居民日常以外的羊肉消费需求量也继续保持紧缩。

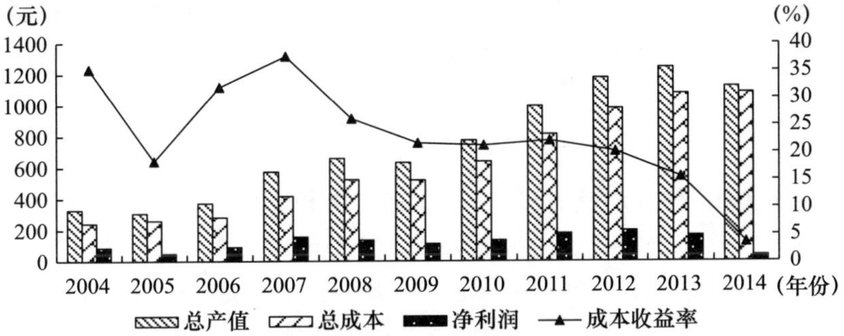

图 5　我国肉羊养殖成本收益变化情况

资料来源：《全国农产品成本收益资料汇编》。

2. 居民人均户内羊肉消费小幅波动，在肉类消费中占比低

从户内消费来看，我国城乡居民人均羊肉消费量一直小幅波动。1995 ~ 2014 年，城镇居民人均户内羊肉消费量在 1.0 ~ 1.5 千克/年水平上下波动，最高为 2005 年的 1.43 千克/年；农村居民人均户内羊肉消费量在 1 千克/年水平以下波动，最高为 2012 年的 0.94 千克/年。并且，城乡居民人均户内羊肉消费量之间的差距在逐渐缩小，1995 年城镇居民人均户内羊肉消费量是农村居民的 2.11 倍，2014 年该比例已降至 1.71 倍。与其他肉类消费相比，我国城乡居民的羊肉消费较少，城镇居民人均户内羊肉消费量占肉类消费总量的比重一直在 6% 以下，农村居民的该指标一直在 5% 以下（见图 6）。

3. 羊肉集贸市场价格大幅上涨，近年开始回落

与肉羊出栏价格波动相似，我国羊肉的集贸市场价格自 2000 年以来持续大幅上涨，但自 2014 年开始高位回落。随着我国居民收入水平的提高和消费观念的转变，羊肉消费需求增长。而国内羊肉生产受禁牧、休牧、轮牧和草畜平衡等

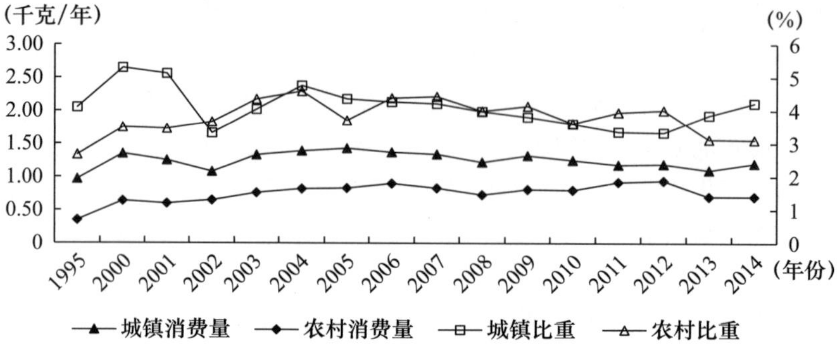

图6　我国城乡居民人均户内羊肉消费变化情况

资料来源：《中国统计年鉴》。

保护生态环境的政策影响，增速明显放缓。国内羊肉市场供不应求的局面，再加上生产成本上升的推动，我国羊肉集贸市场价格持续上涨至2014年的历史高位水平64.88元/千克。2014年以后，国内羊肉消费有所减少，而国内肉羊养殖数量自羊肉价格大幅飙升以来明显增多，羊肉总体供给水平增加。再加上低价进口羊肉和走私羊肉的冲击，我国羊肉价格又开始持续下降。截至2016年5月，羊肉集贸市场价格已降至57.28元/千克，滑落60元/千克的关卡，见图7。

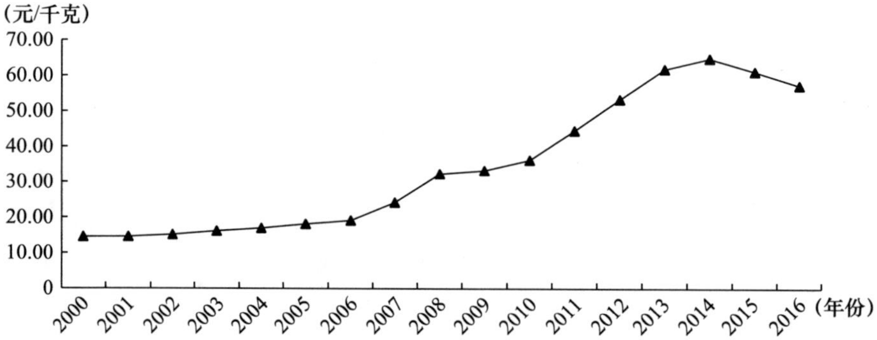

图7　我国羊肉集贸市场价格变化情况

注：2016年价格为1~5月平均价格。

资料来源：《中国农产品价格调查年鉴》、农业部。

（五）羊肉对外贸易情况

1. 羊肉进口规模不断增长，贸易逆差额大幅扩大

1995年以来，我国羊肉进口规模呈现不断增长的势头。进口量和进口额从

1995 年的 0.16 万吨、0.01 亿美元分别增至 2014 年的 28.29 万吨、11.33 亿美元，年平均增长率依次为 31.31% 和 44.79%，羊肉进口规模增长十分显著。与此不同，我国羊肉出口规模先增后减。出口量和出口额先从 1995 年的 0.14 万吨和 0.03 亿美元分别波动增至 2006 年的高峰值 3.34 万吨和 0.67 亿美元，较 1995 年分别增长了约 23 倍和 21 倍。此后，出口规模开始波动下降，一直降至 2014 年的 0.44 万吨和 0.43 亿美元。受羊肉进出口规模变化的影响，我国羊肉贸易也从贸易顺差转变为长期处于贸易逆差，并且贸易逆差额也逐渐扩大到 2014 年的 10.90 亿美元，如表 3 所示。

表 3　我国羊肉进出口规模变化情况　　单位：万吨，亿美元

年份	进口量	进口额	出口量	出口额	贸易逆差
1995	0.16	0.01	0.14	0.03	-0.02
2000	1.78	0.14	0.42	0.06	0.08
2001	2.54	0.20	0.29	0.04	0.16
2002	3.49	0.27	0.50	0.08	0.19
2003	3.41	0.39	1.25	0.21	0.18
2004	3.30	0.43	2.40	0.42	0.01
2005	4.14	0.55	3.00	0.57	-0.02
2006	3.68	0.50	3.34	0.67	-0.17
2007	4.66	0.79	2.22	0.54	0.25
2008	5.55	1.06	1.46	0.50	0.56
2009	6.65	1.39	0.95	0.42	0.97
2010	5.70	1.57	1.35	0.69	0.88
2011	8.31	2.76	0.81	0.53	2.23
2012	12.39	4.22	0.50	0.43	3.79
2013	25.87	9.55	0.32	0.31	9.24
2014	28.29	11.33	0.44	0.43	10.90

资料来源：UN Comtrade 数据库。

2. 羊肉进口来源地和出口目的地比较集中

我国羊肉进口来源地非常集中，主要从新西兰和澳大利亚两国进口羊肉。我国自这两国进口羊肉数量占总进口量的比重一直在 90% 以上，最高时近乎 100%，最低时也在 94% 的水平。并且，自 1995 年我国羊肉主要从新西兰进口，此后澳大利亚也发展成为主要进口来源国，目前澳大利亚在我国羊肉进口市场份

额稍低于新西兰水平。与进口相似，我国羊肉出口目的地也比较集中。在大多数年份，香港是我国羊肉主要出口目的地，对其出口量占出口总量的比重基本都在60%以上。我国羊肉向核心市场进出口所占比重过大，一旦国际贸易环境发生改变，将使我国羊肉国际贸易的稳定性面临较大的不确定性，见图8。

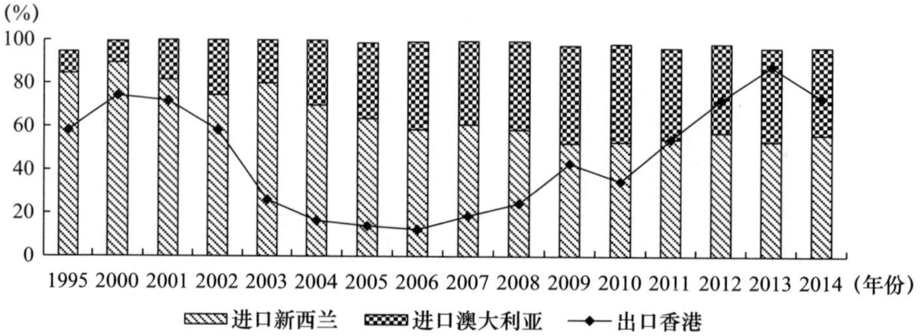

图8　我国羊肉进出口市场份额变化情况

资料来源：UN Comtrade 数据库。

3. 羊肉进口以冻带骨绵羊肉为主，出口以山羊肉和冻去骨绵羊肉为主

我国主要进口冻带骨绵羊肉，其进口量占进口总量的比重一直在80%以上，最高时该比例能达到98%，最低时也在82%的水平。与羊肉进口品种高度集中不同，我国羊肉主要出口品种包括山羊肉和冻去骨绵羊肉。在大多数年份，这两种产品的出口量占出口总量的比重基本都在70%以上，最高时能达到95%左右（见图9）。最初，我国主要出口山羊肉，此后冻去骨绵羊肉也逐渐发展成为主要出口羊肉产品。

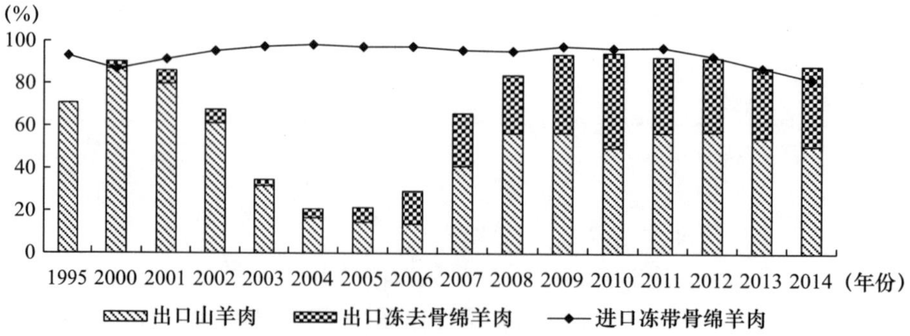

图9　我国羊肉进出口品种份额变化情况

资料来源：UN Comtrade 数据库。

（六）肉羊产业地位情况

1. 肉羊产业在畜牧业中地位稳步上升

肉羊产业作为我国畜牧业的重要组成部分，近年来随着肉羊产业的较快发展，其在我国畜牧业中的地位也是不断稳步上升。1990 年以来，我国肉羊产业产值已从 55. 80 亿元大幅增至 2014 年的 2377. 70 亿元，增长了近 42 倍，年平均增长率达到 30. 74%。与此同时，作为衡量肉羊产业在我国畜牧业中地位的重要指标，肉羊产业产值占畜牧业产值的比重也稳步上升，从 1990 年的 2. 84% 波动上升至 2014 年的 8. 21%，提高了 5 个多百分点，见图 10。

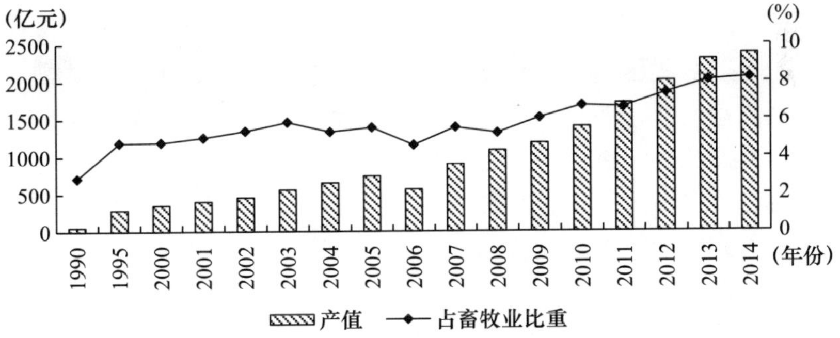

图 10　我国肉羊产业产值及其占畜牧业比重变化情况

资料来源：《中国农村统计年鉴》。

2. 政府对肉羊产业发展的扶持力度不断加强

肉羊产业不仅是我国畜牧业的重要组成部分，也是我国农牧民重要的收入来源之一。为了促进肉羊生产，保障羊肉消费，我国政府对肉羊产业发展的扶持力度不断加强。在育种改良方面，我国于 2009 年、2011 年相继对绵羊、山羊实施畜牧良种补贴，截至 2015 年，国家已累计安排 89. 5 亿元用于畜牧良种补贴，补贴范围已覆盖 19 个省区及新疆生产建设兵团和黑龙江农垦总局。2015 年，农业部还出台了《全国肉羊遗传改良计划（2015 ~ 2025 年）》，以加快肉羊遗传改良进程；在规模化养殖方面，我国自 2010 年开始在全国肉羊品种的优势区域（含农场）开展畜禽养殖标准化示范创建活动，采取“先建后补”的方式支持养殖场标准化改造建设；在生态保护方面，自 2011 年开始我国实施草原生态保护补助奖励政策，补贴范围已由最初的 8 个主要草牧省区扩大到 13 个省区的 268 个牧区半牧区县和其他非牧区半牧区县共 639 个县，以及新疆生产建设兵团、黑龙江农垦总局；在农业保险方面，我国自 2010 年开始将藏系羊纳入中央财政农业（养殖业）保险保费补贴品种范围，并于 2012 年将藏系羊保险保费补贴的区域扩大至全国。目前，我国对肉羊产业发展的扶持政策已经成为常态化的政策，对肉羊产业发展具有持续的政策效应。

二、存在的问题

1. 肉羊育种工作滞后，良种化程度偏低

虽然目前我国肉羊遗传资源十分丰富，遗传改良取得了一定的成绩，但与新阶段的肉羊产业发展需求相比，我国肉羊良种选育工作较为滞后，肉羊良种化程度依然不高。目前，我国肉羊自主育种机制尚未成熟，自主培育的肉羊专用品种较少。尽管自中华人民共和国成立以来，我国自主培育了南江黄羊、简州大耳羊、巴美肉羊、昭乌达肉羊等肉羊品种，但由于这些新品种群体数量和养殖区域覆盖面较小，难以对我国肉羊良种化水平产生根本性影响。并且，我国肉羊育种核心种源长期依赖进口，多年以来从国外引进杜泊、萨福克、无角陶赛特等优质种羊改良国内地方品种。然而由于选育和杂交工作缺乏有效的规划与指导，基础设施装备落后和技术力量不足，品种利用范围有限，我国肉羊选育改良手段相对落后，品种改良方向和技术路线不明确问题较为突出，无序混乱杂交现象较为严重，导致一些杂交改良的肉羊品种遗传性能并不稳定，地方品种的优良特性没有得到有效挖掘，部分地区甚至由于盲目杂交改良造成当地优良品种规模逐步缩减，品种选育整体效率较低，加剧了肉羊良种化程度偏低。

2. 肉羊养殖规模较小，生产方式仍显落后

当前我国肉羊生产中，农牧户小规模散养仍占有相当大的比重。2014 年年出栏肉羊 30 只以下的养殖户户数占全国肉羊养殖户总户数的比重为 87.94%，该养殖规模水平的养殖户出栏肉羊数量占全国总出栏量的 40.30%。小规模分散养殖肉羊方式，使得肉羊产业的小生产与大市场矛盾突出。这种养殖方式下，小规模养殖户的棚圈建设较为简陋，只能遮挡风雪，基本没有保暖设施、防灾减灾设施、粪污无害化处理设施和饲草料储备库，导致在冬季气候异常寒冷时，肉羊死亡率较高、繁殖存活率较低、掉膘问题较为严重，养殖生态污染问题也较为严重。同时，受年龄老化、教育水平偏低的影响，养殖户长期按照传统养殖经验对肉羊进行饲喂和管理，以放牧为主的传统观念还没有彻底转变，对新技术的接受能力较弱，机械化使用程度不高。并且养殖户养殖规模小且分散，不利于肉羊生产、销售等方面信息的直接有效传递。我国肉羊养殖呈现的圈舍条件差、饲养管理粗放、技术采用普及率低、信息传递不灵，使得肉羊生产方式整体仍显落后，制约了我国肉羊产业的现代化发展。

3. 肉羊产业发展日益受饲草料资源、环境保护的约束

随着我国草食畜牧业的发展，饲草料需求量不断增加。然而受到自然因素、

制度因素和人为因素的综合影响，我国草原、山区生态环境恶化，草原沙化、盐碱化、退化的三化问题和山区植被破坏问题较为严重，天然草料生产停滞不前。作为肉羊饲草料的另一个重要来源，我国农作物秸秆资源受加工技术水平的限制，没有得到有效的循环利用和转化。饲草料供应压力大，使得我国肉羊产业发展的饲草料资源供应紧缺问题日益突出。并且，为修复和保护草原、山区的生态环境，我国自2003年开始推行划区轮牧、休牧和禁牧政策，使得肉羊养殖进一步受到环境保护的约束。该项政策的实施，导致肉羊养殖过程中的放牧用地减少、饲草料不足、养殖成本增加等问题日益突出，受制于养殖户自有土地面积有限、养殖投入资金有限，肉羊产业发展受到一定的约束和限制。

4. 肉羊产业化经营水平偏低，产业链涉及环节多

产业化经营是实现肉羊产业现代化的重要途径，而我国肉羊生产的产业化经营水平偏低，并且产业链不健全，涉及环节众多，利益主体复杂且分配不合理。我国肉羊产业链除了养殖户和消费者外，还涉及收购商贩、屠宰加工企业、批发商和零售商等利益主体。养殖户肉羊生产规模小、分布分散以及供应不稳定性，给肉羊生产产业化的实现带来客观限制；屠宰加工龙头企业基于对收购成本、监控成本、违约风险等因素的考虑，联合养殖户开展产业化经营的动力弱，多通过收购商贩开展加工原料收购。同时，连接养殖户和屠宰加工企业的肉羊养殖合作组织发展缓慢、运行不规范，也使得其无法有效推动肉羊产业化经营的发展；批发零售商对市场消费转变和采购价格波动等风险的规避，缺乏与屠宰加工企业建立稳定合同、契约关系的积极性。整体上来看，我国肉羊产业链上的肉羊养殖、出栏、屠宰加工、批发零售之间几乎是各自为政，独立脱节，没有形成生产、加工、销售有机结合和相互促进的产业化机制。并且，肉羊产业的市场风险基本上由产业链中的养殖户和消费者承担，此外养殖户还承担着自然风险和生产风险，而中间环节利益主体基本不存在这类风险，均有固定利润，产业链各环节利润分配不合理。

5. 肉羊屠宰加工方式传统落后，缺乏明确规范管理

屠宰是连接肉羊生产领域和羊肉消费领域的重要环节，也是保障羊肉质量安全的关键环节。目前，我国肉羊屠宰加工方式仍然以传统的个体作坊式手工屠宰为主。这种主流屠宰加工方式卫生条件相对较差，设备机器陈旧简陋，生产工艺落后不规范，且缺乏标准化分割分级技术，屠宰加工水平较低。容易造成肉羊屠宰加工中原料损耗，宰后产品规格、品质不稳定。同时，由于大多数手工作坊质量安全意识较为淡薄，屠宰场内存在疫病及污染隐患。此外，我国仅对生猪、肉鸡实施了全国性强制定点屠宰管理，尚缺乏对肉羊屠宰实施全国性定点屠宰管理办法或规定的出台。尽管内蒙古、宁夏等个别地区政府出台了地方性的牛羊屠宰

管理办法对肉羊屠宰实行定点屠宰、集中检疫，但由于覆盖面有限，我国肉羊屠宰缺乏明确规范管理，个体私屠滥宰的现象十分普遍。这不仅会增加屠宰废弃物、肠胃内容物、屠宰废水等造成环境污染问题，而且容易产生羊肉质量安全问题。

6. 肉羊疫病大范围暴发风险加大，疫病防疫体系尚不完善

在产业发展新形势下，肉羊疫病的发生也呈现出新的趋势和特点。规模化和集约化养殖使饲养密度变大，增加了疫病发生和流行的风险；频繁的跨区域调运流通加大了疫病传播速度与流行强度；经济全球化进程加快和进出口贸易日益频繁引发外来疫病威胁日益严重；环境与机体免疫压力下带来疫病病原变异加剧。这些均导致我国肉羊疫病大范围暴发的风险加大，疫病防控难度加大，更容易对肉羊产业造成较大损失，从2013年底开始暴发的小反刍兽疫疫情中就可以得到验证。自2013年12月以来，我国新疆等23个省区相继发生了小反刍兽疫确诊疫情，截至2016年5月涉及发病羊39912只、死亡羊17728只、扑杀和无害化处理羊59232只①，给肉羊产业发展带来较大冲击。并且，在小反刍兽疫防控中暴露出的我国肉羊疫病防疫体系尚不完善：第一，防疫力量薄弱，我国基层兽医防疫队伍，尤其是村级动物防疫人员数量不足，并且整体素质不高，技术水平和业务能力参差不齐；第二，防疫物力和财力不足，疫苗储备不足难以短时间内满足大范围防疫需求，政府资金储备不足难以支付大范围扑杀或无害化处理补贴；第三，动物疫病管理制度不合理，发病肉羊被扑杀或无害化处理的补偿标准低，导致养殖户受经济利益驱使，主动报案较少，不利于在萌芽状态消灭疫情，确定为疫区后，地方政府领导工作量增加，并且工作业绩考评还会受到影响，疫情上报积极性不高；第四，疫苗研究水平有限，而肉羊疾病病毒变异速度加快，使得疫苗难以有效发挥防治作用，甚至免疫后会对肉羊生产性能产生负面影响。

7. 肉羊进口来源过于单一集中，受国际市场进口冲击加大

我国羊肉进口90%以上都来自于新西兰和澳大利亚，过于依赖这两个进口来源国的产品。进口来源国的过于单一和集中，使得我国羊肉进口面临着巨大的潜在风险。与新西兰、澳大利亚这些国际市场占有率大的羊肉出口国相比，我国羊肉的生产者价格非常高。2013年，澳大利亚的绵羊肉和山羊肉生产者价格仅分别为3053.45美元/吨、2042.41美元/吨，而中国这两种羊肉的生产者价格高达8609.85美元/吨、8393.55美元/吨，羊肉生产明显不具有比较优势和竞争优势。随着中国—新西兰自贸区和中国—澳大利亚自贸区建设的不断推进，中国羊

① 根据农业部兽医局于2013年12月5日至2016年5月16日期间通报的小反刍兽疫确诊疫情情况数据汇总得到。

肉进口正在逐步降低关税。中国自第一大进口来源国新西兰进口的羊肉于2016年开始实施零关税，自第二大进口来源国澳大利亚进口羊肉也于2016年开始在8年内削减至零关税，意味着未来从新西兰、澳大利亚两国进口的羊肉价格优势和竞争优势将更加凸显，势必会进一步打开我国市场，不可避免将加大对我国国内羊肉市场的数量和价格冲击。

8. 政府对肉羊产业的政策扶持力度尚显不足

目前，我国肉羊产业相关扶持政策主要包括畜牧良种补贴政策、畜牧养殖机械购置补贴政策、肉羊标准化规模养殖奖励、重大动物防疫补贴政策、草原生态保护补助奖励、藏系羊农业保险保费补贴试点等。但与种植业和生猪、肉牛等其他畜种相比，政府对肉羊产业的政策扶持力度仍相对不足。

首先，现有扶持政策的覆盖范围不全，除畜牧养殖机械购置补贴政策和重大动物防疫补贴政策已经实现全覆盖以外，良种补贴政策、肉羊标准化规模养殖奖励、草原生态保护补助奖励、藏系羊农业保险保费补贴政策尚未覆盖全部肉羊养殖户。

其次，现有扶持政策的补贴标准相对较低，如肉羊良种补贴标准一直是800元/只，而在实际种公羊购买中仍需要养殖户自筹一半以上的资金。肉羊被扑杀后按照目前国家标准每只只能得到300元的补偿，尚不能弥补生产成本。

最后，现有扶持政策不全面，如随着规模化程度不断提高，农牧户和屠宰加工企业资金短缺、融资难度不断加大等，这些问题也对肉羊产业发展形成制约，但尚未出台相应的扶持政策。

三、政策建议

1. 健全肉羊良种繁育体系，优化肉羊生产区域布局

品种选育与改良是肉羊产业发展最基本也是十分关键的环节，对提高肉羊品种生产性能、稳定遗传特性有着重要意义，同时也是推动我国肉羊产业向良种化、现代化发展的有效途径。因此，健全肉羊良种繁育体系，优化肉羊生产区域布局是推动我国肉羊产业持续发展所应长期坚持的举措。

首先，政府应提高对肉羊品种选育和改良工作的重视程度，从全国层面做好肉羊品种遗传改良计划或规划，健全肉羊良种培育、扩繁、生产三级的良种繁育体系，重点培育并推广繁殖效率高、适应能力强、育肥性能好、产品质量高的肉羊新品种。

其次，加强对原种场、种羊场、扩繁场等各级繁育主体的建设和扶持，可按梯次新建和扩建一批省级种羊场、县级繁育场和乡镇改良站，完善基础设施设备，逐步规范开展品种登记、性能测定、遗传评估以及杂交配合力测定等基

础工作，确保肉羊良种保护和选育改良工作顺利开展；然后，鼓励政府部门联合科研院所、高校等科研机构开展地方优良品种鉴定、选育和保护工作，尝试建立地方肉羊良种基因库。同时，强调各级品种选育和改良主体要理性引进国外优良品种，科学实施杂交育种，避免引种和改良的盲目性、重复性、毁灭性。

最后，引导优势省区在《全国肉羊优势区域布局规划（2008～2015年）》基础上，充分发挥资源优势形成合理肉羊生产布局，大力推进优势区域肉羊良种改良、繁育和推广工作，挖掘地方优势肉羊品种的生产潜力，提高地方优势品种的保护、开发与利用。

2. 鼓励肉羊适度规模经营，加快推进标准化生产

规模化养殖是肉羊产业发展的必然趋势，目前我国肉羊养殖长期呈现小规模分散主导，迫切要求农牧户转变养殖观念和发展思路，推进肉羊规模化经营和标准化生产。因此，鼓励农牧户秉持既要坚持规模也要把握适度的原则，根据饲草料、劳动力、技术水平、资金水平、市场发展等实际条件，发展家庭适度规模养殖。在兴建大型规模养殖场前，更要引导农牧户根据场地面积、劳动力数量、资金实力、市场行情、技术水平等因素综合制定建设规划，做好新建大型规模场的投资效益和风险评估分析，着重考虑市场行情变化对规模养殖场效益的影响，实现大型规模养殖场的新建满足财务可行、经济科学和生态可行。在规模经营发展的同时，也要加快推进肉羊的标准化生产。在肉羊生产中鼓励加快优良肉羊品种的引进、改良和调换等，加强标准化养殖棚圈等基础设施建设，增加实用规范养殖技术、管理方式和疫病防治等养殖技能培训，充分发挥标准化示范创建养殖场户的模范带头作用，逐步实现农牧户肉羊养殖的畜禽良种化、养殖设施化、生产规范化、防疫制度化和粪污无害化。

3. 加强饲草料生产和利用，完善草原生态保护政策

肉羊产业的发展离不开饲草料的物质支撑和保障，在草原、山区生态保护的背景下，加强饲草料生产与利用，完善生态保护政策成为促进我国肉羊产业可持续发展的重要举措。

首先，在坚决贯彻、严格执行国家草原生态保护政策的基础上，积极尝试采取草粮间套耕作制和草田轮作制等方式进行天然草地改良，适宜推进人工草场和半人工草场种植优质高产牧草，保障常规草料资源的供应。

其次，充分利用粮改饲试点机遇，促进饲用玉米、青贮玉米等农作物秸秆资源的种植发展，扩大饲料原料来源，保障饲料品种的多样性。

再次，推行饲草料综合利用机械化技术的应用，通过秸秆青贮、氨化、微贮等加工手段处理提高饲草料的综合利用率水平。

最后，进一步完善草原生态保护政策，提高政策实施的灵活性，适当调整政策的实施细则，综合考虑当年的草场资源情况，适当调整禁牧期，采取季节性休牧、划区轮牧等多种方式，促进天然饲草资源的科学合理利用，避免饲草料浪费。

4. 完善利益联结机制，提高产业化经营水平

肉羊产业化经营是将肉羊产业链的产前、产中、产后诸环节联结为一个完整的产业系统，引导肉羊养殖分散小生产转变为社会化大生产的一种经营方式。

首先，应积极推动肉羊养殖合作社的发展，帮助指导其建立规范章程、管理制度，鼓励通过股份合作、盈余返还等形式加强社员间建立风险共担、利益共享机制，以期提高肉羊生产的组织化程度。

其次，引导合作社或龙头企业牵头发展“龙头企业 + 合作社 + 养殖户”、“龙头企业 + 基地 + 养殖户”等协作模式，通过订单收购、返还利润、参股入股等多种形式，推进肉羊产业主体纵向合作，实现利益联结机制的建立。

再次，建立和规范肉羊活体或产品交易市场，加强加工配送、冷藏冷冻、冷链运输等市场流通设施建设，大力推进产销衔接，鼓励批发市场、大型连锁超市等采购企业与屠宰加工企业建立长期稳定的产销合同关系，减少流通环节，降低流通成本。

最后，完善和优化肉羊产业社会化服务体系，包括向产前的饲草料供应，产中的肉羊饲养管理、繁殖育种、疾病控制，产后的屠宰加工、市场流通等提供整套的技术和信息服务。

5. 规范肉羊屠宰市场，促进屠宰加工技术提升

随着城乡居民食品安全意识的不断增强，食品安全问题已成为人们在羊肉消费时考虑的重要因素。肉羊屠宰加工是对羊肉产品质量安全起到重要意义的关键环节，为确保羊肉食品质量安全，我国需要对肉羊屠宰市场进行严格管理和规范，并进一步促进其肉羊屠宰加工技术的提升。

首先，政府应考虑参考生猪、肉鸡屠宰管理条例以及内蒙古、宁夏等地牛羊屠宰管理办法，出台肉羊强制定点屠宰、集中检疫的全国性屠宰制度，依法取缔除个人自宰自食以外的私屠滥宰，使肉羊屠宰市场的规范有法有依、有章可循。

其次，各级政府要对当地肉羊屠宰加工企业的数量、加工能力、布局等进行统筹监管，对肉羊屠宰加工行业实施严格的准入政策。在屠宰加工企业数量过多、屠宰加工能力严重过剩的地区鼓励已有企业合作、兼并、重组、淘汰，限制相似新屠宰加工企业的建立。在屠宰加工企业缺乏、屠宰加工能力明显不足的地区鼓励能有效解决当地肉羊屠宰加工困境的先进企业成立。

最后，加快肉羊屠宰加工企业的标准化建设，推动屠宰加工企业的卫生标准、活羊宰前检验、宰后肉质检验、屠宰规范流程、冷藏运输、无害化处理、粪污处理等方面的技术改造与升级，鼓励有条件的屠宰加工企业引进购置国外现代化加工工艺和设备，提升肉羊屠宰的加工技术水平。

6. 加强肉羊疫病防控，建立防疫物资储备和补偿预备金制度

面对肉羊疫病发生的新形势和新风险，在生产基础设施较为薄弱、养殖投入逐渐增大的情况下，我国应加强肉羊疫病防控工作。

首先，进一步完善基层防疫体系建设，提高基层防治站点覆盖面，强化基层防疫人员队伍建设，提升基层防疫人员的业务水平和基本待遇，不断完善基层防疫体系的疫病防控服务功能。

其次，加大肉羊防疫执法力度，严格规范查验程序，认真监管活羊跨区跨境流动，切实开展活羊及产品的检验检疫工作，降低疫病的跨区域传播风险，有效控制缩小疫病发生范围和影响程度。

再次，通过财政补贴或税收优惠等措施，充分调动科研单位、兽医药研制企业研发生产羊用新疫苗、新兽药的积极性，满足市场对羊用疫苗和专用药物的数量和质量要求。

最后，考虑到肉羊疫病是否暴发以及在多大范围内暴发，带有很大的不确定性，政府可考虑建立一定量的疫苗与相关防疫物资储备和财政补偿预备金制度，以便在疫病发生时能够集中力量扑灭疫病，并能够及时足额补偿到位，帮助农牧户迅速恢复生产。

7. 加强多边自由贸易谈判，拓宽进口来源渠道

利用国际市场进口肉羊产品有利于在一定程度上缓解国内供需压力，但随着国内肉羊产业面临的新西兰、澳大利亚市场冲击风险明显增强，我国应当尽快加强多边自由贸易谈判，拓宽进口来源渠道。

首先，应该充分认识到由于澳大利亚和新西兰肉羊产品的品质优势和生产水平优势，这两国在我国进口市场上的地位不会发生较大变化，未来这两国仍是我国肉羊产品主要进口来源国的局面在短期内难以改变，产业各主体需做好长期应对进口冲击的心理准备。

其次，在这种背景情况下，我国应当尽可能地加强与其他国家和地区的自由贸易谈判，尤其是与世界其他主要羊肉生产国和出口国的谈判，这样不仅可以增加羊肉进口来源国数量，还可以形成出口国相互竞争的局面。

再次，在保障肉羊产品质量与消费需求的前提下，适当拓宽进口肉羊产品品类，多方面增加肉羊产品的进口，分散过于集中的风险。

最后，可考虑建立肉羊产品进口监测预警机制，动态监控肉羊产品月度、季

度、年度进口价格和数量变化，关注进口市场集中度变化，并注重跟踪、搜集、加工和整理国内外肉羊市场信息，以期能够迅速识别贸易异常情况并提出相应举措，保障国内肉羊产业稳定发展。

8. 完善肉羊生产补贴政策，加大对肉羊产业扶持力度

肉羊生产不仅维系着广大农牧户养殖收入，而且肩负确保城乡居民消费需求的大任。在当期肉羊出栏价格低迷的背景下，更需要有力的扶持政策促进肉羊产业的可持续发展，提高养殖户的养殖信心和积极性。因此，今后应进一步完善肉羊生产补贴政策，加大对肉羊产业的扶持力度，有效保障肉羊养殖户利益和肉羊生产供应。

首先，完善现有的肉羊生产扶持政策，一方面扩大现有种公羊补贴政策、标准化规模养殖奖励政策、畜牧养殖机械购置补贴政策、藏系羊农业保险保费补贴政策的覆盖面，鼓励向优质肉羊生产区域倾斜，向优质肉羊品种倾斜；另一方面提高种公羊补贴、草原生态保护补助奖励政策、扑杀或无害化处理补贴政策的补贴标准，最大限度地缓解生产成本压力和疫病损失压力。种公羊补贴标准和扑杀或无害化处理补贴标准的提高可将补贴标准与市场价格挂钩，前者可按照种公羊市场售价的25%～50%的比例进行补贴，后者可按照实际市场价适当调高补贴。

其次，考虑研究增设肉羊能繁母畜补贴政策，可将补贴标准定在每只200元左右，以确保提高基础母羊存栏量、稳定市场供应能力。

最后，政府可通过同银行、信用社等金融部门合作，通过采取贴息的方式撬动数倍贷款金额，为养殖户、屠宰加工企业等肉羊产业主体提供贷款扶持，解决农牧户肉羊生产资金需求，同时为屠宰加工企业提供流动资金支持。

第五章　绒毛用羊产业体系

绒毛用羊产业是我国畜牧业的重要组成部分，绒毛用羊养殖也是我国中西部农牧民从事的主要产业，羊毛和羊绒更是我国毛纺工业的重要原料。绒毛用羊产业的发展，不仅关系到我国绒毛用羊养殖地区的经济发展、农牧民增收和社会稳定，而且关系到我国毛纺工业的发展。

一、产业发展现状

我国绒毛用羊产业发展历史悠远，自绒毛用羊产业纳入现代农业产业技术体系以来，绒毛用羊产业在品种选育、良种推广等方面获得有力支撑，养殖规模不

断扩大，现代化水平不断提高。本部分主要分析国内绒毛用羊产业发展情况，具体从绒毛产量、需求、成本收益、绒毛质量、价格、绒毛流通以及进出口贸易等几个方面进行分析。

（一）羊毛、羊绒产量总体增加，但增幅缩减，羊毛、羊绒总需求量稳步增长，羊毛、羊绒自给率均有所下降，绒毛市场供需缺口越来越大

1980 年以来，我国羊毛、羊绒产量总体呈增长趋势，但增长幅度逐步缩减。如图 1 所示，1980 ~1996 年羊毛产量高速增长，由 17. 57 万吨增至 29. 81 万吨，涨幅高达 69. 32%，年均增长 3. 35%；1997 年，受亚洲金融危机影响，我国羊毛织品出口下降造成羊毛价格下滑，导致我国羊毛产量出现明显下降，当年为 25. 51 万吨，同比下降 14. 43%；1998 年以后，我国羊毛产量回归平稳涨势，2002 年开始突破 30 万吨，2005 年产量达到 39. 32 万吨，年均增长 5. 07%；之后羊毛产量出现回落，直至 2010 年才开始逐年上升，但增幅下降，2010 ~2014 年年均增长 2. 05%。1980 ~2007 年，受山羊存栏量增长、羊绒生产技术进步及羊绒加工业发展带动等因素的影响，羊绒产量以年均 3. 11% 的速度稳步增长，2007 年达到历史最高，为 1. 85 万吨；2008 年以来，除个别年份我国羊绒产量有下滑外，羊绒产量基本呈小幅增长的特点，2008 ~2014 年年均增长 1. 93%，与 1980 ~2007 年的年均增长率相比，下降了 1. 18 个百分点。

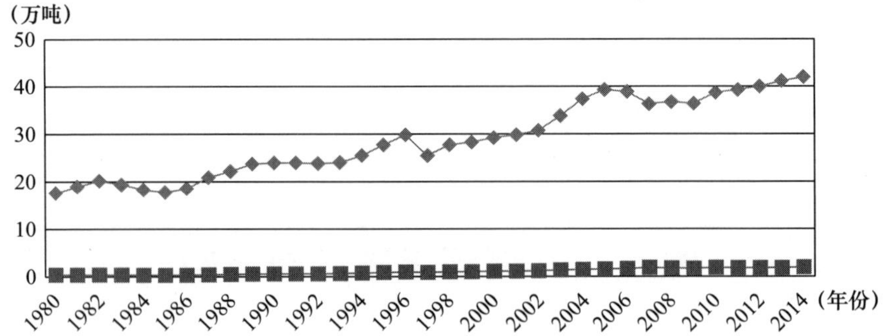

图 1　我国羊毛、羊绒的历年产量变化情况（1980 ~2014 年）

资料来源：《中国统计年鉴》。

我国羊毛、羊绒总需求量稳步增长，羊毛、羊绒自给率均有所下降，绒毛市场呈现出供需缺口逐步加大的特点。2013 年我国羊毛总需求量为 74. 49 万吨，与 2005 年的 63. 18 万吨相比，增长了 17. 90%；羊毛自给率从 2005 年的 62. 23% 波动下降到 2013 年的 55. 19%（见图 2）。可见，我国国内生产的羊毛

越来越不能满足国内总需求，羊毛市场供求缺口较大，对国外羊毛进口依赖加深。我国羊绒总需求量从 2005 年的 1.72 万吨波动增加到 2013 年的 2.43 万吨，增长了 41.28%；羊绒自给率从 2005 年的 89.71% 波动下降至 2013 年的 76.00%（见图 3）。这说明，我国羊绒加工等需求日益旺盛，国内羊绒供需缺口逐步扩大。

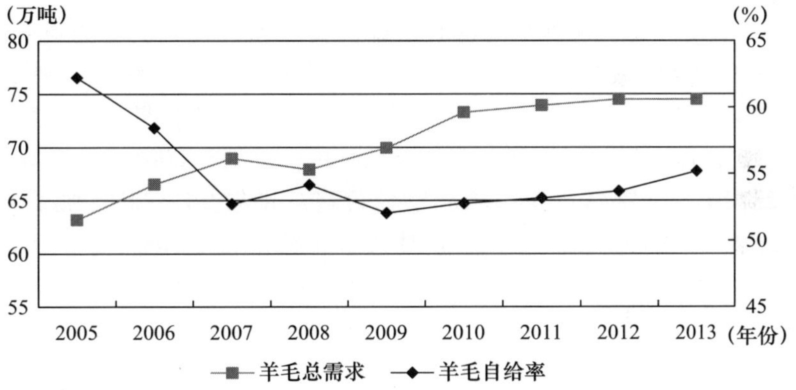

图 2　2005～2013 年我国羊毛总需求及自给率情况①

资料来源：FAO 数据库、UN Comtrade 数据库。

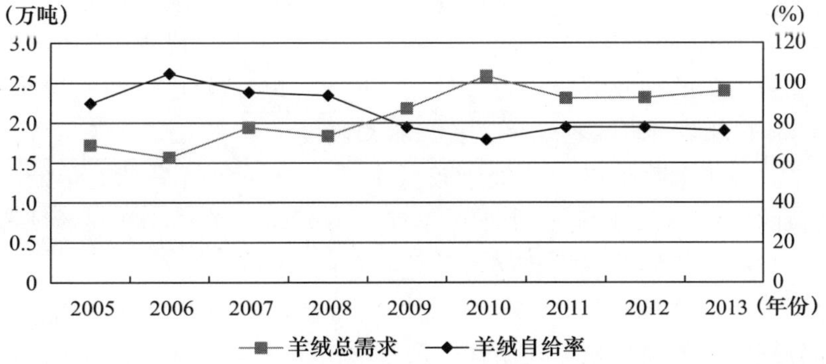

图 3　2005～2013 年我国羊绒总需求及自给率情况

资料来源：FAO 数据库、UN Comtrade 数据库。

① 羊毛总需求量为国内羊毛产量与我国羊毛净进口量之和；羊毛自给率是衡量羊毛供求平衡状况的重要指标之一，其定义为一个国家或地区在一年内羊毛生产量占总需求量的百分数，数值大小能够反映我国羊毛市场供求缺口情况和对外贸易依赖程度。

（二）绒毛用羊养殖成本从“低投入、低成本”向“高投入、高成本”转变，养殖纯收益相对较低

随着生态保护政策的实施和绒毛用羊半舍饲、全舍饲养殖方式的推广，绒毛用羊养殖成本从“低投入、低成本”向“高投入、高成本”转变。一方面，发展绒毛用羊养殖业的固定资产投入越来越大，以内蒙古鄂托克旗为例，该旗家庭固定资产投资一般在 20 万元左右，其中圈舍费用就在 15 万元以上，农用车购置费为 0.6 万 ~ 1.0 万元，铡草机和饲料粉碎机支出相对较低，单价基本在 500 ~ 6000 元；另一方面，绒毛用羊饲料饲喂量增加，加上近年来加工饲料、玉米、苜蓿等饲草料价格持续攀升，使得绒毛用羊养殖饲草料成本进一步增加。如 2014 年鄂托克前旗，加工饲料、玉米、干草及秸秆价格分别较 2013 年上涨了 1.60%、8.37% 和 2.70%；而鄂托克旗玉米和苜蓿价格分别较 2013 年上涨了 5.88% 和 6.91%。2014 年调研地区细毛羊、半细毛羊和绒山羊养殖总成本分别为每只 392.91 元、603.20 元和 616.89 元，其中精饲料费和饲草费成本分别为每只 152.23 元、401.09 元和 332.08 元，在各自总成本中所占比例分别为 38.74%、66.50% 和 53.83%。

绒毛用羊养殖收益是保证农牧民扩大养殖规模、增强养殖可持续性的重要因素，而目前我国绒毛用羊养殖收益相对较低。根据国家绒毛用羊现代产业技术体系产业经济研究团队农牧户调研数据整理计算，在家庭用工不计入总成本的情况下，2014 年调研地区细毛羊、半细毛羊和绒山羊的养殖纯收益分别为每只 151.34 元、217.30 元和 322.55 元；若将家庭用工计入总成本，2014 年细毛羊、半细毛羊和绒山羊的纯收益分别为每只 77.76 元、134.22 元和 226.29 元。

（三）绒毛用羊出现品种退化，良种推广缓慢

近年来，我国羊毛价格一直处于较低水平，2014 年每只细毛羊的羊毛收益占其总收益的比重为 12.62%，半细毛羊仅为 4.42%；2014 年羊绒价格整体呈下降趋势，每只绒山羊的羊绒收益仅占其总收益的 21.06%。受经济效益驱使，多地区绒毛用羊养殖“倒改”、“转产”现象较为盛行。如内蒙古鄂托克前旗、鄂托克旗部分绒山羊养殖户私下利用辽宁盖县绒山羊与当地阿尔巴斯白绒山羊进行“倒改”杂交，虽然产绒量有所提高，但同时也导致阿尔巴斯白绒山羊细度在逐渐变粗；山西省隰县、兴县部分养殖户为提高晋岚绒山羊产肉性能，通过绒山羊多次杂交，导致羊绒产量减少、细度变粗。部分细毛羊养殖户为了追逐经济效益转产肉羊或积极开发细毛羊的肉用性能，忽视了羊毛生产，通过将细毛羊与肉羊种公羊进行“倒改”杂交来提高细毛羊产肉量，结果导致细毛羊品种退化，细羊毛细度逐渐变粗，并且在长度、弯曲度、强度、色泽等方面的性状也在下降。

我国各地的绒毛用羊品种如鄂尔多斯细毛羊、青海细毛羊、中国美利奴羊

(新疆型)、凉山半细毛羊、阿尔巴斯白绒山羊、晋岚绒山羊等都是我国科研工作者历经多年改良和选育而成。但由于当前悬殊的毛（绒）肉差价导致这些优质绒毛用羊品种的养殖总收益较小尾寒羊、波尔山羊等肉羊专用品种低，个别地区甚至提出大力发展肉羊生产的政策导向，而对绒毛用羊养殖重视不足，农牧户绒毛用羊养殖积极性受到很大打击，这使得绒毛用羊良种推广难度加大，进展缓慢。此外，各级政府对绒毛用羊品种改良投入不足，基层组织品种改良和选育工作难以持续开展，致使良种推广工作进展缓慢。

（四）羊毛、羊绒价格走低，国内绒毛市场行情不容乐观

根据国家绒毛用羊现代产业技术体系产业经济研究团队获取的各地羊毛、羊绒的价格数据发现，近些年我国羊毛、羊绒的价格基本呈走低趋势，国产羊毛、羊绒的市场行情不容乐观。2011～2014 年，调研各县的细羊毛平均价格分别为 30 元/千克、22.6 元/千克、21.7 元/千克和 20 元/千克，年均降幅达 11.45%。2011～2014 年，调研各县半细羊毛平均价格分别为 25.3 元/千克、24.3 元/千克、20.6 元/千克和 21.3 元/千克，除 2014 年有微小增长外，其他年份价格同比均有所降低，年均降幅为 9.36%。2011～2014 年，调研各县的羊绒平均价格分别为 376 元/千克、323.5 元/千克、354 元/千克和 330 元/千克，除 2013 年价格同比增长外，其他年份同比均下降，年均降幅为 10.95%。尽管近些年我国羊毛、羊绒的供需缺口越来越大，但国产羊毛、羊绒的价格并未因此走高，这可能与国产羊毛的质量较低、绒毛流通市场秩序相对混乱等原因有关。

（五）绒毛流通渠道得以拓宽，工牧直交方式有所发展

我国绒毛主产区主要分布在我国西部和北部地区，绒毛交易市场发展相对滞后。大部分农牧户销售绒毛主要是通过个体商贩上门收购完成的，双方往往经过简单的讨价还价进行交易。个体商贩上门收购对散养户而言比较方便省事，但其弊端也非常明显。近年来，农牧户对绒毛流通渠道的认识逐步加深，随着农牧民专业合作社数量的快速增长，通过合作社统一销售羊毛、羊绒给毛纺加工企业的农牧户日渐增多，绒毛流通渠道得以拓宽，工牧直交方式也逐渐发展起来。如在乌审旗，合作社将农牧户的细羊毛进行统一分级、筛选、打包、质检，通过当地细羊毛储备交易中心与毛纺企业直接交易，羊毛价格采用净毛计价方式，羊毛生产者也可以直接参与市场竞争。目前，该旗大约 30% 的细毛羊养殖户采用该方式销售羊毛。乌审旗近年来通过“合作社 + 牧户”联合“工牧直交”方式销售的细羊毛占该旗全部细羊毛产量的 1/3，价格高出商贩收购价格 4 元/千克左右。在鄂托克前旗，除商贩收购外，羊绒销售还有工牧直交方式，这两种销售渠道的羊绒收购量各为原绒总量的 50%。参与该旗羊绒工牧直交的企业是鄂托克旗伊吉汗羊绒制品有限责任公司，该公司主要利用原绒生产无毛绒，将产成品大部分

提供给鄂尔多斯集团，少部分出口到意大利。鄂托克旗下一步希望能够建立羊绒交易市场，通过合作社开展羊绒拍卖。

（六）毛纺加工企业数量整体呈上升趋势，加工能力不断提高

近年来，我国毛纺织行业规模以上企业户数整体逐年增加，2011 年下降的原因在于国家统计局自 2011 年起将规模以上企业划分标准由年主营业务收入 500 万元及以上调整为年主营业务收入 2000 万元及以上，受划分标准提高的影响，我国毛纺织业规模以上企业户数由 2010 年的 4027 户减少至 2011 年的 2468 户（见图 4）。就三种分产业而言，毛针织品及编织品制造业规模以上企业户数增长更为迅速，2005 年超过毛纺织和整染精加工业，2010 年企业户数比 2003 年增长了 2.08 倍。这说明伴随着毛纺业的不断发展，企业逐渐由生产初级加工产品向生产精加工品转变。

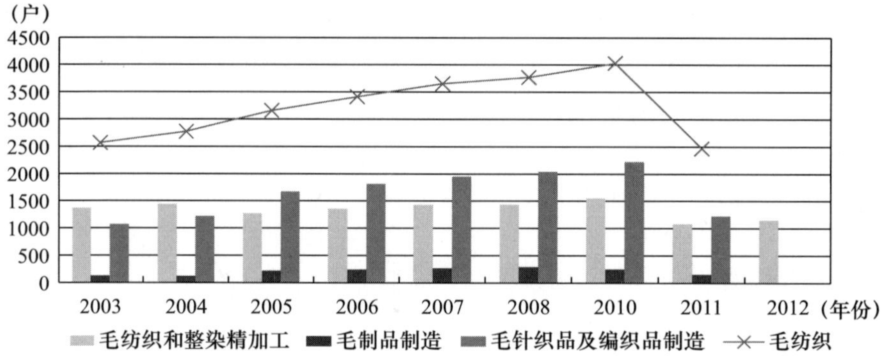

图 4　2003～2012 年毛纺织业规模以上企业户数变化情况

注：由于毛纺织业加工原料以羊毛羊绒为主，考虑到数据的可得性，本书以毛纺加工企业相关数据反映羊毛羊绒加工的部分情况。2009 年中国纺织工业协会未出版发展报告，故 2009 年企业户数缺失。2012 年《中国纺织工业发展报告》统计数据只细分出毛纺织和整染精加工，毛制品制造、毛针织品及编织品制造未再做细分统计，故 2012 年数据缺失。

资料来源：《中国纺织工业发展报告》。

目前，我国羊毛加工生产能力有了大幅提高，羊毛的加工数量和羊毛制品产量不断增加，已形成世界羊毛加工业四大基地，即世界洗毛基地、世界毛条制造基地、世界毛纱及布料制造基地和世界服装加工基地。洗净毛、毛条、毛纱等羊毛初级生产加工量达世界第一，纺织服装出口量居全球第一。全国已形成浙江省桐乡市濮院镇、江苏省吴江市横扇镇、山东省海阳市三大羊毛衫加工基地。我国由于羊毛加工业的稳定发展，羊毛加工量攀升，所占世界羊毛加工量比例提高。2005 年中国羊毛加工量约为 35 万吨，占全球羊毛加工量的 28.50%，到 2010

年，中国羊毛加工量约为41万吨，占全球羊毛加工量的比重达到36.22%[①]。

随着世界羊绒加工贸易中心向中国转移，我国羊绒制品加工能力迅速增强，世界超过90%的羊绒原料在中国完成初加工处理。在初加工企业增加的同时发展了印染、纺纱、织衫以及其他各种加工制成品的下游企业。羊绒制品种类不断增多，产量连续增加，目前全国已形成内蒙古巴彦淖尔市临河区、河北省清河县、宁夏灵武市三大羊绒加工集散中心。目前羊绒产品可分为针织品和机织品两大类：针织品有羊绒衫、羊绒围巾、羊绒裙、羊绒裤、羊绒内衣、羊绒T恤衫、羊绒手套、羊绒袜、羊绒床上用品、家居饰品等，其中最常见的是羊绒衫，其产量占到全部产品的70%左右；羊绒机织品包括羊绒毯、披肩、羊绒面料、衬衣、西服、领带等。2003年我国羊绒衫产量已居世界首位，年加工能力超过2000万件，占世界总产量的2/3以上[②]。截至2009年底，我国羊绒服装、制品加工能力每年达到5000万件，实际加工以羊绒衫为主的羊绒制品达3000万件左右[③]。

（七）近些年，羊毛、羊绒进口量增加，出口量减少，净进口量增加，绒毛进口对外依赖程度进一步提高；羊毛、羊毛条进口来源国比较集中、出口目的国相对分散，羊绒进出口贸易国家均较为集中

目前我国绒毛产量居世界第一位，但绒毛生产大而不强，每年均需从国外进口羊毛、羊绒，尤其是精细羊毛需求基本完全依赖进口。近年来，我国羊毛、羊绒进口量增加，出口量减少，净进口量增加，绒毛进口对外依赖程度进一步提高。具体来看，羊毛进口量由2005年的27.14万吨，波动上升至2013年的34.96万吨，增幅28.81%；2013年羊毛出口量为1.56万吨，与2005年的3.27万吨相比，减少了52.29%；2013年羊毛净进口量33.39万吨，比2005年的23.86万吨增加了28.54%。2005年羊绒进口量为0.49万吨，至2013年进口量为量0.62万吨，增加了27.62%；2013年羊绒出口量为0.0012万吨，与2005年的0.01万吨相比，减少了90.97%；2013年羊绒净进口量0.62万吨，比2005年的0.47万吨增加了24.19%。与羊毛、羊绒进出口贸易形势相反，近年来我国羊毛条进口量减少，出口量增加，净进口量减少。

我国羊毛、羊毛条、羊绒进口来源国比较集中。2013年，我国羊毛前五大进口来源国依次是澳大利亚、新西兰、南非、乌拉圭和英国，其中，仅从澳大利亚一国的羊毛进口额就占当年我国羊毛进口总额的68.83%；2013年羊毛条前五大进口来源国依次是乌拉圭、马来西亚、阿根廷、南非和印度，其中乌拉圭是我国羊毛条的最大进口来源国，从乌拉圭进口羊毛条的金额占我国羊毛条进口总额

① 资料来源：于Fiber Organon。

② 郭东生．对我国羊绒业及其产品市场变化的分析研究［J］．山东纺织经济，2003（2）：7－14.

③ 李进．中国羊绒产品销售情况不容乐观［J］．毛纺科技，2011（11）：43.

的比重达46.49%。我国主要从蒙古国进口羊绒，2013年从该国进口羊绒0.95亿美元，占当年羊绒进口总额的94.20%。与进口来源国集中度相比，我国羊毛、羊毛条出口目的国相对分散。2013年，我国羊毛五大出口目的国依次是韩国、意大利、日本、德国和尼泊尔，对这5个国家的出口额占羊毛出口总额的比重分别为28.86%、18.52%、15.35%、9.69%和6.50%。2013年，我国羊毛条主要出口至韩国、德国、意大利、土耳其和日本，对这5个国家的出口额占羊毛条出口总额的比重分别为20.68%、19.94%、17.99%、8.20%和8.09%。2013年我国羊绒全部出口至尼泊尔，集中度较高。具体见表1。

表1 2013年我国羊毛、羊毛条、羊绒主要进出口国的贸易额排名及比重

单位:%

名次	羊毛				羊毛条				羊绒			
	进口国家	比重	出口国家	比重	进口国家	比重	出口国家	比重	进口国家	比重	出口国家	比重
1	澳大利亚	68.83	韩国	28.86	乌拉圭	46.49	韩国	20.68	蒙古	94.20	尼泊尔	100
2	新西兰	11.63	意大利	18.52	马来西亚	20.78	德国	19.94	阿富汗	2.81		
3	南非	6.83	日本	15.35	阿根廷	15.9	意大利	17.99	伊朗	2.38		
4	乌拉圭	2.71	德国	9.69	南非	3.64	土耳其	8.20	比利时	0.29		
5	英国	2.29	尼泊尔	6.50	印度	2.73	日本	8.09	意大利	0.15		
合计		92.29		78.92		89.54		74.91		99.82		100

资料来源：中华人民共和国海关总署。

二、存在的问题

近年来，我国羊毛进口量依然巨大，肉羊产业冲击、资源环境约束等因素恶化了我国绒毛用羊产业发展的外部环境，加之绒毛用羊产业自身发展基础薄弱，产业发展过程依然存在很多问题亟待解决。

（一）肉羊养殖冲击依然显著，绒毛用羊品种退化问题凸显

近年来，由于羊肉价格不断上涨，再加上肉羊一般多胎且产羔率高，导致肉羊养殖的比较效益凸显，对绒毛用羊产业的冲击依然显著。根据2014年国家绒毛用羊产业技术体系产业经济研究团队农牧户调研数据显示，细毛羊、半细毛羊和绒山羊养殖纯收益分别为平均每只151.34元、217.30元和322.55元，而在调

研过程中了解到，肉羊基础母羊的纯收入一般每只500元左右，肉羊和绒毛用羊养殖收益差距较大，这使得农牧户养殖绒毛用羊的积极性受到了较大打击。

受经济效益驱使，多地区绒毛用羊养殖“倒改”、“转产”现象依然存在。如内蒙古鄂托克前旗、鄂托克旗部分绒山羊养殖户私下利用辽宁盖县绒山羊与当地阿尔巴斯白绒山羊进行“倒改”杂交，虽然产绒量有所提高，但同时也导致阿尔巴斯白绒山羊细度在逐渐变粗；山西省隰县、兴县部分养殖户为提高晋岚绒山羊产肉性能，通过绒山羊多次杂交，导致羊绒产量减少、细度变粗。部分细毛羊养殖户为了追逐经济效益转产肉羊或积极开发细毛羊的肉用性能，忽视了羊毛生产，通过将细毛羊与肉羊种公羊进行“倒改”杂交来提高细毛羊产肉量，结果导致细毛羊品种退化，细羊毛细度逐渐变粗，并且在长度、弯曲度、强度、色泽等方面的性状也在下降。

（二）养殖方式和养殖技术落后，养殖基础设施较为简陋

目前，我国绒毛用羊的养殖方式仍然以农牧户家庭散养为主，部分地区的农牧民依然采用靠天养羊的传统生产方式。养殖方式落后、现代化养殖技术应用水平较低、养殖基础设施较为简陋等问题普遍存在。

从绒毛用羊的养殖方式和养殖技术来看，大多数养殖户习惯按照自己多年积累的经验进行养殖和管理。未禁牧地区普遍采用完全放牧模式，部分农牧户夏秋季放牧时间都超过10小时；季节性禁牧地区往往采用“放牧+舍饲”的模式，放牧期间一般任由羊只自由采食，大多数农牧户不注重补饲，舍饲期间，羊只的饲草料以本地种植农作物为主，很少使用青贮饲料；全年禁牧地区要求全舍饲圈养绒毛用羊，但农牧户目前尚不能掌握科学的饲草料加工技术，不同饲草料的配比、饲喂量和饲喂时间也多是根据个人经验决定。部分农牧户没有参加过绒毛用羊养殖技术相关培训，参加过的也大多表示因自身文化程度、养殖规模等因素的限制没有采用新型养殖技术。

从养殖基础设施看，除少部分养殖户依靠政府扶持或个人投资修建了标准化圈舍外，大部分养殖户的圈舍较为简陋，不仅占地面积较小，而且没有专门的消毒设施及保暖设施。如山西省隰县、兴县样本农牧户家中的圈舍大多比较简陋，当初建羊舍的投入多是几千元，甚至几百元。脏乱差的圈舍环境不仅限制了农牧户绒毛用羊养殖，也给羊群带来很大的疾病隐患，一旦遇到严寒天气，极易产生羊只死亡损失。据当地农牧户反映，修建羊圈费用相对较高，缺乏资金成为改善圈舍饲养环境的一大难题。

（三）生产合作组织发展相对滞后，职能发挥欠缺

专业合作社、养殖协会等生产合作组织有利于增强小规模分散经营养殖户的市场力量、实现规模经营、降低经营风险。目前我国绒毛用羊养殖专业合作社、

养殖协会等生产合作组织尚处于发展初级阶段，总体数量不多，而且已经成立的生产合作组织普遍存在农牧户合作意识薄弱、组织运行机制不规范、职能发挥欠缺等问题。

根据2014年国家绒毛用羊产业技术体系产业经济研究团队的调研情况，我们了解到，目前已经注册成立的各类生产合作组织基本都有完整的章程，但是在实际运作中，这些章程大多流于形式，对合作组织运行和内部成员基本没有约束力。合作组织主要提供养殖技术、统一防疫等一般性服务，仅有较少的合作组织可以提供统一配种、统一剪毛、统一销售等服务项目，但普遍没有长远发展规划，内部业务分工不明确，利益分配制度不健全，组织与成员之间没有紧密的利益链接关系，导致合作组织缺乏凝聚力，经济合作功能不能有效发挥。参加了合作组织的多数养殖户表示合作组织向他们提供的实质性生产经营服务很少，参加合作组织并没有给养殖经营活动带来太大变化，合作组织对养殖户的吸引力较弱。此外，据调研地区农牧业局领导反映，目前很多合作组织法人对合作组织如何运行、如何盈利并不清楚，只是为获取项目扶持资金去工商局做了登记注册，相关部门对合作组织的监管力度不够。

（四）绒毛用羊养殖受到资源和环境双重约束，养殖成本增加

为改善和保护草原、山区生态环境，各省区均出台并实施了禁牧、草畜平衡等草原生态保护政策或封山禁牧政策，并在逐步推广绒毛用羊舍饲、半舍饲养殖。随着生态保护政策的实施，农牧户的绒毛用羊养殖规模普遍受到限制，养殖过程中饲草料不足、放牧用地减少等问题也较为突出，自然资源和环境约束越来越大。根据2014年国家绒毛用羊产业技术体系产业经济研究团队的调研情况，内蒙古鄂托克前旗、鄂托克旗除禁牧区外的各类草原、林地及其他土地全部实行休牧、划区轮牧和以草定畜，这决定了绒山羊养殖规模不可能出现大幅度的增加。青海省各调研县主要是划区轮牧，超过政府确定载畜量的农牧户需要按照相关规定减少绒毛用羊养殖数量，未超载养殖的农牧户不能随意扩大养殖规模，只能在政策规定范围内从事养殖活动，实现草畜平衡。新疆各调研县根据各地的实际情况分区域实行了季节性禁牧或全年禁牧，山西省各调研县则是全年禁止农牧民在草地、林地、荒山、荒滩上放牧养殖绒山羊，积极推行舍饲圈养制度。

为了继续从事绒毛用羊养殖，农牧户只能增加投入，修建圈舍及相关配套设施，并且通过人工种植牧草、购买饲草料等方式来确保饲草料供给，这些都导致农牧户养殖成本增加。与此同时，近年来加工饲料、玉米、苜蓿等饲草料价格持续上涨，养殖成本进一步增加。虽然国家实行了禁牧补助、草畜平衡奖励等多项补贴政策，但现行标准远不能弥补禁牧等生态保护政策给养殖户带来的养殖成本增加和经济利益损失。

（五）绒毛用羊养殖户年龄老化、受教育程度偏低

目前我国从事绒毛用羊养殖的农牧民年龄普遍偏大，根据2014年国家绒毛用羊产业技术体系产业经济研究团队农牧户调研数据显示，被调研农牧民平均年龄45.21岁，其中，年龄在35岁以下的仅有16.67%，从事绒毛用羊养殖的农牧民年龄多在40~60岁，占被调研农牧户的67.11%，年龄最大的为71岁。年龄偏大的农牧民大多采用传统方法从事绒毛用羊养殖，养殖方式粗放落后；年轻的农牧民由于外出务工、经商，较少从事绒毛用羊养殖，造成绒毛用羊产业从业人员结构不够合理，绒毛用羊养殖后备力量不足。

绒毛用羊养殖户受教育程度偏低也制约了我国绒毛用羊产业发展。根据2014年国家绒毛用羊产业技术体系产业经济研究团队农牧户调研数据，仅有1.75%的农牧民具有大专及以上的学历，69.30%的农牧户完成了九年义务教育，获得初中学历，还有16.67%的农牧民未受过教育（见表2）。受教育程度较低使得农牧户对现代化养殖技术的学习速度较慢，掌握程度不高，不利于农牧户解决现代化养殖技术应用过程中产生的各种实际问题。同时，农牧民普遍市场意识淡薄，缺乏经营管理能力，这必然会影响我国绒毛用羊产业从传统型向现代型的转变。

表2　样本农牧户受教育情况　　单位:%

受教育程度	全部养殖户	细毛羊	半细毛羊	绒山羊
未受过教育	16.67	11.36	31.67	11.25
小学	37.28	34.09	43.33	36.25
初中	32.02	30.68	23.33	40.00
高中或中专	12.28	20.46	1.67	11.25
大专及以上	1.75	3.41	0	1.25

资料来源：2014年国家绒毛用羊产业技术体系产业经济研究团队内蒙古、青海、新疆、四川、山西等地农牧户调查问卷。

（六）绒毛流通渠道单一，交易方式落后

我国绒毛主产区主要分布在我国西部和北部地区，绒毛交易市场发展相对滞后。大部分农牧户销售绒毛主要是通过个体商贩上门收购完成的，双方往往经过简单的讨价还价进行交易。仅有少部分农牧户通过合作社、加工企业或到集市上销售羊绒。个体商贩上门收购对散养户而言比较方便省事，但其弊端也非常明显。

首先，农牧户分散经营、分散销售，组织化程度较低，获取绒毛市场价格信息的渠道较少，在收购环节中议价定价能力较弱，因此，商贩“压级压价”的

现象非常普遍，直接损害了农牧户的经济利益。

其次，绒毛收购仍以污毛（绒）计价为主，个体商贩和农牧户没有条件也没有能力对绒毛进行分级定价交易，往往通过手感目测、看货议价等主观经验确定价格，致使绒毛难以实现优质优价。

最后，个体商贩的人员、数量不固定，其行为也带有较强的不确定性，一旦毛纺加工需求减少，个体商贩数量就会随之锐减，容易产生绒毛销售困难。以内蒙古鄂托克旗为例，该旗羊绒销售价格在经过2013年的上涨之后，2014年出现回调，销售价格同比下降6.25%。而由于上年加工企业疯抢、羊绒市场行情好，使得当地大多数养殖户对2014年羊绒价格预期较好，收购初期惜售心理增强，而到后期已经没有商贩上门收购，导致许多养殖户的羊绒都积压在家，若积压时间过长或保管不当极易造成羊绒资源损耗。

（七）财政补贴较少，政府扶持力度较弱

为了保障国家食物安全，促进农牧民增收，国家近年来不断加大对畜牧业的扶持力度。但是与生猪、肉牛、肉羊等畜种相比，政府针对绒毛用羊的政策相对较少，对绒毛用羊产业发展的扶持力度较弱。从中央政策层面看，目前有关绒毛用羊的扶持政策包括良种补贴、禁牧补助、草畜平衡奖励、机械购置补贴、标准化规模养殖扶持政策等。然而这些扶持政策对于绒毛用羊产业而言普遍缺乏全面性和针对性，补贴金额少且政策覆盖范围小。以良种补贴为例，我国于2009年、2011年起分别开始对绵羊、山羊实施种公羊补贴政策，目前内蒙古等19个省区能繁母羊存栏2万只以上的县（市）内，能繁母羊存栏量30只以上的农牧户在购买获得政府有关部门认定的优质种公羊时可获得800元/只的补贴。目前政府部门认可的优质细毛羊、绒山羊成年种公羊的市场售价大多在4000元/只以上，个别生产性能好的售价能达到10000元/只以上，但种公羊补贴标准一直未变，远远满足不了养殖户购买优质种公羊的资金需求。此外，还有一些地区尚未被纳入畜牧良种补贴政策辐射范围内，农牧户购买优质种公羊积极性较弱。从地方政策层面看，有的地区由于重视当地畜牧支柱产业的发展，对绒毛用羊产业给予了较大的财政支持，如内蒙古乌审旗、鄂托克前旗、鄂托克旗等，但是大部分地区针对绒毛用羊产业出台的地方扶持政策较少，有的地方政府着力扶持经济效益明显的肉羊、肉牛等其他畜种的养殖，对绒毛用羊产业不够重视，地方财政投入不足。

（八）羊毛生产受进口羊毛冲击风险增强

尽管我国羊毛产量逐步提升，但由于国内羊毛加工能力巨大，国内毛纺加工企业每年均需从澳大利亚、新西兰等国进口大量羊毛用于加工生产，特别是精纺所用的细羊毛主要依赖澳大利亚进口。根据中国—新西兰自贸区协定，新西兰进口羊毛配额关税为零。值得一提的是，中国与澳大利亚自由贸易协定已于 2014 年 11 月 17 日实质性结束谈判。根据澳大利亚外交贸易部发布的中澳自贸协定免税清单显示，在 WTO 关税配额（28. 7 万吨）基础上，澳大利亚将从中国获得 3 万吨的羊毛专属出口配额，并且自协议生效起到 2024 年，该数额将以每年 5% 的比率增至近 4. 5 万吨，同时享受零关税优惠政策。这意味着我国羊毛市场将进一步放开，澳大利亚羊毛进口量必将大幅度增加。由于澳大利亚羊毛质量优于国内羊毛，且生产成本较低，具有较强的竞争性，进口数量的增加将会挤压国内羊毛的市场空间。在国内羊毛市场份额下降的同时，进口羊毛对我国羊毛生产带来的冲击必将导致生产羊毛的农牧户蒙受经济损失，羊毛产业的振兴与发展也将受到威胁。

三、政策建议

近年来，在肉羊生产和进口羊毛双重压力以及资源和环境的双重约束下，国内绒毛产业发展形势不容乐观。重视绒毛产业发展，加强对产业发展的支持体系建设已经刻不容缓。针对目前我国绒毛用羊产业发展过程中存在的主要问题，结合国际经验，从养殖、生产、加工、流通及外贸各个环节提出如下对策建议。

（一）加大绒毛用羊品种培育和保护的力度

1. 增强绒毛用羊品种选育和改良工作的可持续性

品种选育与改良工作是保持优良绒毛用羊品种生产性能和稳定遗传特性的必要手段。该项工作具有较强的社会效益和外部经济特征，为此，建议政府加大对科研部门的投入及基层部门的资金支持，确保品种选育和改良工作的可持续性。

首先，应增加对绒毛用羊品种培育工作的科技投入，鼓励科技人员通过现代科技手段培育出适应市场需求的优良品种，如毛（绒）肉兼用品种、超细毛羊品种等。

其次，保障基层部门开展相关工作所需经费，充分发挥种羊场、改良站、扩繁站等基层单位在品种选育和改良工作中的积极作用。

最后，积极做好良种繁育推广工作，通过宣传良种选育的相关知识，提高农牧户品种选育的科学意识，逐步引导农牧户通过购买绒毛用羊良种冻精和种公羊等进行品种改良，淘汰落后品种，更新生产能力。

2. 实施绒毛用羊优良品种保护政策

我国绒毛用羊养殖历史悠久，多数绒毛用羊优良品种是几代科研人员历经数十年辛勤努力培育出的成果。然而，部分地区的农牧户对细毛羊、绒山羊的“倒改”使得有些优良品种已经面临品种消失的危机。为此，建议实施绒毛用羊优良品种保护政策，为绒毛用羊产业后续发展提供保障。

首先，国家应当建立绒毛用羊优良品种保护体系，将各地绒毛用羊的优良品种纳入保护体系之中。

其次，合理规划绒毛用羊养殖区域布局，对于珍稀地方品种资源，应在养殖核心区内划定区域建立保护区，保护区内禁止引进其他品种。

最后，设立专项资金用于开展绒毛用羊核心种群保护工作，具体操作上要以综合试验站、种羊场等基层单位为主体实施保种补贴项目，按照种羊存栏数量、建设规模及科研实力等指标拨付保种经费，并鼓励各级繁育场（站）通过建立以大型良种专业户为基础的种畜扩繁基地、与周边农牧户开展联合经营等多种方式参与优质绒毛用羊核心种群保护工作。

3. 提高种用公羊良种补贴力度

种用公羊良种补贴政策是提高绒毛用羊良种化水平、促进绒毛用羊产业持续健康发展的重要措施。然而，目前用于绒毛用羊的良种补贴资金较少、补贴标准较低，且补贴范围尚未实现全覆盖。2014 年，中央财政通过畜牧发展扶持资金安排 12 亿元实施畜牧良种补贴，其中安排羊良种补贴 1. 98 亿元，仅占全部资金总额的 16. 50%，分配到绒毛用羊良种上的比例更少。根据 2014 年国家绒毛用羊产业技术体系产业经济研究团队调研情况，我们了解到，一些地区如内蒙古、青海等地并不是所有购买绒毛用羊良种的农牧户都能获得补贴，由于分配到旗县的绒毛用羊良种补贴指标太少，而符合条件养殖户众多，因此存在农牧户补贴名额分配困难的情况。因此，建议完善现行的种公羊补贴政策：

一是继续加大中央财政对绒毛用羊良种补贴资金的投入，逐步扩大种用公羊补贴政策覆盖面，将更多的优质绒毛用羊品种纳入其中，增加补贴数量，使购买优质种公羊的养殖户都能得到补贴，提高农牧户购买绒毛用羊良种的积极性。

二是适时提高绒毛用羊良种补贴标准，可借鉴农机购置补贴标准的计算方式，将补贴标准与其市场价格挂钩，按照其市场售价的 25% ~50% 的比例进行补贴。

三是健全中央财政拨款与地方配套给付机制，严格监督管理，各项目省和项目县基层畜牧部门要在保证项目效果的前提下加快实施进度，财政部门要根据项目实施进度，及时结算补贴资金。

4. 出台绒毛用羊能繁母羊补贴政策

为了保护绒毛用羊优良品种，还应注重提高农牧户养殖绒毛用羊的积极性，为此建议出台实施绒毛用羊能繁母羊补贴政策，安排中央财政补贴资金并配套地方财政补贴资金对能繁母羊进行补贴。在补贴品种上，应以绒毛用羊良种化普及推广为导向，对不同的绒毛用羊品种实施不同的补贴额度，即补贴金额与绒毛用羊品种挂钩，实现“优品优补”；在补贴标准上，考虑到目前肉羊养殖收益与绒毛用羊的收益差距，可以根据绒毛用羊能繁母羊在品种、生产性能等方面的差异，将能繁母羊补贴标准定在100～500元/只；在补贴对象上，应将所有绒毛用羊饲养场和小规模散养户纳入补贴实施范围，实现补贴范围的全覆盖。

（二）加强科技服务体系建设，增设棚圈等基础设施建设补贴

提高绒毛用羊养殖过程中的科技水平，是改善和提高绒毛质量、促进绒毛用羊产业由传统向现代转变的重要途径。因此，建议加强科技服务体系建设，促进绒毛用羊科学化、标准化、规模化养殖。

首先，应加强基层畜牧技术推广人员队伍建设，不仅要重视现有技术推广人员综合业务能力的提高，还要注重改善基层技术推广人员的福利待遇，吸引更多的优秀人才加入到绒毛用羊专业技术推广队伍中来。

其次，应切实加强对农牧户的养殖技术和养殖管理的培训，逐步引导农牧户传统养殖观念的转变，提高农牧户的养殖技术水平。从培训工作的具体内容来看，当前主要应加强关于选种选配、日粮配制、人工种草、青贮制作、疫病防治等方面技术的培训，确保新型养殖技术在当地的实用性，必要时可结合当地的养殖特点、自然环境等进行适应性调整；从培训工作的实际操作看，在技术培训过程中，要及时了解农牧户的实际需求和对培训技术的掌握情况，创新培训工作的方式和方法，使农牧户能够将新型养殖技术真正运用到实际生产中去。

最后，扩展科技服务内容和领域，除养殖技术外，还可提供绒毛价格、质量、供需等方面的信息服务，逐步培养农牧民的市场意识和质量意识。

针对棚圈建设困难、生产生活条件较为艰苦的地区，应建立必要的补贴机制，如增设棚圈等基础建设补贴。补助资金可由中央划拨至农牧业局，由农牧业局根据当地实际养殖情况，以“养殖户覆盖面最大化”为原则，制定相应的棚圈建设验收标准和补贴标准，防止片面追求规模化，确保大多数养殖户都能够获得棚圈建设补贴，有保障地修建或新建棚圈。

（三）积极推动绒毛用羊生产合作组织发展

发展农牧户合作生产的组织模式尤其是“合作社＋农户”的生产组织模式，是解决我国绒毛用羊养殖方式落后、农牧户组织化程度低，实现绒毛用羊产业“做大做强”的必然选择。因此，政府部门应当加强政策引导和扶持，积极推动绒毛用羊生产合作组织发展。

首先，加大宣传力度，通过对养殖专业合作社的发展给予法律宣传和政策引导，让养殖户了解合作社的作用、有关政策和典型经验，促使农牧户之间自发组织成立绒毛用羊生产合作组织。

其次，通过贷款优惠等援助政策，鼓励养殖大户、种羊场、基层农村干部、绒毛收购商贩、绒毛加工企业等牵头成立较为规范的绒毛用羊生产合作组织，尤

其注重发挥养殖大户的带动作用，发挥绒毛收购商贩在销售方面的优势。

再次，建立健全相关法律法规制度，加大对合作社登记注册、经营运作的监管力度。

最后，政府相关部门还应提供必要的指导，帮助合作组织建立规范的章程、管理制度、利益分配制度等，并加强对合作社管理人的职业培训，使其掌握合作社从注册到经营运作再到后续管理的整套运行机制，提高其经营管理能力。

（四）完善生态保护政策，促进绒毛用羊产业与环境协调发展

草原生态保护政策或封山禁牧政策，有利于促进生态环境改善，实现草原、山区可持续发展，这是国家的整体利益和全社会的责任，农牧户在此过程中增加了开支，政府应该给予相应的补偿。目前国家已在内蒙古等 13 个省区建立草原生态保护补助奖励机制。根据 2014 年国家绒毛用羊产业技术体系产业经济研究团队调研情况可知，内蒙古、青海、新疆、四川等地的农牧户都领取到了相关补贴，山西隰县和兴县虽然执行全年禁牧政策，但农户并未获得相关补贴。从农牧户调研情况看，政策实施以来，补贴标准偏低、禁牧带来的养殖成本增加等问题较为突出。因此，建议进一步完善禁牧等生态保护政策，维护农牧户养殖利益。

一是扩大禁牧补贴范围，尽快实现禁牧补贴、草畜平衡奖励等与禁牧相关的扶持政策在所有禁牧地区的全覆盖，确保农牧户因禁牧导致的经济损失能够得到一定程度的补偿。

二是提高禁牧补助、草畜平衡奖励等生态保护政策的补贴标准，具体的补贴标准应该结合草原类型、载畜能力、饲草料价格等因素综合研究制定，以更好地弥补舍饲圈养引起的饲养成本上升对农牧户造成的不利影响。

三是提高生态保护政策实施的灵活性，在禁牧时间、禁牧范围和禁牧方式等方面不搞“一刀切”，允许各省区按照“以草定畜”、“草畜平衡”和“科学养畜”等基本原则，综合考虑不同旗县草场资源状况、气候环境等自然条件的差异，适当缩短或调整禁牧期，并采取禁牧、休牧、划区轮牧等多种方式，促进天然饲草资源的科学合理利用。

（五）制定饲草料种植补贴政策，增加人工草场补给

饲草料是绒毛用羊产业发展的重要物质基础，其产量、质量、价格对绒毛用羊养殖有着直接影响。近年来，绒毛用羊养殖过程中饲草料供给短缺问题逐渐显现。大多数绒毛用羊养殖户受年龄偏大、受教育程度偏低、靠天养羊传统观念根深蒂固等因素的限制，再加上饲草料种植比较效益远不如棉花、甜菜等经济作物，导致饲草料种植积极性不高。根据农牧户调研情况可知，种植牧草的农牧户绝大多数是自产自用，未能形成规模化种植、专业化生产的格局。因此，需要政府通过制定相关政策鼓励饲草料种植。

首先，尽快出台优质饲草料种植补贴政策，对生产中使用饲草料良种的农牧民和其他生产者给予补贴。应坚持优先补贴、统筹兼顾的原则，优先补贴给农牧民，兼顾其他生产者；优先补贴优质品种，统筹兼顾其他品种，以达到调动农牧户积极性、推广种植优质良种、增强优质高产饲草料供给的目的。

其次，依托技术指导员和科技示范户开展牧草示范种植，实现统一技术指导、统一供应籽种和统一标准投入。对经济收益高的技术指导员和科技示范户给予奖励，对指导不力、管理不善，造成经济收益损失的给予处罚，提高农牧户对饲草料种植的重视程度。

最后，大力开展人工种植牧草，并在牧草草种、种草肥料、牧草收割机械设备等方面向农牧户提供更多的支持，尤其是草场质量退化严重、产草量大幅下降的地区更应积极开展人工种草，增加人工草场补给，以提高草原生产力和承载能力，缓解草畜矛盾。

（六）加快建立、健全绒毛用羊流通市场及其配套机制

我国绒毛主产区销售渠道单一，缺少固定、规范的绒毛交易场所，流通秩序不规范等严重损害了生产者、加工者的利益，因此应加快建立绒毛流通市场建设，拓展绒毛流通渠道，规范流通秩序，保障农牧户和毛纺加工企业的利益。

首先，应尽快建立科学的绒毛分级办法，制定并推行绒毛分类分级收购的国家标准，逐步建立绒毛“优质优价”的销售机制，协调加工企业与绒毛生产者之间的利益关系，实现“等级差价”收购，调动养殖户提高绒毛品质的积极性，促进养殖户增收。

其次，建立完善绒毛售前检验制度，积极推广绒毛公正检验，具体操作上可由当地农牧业局家畜改良站或专业纤维检验机构承担绒毛质量检测工作，确保检验机构出具的检验证书的真实性和权威性。

再次，在绒毛主产区根据产区羊群分布情况，合理布点建立标准剪毛棚、标准抓绒场所，成立专业机械剪毛队，培育专业分级员队伍，促使绒毛专业分级员逐步具备质量监督的职能，并建立分级员操作与绒毛质量相关联的追溯体制，促进绒毛品质的提高。

最后，在拍卖机制不健全的情况下，应尽量减少绒毛流通的中间环节，如鼓励专业合作社、协会将当地生产的羊绒集中起来销售，组织协调合作组织与毛纺加工企业的对接，积极推行工牧直交和牧工商联营，疏通绒毛流通渠道，推动绒毛用羊产销对接。

（七）研究制定绒毛差价补贴政策

近年来，国内绒毛价格低迷，卖毛（绒）难、卖价低等问题经常出现。根据2014年国家绒毛用羊产业技术体系产业经济研究团队农牧户调研数据显示，

有67.77%的细毛羊养殖户迫切希望出台羊毛价格支持措施，是各品种中政策需求最高的一项；羊绒价格较高，但近年来羊绒价格波动较大，羊绒效益不稳定，27.27%的绒山羊养殖户希望出台羊绒价格支持措施；13.56%的半细毛羊养殖户希望获得半细羊毛价格支持，居于14项希望获得的政策首位。绒毛价格低迷，不仅会给农牧户造成直接经济损失，还会影响农牧户绒毛生产积极性，使得绒毛生产存在萎缩风险。因此，应尽快研究并出台绒毛价格支持政策，保护国内绒毛生产。在政策操作方式上，借鉴国内粮食最低收购价格政策和国外羊毛价格支持政策的经验教训，建议采用差价补贴模式，即由政府部门根据我国羊毛、羊绒的生产成本和近年的市场价格制定合理的目标价格，农牧户按照市场价格随行就市销售绒毛，如果市场价格低于该目标价格，政府相关部门按照市场价格和目标价格之间的差价给予农牧户补贴；如果市场价格高于目标价格，政府不必采取任何市场干预行为。在补贴标准上，建议将差价补贴与净毛（绒）率、羊毛（绒）细度等质量指标挂钩，加大对优质细羊毛、羊绒的补贴力度，促进养殖户提高绒毛品质。

（八）建立羊毛进口信息预警机制

我国是绒毛生产大国，但羊毛尤其是细羊毛仍是供需缺口较大的农产品之一，为了平衡这一缺口，每年均需要进口一定数量的羊毛。但大量进口势必造成对国际羊毛市场的过度依赖。我国对进口羊毛采取关税配额制度进行管理，2014年羊毛进口关税配额总量为28.7万吨，毛条为8万吨。根据中国—新西兰自贸区规定，新西兰进口羊毛配额内关税税率已经降为零。目前中国—澳大利亚自贸协定已经签署，澳毛对中国关税水平也将降为零。国外羊毛质优价廉，国内羊毛生产受国外羊毛冲击风险增强。为了应对澳大利亚等国外羊毛对我国羊毛生产的影响，防止国外羊毛冲击国内市场，应建立羊毛进口信息预警机制，紧密跟踪国际羊毛市场供给变化、价格波动和市场结构变化，及时调整生产结构，在一些关键性生产、流通环节或其他重要环节实现突破性进展，降低生产成本，提高羊毛质量，增加羊毛产量，扩大国内市场份额，增强国内羊毛竞争力。及时关注羊毛累计进口量的变化情况，当羊毛进口量超过国内承受的限度时，采取相关措施进行补救，如鼓励国内加工企业使用国内羊毛，对直接采购国内羊毛的企业实施生产奖励政策。此外，还应促进国内加工企业实施统一的进口战略，规避澳大利亚等其他国家羊毛在羊毛定价权上的垄断。

第六章　肉鸡产业体系

经过30多年的持续发展，中国肉鸡产业已成为农业和农村经济的支柱产业，带来了巨大的经济和社会效益，不仅在改善中国人民的膳食结构、提高人民的身体素质以及提升中国农业尤其是畜牧业生产结构等方面做出了巨大贡献，而且在一定程度上也缓解了农村剩余劳动力的就业压力，促进了农民收入的增加，推动了中国肉类加工业的发展和农业产业化的进程。

一、产业发展现状

肉鸡产业是畜牧业的重要组成部分。我国肉鸡产业从20世纪80年代起步到90年代的大规模兴起，再到当代肉鸡业规模的不断发展壮大，取得了令世界同行瞩目的成就。

（一）发展历程

肉鸡产业的主产品是鸡肉，其次为鸡爪及食用杂碎等副产品。从鸡肉产量增长的角度来看，自中华人民共和国成立以来，我国肉鸡产业经历了缓慢发展、快速增长阶段后，目前已经进入稳步转型期，如图1所示。

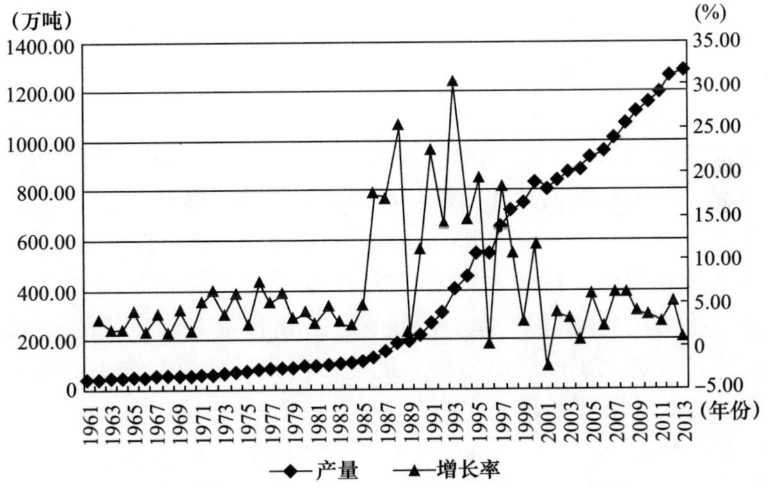

图1　1961～2013年我国鸡肉产量变化趋势图

资料来源：FAO数据库。

纵观中国肉鸡业发展历程，大体经历了三个明显的发展阶段：

第一阶段为缓慢增长阶段（1961～1985年）。1985年之前，由于受限于各种因素，肉鸡生产发展比较缓慢。1961～1985年鸡肉产量由44.50万吨增加到112.00万吨，比1961年增加了67.50万吨，年均增长率为3.93%，增长速度非常缓慢，期间增量最多的1976年增长率也仅为7.40%。

第二阶段为快速增长阶段（1986~2000年）。1986年以后，随着独立自主市场主体的逐步形成，中国所有制经济和生产体制出现了新的格局，我国肉鸡养殖在改革发展中进入快速增长阶段。特别是随着一批中外合资企业的进入，直接引进国外先进的生产技术和管理经验进行“高位嫁接”，肉鸡养殖进入专业化的高速发展时期。1986~2000年鸡肉产量由131.50万吨迅猛增长到836.40万吨，增长了6.36倍，比1985年增加724.40万吨，年均增长率为14.64%。期间除了1989年、1996年、1999年的增长率分别为2.07%、0.36%和2.89%外，其他年份增长率均在10.00%以上。

第三阶段为标准化规模发展阶段（2000年以后）。2001年以来，我国肉鸡养殖业逐步进入标准化、规模发展阶段。自20世纪末，受畜产品结构性过剩、饲料资源和劳动力短缺、能源价格上升、畜禽疫病、畜产品质量安全和环境问题等多种因素的制约，中国畜牧业发展面临着市场和资源的双重约束和环境保护的压力，促使企业在激烈的市场竞争中，不断进行以提高质量、增加效益为目的的结构优化调整，由数量增长型向质量效益型转变，养殖方式由散养向专业化、规模化转变，产业整合速度加快，初步形成了以养鸡龙头企业带动农户养鸡的产业化体系。2013年鸡肉产量为1278.54万吨，比2000年增加了442.14万吨，年均增长率为3.34%。虽然现阶段肉鸡养殖增速有所放缓，但肉鸡饲养由分散经营向适度规模发展的速度加快，集约化程度不断提高。《中国畜牧业统计年鉴》显示，年出栏万只以上的肉鸡规模化比重由2007年的55.0%提升到2014年的73.3%。

综上所述，中国的肉鸡业1985年以前发展缓慢，属于自给自足的家庭副业，在农业中处于补充地位。1986~2000年是肉鸡业全面快速发展时期，实现了畜产品供求基本平衡的历史性跨越，从而奠定了其农业支柱产业的地位。21世纪以来，肉鸡生产则进入了以提高质量、优化结构和增加效益为主的规模化、标准化、产业化、现代化发展阶段。

（二）生产现状

1. 品种及分类

我国肉鸡品种，依据羽色和来源分为三类：白羽肉鸡（俗称快大型肉鸡）、黄羽肉鸡和肉杂鸡（又称817），分别占出栏比重约为50.2%、40.3%和9.5%（依据2014年资料估算）。

（1）白羽肉鸡。白羽肉鸡是指现代速生型肉鸡，其品种羽色绝大部分为白色，生长速度快，饲料转化率高，出栏体重大，便于屠宰分割；又称快大型肉鸡，快大型白羽肉鸡，本书简称白鸡。目前，白羽肉鸡祖代鸡100%依赖进口，主要品种有AA+、科宝艾维因、罗斯308、哈伯德等，其中哈伯德引自法国，其他品种均来自美国。2010年以来，我国每年大概从国外引进白羽肉鸡祖代种鸡 100 余万套，各品种比例大致为：AA + 为 44%、科宝艾维因为 14%、罗斯 308 为 40%、哈伯德为 2%。

（2）黄羽肉鸡。黄羽肉鸡是个比较宽泛的概念，通常指除了白羽肉鸡外的全部肉鸡，包括我国土生土长的地方品种和以我国地方品种为主培育的肉鸡品种，本书简称黄鸡。早期多以黄羽为主，现在也包括了黑羽、麻黄羽等。以肉质佳、外貌好、体型小等为主要特点，主要包括土鸡、柴鸡、三黄鸡、乌鸡等各类型品种。根据其生长速度又细分为快速型、中速型和慢速型（优质鸡、土鸡等）。

截至 2014 年底，通过"国家畜禽遗传资源委员会"审（鉴）定成为国家级遗传资源的黄羽肉鸡品种达到 74 个。其中，配套系 45 个，地方鸡种 28 个，培育品种 1 个。而目前市场上使用量较大的通过审（鉴）定的有 40 ~ 50 个品种（配套系），该部分约占黄羽肉鸡出栏量的 65% ~70%；没有通过审（鉴）定而在市场上占有较大份额的有 40 ~ 50 个品种（配套系），该部分约占黄羽肉鸡出栏量的 30% ~35%。

快速型黄羽肉鸡一般含有较多的国外种鸡血缘，生产成本低，其肉质较差，适合较低档次的消费需求。商品鸡生产性能为 40 ~ 55 天上市，体重 1.5 ~ 1.7 千克。快速型黄鸡生长速度快、周期短、生产效率高、价格较低；较适合屠宰加工，适宜集约化规模养殖，不适合放养。早期快速型黄鸡产量较大，近年来有所降低，2014 年约占黄鸡产量的 30%。其主要代表品种有：新广黄鸡、岭南黄鸡和五星黄鸡。

中速型黄羽肉鸡也称仿土鸡。为了提高地方品种的生产性能，降低生产成本，满足不同消费群体的需求，将地方鸡种与国外高产品种进行杂交改良而成，其体型外貌类似地方鸡种，但含有部分外国鸡种的血缘。其公鸡多在 60 ~ 70 天上市，母鸡在 80 ~ 90 天上市，体重在 1.5 千克左右。中速型黄鸡生产成本较慢速型低，肉品质较快速型好，价格、体型适中，适宜屠宰，多为北部和中部地区的宾馆饭店采用。其主要代表品种有新兴矮脚黄鸡。

慢速型黄羽肉鸡也称优质型。以地方品种或以地方品种为主要血缘的鸡种，其生产性能低，但肉质优良，售价较高。一般公鸡 80 ~ 90 天出栏，母鸡 100 ~ 120 天出栏，出栏体重 1.2 ~ 1.4 千克。消费市场以两广地区为代表，中北部地区高档宾馆饭店也有使用。其主要代表品种有：雪山草鸡、天露麻鸡和谭牛鸡，以及广西三黄鸡、广东清远麻鸡和海南文昌鸡等地方品种。

（3）肉杂鸡。肉杂鸡是指以肉鸡和蛋鸡杂交后生产的肉鸡，为我国肉鸡的另一特色。早期多以快大型白羽肉鸡和蛋鸡杂交，近年有用黄羽肉鸡参与进行杂交的。具有体型小、早期生长速度快、饲料转化率高、饲养周期短等特点，多用于屠宰后加工熟食制品。目前有专业化培育的趋势，又称小白鸡。该类型目前尚无通过审（鉴）定的配套系，但有不少正在进行培育中试的产品。其主要代表品种为五星小白鸡。

2. 生产能力

据中国畜牧业协会监测，2009～2014 年我国祖代白羽肉种鸡年均存栏为 105.2 万套，最多时为 2012 年，达到 119.7 万套，最少为 2009 年，达到 85.9 万套。按照商品代白羽肉鸡年出栏 45 亿～46 亿只推算，存栏 100 万套左右的在产祖代白羽肉种鸡，即可满足市场需要，2014 年白羽肉种鸡存栏 107.4 万套，比较接近这一水平，种源供应略有充裕。

2009～2014 年我国祖代黄羽肉种鸡年均存栏为 135.9 万套，最多时为 2014 年，达到 138.8 万套，最少为 2010 年的 131.5 万套（见图 2）。整体来看，2009 年以来，祖代黄羽肉种鸡的存栏稳定在 130 万～140 万套，年增减幅度维持在 5%左右，2014 年的变动幅度更小。按照 2014 年黄羽肉种鸡的实际产能水平推算，正常开产的话可向市场提供 47 亿只商品代黄羽肉鸡，而全国商品代黄羽肉鸡的市场需求量在 40 亿只左右。因此，当前的祖代黄羽肉种鸡存栏依然保持较高水平。

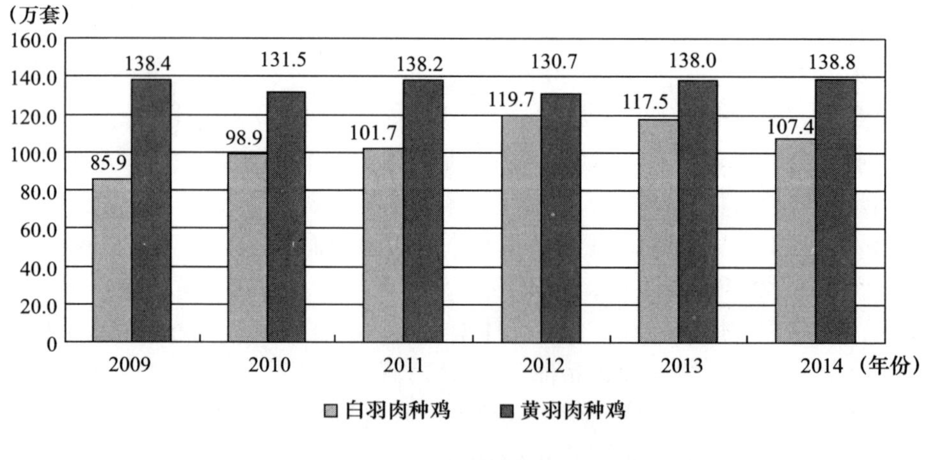

图 2　2009～2014 年我国祖代肉种鸡年均存栏

资料来源：中国畜牧业协会。

3. 生产布局

我国肉鸡饲养区域十分广泛。近年来，除西藏、青海和宁夏等地饲养量较少以外，其他 28 个省（市、自治区）都有规模不等、数量不一的肉鸡饲养，但主要集中在华中、西南、华北和东北等地区。2014 年，山东、辽宁、广东、广西、江苏、河南、安徽、四川、河北、湖北 10 个主产省区的鸡肉产量达 876.6 万吨，约占全国鸡肉总产量的71.5%。近年来，我国北方产区的鸡肉产量呈现上升趋势，但仍以南方产区为主，2014年南方产区的鸡肉生产总量占全国鸡肉总产量的56.06%。

（1）区域角度的鸡肉生产格局变迁。总的来看，我国鸡肉生产的格局自1985年以来变化较大。从表1中可看出，1995年之前我国肉鸡养殖一直集中在南方地区，1985年南方产区鸡肉产量占到全国鸡肉总产量的80.21%，而对应的北方产区鸡肉产量比重最低。在1995年以后南方产区的鸡肉产量占总产量的比重降幅较大，2005年甚至一度降至46.95%，但随后又有所上升，说明南方地区鸡肉在我国鸡肉总产量中占有举足轻重的地位。

从具体的地区看，目前肉鸡养殖主要集中在华东、华中、华北和东北地区，1995年以来，华北地区鸡肉产量约占我国鸡肉总产量的30%，其中山东、河北和河南是我国鸡肉生产大省。华中和西南地区由于饮食习惯，鸡肉消费量较大，因而其鸡肉产量也较大，二者合计约占全国鸡肉产量的25%~35%。此外，东北地区由于饲料成本较低的优势，鸡肉产量在全国也占有一定的比例。

表1 1985~2014年我国鸡肉生产格局 单位:%

地区	1985年	1990年	1995年	2000年	2005年	2010年	2014年
北方产区	19.79	27.90	44.95	43.15	53.05	42.88	43.94
东北地区	6.12	8.95	11.79	14.98	15.26	13.16	13.12
华北地区	11.99	16.94	30.97	25.88	33.44	27.16	27.89
西北地区	1.69	2.01	2.19	2.29	4.35	2.57	2.93
南方产区	80.21	72.10	55.05	51.89	46.95	57.12	56.06
东南地区	4.09	3.81	2.84	2.24	1.98	2.16	1.95
华中地区	20.10	16.60	12.09	14.59	15.29	16.81	17.35
西南地区	19.16	17.44	14.54	14.93	11.88	18.69	19.24

注：①东北地区包括黑龙江、辽宁、吉林；华北地区包括北京、天津、河北、山西、山东、河南；西北地区包括陕西、甘肃、青海、宁夏、新疆、西藏、内蒙古；东南地区包括上海、江苏、浙江、福建、广东；华中地区包括安徽、江西、湖北、湖南；西南地区包括广西、重庆、四川、贵州、云南、海南。

②资料来源于《中国统计年鉴》，鸡肉按照禽肉产量×70%估算。

（2）主产省区角度的鸡肉生产格局变迁。从图3可以看出，我国排名前十位的鸡肉主产省区在1990年以前的产量差别不是特别大，在1990年之后的鸡肉产量差距逐步扩大，尤其是排在前五位的山东、广东、辽宁、广西和江苏的鸡肉产量远高于其他的省份，2014年这五个省区鸡肉产量占全国鸡肉总产量的43.68%。

从具体的主产省区的格局变化来看（见表2），1985～1995年是我国肉鸡产量增长速度最为迅猛的十年，同时也是各主产省区增速最快的十年，在这十年中我国肉鸡主产省区的格局也发生了一些较为明显的变动。进入20世纪90年代中后期，我国肉鸡产量增速明显放缓，主产省区的格局也基本稳定下来。从1985～2014年肉鸡生产前十强省区的排序变动看，河南、河北、湖北从十强之外一跃而成为肉鸡生产大省，而原来的十强省吉林、湖南、浙江和福建，虽有较好的生产基础，但由于产量增长缓慢，被挤出了十强之外。在十强省区中，山东、辽宁凭借相对更高的增长速度排名分别由1985年的第七位和第十位上升到2014年的第一位和第三位。

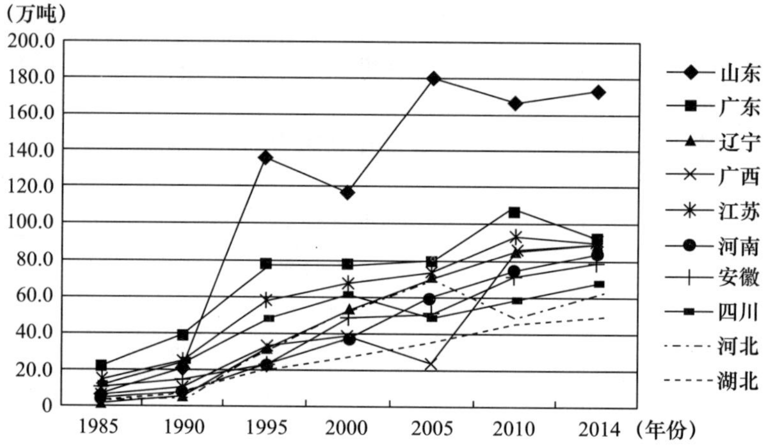

图3　1985～2014年我国10个鸡肉主产省区鸡肉产量

表2　1985～2014年我国鸡肉主产省区位次表

地区	1985年	1990年	1995年	2000年	2005年	2010年	2014年
山东	7	4	1	1	1	1	1
广东	1	1	2	2	2	2	2
辽宁	10	9	5	6	4	5	3
广西	5	8	6	9	13	4	4
江苏	2	2	3	3	3	3	5
河南	11	13	10	10	7	6	6
安徽	4	5	11	8	8	7	7
四川	3	3	4	4	9	8	8
河北	15	18	7	7	5	9	9
湖北	13	14	12	12	12	11	10

4. 规模结构

我国肉鸡养殖起初也以中小规模养殖户为主，但近十年，随着国外养殖模式和先进机械化设备的引进，我国肉鸡养殖规模化程度有了较快发展，专业化生产程度也有了很大提高，为我国肉鸡产量的快速增长发挥了重要作用。据《中国畜牧业年鉴》资料显示，2007 年肉鸡养殖年出栏 1 万只以上、5 万只以上、10 万只以上、50 万只以上、100 万只以上的规模比重分别为 55%、22.0%、12.8%、6.8%、4.9%，截至 2014 年这一比重分别提高到 73.3%、44.7%、31.8%、19.2%和 13.6%。其中，肉鸡养殖年出栏 5 万只以上的规模化比重变化最大，提高了 22.7 个百分点（见表 3），说明中大型规模的肉鸡养殖已成为我国未来肉鸡饲养的主要模式。

表 3　2007 ~ 2014 年我国肉鸡规模结构比重分布

项目	2007 年	2008 年	2009 年	2010 年	2011 年	2012 年	2013 年	2014 年
年出栏 2000 只以下	19.9	18.4	15.4	14.3	13.9	14.6	14.4	14.3
年出栏 2000 只以上	80.1	81.6	84.6	85.7	86.1	85.4	85.6	85.7
年出栏 10000 只以上	55.0	59.4	64.2	67.9	69.3	70.5	71.9	73.3
年出栏 50000 只以上	22.0	25.7	28.8	33.2	36.6	40.2	42.3	44.7
年出栏 100000 只以上	12.8	15.3	18.0	21.8	24.5	27.9	29.7	31.8
年出栏 500000 只以上	6.8	8.9	10.2	12.0	14.1	16.3	17.6	19.2
年出栏 100 万只以上	4.9	6.2	7.5	8.6	9.6	10.8	12.0	13.6

注：①此表比重指不同规模年出栏数占全部出栏数比重；②统计资料缺少 2000 ~ 2006 年年出栏 2000 只以下肉鸡数据；③数据来自《中国畜牧业年鉴》。

（三）产品流通

改革开放以来，随着鸡肉市场供应能力的提高，我国鸡肉交易数量和市场范围不断扩大，鸡肉市场经历了从集市贸易的繁荣，到批发市场的大发展，再到连锁超市、物流配送等现代经营方式的逐步兴起、不断发展、不断完善的过程。目前，我国肉鸡产业形成了以批发市场、集贸市场为载体，以农民经纪人、运销商贩、中介组织、加工企业，以及临时性农民运销队伍为主体，以产品集散、现货交易为基本流通模式，以原产品和初级加工产品为营销客体的基本流通格局。在多元化的流通主体中，运销专业户、农民经纪人是运销大军中的主力队员；中介流通组织是近年来开始发展起来的新型农民运销组织，一般与农产品的生产相结合；肉鸡产品加工企业是高效吞吐农产品的中间环节，也是农产品流通主体的一个重要组成力量；季节性、临时性农民运销队伍主要是产品上市或农闲季节组织收购运销的农民。

目前，我国肉鸡产品市场流通模式仍处于现货交易的原始阶段，现代物流模式刚刚起步。肉鸡产品流通的主要模式是按照“产地收购—产地市场集散—销地市场集散—城乡商贩零售”的路径进行现货交易，处于原始的市场交换的基础流通状态。订单农业、连锁经营等现代物流模式，网上交易、代理交易、拍卖等现代化流通手段处于起步探索阶段。总体看来，我国肉鸡产品流通渠道与方式有以下几种：

1. 自产自销模式

农民在短距离的生产地市场自行销售自己生产的产品，如城郊的农民到城市去卖自家的活禽。这种流通方式的优点是流通过程中的中间环节少，农民可直接面对消费者，销售收益及时兑现。存在的问题是流通过程中产品缺乏加工、保鲜、包装等技术处理，产品附加值低；物流半径有限，生产者难以在更大空间范围内寻找可出更高价格的需求者；由于这种流通的销售量小，致使单位商品的运输成本、销售时间和交易成本都很高，单位流通成本也很高。

2. 零售商参与模式

即生产者不与消费者直接见面，由零售商（个体私营商贩）负责肉鸡产品的收购与销售。城镇农贸市场的商贩集采购、配送和零售于一身。零售商一般直接去农村向农户收购家禽产品并运输到城镇农贸市场，或是由生产者自行将产品运送到零售市场转移给零售商，然后由零售商出售给消费者，赚取其中的差价。现在的城镇农贸市场销售的很多产品都是采用这种方式，它在一定程度上降低了生产者的交易成本，有时候零售商也会对产品进行一些简单的分类和包装甚至加工，但这种物流方式规模小、技术水平低、商品流通范围极其有限，且生产者和零售商之间存在明显的信息不对称，农民利益容易受到侵害。

3. 批发市场参与、异地销售模式

即依托有一定规模的农产品批发市场，由生产者自己或中间收购者将分散的农产品集中到批发市场由批发商收购，然后通过零售商销售，这种方式的优点是物流半径明显扩大，单位物流成本明显降低，已经成为大宗农产品销售的重要途径。目前的批发市场只是农产品集散地，主要单纯从事收购和批发销售，很少进行包装、加工等增值服务。

4. 龙头企业加工、异地销售模式

龙头企业与农户签订合约，规定产品的规格与类型，农户按照合同约定进行生产，最后龙头企业收购农户的产品，经过加工包装后再配送给零售商销售。优点是，通过龙头企业使初级产品得以加工、保鲜、包装，使产品的附加值明显提高，农民可以分享加工的利润，收入增加；龙头企业有更充分的市场信息和技术信息，而且资金雄厚，它可以对农户的生产进行资金支持和技术指导，降低农户生产的自然和市场风险。缺点是龙头企业与农户的履约率不是很高。

现阶段我国家禽产品流通的几种模式各有优缺点，并在不同的空间发挥着重要的作用。根据以上分析，我国家禽产品流通体系见图4。

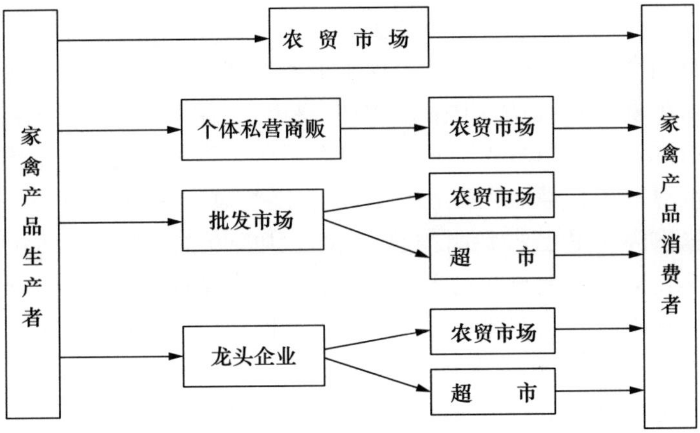

图4 我国家禽产品流通模式

（四）产品加工

1. 总体情况

经过几十年的发展，我国已基本上形成了由肉鸡养殖、屠宰分割、鸡肉制品深加工、冷冻冷藏、物流配送、批发零售等环节构成的肉鸡产业体系，并涌现出一批经营规模较大的肉鸡加工企业，如正大集团、诸城外贸集团、吉林德大集团、北京华都集团和青岛九联集团等。鸡肉加工业是中国肉类加工业中增长最快的行业，鸡肉产量占肉类总产量的比重逐年增加，由1985年的约5.82%增加到2014年的约14.08%。鸡肉产量增加反映出肉鸡饲养和加工业良好发展的趋势。

肉类屠宰加工是我国畜产品加工业的基础产业。目前，全国有3万多家畜禽定点屠宰企业，其中规模以上企业2531家。肉类屠宰加工企业3728个，冷库4000余座，库容量450万吨，冷库容量在万吨以上的有60多座，拥有固定资产近500亿元，从业人员近500万人（2003年规模以上肉类食品企业达1914家，从业人员50多万人），其中固定资产在1000万元以上的企业有290家，出口注册企业200多家，获得出口经营权的企业39家。自20世纪80年代以来，有200多家企业先后从德国、丹麦、日本和美国等国引进了肉类屠宰加工机械设备，对提高中国屠宰加工能力，增加产品的花色品种起到了很大作用。

2. 鸡肉加工

肉鸡屠宰加工企业先后从欧美引进世界先进的屠宰、肉制品加工技术和设备，产品的质量按照国际标准的要求组织生产，全面提高了综合加工能力。目前，一只鸡可生产出几百种产品，既能提供冷冻分割产品，又能提供半成品和熟制品，从而提高产品的附加值，有效地增强了市场竞争力和抗风险能力，增加了经济效益。

伴随着鸡肉生产的迅速发展，出现了上海大江、吉林德大、诸城外贸、秦皇岛正大、潍坊乐港等一批适应国际和国内鸡肉市场需求的现代鸡肉屠宰加工企业，产品出口到日本、中东等十几个国家和地区。值得注意的是，虽然我国肉类总产量稳居世界首位，但熟肉制品的产量占肉类总产量的比重还不到10%，而同期发达国家熟肉制品已占到肉类总产量的50%以上。就鸡肉产品而言，包括生鲜肉品和熟食制品两大类。过去主要以活鸡、白条肉鸡和冷冻分割鸡等生鲜肉品为主。肉鸡熟制品的消费比重很小，目前我国居民消费的鸡肉中，生品所占比重为81%（活鸡、屠杀鸡、分割鸡和冷冻鸡），熟制的加工品仅占19%，这说明我国肉鸡的初加工品比重较大，而深加工的熟制品比重偏小。

3. 鸡肉制品

由于健康和价格方面的原因，近年来，我国鸡肉制品快速发展。主要包括以下几类：①卤制类，即盐水系列的整只和分割鸡，如盐水鸡、白斩鸡、盐焗鸡。②酱卤类，如酱香鸡及其分割品。③烧烤类，如温州八珍烤鸡。④烧鸡、香鸡类型的系列产品，如德州扒鸡、道口烧鸡；风干制品，如板鸡。⑤新型鸡肉系列产品，近年来，以分割鸡肉为原料的新型鸡肉系列产品逐渐占领市场，前景广阔，如油炸鸡块、鸡肉松、微波系列煲、休闲食品、旅游食品、特种风味食品。近几年，中国大城市冷却鸡肉（在屠宰分割、包装、运输、销售等环节都保持在0～4℃）正逐步受到青睐。

各种鸡肉制品不仅产量增加，而且在花色品种上也发生了很大变化，如上海鸡肉制品占肉类制品的比重已上升到44.7%，而且出现了传统风味鸡肉制品（如板鸡、盐水鸡、卤鸡）和新产品齐头并进的局面。又如，北京市华都肉鸡公司近年来既生产加工传统的鸡肉制品，也研究开发新型鸡肉制品，目前已有冻鸡、西装鸡、分割鸡等20多个品种，深受消费者的欢迎。山东省出口企业加工的鸡肉产品已有上百种之多。随着国内外消费者对鸡肉需求量的增加，鸡肉加工业的发展势头依然会很强劲，对肉鸡的需求也将不断增加。

（五）产品消费

肉鸡产品消费是决定和影响肉鸡产业发展的一个重要因素，影响着肉鸡产业其他环节的发展和进程，是肉鸡产业持续发展的驱动力和源泉。鸡肉是我国消费人群最广的肉类食品。我国有 10 个不吃猪肉的民族，在江南，嫌牛羊肉有膻味而不吃的人大有人在，而唯独鸡肉全民皆宜。鸡肉是仅次于猪肉的第二大肉类消费品。

1. 总量消费

20 世纪 90 年代以来，鸡肉产量和净进口量总体保持上升趋势，因而鸡肉总消费量也基本维持上升的趋势。就消费增长率来说，鸡肉消费总量增长率除了 2001 年（−3.68%）和 2004 年（−2.06%）是负值以外，其余年份都是正值。人均消费量除了 1996 年、2001 年和 2004 年略有下降外，其他年份均有增加。2013 年鸡肉消费总量和人均消费量分别为 1317.25 万吨和 9.68 千克，分别是 1990 年的 5.81 倍和 4.96 倍，如表 4 所示。

表 4　1990～2013 年中国鸡肉产量及消费量情况

单位：万吨，千克/人

年份	鸡肉产量	鸡肉净进口量	总消费量	人均消费量
1990	220.00	2.70	222.70	1.95
1995	550.00	−0.40	549.60	4.54
2000	836.40	42.71	879.11	6.94
2005	936.70	24.28	960.98	7.35
2006	956.60	47.45	1004.05	7.64
2007	1013.30	64.80	1078.10	8.16
2008	1073.50	66.10	1139.60	8.58
2009	1116.40	59.06	1175.46	8.81
2010	1159.20	35.08	1194.28	8.91
2011	1196.20	21.73	1217.93	9.04
2012	1262.28	32.59	1294.86	9.56
2013	1278.54	38.71	1317.25	9.68

资料来源：FAO 数据库。

2. 城乡人均消费

我国人均禽肉消费量城乡差异较大，这是因为城市居民收入水平较高，其整体消费水平高于农村。中国家禽产品消费主要集中在大中城市，农村消费只占很小的份额。在大城市的消费中，以东南沿海地区居民收入高的城市为主，其中广州、上海、北京等地的家禽产品消费居于全国前列。

农村禽肉消费增长比城市快，1990 年城市居民人均禽肉消费量是 3.42 千克，到2014年城市居民人均禽肉消费量是9.10千克，1990～2014年城市居民人均禽肉消费量年平均增长速度是4.16%；1990年农村居民人均禽肉消费量是1.26千克，2014年农村居民人均禽肉消费量是6.70千克，1990～2014年农村居民人均禽肉消费量年平均增长速度是7.21%。由此可见，农村禽肉消费增长速度快于城市。从绝对消费量来看，城市禽肉消费明显高于农村。1990年城市人均禽肉消费量是农村人均禽肉消费量的2.71倍，相差2.16千克；2014年城市人均禽肉消费量是农村人均禽肉消费量的1.35倍，相差2.40千克，消费差距逐步缩小。但与猪肉和禽蛋的消费相比，无论是城市还是农村，1990～2014年禽肉消费年均增长率（农村7.21%，城镇4.16%）要高于猪肉消费（农村2.53%，城镇0.50%）和禽蛋消费（农村4.67%，城镇1.26%），如表5所示。随着农村居民收入水平的提高，我国肉鸡产品消费增长主要来自农村居民的消费增长。

表5　我国城乡居民主要畜禽产品人均消费对比及差距　单位：千克/人

年份	猪肉			禽肉			禽蛋		
	农村	城镇	城乡差距	农村	城镇	城乡差距	农村	城镇	城乡差距
1990	10.54	18.46	7.92	1.26	3.42	2.16	2.41	7.25	4.84
1995	10.58	17.24	1.60	1.83	3.97	2.14	3.22	9.74	6.52
2000	13.28	16.73	3.45	2.81	5.44	2.63	4.77	11.21	6.44
2001	13.35	15.95	4.60	2.87	5.30	2.43	4.72	10.41	5.69
2002	13.70	20.28	6.58	2.91	9.24	6.33	4.66	10.56	5.90
2003	13.78	20.43	5.60	3.24	9.20	5.96	4.81	11.19	6.38
2004	13.46	19.19	5.73	3.13	6.37	3.24	4.59	10.35	5.76
2005	15.62	20.20	6.60	3.67	8.97	5.30	4.71	10.40	5.69
2006	15.46	20.00	4.54	3.51	8.34	4.83	5.00	10.41	5.41
2007	13.37	18.21	7.60	3.86	9.66	5.80	4.72	10.33	5.61
2008	12.65	19.26	6.61	4.36	8.00	3.64	5.43	10.74	5.31
2009	13.96	20.50	8.60	4.25	10.47	6.22	5.32	10.57	5.25
2010	14.40	20.70	6.30	4.20	10.20	6.00	5.10	10.00	4.90
2011	14.40	20.60	6.20	4.50	10.60	6.10	5.40	10.12	4.72
2012	14.40	21.20	9.60	4.50	10.80	6.30	5.90	10.52	4.62
2013	19.10	20.40	1.30	6.20	8.10	1.90	7.00	9.40	2.40
2014	19.20	20.80	1.60	6.70	9.10	2.40	7.20	9.80	2.60

资料来源：《中国统计年鉴》。

3. 户外消费

随着人们收入水平的提高、生活节奏的加快以及消费观念的改变，方便快捷成为居民选择食品的重要考虑因素，我国居民在外就餐有不断上升的趋势。快餐消费的日渐盛行，烹饪方式的不断提高和改进，极大地促进了肉鸡产品的消费和需求，肉鸡产品的户外消费也日益增加，尤其是大中城市居民消费性支出中用于在外就餐的支出明显增加。仅以北京快餐业为例，肯德基、麦当劳两家以鸡肉为主要原料的快餐企业在近 5 年始终保持了年增长 20% 的发展速度。但从表 6 可知，总体上禽肉的家庭人均消费量呈逐年递增趋势，而人均户外消费和损耗量 2002 年之前保持较高消费量，2002 年以后则处于波动调整中，有增有减。

表 6　我国居民家庭及户外禽肉消费情况　　单位：千克/人

年份	人均消费量	家庭人均消费量	人均户外消费和损耗量
1990	1.95	1.83	0.12
1995	4.54	2.45	2.09
2000	6.94	3.76	3.17
2001	6.63	3.79	2.85
2002	6.78	5.38	1.40
2003	7.06	5.66	1.40
2004	6.87	4.48	2.39
2005	7.35	5.95	1.40
2006	7.64	5.65	1.99
2007	8.16	6.52	1.64
2008	8.58	6.07	2.51
2009	8.81	7.26	1.55
2010	8.91	7.20	1.71
2011	9.04	7.63	1.41
2012	9.56	7.81	1.75
2013	9.68	7.22	2.46

资料来源：《中国统计年鉴》。

二、存在的问题

（一）肉种鸡生产

祖代产能过剩的状况依旧存在。近几年，我国肉鸡产业，尤其是白羽肉鸡产业持续向集团化发展，大企业集团在产业中所占比重不断加大。各企业为了自身能够快速扩张，在缺乏全行业系统研究和协调的背景下，不断扩大产能，追求快速扩张。就白羽肉鸡而言，祖代引种量从2000年的55万套迅速扩张到2012年的110万套，结果导致供给增长大大快于消费增长，虽然2013～2015年引种量连续三年下降，但种源依旧充足有余。同样，黄羽肉鸡也存在肉种鸡产能过剩的情况。

（二）商品肉鸡生产

1. 标准化、规模化程度有待进一步提高

虽然随着我国肉鸡产业的持续发展，肉鸡标准化规模养殖已经有了很大程度上的提高，但标准化养殖设施不配套，养殖技术凭经验的情况普遍存在于我国肉鸡养殖业中，造成商品肉鸡的养殖水平较为低下，养殖效益不高。由于受规模、资金以及劳动人员的限制，大量的中、小规模肉鸡养殖户的生产和管理还属于粗放式经营，科学饲养意识淡薄，对标准化养殖知之甚少，养殖过程中仍按照传统常规技术进行饲养，效率低下，成本较高，难以达到标准要求，同样也难以保证产品质量。由于技术和管理的不科学，致使肉鸡养殖面临潜在的疫情风险和市场风险。

2. 疫病风险长期存在，防控难度较大

疫病是肉鸡生产面临的主要威胁，疫病的发生严重影响肉鸡生产的效益，是造成国内肉鸡生产成本较高的重要因素。国内肉鸡疫病种类繁多，尤其是禽流感疫情威胁最大，2003年以来，中国内地包括广西、湖北、安徽、上海、广东、浙江等在内的25个省（自治区、直辖市）分别出现高致病性禽流感疫情和疑似高致病性禽流感疫情。我国肉鸡疫病防控方面尚存在许多误区和薄弱环节，如过分依赖疫苗和药物；在防治上强调传染性病原因素的处理，而忽略环境因素和管理不当带来的危害；技术支撑体系支持能力不足；防疫体系仍不够完善，而且我国疫情监控体系未能与国际接轨，国际市场针对我国实行“一地疫情，全国封关”的措施严重制约我国肉鸡的国际市场开拓。

3. 肉鸡产品价格波动较大，生产成本不断攀升

肉鸡养殖由于周期短、周转快的特点，受市场行情变化的影响较大。白羽肉鸡及快速型黄羽肉鸡，饲养周期为50天左右，养殖场户为了追求效益，容易受到局部疫情、消费疲软等因素所引起的活鸡市场价格波动影响而调整生产，从而加剧了肉鸡产品供求变化的频率，推动雏鸡、活鸡、鸡肉价格处于较为频繁的波动变化中。同时，由于玉米、豆粕和人工等饲养成本的不断上涨，也进一步压缩了肉鸡养殖的利润空间。此外，我国的肉鸡饲养成本也远高于美国、巴西及欧洲国家，削弱了肉鸡产品的国际价格竞争力。

4. 环保压力在未来相当长一段时间内将继续增大

近年来，环保部门逐步加强了对养殖污染的治理和管控，2014年1月1日

《畜禽规模养殖污染防治条例》正式实施，此项规定是在生态文明建设框架下中央再次对养殖业污染问题的重视和加大力度的管制。一方面，肉鸡养殖场和养殖规模不断增加和扩大，而污染治理明显滞后，肉鸡生产过程中所造成的环境污染日益加重，相应的生态环境恶化问题也逐渐凸显，给肉鸡产业自身的可持续发展造成了严重威胁；另一方面，污废处理成本高、有机肥与无机肥相比并不具备价格优势，又加之当前行业不景气，企业普遍面临着既要发展又要治污的巨大压力。

（三）加工

1. 加工技术力量薄弱

我国肉鸡产品加工技术起步较晚，科技开发和研究力量分散，科研经费短缺，基础性的技术储备严重缺乏，技术创新能力弱。加工企业普遍规模较小，技术装备水平较低，80%处于20世纪70~80年代的世界平均水平，15%达到国外20世纪90年代初的水平，只有5%左右达到了国际先进水平。

2. 产品结构不合理，加工率低

初加工产品多，深精加工产品少；大路货产品多，名特优产品少；低附加值产品多，高附加值产品少；低科技含量产品多，高科技含量产品少。目前经过深加工的鸡肉制品仅占鸡肉总产量的5%左右，发达国家则高达60%~70%，我国在鸡肉深加工方面存在着巨大的发展潜力。

3. 产品标准体系不健全，产业化水平低

我国畜产品加工方面的标准体系极不健全，标准制定工作总体滞后，国际采标率低，与国际标准对接不够，操作性差，应用率低。由于规模小，标准执行力度不足，肉鸡加工企业产业化水平低。

4. 肉鸡产品加工深度不够，质量不高

我国肉鸡加工品的内在质量与国外相比有一定差距，加工深度不够，优质高档品种所占的比重偏低。加工产品中，肉蛋白质含量低，脂肪、水分含量高，风味差，货架期短，制成品缺乏统一的质量标准。质量检测机构建设缓慢，从事高精尖检测的机构和综合检测的机构较少，检测能力弱、速度慢、试验环境条件差，不能满足人民群众对消费安全的需要。

5. 准入制度不完善，市场运行不规范

主要表现为：一是没有实施定点屠宰，从业企业良莠不齐，处于低水平恶性竞争状态；二是屠宰加工行业管理存在薄弱环节，部分地区私屠滥宰现象严重，一些不法企业在生产过程中注水注胶、掺杂使假、以次充好，对正规守法企业的生产造成严重冲击；三是受经济发展水平、消费习惯、市场等综合因素影响，优质优价的市场机制尚未形成，不利于肉鸡产品加工业的长期、稳定和快速发展。

（四）消费市场

1. 产品质量安全需求提高

经过近 20 年的发展，我国鸡肉生产量增长迅速，基本上能够满足市场需求。与此同时，大众消费已经发生根本变化，特别是城镇居民的食物消费，逐渐转向注重质量安全和营养，对鸡肉产品的质量安全有了更高的要求。有关部门虽然给予了高度重视，但问题产品仍时有出现，对消费者信心影响极大。

2. 消费市场不景气

我国每年有 600 万～700 万的新增人口，每年还有 1000 万的城镇化人口，这对肉鸡消费有正面激励作用，但近年国民经济增速逐步趋缓，经济下行压力较大，肉鸡需求受到很大影响。此外，2013 年中央八项规定出台，以及中央提倡的崇尚节俭，使社会风气好转，但客观上对包括肉鸡在内的整个畜禽产品消费也形成了一定的影响。

3. 走私损害国内产业利益

据中国畜牧业协会禽业分会估算，家禽产品海关进口数据约为实际进口总量的 20%～25%。每年海关查证走私的冻品对我国畜禽养殖行业危害很大：一是有可能将国外疫病传入国内；二是由于运输过程条件简陋，卫生状况恶化，对消费者身体健康会造成损害；三是对国内畜产品的供需秩序造成较大影响。

三、政策建议

（一）肉种鸡生产

1. 加强和完善肉鸡良种繁育体系建设

种业是现代畜牧业发展的根本，良种是肉鸡产业化发展的基础。按照“保种打基础、育种上水平、供种提质量、引种强监管”的要求，进一步加强对肉鸡遗传资源的保护力度，以龙头企业为实施主体，建立省级地方品种资源库，进一步加强地方品种保护和选育开发利用力度；完善肉鸡育种机制，增强自主育种和良种供给能力，逐步改变畜禽良种长期依赖进口的局面。组织实施肉鸡品种的遗传改良计划，加大肉鸡良种等工程建设力度，加快健全完善肉鸡良种繁育体系，积极培育具有国际竞争力的核心种业企业，建设现代肉鸡种业。加强基层肉鸡良种推广体系建设，稳定肉鸡品种改良技术推广队伍，建设新品种推广发布制度，加大新品种推广力度，加快品种结构调整，大力发展特色优新良种。

2. 鼓励和支持我国肉鸡种业发展

一是要站在战略高度，将肉鸡种业发展纳入社会经济发展计划，加大政策和公共支持力度，在用地、融资、税费等政策上给予倾斜与支持。

二是要鼓励企业自主开展国际上著名育种企业的收购和兼并，通过育种素材和技术的引进，提高我国肉鸡（特别是白羽肉鸡）育种的起点水平。

三是要重点扶持对我国肉鸡种业发展有重大影响的育种（资源）场，培育市场占有率高的肉鸡新品种（配套系）；同时，通过科技项目的实施，提高现代育种技术和疾病控制基础设施等方面的总体水平。

四是要保障种鸡质量监督、监测体系建设的资金投入；鼓励与引导各种社会力量通过兴办各级制种企业、良种推广服务站的形式，逐步形成肉种鸡生产经营多元投资机制与市场运行体系，加快优良肉鸡新品种的推广和科技成果转化。

（二）商品肉鸡生产

1. 大力推进肉鸡饲养的规模化和标准化

标准化规模养殖程度在肉鸡产业持续发展的30多年中有了很大提高，同时标准化规模养殖是我国畜牧业生产的大势所趋。未来，在我国肉鸡产业发展的进程中，标准化规模养殖将是产业发展的基础之基础，关系到肉鸡养殖的成败、生产效率的高低、经营效益的多寡。针对当前我国肉鸡养殖环节中普遍存在的标准化养殖设施与标准化鸡舍不配套的现实状况，国家要进一步增加标准化养殖的扶持力度，龙头企业要借鉴国外发达国家的有益经验，将产业发展的目标不仅定位于规模，更要定位于合理配套的鸡舍及自动化设施水平，着力解决我国肉鸡标准化养殖发展过程中的短腿问题，加快产业整体提升。在引进国外标准化的饲养方式的同时，必须要充分考虑我国的国情和当地养殖环境。此外，还应当注意提高饲养人员和技术人员的技术水平，以解决饲养人员和技术人员的设备使用能力弱这一养殖环节普遍存在的问题。

2. 加大疫病防控和药残监控力度

肉鸡业的疫病风险十分突出，疫病日益复杂化、频繁化，防控难度也越来越大，需从以下三个方面做好肉鸡疫病预防和控制：

首先，养殖场（户）要正确认识到饲养管理和环境因素在疫病防疫中的重要性，进行科学的饲养管理，实施规范化和标准化生产，尽量预防和减少疫病发生与传播的机会；同时增强防疫意识，制定严密的生物安全措施，采取隔离、消毒、预防、治疗等综合的防治措施，正确处置疫情，重视疫病的净化工作。

其次，相关部门应完善防疫体系建设，加强防治药物、疫苗、诊断试剂等产品的研发，制定科学的免疫程序。

最后，实施区域化管理，加快建设符合国际规范的无规定疫病区和生物安全隔离区，一旦发生疫情，及时划定疫点和受威胁区，严禁相关产品流出疫区。此外，加快完善饲料、兽药管理法规，实施饲料、药物残留监控计划，严格控制药残，清理整顿各种饲料添加剂厂、兽药厂，采取严格的市场准入制度；建立兽药分类管理制度，严格用药管理，对在饲料产品中使用违禁药物和滥用饲料添加剂的行为加大查处力度，确保肉鸡产品的卫生质量。

3. 建立健全行业基础信息的收集和发布工作

为有效应对我国肉鸡生产和价格大起大落所带来的市场风险：

一是要立足生产实际，逐步建立准确高效的生产和市场信息监测调度系统，健全监测工作各项管理制度，强化形势分析研判，完善信息发布服务，引导养殖户合理安排生产，防范市场风险，有效应对我国肉鸡生产和价格大起大落的情况。

二是要建立国际国内肉鸡产品供求预警系统，密切跟踪国内外肉鸡产业市场信息及产业发展动态变化，全面分析产业现状和存在问题，在综合分析影响肉鸡产业市场供需和价格变动基本规律的基础上，及时对肉鸡生产、消费、加工、贸易和产品价格做出合理预测和预警。

三是要通过肉鸡产品供需形势监测预警，更加主动和灵活地调节肉鸡产品供求平衡。具体讲，就是要依据监测预警结果，通过必要的政策手段实施生产干预，积极应对市场周期性波动，更好地稳定肉鸡生产和市场供应，保障农民的合理收益。

4. 推广农业保险稳定肉鸡产业链条

自然灾害与疫病是肉鸡养殖业的两大重要影响因素。疫病的暴发使养殖户肉鸡死淘率从通常的2%～5%，增加到50%以上，甚至到100%，2008年雪灾导致的鸡舍塌棚使许多农户不得不放弃肉鸡养殖，这都对肉鸡养殖造成了严重打击。目前，家禽业养殖保险是我国农业保险中最薄弱的一环，经历过禽流感疫情和2008年雪灾之后的养殖户对肉鸡养殖保险的关注程度越来越高。目前在小部分地区已经开始运作的“肉鸡企业+保险公司+农户”模式的肉鸡养殖保险得到当地养殖户的普遍认可，很值得推广。

肉鸡产业从养殖、屠宰到加工，投资大，风险高，但相对其他肉类产业周期短，见效快。开展肉鸡政策性保险，采取农民交一点、政府补一点的方式，对遭受各种灾害损失的养殖户经济上给予一定的补偿。在操作中，要根据肉鸡产业的特点和地区的特殊性，制定合理的保险条款、费率和理赔标准。按照“成本保险，保障恢复生产”的原则，不断提高保险服务水平，切实增强保险的保障作用，提高养殖户投保率和理赔兑现率。

5. 努力降低排放减少污染，节约资源降低能耗

控制和降低肉鸡生产的环境污染，不仅是肉鸡业自身可持续发展的需要，也是农村经济发展和人们生活环境质量改善的迫切要求。

一方面，应借鉴国外先进经验，建立和健全相应的法规制度和标准，严格管理，使肉鸡业的污染防治走向科学化、制度化和无污染化。同时，在日常生产实

践中，秉持“低碳肉鸡业”的理念，本着“减量化、无害化、资源化”的原则，对肉鸡污染物进行合理处理和利用，如努力开发环保饲料技术，提高肉鸡的饲料利用率，降低肉鸡粪便中的氮磷污染等。

另一方面，中央及地方政府增加对于整个产业污废处理补贴的力度，帮助养殖企业平稳顺利度过《畜禽规模养殖污染防治条例》从无到有，污废处理管制从松到严的迅速转变时期。地方政府应重视肉鸡产业养殖的规划引导，解决好部分区域内的土壤消化能力趋于饱和、生物安全压力大、鸡舍环境控制水平差、养殖效益水平差并存的问题，引导肉鸡生产与资源环境的协调发展。肉鸡养殖龙头企业、养殖场（户）应增强依法治污意识，承担起对肉鸡养殖过程中的粪便、污水按规定治理的责任和义务。

（三）加工方面

传统的肉禽加工产品除需进一步提高质量和扩大市场份额外，还要加大科技投入和肉鸡加工产品研发力度，在有地方特色的鸡肉加工制品、冷藏鸡肉制品、高附加值鸡肉制品等方面加大开发力度，加强鸡肉产品的精深加工步伐，改进加工工艺，改善生产设施和质量检测条件，提高加工产品的卫生质量，进一步延伸产业链条，充分发挥产后加工增值效应，增强产品市场竞争力。在抓好肉鸡生产的基础上，依托龙头企业和养殖大户，积极发展肉鸡产品加工业，降低产业发展风险，促进肉鸡产业做大做强，为农民持续增收提供有力保障。同时，要树立品牌意识，实施品牌带动战略。品牌经营是我国肉鸡产业取得突破的必经之路。要在抓好标准化生产，建立和完善肉鸡技术标准、认证和检验检测体系，保障农产品质量的同时，更加注重品牌的打造，积极引导肉鸡生产和加工企业不断创新，扶持鼓励开发优质特色肉鸡产品品牌，开辟绿色通道，提高其市场知名度，增强市场竞争力，促进流通，提高效益，带动和促进龙头企业的发展，带动科技示范农户和肉鸡生产基地建设，带动肉鸡产品加工业，带动千家万户走上致富路，为做强做大肉鸡产业奠定基础。

（四）消费方面

1. 建立健全产品标准，完善生产可追溯体系

肉鸡产品质量安全是肉鸡产业持续发展的保障。要真正实现产品质量和市场竞争力的提高，必须建立健全肉鸡饲养标准和产品标准，加强质量卫生安全监控，逐步实现家禽产品按质量标准组织生产。针对目前畜禽产品溯源系统不能较好地体现畜禽产品生产与屠宰加工的过程及关键环节的现状，尽快建立完善的畜禽产品可追溯体系，实现肉鸡产品从养殖到餐桌全过程的链式质量跟踪管理，保障肉鸡产品质量安全，提高品牌优势。

2. 公正客观宣传以提振消费者信心

受速成鸡、禽流感等关于肉鸡负面报道的影响，很多消费者对鸡肉存在错误

的认识。有关部门和行业协会要组织各方专家，加大宣传力度，进一步增加食品安全透明度，要加强疫情知识的科学普及，引导消费者对鸡肉形成清楚正确的科学认识，了解更多关于肉鸡生产环境、生产标准以及生产监督和产品质量检测、动物疫情等方面的信息，让消费者放心消费。

第七章　蛋鸡产业体系

随着蛋鸡养殖技术和蛋品加工技术的不断进步，我国的蛋鸡产业得到快速发展。目前已经形成蛋种鸡、商品代蛋鸡、鸡蛋销售、饲料、兽药疫苗等相对完整的产业链。蛋鸡产业的快速发展为繁荣农村经济、增加农民收入和满足居民食物营养需求做出了重要贡献。

一、产业发展现状

自 1985 年以来，我国一直是世界上最大的鸡蛋生产和消费国。据中国畜牧业协会推算，2014 年我国蛋鸡总存栏量约为 12 亿只，鸡蛋产量达到 2459.81 万吨，分别是 1980 年、2000 年的 11.28 倍和 1.33 倍，约占 2013 年世界鸡蛋总产量的 36.03%（鸡蛋产量按禽蛋产量的 85% 折算）。随着鸡蛋产量的增加，蛋鸡产业产值也在不断增加，2003 年突破千亿元大关。

（一）发展历程

蛋鸡产业的主产品是鸡蛋，其次是淘汰产蛋鸡和鸡粪。从鸡蛋产量增长的角度来看，自中华人民共和国成立以来，我国蛋鸡产业经历了缓慢发展、初步发展和快速增长阶段后，目前已经进入稳步发展期，见图 1。

1. 缓慢发展期（1949～1978 年）

从图 1 中可以看出，1978 年以前我国历年鸡蛋产量均没有超过 400 万吨，在 1977 年达到了这一时期的鸡蛋产量最高点 399.50 万吨。之所以鸡蛋产量在这一时期相对较低，主要是因为这一时期中华人民共和国刚刚成立，百业待兴，而且这一时期是我国的计划经济发展阶段，在“以粮为纲”政策和农业支持工业的发展背景下，蛋鸡产业属于农民的家庭副业。

（1）发展速度。这一时期的主要特点是缓慢发展、平稳增长（见图 2）。该时期每年鸡蛋产量总体上呈现出增长的趋势，但也经历了 1949～1961 年、1962～1968 年和 1969～1978 年的三次波动。在 1949～1961 年这一阶段，主要受全国范围严重自然灾害的影响，我国的鸡蛋产量变动率一直处于下降趋势，甚至出现了负增长（1957～1958 年和 1960～1961 年）；在 1962～1968 年（“三年自然灾害”恢复时期）我国鸡蛋产量缓慢上升；在 1969 ~ 1978 年，我国鸡蛋产量发展比较平稳。

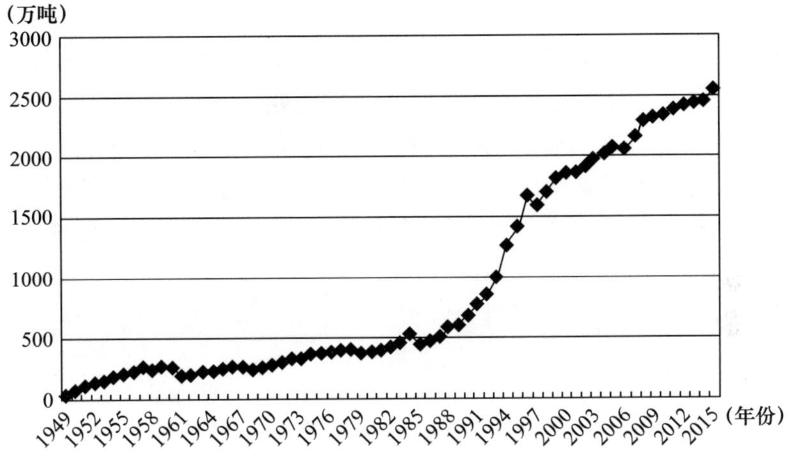

图 1　1949 ~ 2014 年我国鸡蛋产量变化趋势

资料来源：《中国统计年鉴》以及《中华人民共和国五十五年统计资料汇编（1949 ~ 2004）》。

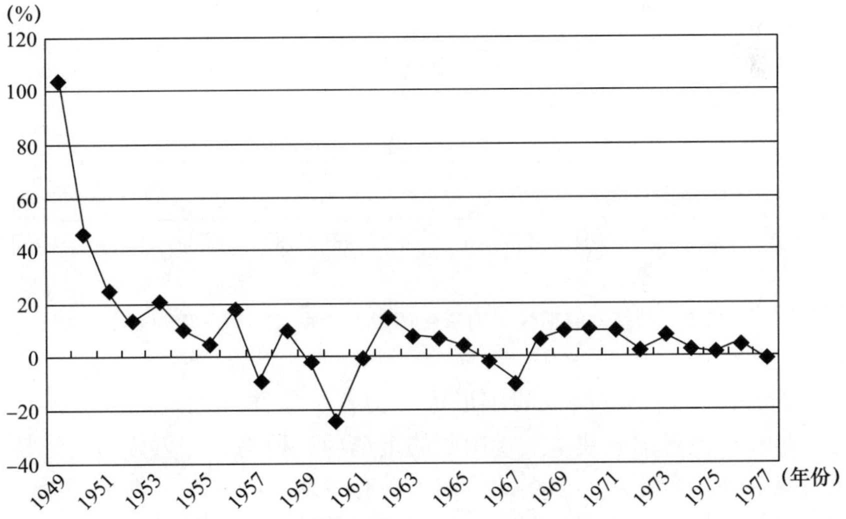

图 2　缓慢发展期我国鸡蛋生产量变动率（1949 ~ 1978 年）

注：鸡蛋生产量变动率的计算是利用环比的统计方法进行统计，下同。

（2）阶段特征。在改革开放之前，包括鸡蛋在内的畜禽产品生产仅仅作为农业生产过程中的副业存在，蛋鸡养殖的主体为农民，而其养殖蛋鸡的主要目的是为了满足本家庭食品消费的需要。因而，这一阶段的生产模式以自给自足为主要特征。

2. 初步发展期（1979～1990 年）

自改革开放以来，我国农产品市场逐步形成，同时在各地政府“菜篮子”工程政策的影响下，我国蛋鸡产业进入初步发展期。

（1）发展速度。这一时期的主要特点是初步发展、增长平稳。借助改革开放的契机，我国鸡蛋产量在这一时期呈现出上涨的趋势（除 1985 年外）。1982 年我国鸡蛋产量超过了 400 万吨，1984 年超过了 500 万吨，1989 年超过了 600 万吨，见图 3。

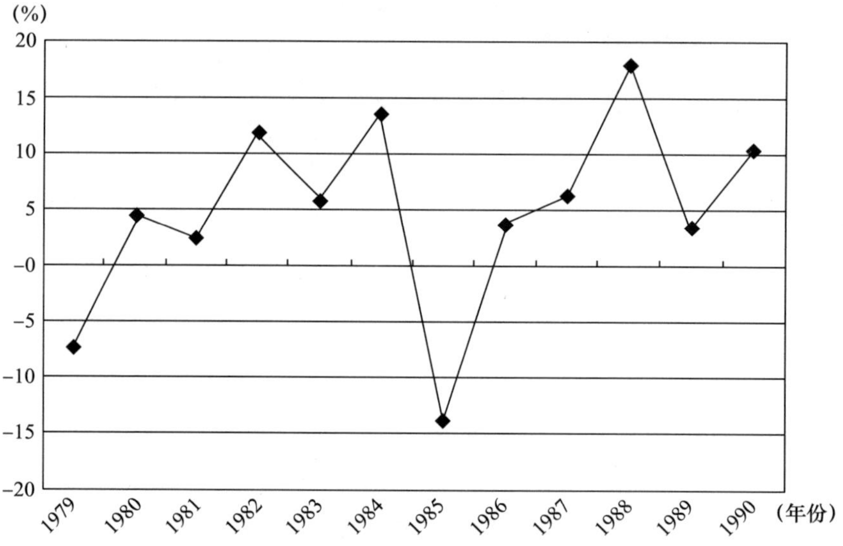

图 3　初步发展期我国鸡蛋生产量变动率（1979～1990 年）

（2）阶段特征。这一时期我国形成了国营、集体和农户三个主体生产的格局，尤其是在全国各地兴建了一批国营的蛋鸡场、种鸡场，为传播先进技术做出了重大贡献。在国营蛋鸡养殖场的带动下，有些地方的农户发现了鸡蛋生产的致富作用，开始发展小规模蛋鸡养殖，形成了局部的密集养殖带。

3. 快速增长期（1991～2000 年）

20 世纪 90 年代，特别是 90 年代中期以来，我国蛋鸡产业进入了新的发展阶段，国内鸡蛋消费市场已由长期短缺、供不应求转为总量平衡、丰年有余。

（1）发展速度。这 10 年间我国鸡蛋产量迅速增长，年均增长率高达 10.9%

（见图4）。1992年我国人均鸡蛋占有量达到8.7千克，首次超过6.6千克的世界人均水平。2000年我国鸡蛋总产量达到1854.71万吨，占世界总产量的41.9%，稳居世界产量第一位。

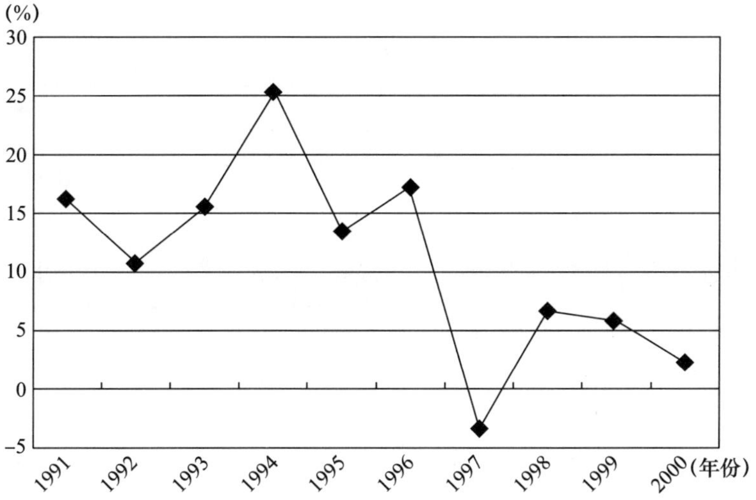

图4　快速发展期我国鸡蛋生产量变动率（1991～2000年）

（2）阶段特征。由于这一时期各级政府都将发展养殖业作为农业产业结构战略性调整的重点，同时蛋鸡养殖业是投资相对较少、见效快、投入产出比高的产业，受广大农民所青睐，促使更多的农户进入蛋鸡养殖行业，且规模越来越大，成为农民提高收入水平的重要途径之一。

4. 稳步发展期（2001年至今）

在经历了1991～2000年的高速增长期后，我国蛋鸡产业蓬勃发展，鸡蛋供求矛盾得到缓解，鸡蛋也由奢侈品转变为生活必需品（申秋红等，2008），鸡蛋供给量不再呈现快速增长的态势，蛋鸡养殖利润下降，大型国营蛋鸡场、种鸡场纷纷倒闭、转产、退出竞争，我国蛋鸡产业进入稳步发展时期。

（1）发展速度。这一时期禽蛋产量仍呈现出增长的趋势，且增长相对平稳，2011年鸡蛋产量达到2389.71万吨，见图5。

（2）阶段特征。这一时期，我国蛋鸡生产呈现规模化和标准化趋势。越来越多的养殖户、私人养殖企业进入蛋鸡产业，而且其对大型国营蛋鸡场、种鸡场的冲击很大，使得这些国营养殖企业逐渐退出竞争，养殖户和私营养殖企业成为鸡蛋生产的主力军。蛋鸡养殖的规模化程度和标准化程度也得到了快速提升，2010年我国蛋鸡养殖的规模化水平达到64%（见图6）（根据《中国畜牧业年鉴》中对蛋鸡规模化养殖场（户）界定标准，规模养殖场（户）指年存栏量大于或等于2000只的蛋鸡养殖场（户））。

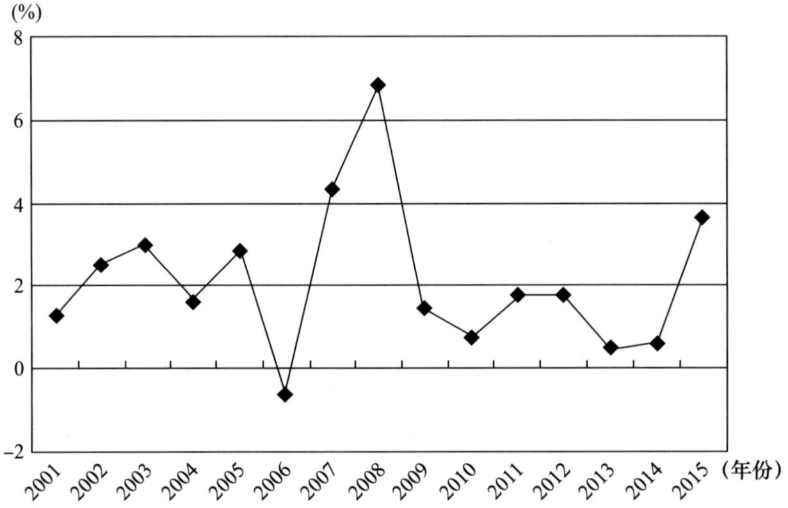

图5　稳步发展期我国鸡蛋生产量变动率（2001年至今）

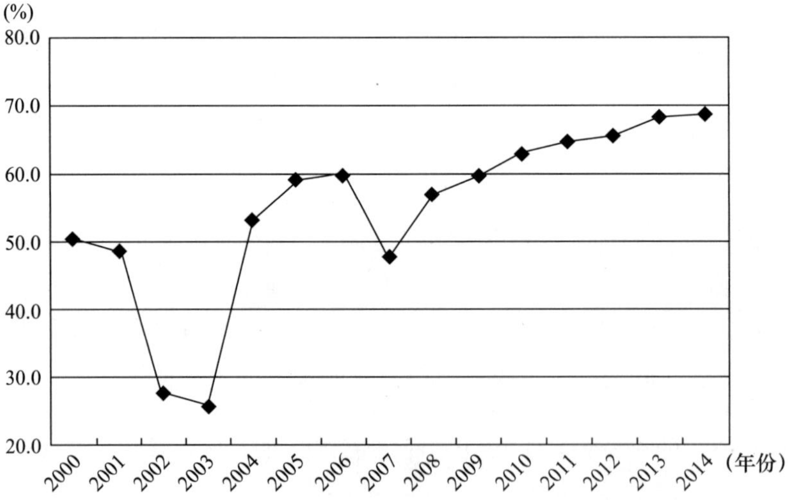

图6　稳步发展期我国蛋鸡养殖规模化比重变动情况

（二）生产现状

1. 品种结构

（1）发展历程。中华人民共和国成立之前，我国各地饲养的蛋鸡主要为地方品种。自中华人民共和国成立以来，我国的蛋鸡育种业大体上经历了三个阶段。

第一个阶段：在20世纪50年代，随着国外育种技术的应用，我国从国外引进了部分遗传性状良好的蛋鸡品种，并与本地品种杂交，形成了一些具有地方特色的蛋鸡品种，但受制于该阶段我国蛋鸡养殖规模限制，蛋鸡品种仍以地方鸡种为主。

第二个阶段：自改革开放以来，随着我国蛋鸡产业的快速发展，蛋鸡产业的市场化进程加快，鸡蛋商品化率提高，选育单产水平较高、性状稳定的蛋鸡品种成为蛋鸡育种业首先要破解的难题。20世纪70年代我国开始蛋鸡育种，虽然先后培育了“京白939”、“新杨蛋鸡”等品种，但我国仍主要以引进国外优良蛋鸡品种为主。

第三个阶段：自2000年以来，随着我国蛋鸡育种技术水平的提高以及国家高度重视蛋鸡育种的战略问题，在引进世界优良鸡种和本地繁育商品代外，科研院所和企业加强研发投入力量，经过不懈努力，采用先进的育种技术，先后成功培育了“农大3号”、“京红1号”、“京粉1号”等多个适应我国养殖环境和满足市场需求的新蛋鸡系列品种。2003年，由我国著名遗传育种学家、中国科学院院士、中国农业大学吴常信教授历经多年培育而成的优良蛋鸡品种“农大3号”通过国家新品种审定，该品种具备了“体型小、耗料低、饲料转化率高和抗病力强”等优点。“农大3号”的选育成功，极大地提高了蛋鸡生产的综合经济效益，填补了当时世界小型蛋鸡育种的空白，使我国蛋鸡育种处于世界领先地位。北京市华都峪口禽业有限责任公司，在农业部以及北京市科委、农委、农业局等有关部门大力支持下，坚持传统育种技术和现代育种技术相结合，坚持国际先进育种理念与中国国情相结合，坚持企业与科研院所相结合，经过多年努力，于2009年成功培育出“京红1号”和“京粉1号”蛋鸡配套系，通过了国家畜禽遗传资源委员会的审定，获得了“畜禽新品种（配套系）证书”，“京红1号”和“京粉1号”的培育成功，揭开了我国蛋鸡育种事业新篇章，在行业内树立了典范。

2000年以来，我国不仅加快了蛋鸡育种的技术研发，而且注重商业化运作，经过多年努力，目前也形成了一批拥有自我知识产权和商业化运作的大型蛋鸡育种企业，这些企业在市场化过程中也积累了丰富的品种推广经验，为我国新蛋鸡品种的研发和市场推广做出了重大贡献。成立于1985年的河北大午集团，一直坚持“京白939”的繁育和饲养。2006年，我国粉壳蛋鸡育种基地在河北省永年县落成，由河北华裕家禽育种有限公司投资近亿元筹建的蛋鸡良种繁育中心，其自动化孵化设备达到100余台，年产种蛋9000万枚，供应各类别雏鸡3000万只，成为全国粉壳蛋鸡育种基地。

（2）发展现状。20世纪初，随着人们对蛋鸡生产价值的认识逐步提高，商业化蛋鸡养殖逐步兴起，蛋鸡育种目标由注重体型外貌转向经济性状（即产蛋性能和产肉性能），这一变化促使蛋鸡育种从经验育种转入到以遗传学为基础的现代育种阶段。近年来，随着科学技术的发展，分子生物学等新技术不断应用于蛋鸡育种行业，如产蛋性能的分子遗传标记、产蛋性能主效基因的选择与定位、抗病基因的选择、细胞和分子水平的蛋鸡营养调控等技术的应用极大地提高了我国的蛋鸡育种水平。同时，结合信息技术，我国组织和建立了包括蛋鸡在内的家禽遗传资源信息库以及利用电子计算机进行新品种蛋鸡生产性能的测定。这些现代技术在育种工程上的积极应用，将进一步提高蛋鸡繁殖率和改良蛋鸡生产性状。

自国家蛋鸡产业技术体系于2009年成立以来，遗传育种研究室在育种方面取得了较大的进展。以2012年为例：①在分子育种研究方面，开展了绿壳蛋蛋壳颜色形成的分子遗传学机理，通过分子生物学手段分析确定影响鸡蛋绿壳性状的SLCO1B3基因，并发现了影响绿壳蛋性状的基因突变。该基因是世界上首个被发现的决定蛋壳颜色的基因，同时该基因已经被应用到绿壳蛋鸡的选育工作中，这标志着我国蛋鸡分子育种工作从理论到技术应用均达到较高水平。②在育种规划研究方面，经过5年的建群与选育工作，青脚矮小隐性白羽鸡新品系的外观性状已基本稳定，具备了隐性白羽基因纯合、性连锁矮小基因纯合，以及性连锁青脚基因纯合的特征；完成了鸡绿壳蛋基因的定位和克隆工作，找到了蛋壳腺组织特异表达的基因；进行了苏北小草鸡的笼养试验等。③在种质资源评价与利用研究方面，制定了“苏禽青壳蛋鸡饲养管理指南”、“地方特色蛋鸡高效生态养殖技术规范”、“地方特色蛋种鸡生产技术规范”等，也成功培育青脚（矮小、正常）蛋鸡新品系，测定了徐海长距鸡遗传性能等。④在品种选育研究方面，培育出的节粮型土种蛋鸡“豫州粉1号”配套系。⑤在完善蛋鸡育种群遗传评估平台方面，对蛋鸡网络育种平台相关遗传评估模型进行系统的改进，开展了基因组富集技术研究。⑥在选育制种技术研究方面，完成了蛋鸡育种场和种鸡标准化养殖场建设方案设计，制定相应的蛋鸡生产管理技术规范；开展了鸡舍环境控制参数的优化试验，以及蛋鸡遗传改良关键技术研究。这些研究成果，为我国蛋种鸡的培育奠定了良好的基础。

在育种技术加速推进我国育种业发展的同时，为了保证蛋鸡种源安全，提升我国蛋鸡种业科技创新水平，强化企业育种的主体地位，提高蛋鸡育种能力，健全蛋鸡良种繁育体系，逐步提高我国蛋鸡生产水平，2012 年农业部制定了《全国蛋鸡遗传改良计划（2012～2020 年）》，根据该计划的总体目标设定，到 2020 年我国将培育 8～10 个具有重大应用前景的蛋鸡新品种，国产品中商品市场占有率将超过 50%。在这项国家政策的支持和引导下，也将在一定程度上促进育种企业积极引进人才、应用新技术、加大资金投入。

2. 生产能力

据中国畜牧业协会监测，2008～2014 年我国祖代蛋种鸡年均存栏为 54.5 万套，最多为 2009 年，达到 64.4 万套，最少为 2011 年的 45.0 万套（见图 7）。据协会推算，当祖代蛋种鸡平均存栏在 36 万套左右，父母代蛋种鸡存栏在 1600 万套时，即可满足商品代蛋鸡市场需求。故近几年蛋种鸡产能长期维持过剩状态，可有效保证种源供应。

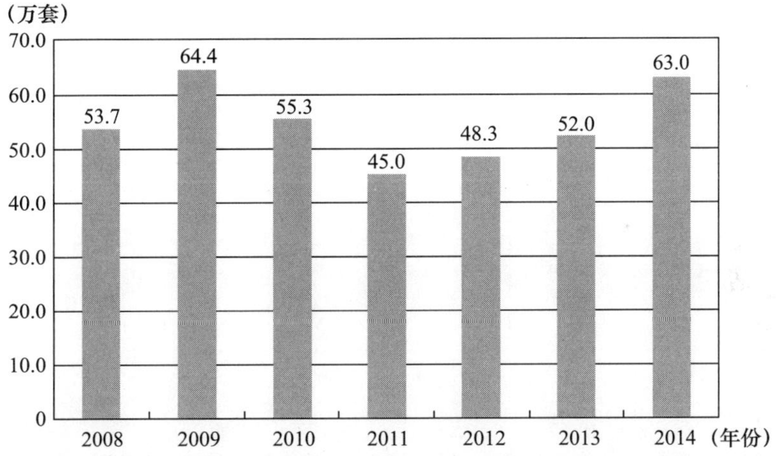

图 7　2008～2014 年我国祖代蛋种鸡年均存栏状况

资料来源：中国畜牧业协会。

3. 生产布局

我国各地区均有蛋鸡养殖，但主产区主要分布在华北、华东和东北地区等粮食主产区，目前鸡蛋产量排在前 5 位的省份是山东省、河南省、河北省、辽宁省和江苏省。近年来，我国南方产区的鸡蛋产量呈现上升趋势，但仍以北方产区为主，2014 年北方产区的鸡蛋生产总量占到全国鸡蛋总产量的 66.29%。

（1）区域角度的鸡蛋生产格局变迁。总的来看，我国鸡蛋生产的格局自 1985 年以来变化不大。从表 1 中可看出，自 1985 年我国鸡蛋产量位居世界第一位以来，鸡蛋主产区一直集中在北方地区，在 2005 年前后达到了最高点，即北方产区鸡蛋产量占到全国鸡蛋总产量的67.48%，而相对应的南方产区鸡蛋产量比例则达到了最低点。2005年以后，北方产区的鸡蛋产量占总产量的比例虽略有下降，但在2014年仍占到我国鸡蛋总产量的66.29%，表明我国鸡蛋生产的格局目前仍是北方为主，但南方产区鸡蛋产量占总产量的比例有逐渐增加的趋势。

从具体的地区看，由于华北地区是我国粮食主产区和平原区，适宜蛋鸡养殖，是我国蛋鸡的主产区和优势产区，1995年以来，华北地区鸡蛋产量占我国鸡蛋总产量40%以上，甚至在2000~2005年接近50%（见表1），其中河南、山东和河北是我国鸡蛋生产排名前三位的省份。东南地区和华中地区在2000年前还排在东北地区的产量之前，但2000年之后东北地区逐步超过这两个地区，成为我国第二大鸡蛋生产区。西北地区和西南地区一直是我国鸡蛋的调入地区，这些地区不能满足当地的消费需求，但其中西南地区的四川省是我国新兴的鸡蛋主产省，其对西南地区鸡蛋的供给发挥了非常重要的作用。

表1 1985~2014年我国鸡蛋生产格局 单位:%

地区	1985年	1990年	1995年	2000年	2005年	2010年	2014年
北方产区	52.07	56.08	63.75	65.81	67.48	66.50	66.29
东北地区	12.74	12.72	13.76	13.18	14.82	17.25	16.45
华北地区	33.42	37.19	44.81	47.92	47.66	44.03	44.14
西北地区	5.91	6.17	5.18	4.71	5.00	5.22	5.70
南方产区	47.93	43.92	36.25	34.19	32.52	33.50	33.71
东南地区	20.24	19.57	16.69	13.77	10.84	10.92	10.27
华中地区	18.81	16.26	13.07	13.19	13.11	13.95	14.63
西南地区	8.88	8.09	6.49	7.23	8.57	8.63	8.81

注：①东北地区包括黑龙江、辽宁、吉林；华北地区包括北京、天津、河北、山西、山东、河南；西北地区包括陕西、甘肃、青海、宁夏、新疆、西藏、内蒙古；东南地区包括上海、江苏、浙江、福建、广东；华中地区包括安徽、江西、湖北、湖南；西南地区包括广西、重庆、四川、贵州、云南、海南。

②资料来源于《中国统计年鉴》，鸡蛋按照禽蛋产量×85%估算。

（2）主产省角度的鸡蛋生产格局变迁。从图8可以看出，我国前十位的鸡蛋主产省份在1990年以前的产量差别不是特别大，在1990年之后的鸡蛋产量差距逐步扩大，尤其是排在前三位的河南、山东、河北的鸡蛋产量远高于其他的省份。2014年这三个省份占全国鸡蛋总产量的39.90%，已经超过了西北地区、东南地区、华中地区、西南地区的鸡蛋产量之和。

从具体的主产省份的格局变化来看（见表2），山东省在1985年、1990年、1995年、2000年、2011年位于全国第一位，仅在2005年、2010年和2014年分别被河北和河南超过；而河南和河北一直位居前五位，尤其是2000年以后，一直稳居前三位；江苏在1990年以前一直位于全国第二位，在1990年之后逐渐被辽宁超过；四川、湖北、安徽、黑龙江和吉林一直比较稳定，位居第6～10位。

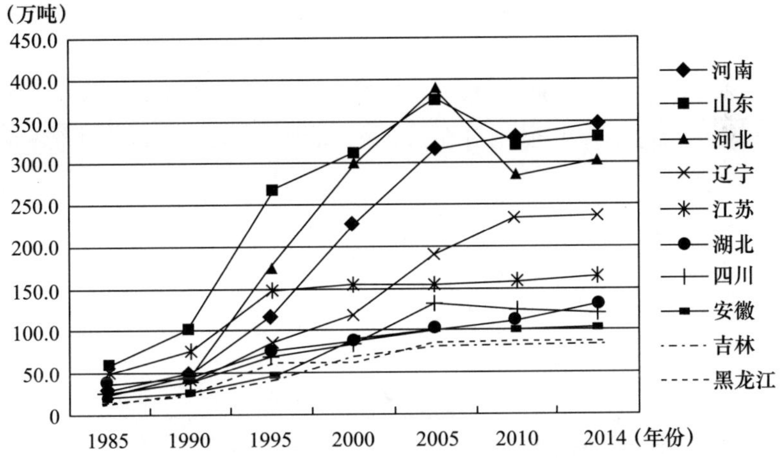

图8　1985～2014年我国10个鸡蛋主产省鸡蛋产量

表2　1985～2014年我国鸡蛋主产省份位次

省份	1985年	1990年	1995年	2000年	2005年	2010年	2014年
河　南	4	3	4	3	3	1	1
山　东	1	1	1	1	2	2	2
河　北	5	5	2	2	1	3	3
辽　宁	7	7	5	5	4	4	4
江　苏	2	2	3	4	5	5	5
湖　北	3	4	6	7	8	7	6
四　川	6	6	7	8	6	6	7
安　徽	8	8	9	6	7	8	8
吉　林	11	12	10	9	10	10	9
黑龙江	10	9	8	10	9	9	10

4. 规模结构

我国蛋鸡养殖长期以小规模家庭养殖为主体，根据《中国畜牧业年鉴》资料显示，2000～2004年，我国蛋鸡养殖主体明显以年存栏万只以下的中小规模养殖场（户）为主，蛋鸡存栏量约占全国蛋鸡总存栏量的85%以上；随后蛋鸡年存栏万只以下的规模化比重逐渐下降，到2014年为64.2%，而年存栏万只以上的规模养殖场（户）比例明显提高，2014年为35.8%，比2000年提高23.3个百分点（见表3）。但就整体养殖情况而言，"小规模、大群体"的养殖格局还未根本改变，规模化、标准化进程尚需继续加快推进。

表3　2000～2014年我国蛋鸡规模结构比重分布

规模结构	2000年	2002年	2004年	2006年	2008年	2010年	2012年	2014年
年存栏2000只以下	49.3	47.8	46.9	40.2	43.1	37.1	34.5	31.2
年存栏2000只以上	50.7	52.2	53.1	59.8	56.9	62.9	65.5	68.8
年存栏10000只以上	12.5	11.1	13.3	15.5	22.4	27.6	31.9	35.8
年存栏50000只以上	2.9	2.5	3.5	3.5	5.3	7.0	9.0	10.8
年存栏100000只以上	1.4	1.2	1.5	1.4	2.4	3.2	4.2	5.5
年存栏500000只以上	0.2	0.2	0.3	0.0	0.4	0.5	0.7	0.9

注：①此表比重指不同规模年存栏数占全部存栏数比重。②资料来源于《中国畜牧业年鉴》。

（三）蛋品流通

流通环节处于鸡蛋产销链条的中间位置，是保障鸡蛋分配的重要环节，流通主体主要包括鸡蛋生产企业、物流商、中间商等，若该环节缺失，将造成鸡蛋销售困难、消费者买不到鸡蛋的情况。也就是说，鸡蛋能否从产品转变为商品，最为关键的就是流通环节，流通环节在一定程度上实现了鸡蛋的价值增值，进一步延伸了蛋鸡产业的经济链条。因此，蛋鸡产业的发展离不开流通环节，该环节在鸡蛋产业链中占有非常重要的地位。根据鸡蛋流通特点可分为鸡蛋主产区、主销区和流通区。

1. 流通区域

（1）鸡蛋主产区。我国蛋鸡生产区域主要集中在华北、华东和东北等粮食主产区。据国家统计局2009～2015年统计数据，全国31个省（直辖市、自治区）中鸡蛋产量排在前10位的省份有：河南、山东、河北、辽宁、江苏、湖北、四川、安徽、吉林、黑龙江，这10个省可视为鸡蛋供给的主产区。

（2）鸡蛋主销区。鸡蛋消费主要集中在人口大省及经济比较发达的东部沿海地区。据大连商品交易所测算，2010年全国31个省（直辖市、自治区）中，年消费量超过 100 万吨的有 10 个省，分别是山东、广东、河南、江苏、河北、安徽、四川、辽宁、浙江和湖北；除此之外，经济发达的京津地区、沪浙地区和广东地区也是重要的鸡蛋消费区域。故这些地区可视为鸡蛋的主销区。

（3）鸡蛋流通区。鸡蛋主产区和主销区的不匹配，促成了鸡蛋贸易流通。通常情况下主要从产量大的华北、东北等地区流向东南、华南地区以及北京、天津、上海、广州等大城市。据大连商品交易所数据，鸡蛋需求缺口主要集中在三大区域：京津地区、沪浙地区和广东地区。其中京津地区的鸡蛋主要来自内蒙古、辽西、鲁北及河北等地；沪浙地区鸡蛋主要来自苏北、安徽、湖北等地；广东地区鸡蛋主要来自湖北，胶东，河北南部沙河、馆陶等地。

2. 流通模式

鸡蛋作为我国居民日常生活中一种非常重要的食品，在全国各地都有巨大的需求量，由于我国鸡蛋的主产区主要集中在不同的优势区域，即使在同一区域也有不同的生产模式。我国鸡蛋产品形成了从集中产地到分散消费市场的“大流通、大市场”流通格局以适应不同的产地以及消费市场。

在我国鸡蛋产业的流通体系中，也形成了不同的流通模式。国家蛋鸡产业技术体系研究团队近年来为详细了解我国鸡蛋的流通模式，把握鸡蛋流通中存在的问题，先后在河北省、四川省、山东省、湖北省和安徽省等地，对我国鸡蛋流通进行了实地调研。通过大量的座谈、观察和访问，总结出目前我国鸡蛋的五种主要流通模式。

（1）模式一：养殖场（户）→消费者。养殖场（户）自产自销、就近销售，养殖场（户）直接将鸡蛋运到乡镇或县城，直接面对消费者，以市场零售价格销售鸡蛋。这种模式是养殖场（户）直接与市场衔接，但由于市场的不确定因素较多，使得销售稳定性较差，风险较大，运输成本、交易成本较高，见图 9。

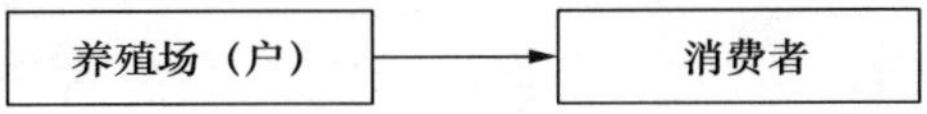

图 9　鸡蛋流通模式一：养殖场（户）→消费者

除了蛋鸡养殖户就近销售之外，也存在周边居民直接到养殖场购买鸡蛋，直接省却了鸡蛋的流通环节。此外，目前也出现了一种新型的鸡蛋销售模式，一些养殖场（户）建立网上专卖店，通过提供产地信息、图片介绍甚至是视频资料等方式对生产的鸡蛋进行宣传，以网购的形式直接向消费者出售鸡蛋。

（2）模式二：养殖场（户）→中间商→销地批发市场→零售商→消费者。在此流通模式下，养殖场（户）将鸡蛋出售给中间商，而后由中间商贩运到销地批发市场，通过批发市场出售给零售商并最终到达消费者手中，见图 10。

这种流通模式中，养殖场（户）主要与中间商进行交易，中间商承担了鸡蛋的分级、包装和运输工作。其中，中间商主要有两种，一种是只负责产地收购的经纪人，另一种是负责运输的中间商。经纪人一般在养殖场采购鸡蛋或在产地的专业批发市场采购鸡蛋，由于我国的鸡蛋专业批发市场相对较少，因此经纪人采购养殖户的鸡蛋的主要方式是在养殖场就地采购。由于中间商存在两种类型，因而此流通模式又可细分为“养殖场（户）→经纪人→贩运商→销地批发市场→零售商→消费者”和“养殖场（户）→贩运商→销地批发市场→零售商→消费者”两种具体的模式。

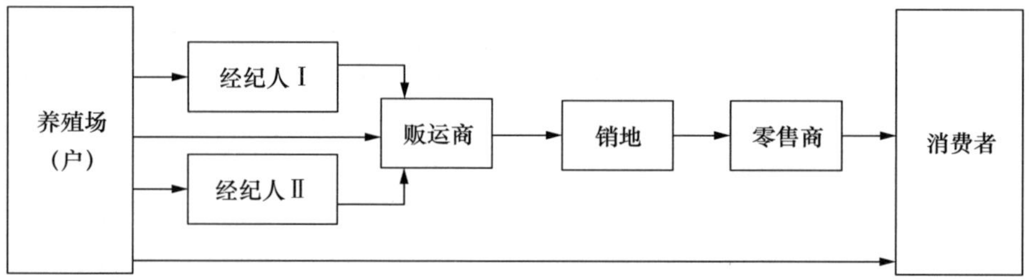

图 10　鸡蛋流通模式二：养殖场（户）→中间商

这种模式下鸡蛋的生产主体处于较为松散的状态，规模普遍不大，生产条件和生产技术都较为落后，鸡蛋质量不高且产品标准化程度低，鸡蛋价格由经纪人决定，养殖户在价格谈判中的话语权很小。这种模式包含较多的交易环节，使得交易成本较高。同时，在整个流通过程中，没有对鸡蛋进行清洗消毒等环节，又缺乏有效的检验检疫，加之鸡蛋一般没有品牌难以进行辨别和追踪，造成鸡蛋的质量安全存在着较大风险。

（3）模式三：养殖场（户）→合作社→中间环节→消费者。与上一种流通模式不同，这种流通模式主要是养殖场（户）参加了蛋鸡养殖专业合作社，在收集鸡蛋之后，交由专业合作社进行销售。不同的专业合作社在流通中起到的作用不同，主要是由该合作社的功能定位决定。在一些优势鸡蛋产区，专业合作社的功能从原来的产前与产中指导，逐步将其功能扩展到鸡蛋的销售，从而养殖户所生产的鸡蛋通过专业合作社进入了流通渠道，见图 11。

在此模式中，根据合作社销售鸡蛋的渠道，又可具体划分为三种，即“养殖场（户）→合作社→贩运商→销地批发市场→零售商→消费者”，“养殖场（户）→合作社→销地批发市场→零售商→消费者”以及“养殖场（户）→合作社→零售商→消费者”。前两种具体的流通模式仍然较为传统，随着我国农民专业合作社的不断发展，部分鸡蛋优势产区的农民专业合作社，也采取在消费市场建立专卖店等形式开展直营销售，从而缩短了中间环节，实现了与消费者的直接对接。

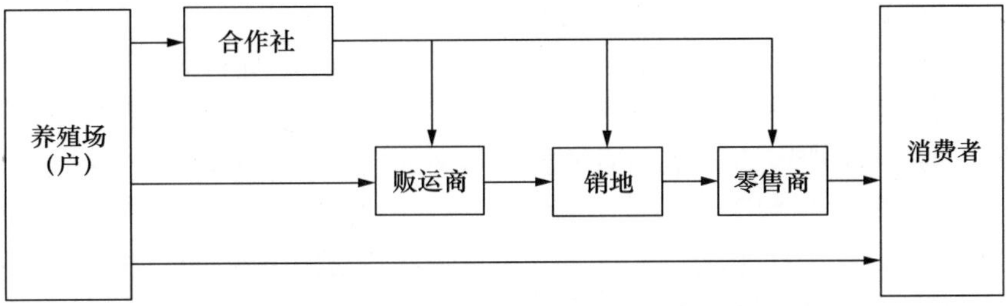

图 11　鸡蛋流通模式三：养殖场（户）→合作社

（4）模式四："公司＋养殖场（户）"→消费者。"公司＋农户"模式是以鸡蛋加工或流通企业为龙头，通过合同契约、股份合作制等多种利益联结机制，与养殖场（户）建立稳定的购销关系，将鸡蛋的生产、加工、销售有机结合起来，实施一体化经营，以提高经济效益（见图 12）。

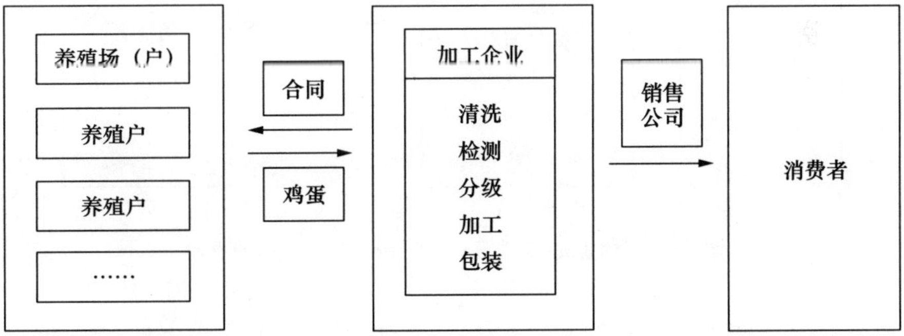

图 12　鸡蛋流通模式四："公司＋养殖场（户）"→消费者

这种模式产生的主要原因在于公司与养殖场（户）对共同利益的追求，在与养殖场（户）的合同中通常需要规定饲料、防疫、养殖方式等操作规范，保证了蛋源在质量和数量方面的稳定性；在这一模式下销售的鸡蛋大部分都是品牌鸡蛋，经过企业对蛋品的加工，使蛋品附加值明显增加，提高了产品的销售价格和利润空间。

"公司＋养殖场（户）"模式较大地提高了产品的质量，但企业需要付出较高的监督和维护成本。养殖场（户）与公司的利益并不完全一致，因此企业不得不时常监督养殖场（户）的养殖活动；为了保证原料供给的稳定，公司必须采取措施，稳住养殖场（户），例如采取保护价收购、开展培训等。另外，由于国内的蛋品加工设备工艺水平较低，故而企业一般采用了国外进口设备，较高的购置费用和维护费用造成了较高的进入门槛和运行成本。

“公司 + 养殖场（户）”模式由于交易环节较少，从而降低了交易费用和物流周转费用。另外，此模式下市场信息的传递效率较高，供求信息更易掌控，有利于减少养殖和生产风险。蛋品通过公司的加工活动，显著地提高了附加值，结合企业的“保护价收购”政策，有助于实现农民增收。农户与企业间通过合同建立起的合作关系具有相对稳定性，但农户和养殖场由于规模的限制，其议价能力较差，容易在价格谈判中处于劣势地位。

（5）模式五：“产销一体化”→消费者。“产销一体化”模式下，饲料生产、蛋鸡养殖、蛋品加工以及产品分销的所有环节都由企业独立完成，是一种企业进行纵向一体化延伸的结果，见图 13。

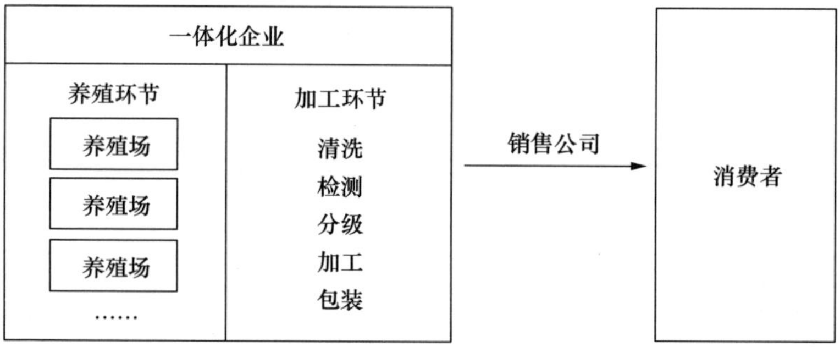

图 13　鸡蛋流通模式五：“产销一体化”→消费者

现今采用“产销一体化”模式的蛋品加工企业较少，代表性的企业有德青源、圣迪乐、咯咯哒等企业，这些公司的业务大都囊括了雏鸡培育、饲料生产、蛋鸡养殖及产品分销等环节，基本实现了全链条的控制。这一模式下的产品由于品质优异，一般价格较高，通过经销商和超市等高端途径进行销售。

“产销一体化”模式使鸡蛋的生产成为企业的内部行为，企业能够从源头开始控制产品质量，因此这一模式对于产品质量的控制强度是最高的。企业不仅可以控制蛋鸡饲养过程中的饲料及用药，而且能够控制蛋鸡的品种，易于实现蛋品的标准化和产品差异化。

“产销一体化”模式使企业获得了原本上下游组织的利益，增强了企业的盈利能力；同时，降低了协调控制的成本、交易成本以及信息收集的成本。但是，这一模式下养殖环节的投资巨大，养殖规模受到资本限制难以快速扩大，致使其单位蛋品的生产成本居高不下。

纵向一体化模式使企业能够很好地保证原料的供给和降低价格波动风险。但是，较长的产业链造成企业生产灵活性较差，不能对市场需求的变化做出及时反应和调整，因此具有较大的经营风险。

3. 流通特点

我国鸡蛋流通在产销链中是最为关键的一个环节，就目前看，存在上述五种主要的鸡蛋流通模式，总结来看，有以下三个方面的特点。

（1）北蛋南运，流通量大。我国鸡蛋物流流向较为明晰，可以简单概括为从产量较大的华北、东北等地区流向东南、华南地区以及北京、天津、上海等大城市。根据国家统计局数据测算，鸡蛋流出量较大的省份包括辽宁（约 164 万吨）、河北（约 157 万吨）、山东（约 151 万吨）、河南（约 60 万吨）等省。供需缺口最大的是广东，每年流入量约为 106 万吨，其次为云南（约 42 万吨）、广西（约 41 万吨）、浙江（约 36 万吨）、福建（约 35 万吨）等地，其他绝大部分省份总体上处于供求平衡状态。

（2）鸡蛋流通模式多元化。由于我国鸡蛋的主产区主要集中在不同的优势区域，在同一鸡蛋产区，仍然存在不同规模、不同模式的鸡蛋生产主体共存的特点；不同区域之间生产与消费差异情况不一，形成了从集中产地到分散销地的流通格局。因此，在我国鸡蛋产业的流通体系中，也形成了不同的流通模式。

（3）流通时间短。鸡蛋作为生物体，离开母体后一直进行着相应的生物活动，各种各样的活动使得鸡蛋内部成分发生一系列的变化。同时，没有经过清洗处理的鸡蛋表皮经常会沾有鸡粪、鸡毛、鸡饲料等废弃物，这些物质也会发生化学变化。为了保证鸡蛋的新鲜程度，让消费者吃到更健康营养的产品，鸡蛋在流通中经过的时间不宜太长，并要尽量减少装卸搬运次数。从体系调研的情况来看，目前一般在蛋鸡产蛋后，鸡蛋从收购到零售，大体上需要两天的流通时间。

（四）蛋品加工

1. 发展历程

在改革开放以前，我国鸡蛋的加工主要以传统技术为主，主要采用腌制技术生产皮蛋、咸蛋和糟蛋等。改革开放以来，随着我国蛋鸡业的快速发展，蛋品加工科学技术也快速应用于蛋品加工业，加工技术的进步促进了我国蛋品工业发展，特别是再制蛋的加工技术有了进一步改进，朝着无铅、无泥和小包装的方向发展，同时蛋品加工业逐步使用机械化加工和新工艺。2005 年以来，新型的传统蛋制品加工新技术不断应用于蛋品的加工，如制造各种蛋制品饮料，生产低胆固醇蛋、高碘蛋、高锌蛋、高铁蛋和高锗蛋等，一些新技术也逐步应用于蛋品的深加工，如对蛋内功能活性成分提取免疫球蛋白、卵磷脂、溶菌酶等。

2. 发展现状

近年来，我国的蛋品加工技术不断成熟，同时也加快了鸡蛋废弃物的利用研究。以2012年国家蛋鸡产业技术体系加工与检测研究室为例，禽蛋清洁除菌技术研究、中试取得良好进展，中试产品开始在全国多家单位试用；鸡蛋涂膜保鲜技术及涂膜保鲜剂研发中试完成，已经在全国多个省市开始试用，蛋壳膜综合利用及产品研发取得突破性进展。同时，对溶菌酶提取技术、蛋清寡肽制备技术、蛋黄卵磷脂的高效提取技术、蛋黄油高效提取技术和蛋壳粉制备技术进行了积极研发，并取得了重要成果。

在我国蛋品加工技术取得进展的同时，我国也加强了蛋品质的检测技术研究和应用。2012年，国家蛋鸡产业技术体系加工与检测研究室通过反复试验对鸡蛋和蛋品中肠炎沙门菌病原快速检测技术进行了完善，开展了不同温度下肠炎沙门菌（SE）在鸡蛋清和蛋黄中的生存特点研究工作，开展了鸡舍生产过程中可能造成沙门菌污染环节的检测工作。同时，用超声波方法研究了蛋壳厚度由钝端到锐端的变化趋势，进行了蛋壳厚度无损检测设备研发。

（五）蛋品消费

1. 发展历程

如图14所示，在过去的50年间，我国鸡蛋消费有了巨大的变化。以改革开放为界限，则可以大致分为两个发展时期。

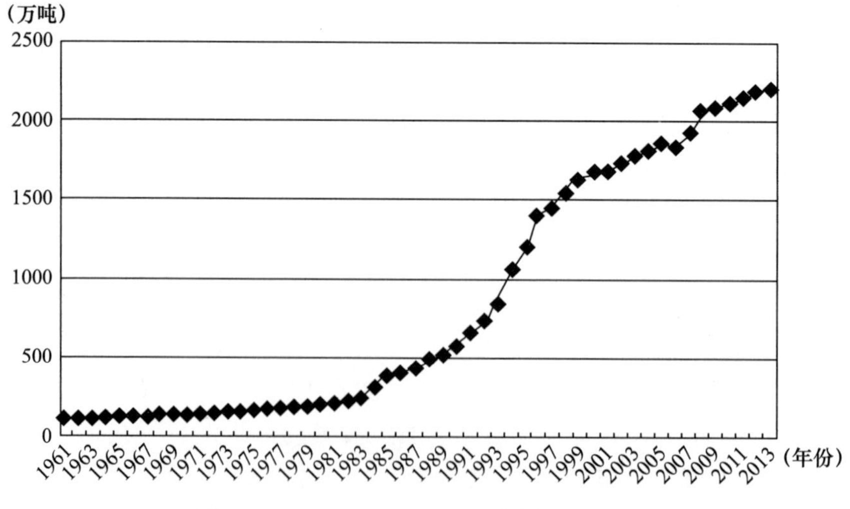

图14　1961～2013年中国鸡蛋消费量的估计

资料来源：FAO数据库，消费数据为在FAO数据库产量数据水平上扣除了约10%的出口和损耗。

（1）改革开放以前。在改革开放以前，我国鸡蛋消费量增长非常缓慢，1961年消费量约为 109.0 万吨，并且在 1978 年也只有 188.2 万吨，17 年间增长了约 79.2 万吨，年均增长 4.7 万吨。在这一发展阶段，鸡蛋不是我国居民日常生活的必需品，主要是因为鸡蛋的供给比较少，使得鸡蛋的消费量也较少，鸡蛋价格相对较高，居民对于鸡蛋的购买力较低。

（2）改革开放以后。改革开放以后，我国经济发展水平有了很大的提高，农业生产力也有了较大的发展。人们收入提高以后对生活品质也有了更高的要求，对食品的健康和营养越来越关注。从食物消费结构看，人们对谷物的消费比重在下降，对动物性蛋白的消费比重在上升。由于蛋品的自然安全性高，又属于低脂类产品，而且与其他畜禽产品相比，价格比较低，使得蛋类消费量及消费比重普遍持续上升。总的来看，改革开放以后，我国居民鸡蛋消费量经历了三个发展阶段。

第一阶段：快速发展期（1983～1996 年）。这一时期我国的农产品市场逐步形成，同时在各地政府“菜篮子”工程政策的影响下，居民对鸡蛋的购买量上升较快。虽然 1983 年初我国人均占有量仅为 4.87 千克，但自 1985 年以后我国蛋鸡产业发展迅速，这一阶段我国居民人均鸡蛋消费量的增长速度为 12.8%。

第二阶段：增速放缓期（1997～2008 年）。随着 1994 年我国进入市场经济发展时期，我国蛋鸡养殖行业迅速发展，特别是在 2000 年以后，集约化、规模化蛋鸡养殖的发展，为我国鸡蛋消费的增长奠定了基础。鸡蛋人均消费量达到了世界发达国家水平，并在 2008 年超过了美国，并仅次于日本。这一阶段我国居民人均鸡蛋消费量的增长速度为 2.5%。同时，随着我国农产品产业化的发展，人们对农产品品质的要求越来越高，品牌鸡蛋在这一时期有了较大的发展。

第三阶段：平稳发展期（2008 年至今）。目前，我国居民能量及蛋白质摄入已经得到满足，2008 年以后我国居民鸡蛋已经达到较高的水平，但一直保持稳中有升的增长趋势，这一时期的人均鸡蛋占有量增长速度只有 0.7%，目前我国鸡蛋消费已经达到 18.5 千克/人·年。

2014 年我国鸡蛋产量约为 2459.8 万吨，其中进口鲜蛋 9.73 吨，出口鲜蛋 6.97 万吨，据此我国 2014 年鸡蛋消费量约为 2452.8 万吨，消费量基本等于产量。2014 年人均占有量为 18.0 千克，仅次于日本 19.4 千克，居世界第二位，约为全球平均 9.3 千克的两倍。若除去鸡蛋流通损耗 10% 左右的话，实际人均消费约为 16.2 千克。

2. 消费结构

（1）消费方式。按照消费途径分，我国鸡蛋消费分为家庭消费（居民食用蛋）、户外消费（餐馆和机构消费蛋）和工业消费（保洁蛋、深加工蛋等）。目前，我国鸡蛋消费依然以家庭消费为主，2010 年中国禽蛋工业消费、家庭消费和户外消费分别为 551 万吨、1491 万吨和 784 万吨，分别占国内禽蛋消费的 19.50%、52.76%和 27.74%。1992～2010 年，我国禽蛋家庭消费量增长速度（0.51%）大幅低于工业消费（9.31%）和户外消费增长速度（3.41%），而未来这一趋势仍将延续。

（2）购买渠道。在农村地区，农村居民获得鸡蛋的渠道主要有三种：自己饲养蛋鸡、去养殖场购买和去农贸市场等渠道购买。

城市居民购买鸡蛋还是以农贸市场和超市为主，在农贸市场购买的鸡蛋大多都是从商家大筐中挑选，成“板”购买或按重量散装，用塑料袋、菜篮子装放，主要通过肉眼识别鸡蛋的颜色、鸡蛋的新鲜度以及清洁度等来判断鸡蛋的好坏。

随着人们生活水平的提高，对鸡蛋的卫生安全越来越关注，消费者除了要求鸡蛋本身新鲜、卫生，还需要一个良好的购买环境，很大一部分消费者也会选择去购物环境更好的大型连锁超市/卖场、社区便利店等渠道购买鸡蛋。在这些区域购买普通鸡蛋与在农贸市场购买类似，主要通过肉眼识别；同时，品牌鸡蛋产品也主要在超市中销售，有较好的外包装，方便市民购买。通常按照个数计价，价格会高于普通鸡蛋。

由于我国鸡蛋总产量大、品种繁多、市场容量大以及流通渠道呈现多元化的趋势，导致鸡蛋的市场竞争较为激烈。目前鸡蛋的购买渠道主要有以下几种：

一是大型连锁超市/卖场。通常在居民区几千米范围之内就会有大型连锁超市，特别是在一些大中型城市中，大型连锁超市/卖场分布更多。超市/卖场通常有品牌鸡蛋产品陈列专区，品牌鸡蛋的种类丰富，同时，在超市/卖场同时还有普通鸡蛋销售，方便不同消费者选择。

二是社区便利店。这一类型的渠道更接近居民区，为消费者提供更多便利，主要以散装鸡蛋为主，也有少量品牌鸡蛋销售。但是部分便利店进货渠道多样，所销售的鸡蛋产品质量差距较大。消费者在社区便利店购买鸡蛋以满足短期食用为主，购买量不会太多。

三是农贸市场。此消费渠道在中小城市和农村仍然是鸡蛋购买的主要场所，多以散装鸡蛋形式进行，品牌鸡蛋销量较小，购买者多是在买菜时一起采购。

四是大型农产品批发市场。作为城市及区域农产品物流集散场所，大型农产品批发市场主要服务于下一级农产品批发商、零售商、团体单位食堂及批发市场周边居民等。销售方式以批发为主，出货量大，产品新鲜，价格比较实惠。

3. 消费意识

随着人们生活水平和经济水平的提高，鸡蛋的消费意识也发生了变化。一方面，人们更加关注鸡蛋的新鲜度和营养；另一方面，对食品安全和品质的关注超过了对价格的关注。开始对现有的大规模、机械化蛋鸡饲养方式提出质疑，认为这些机械化生产出来的鸡蛋不安全也没有营养。有条件的消费者更愿意购买农村散养模式下生产的鸡蛋，并且对通过质量安全体系认证过后的绿色无公害鸡蛋产品的需求不断增长。消费需求的多元化改变了原来鸡蛋品种单一、没有质量等级、没有品牌的低水平发展状态。

二、存在的问题

（一）蛋种鸡生产

改革开放以来，我国蛋鸡产业发展迅速，自 1985 年起至今，我国鸡蛋产量已经连续 27 年位居世界第一位，成为世界上最大的鸡蛋生产国。我国于 20 世纪 70 年代开始蛋鸡育种，已经培育了京白 939、农大 3 号、京红和京粉等多个系列蛋鸡品种，形成了较为完整的曾祖代、祖代、父母代和商品代蛋鸡良种繁育体系，为我国蛋鸡产业发展做出了重大贡献。但是，目前我国蛋鸡种业仍然相对滞后，制约着我国蛋鸡种业的发展。

1. 过度依赖进口品种

作为世界第一位蛋鸡生产大国，蛋鸡生产中使用的良种绝大部分需要国外进口，这不仅与我国蛋鸡生产大国的地位极不相称，每年需要花费大量的外汇，而且也增加了动物疫病传播的风险，给蛋鸡产业持续健康平稳发展增加了不稳定因素。

同时，由于蛋鸡繁育体系的特殊性，我国的蛋鸡育种长期受到几个世界育种集团公司的制约与冲击，再加上育种公司本身在资金、技术和人才上的投入相对缺乏，更使得蛋鸡育种举步维艰，广泛存在“只引不育”和“只繁不育”的现象，过度依赖进口品种，严重阻碍了我国蛋鸡育种产业的进展。

2. 育种技术仍存差距

我国的蛋鸡育种虽然取得了一定的成绩，但与发达国家相比还存在一定的差距。目前，我国蛋鸡育种企业规模较小，育种及配套基础研发能力较弱，育种目标不够长远；地方特色蛋鸡缺乏系统选育，生产性能低且不稳定，部分品种蛋用性能逐步退化；疫病净化技术力量与投入不足，种源疫病净化工作亟待提高；部分蛋鸡育种企业场内生产性能测定条件与技术难以满足现代蛋鸡育种的需要。

3. 种鸡市场趋于饱和

2000 年后，我国蛋鸡业逐渐成熟，商品代蛋鸡总饲养规模基本没有明显扩展。我国商品代蛋鸡存栏大约为 15 亿只，其中产蛋鸡饲养量为 12 亿只左右。目前，我国培育祖代企业 20 家左右，年存栏 40 万套左右，年供父母代能力超过 2500 万套；父母代鸡场 1000 家左右，场均规模 2 万套，总饲养能力 2000 万套，年可供商品代蛋鸡20亿只。虽然近年来我国土鸡蛋等商品代蛋鸡饲养量超过了2亿只左右，但总体上祖代、父母代和商品代产能过剩，比实际市场需求超过20%以上。由于产能过剩，蛋鸡品种形成了激烈的市场竞争态势，种鸡市场的价格趋于下降，种鸡企业经济效益下滑，部分进口国外品种的祖代蛋种鸡企业甚至处于亏损状态，也进一步影响了蛋种鸡企业在育种上的投入。

4. 种鸡行业门槛较低

虽然我国蛋鸡良种从数量上已经完全能够满足我国蛋鸡养殖对良种的需求，但仍然存在一些问题。我国蛋种鸡养殖门槛较低，没有准入制度，导致仍然存在大量不符合生物安全的中小型蛋种鸡场。这些种鸡场对一些垂直传播的疾病（如鸡白血病等）净化力度和措施不够，从而给蛋鸡养殖造成极大的不利影响。

（二）商品代蛋鸡生产

1. 蛋鸡生产方式落后

当前我国蛋鸡养殖依然是"小规模，大群体"，小规模低水平的饲养方式仍占相当大的比重，71.39%的鸡蛋由1万只以下的蛋鸡养殖场提供，整个蛋鸡养殖行业尚未建立行业的准入制度，缺乏规划。而且，由于目前是这种"小规模，大群体"的生产方式，使得养殖的标准化问题难以得到解决，主要是因为现在的养殖主体的生产粗放、信息不灵、防疫条件差、标准化程度低、良种化程度不高。

2. 集中笼养，标准难提高

我国蛋鸡养殖主要是以笼养为主，而且蛋鸡养殖表现出集中养殖的发展态势，集中笼养情况下由于受到养殖习惯和改善养殖方式成本较大等因素的影响，在推行蛋鸡养殖标准化上比较困难，而且仅仅是提高蛋鸡养殖标准就会受到以上两个主要因素的制约。

3. 生产性能差异大

在我国所养殖的蛋鸡品种比较多，比如海兰系列、罗曼系列、农大3号、京红、京粉和京白939等，这些蛋鸡养殖品种之间在生产性能上差异并不大。但在蛋鸡养殖过程中受到生产环节管理水平、设备配套水平、养殖环境等方面的影响会造成较大的产蛋率、死淘率和料蛋比的差异，往往管理水平高、设备配套投入大、养殖环境好的养殖场的蛋鸡产蛋率高、死淘率低、料蛋比低。

4. 生产风险大

在生产上存在禽流感、自然灾害等生产经营风险，生产风险对于养殖户的影响较大，规模越小的养殖户应对风险的能力越差。此外，近几年鸡蛋价格的波动幅度越来越大，市场风险对养殖者的打击非常大，严重影响了其生产决策。

5. 从业人员素质低，缺乏培训和指导

我国蛋鸡养殖业中的从业人员素质比较低，难以做到良好的生产管理运作，且在日常蛋鸡养殖中也缺乏相关的技术能力，除了从业人员本身受教育年限比较短以外，缺乏培训和指导也是导致从业人员素质低的原因，在农村地区没有能力组织相关的培训和指导。

（三）蛋品加工

我国鸡蛋加工业还处于尚待开发的初级阶段的根本原因在于，我国鸡蛋加工品的市场潜在需求容量过小。受制于进口国严格的“门槛”限制壁垒，鸡蛋加工品的出口缺乏吸引力，因此，市场需求驱动力严重不足，成为影响我国鸡蛋加工业发展的瓶颈。

1. 国内市场潜在需求较小

从影响居民食物消费选择的因素来说，当前居民收入水平、购买力、产品价格并不是影响居民对于蛋品类型选择的关键因素，真正制约居民消费鸡蛋加工品的因素是来自于消费习惯和居民对食品质量是否安全的担心。我国居民在长期的饮食消费中，形成了以鲜蛋消费为主的消费模式，这种模式在短期内难以迅速改变。即使居民有消费鸡蛋加工品的趋向，也主要是以传统的卤蛋和腌蛋为主。受消费习惯的影响，我国少部分居民对于发达国家近年来研发出的新蛋品尚持怀疑的态度，大部分居民甚至对这些鸡蛋加工品没有任何了解。另外，随着居民收入水平的提高，对食品质量安全的关注度越来越高，往往由于居民对通过加工而改变鸡蛋性状和功能的产品持一定的怀疑态度，因此如何通过知识普及等方法提高我国居民消费鸡蛋加工品的信心十分关键。

2. 蛋品走进国际市场举步维艰

主要原因在于我国鸡蛋加工品产量少，再加上制成品又主要以传统卤蛋、腌制蛋为主，与世界主要鸡蛋加工品进口国的消费习惯不一致，国际市场需求量有限。

3. 蛋品加工创新能力不足

我国鸡蛋加工业与世界第一鸡蛋生产大国地位不相匹配的主要原因在于，整个产业创新能力严重不足。在我国居民消费习惯难以在短时间内转变，以及蛋品出口贸易量小的市场背景下，我国蛋品行业总是处在重视鸡蛋产量、忽视鸡蛋质量；重视鲜蛋消费、忽视蛋品加工的状态中，企业严重缺乏在激烈市场竞争中开辟新市场的创新意识和创新策略。

4. 产业链内部严重脱节，结合度低

目前，我国大部分蛋品加工企业所用的鸡蛋来自于蛋鸡养殖户、鸡蛋收购商，甚至来自于鸡蛋批发市场，只有小部分企业的鸡蛋来自于蛋鸡养殖基地，或以“公司＋养殖基地＋养殖户”，或以“公司＋专业合作社＋养殖户”的模式实现与养殖场的结合。由此可见，我国鸡蛋加工业的产业链条中各环节基本独立，各环节结合过度分散，不能形成互为支撑的产业流程链，产业一体化发展的程度比较低。

5. 产业间不能互相促进

当前，我国蛋糕、药品等相关加工企业也是鸡蛋产品的消费群体。前文表明，我国的相关加工企业所用鸡蛋也主要来自于蛋鸡养殖户、鸡蛋收购商和鸡蛋批发市场，专业蛋品加工企业几乎没有为这些相关加工企业提供其所需要的鸡蛋加工品，表明我国专业蛋品加工企业与相关加工企业的结合度非常松散，没有实现鸡蛋加工品的专业化。由此可见，我国的鸡蛋加工业与其他相关产业之间仍然存在着边界清晰、联系松散的现象，各相关产业的发展较为孤立，没有形成产业互相促进的动力。出现如此状况的主要原因在于，我国的相关鸡蛋加工业在其所用的原料方面，没有严格的原料标准约束。因此，促进产业与产业之间融合、提高其相关结合度的措施，主要来自于标准的制定和推行。

（四）产业政策

通过梳理可以看出，我国对畜牧业非常重视，出台了比较多的政策、法律、条例等，提升了我国蛋鸡产业的发展水平，但在政策上仍然存在一些问题，具体表现在以下四个方面。

1. 政策缺乏系统性

以往出台的大多数的政策都是相互独立的，并不是延续某一种政策进行补充和完善。就本书梳理的政策看，在环境方面提出的政策就比较有系统性，有了对环境污染的评估，然后出台环境质量标准、排放标准、污染防治技术、防治办法、防治规划等，最后提出了污染防治的条例，明确规定了如何界定污染、如何治理污染、如何激励和惩罚，这是一套比较完善的政策体系。其他政策的出台要借鉴环境政策，以便更为有效地规范蛋鸡产业发展，促进其健康发展。

2. 政策缺乏针对性

就目前来看，国家出台的政策大都是对整个畜禽产业的，虽然考虑到了不同畜禽种类间的共同点，但没有结合不同畜禽种类间的差异，使得一些政策出台以后，对一些畜禽种类的适用性比较差，政策的出台缺乏针对性，没有针对蛋鸡产业的政策出台。这方面可以借鉴有关生猪方面的政策，真正做到“专门”的政策，出台一项政策就能奏效。所以，产业政策的出台还是要根据不同的畜禽种类进行顶端设计。

3. 政策执行力差

政策的出台都是经过细致论证的，但往往在逐级下达过程中，政策的执行会出现偏差，而且到了养殖场，政策能否执行到位非常难以确定。就以往调研的情况看，养殖场能获得的政策非常少，大多数的养殖场不知道有什么政策，更不会获得优惠政策。这些情况的出现，主要是在产业政策的执行过程中没有很好地理解政策，也没有按照政策的要求去执行。

4. 蛋品生产、经营、流通政策偏少

通过总结发现，以往出台的政策主要集中在育种、饲料、兽药、疫苗、防疫和环境方面，在蛋鸡生产经营、流通和市场方面的政策比较少，尤其是鸡蛋的流通和市场方面，没有明确的政策进行指导和规范，同时流通主体和市场主体所关注的运输、摊位费、进场费等方面的政策需求没有切实地考虑到，尚需进一步的完善。

三、政策建议

（一）蛋种鸡生产

（1）保护国内外知名品牌，形成良性竞争机制。目前有些育种企业引进并饲养国外知名品牌祖代蛋种鸡，通过收集对比重要参数，增强自主品牌的竞争力。我国应借鉴国内外知名品牌的先进经验和技术，建立高水平、大规模的蛋鸡育种企业，加强国际合作和交流，在竞争中不断提高企业实力，为养殖户提供优良祖代蛋种鸡。

（2）与市场需求接轨，培育优良蛋鸡品种。应以市场需求为导向，加大优良品种培育，积极发展地方种质资源，针对不同客户需求，实行多元化品牌战略。

（3）加大蛋鸡育种科技创新，开拓国外市场。随着国际蛋鸡品种生产性能的不断提高，育种公司规模越来越大，数量越来越少，呈垄断态势。我国自主品牌的蛋鸡产业要想在激烈的竞争中生存和发展，必须联合起来，加大蛋鸡育种科技创新，努力开拓国外蛋鸡育种市场，缓解国内祖代蛋种鸡市场饱和的现象，阻止恶性竞争，实现蛋鸡产业的可持续发展。

（4）加大资金扶持力度。家禽育种是一项高投入、高技术、高产出但也存在较大风险的产业。为提升我国蛋种鸡业的市场竞争力，应加大资金扶持力度，对于优势育种企业必要的设备和科研创新提供扶持。同时，应进一步加大对新品种繁育的项目支持，为新品种选育提供良好的科研条件。

（5）加快人才培养。以市场为导向的育种企业，在进行市场开发、科技推广与示范、延伸服务链条的过程中，急需一大批既懂市场又懂专业的人才。应积极出台相关职业人才的培训，加大人才培养和培训力度，并考虑出台相关职业资格保障体系，加快优良蛋种鸡的科技示范与市场推广。

（二）商品蛋鸡生产

（1）优化蛋鸡养殖格局，尽快形成优势产区。在原有基础上，合理规划蛋鸡养殖，优化蛋鸡养殖格局，从而尽快形成蛋鸡养殖优势区域，从区域的角度提升蛋鸡养殖的发展能力。

（2）提高行业门槛，提升专业化水平。提高行业门槛，减少小养殖户的数量，筛选蛋鸡养殖者。在此基础上，还要提升蛋鸡养殖的专业化水平，以提升发展水平。

（3）加快标准化进程。标准化对蛋鸡生产和生产方式的影响非常大，需要加快标准化进程，从而更好地为养殖场做好示范推广工作。

（4）建立新型经营主体。蛋鸡养殖主体不是一成不变的，在中央一号文件中提出的家庭农场等新型农业经营模式将是未来我国蛋鸡养殖提升组织化的发展重点。

（三）蛋品加工

1. 提高消费者对鸡蛋和鸡蛋制品的认识

针对我国居民有关鸡蛋消费的模式和偏好问题，应以市场主导和政府引导的方式，向居民家庭普及包括鸡蛋在内的农产品的消费知识，逐步提高消费者对现代鸡蛋加工品的认知度和接受度，促使消费者能够理性地看待、购买和消费鸡蛋加工品，进而扩大消费者对鸡蛋加工品的需求，为扩大我国鸡蛋加工品的需求规模创造积极的环境。主要应由政府部门主导、生产企业辅助出台相关公益培训项目，采取公益性电视广告、专家讲堂或其他方式，针对不同性别、受教育程度和家庭结构的消费者，开展有关鸡蛋生产、加工和加工品的公益培训或知识普及等活动，进一步提高消费者对鸡蛋加工品的整体认识水平。

2. 发挥投资、补贴、信贷等政策工具的扶持作用

一是注重加大对龙头加工企业的扶持，在科技投入、设备投资等方面给予扶持政策，加快我国鸡蛋龙头企业的改造、升级进程，加大技术研发的力度；二是出台相应的外国企业引进、国内企业培植和小型企业重组的优惠措施，加快引进一批科技含量高、投资规模大、出口能力强的鸡蛋加工企业，培植做大、做强一批传统鸡蛋加工企业，整合资源组建一批新型鸡蛋加工企业。

3. 完善我国鸡蛋加工产品的检测标准

与国际标准和国外先进标准接轨，进一步充实、完善我国鸡蛋及鸡蛋制品加工标准体系，提高鸡蛋标准的技术水平，加强鸡蛋质量安全管理等。鸡蛋及其蛋制品加工标准体系的建立，有利于提高质量与卫生安全，有利于完善全程质量控制技术，保障市场经济条件下鸡蛋加工业的健康发展，提高我国鸡蛋加工业的国际竞争力。

（四）产业政策

1. 建立健全蛋鸡产业发展政策体系

对于蛋鸡产业相关的政策缺乏联系，没有形成一个完整的体系，而且从总体

的结构看，分为育种环节、生产环节、流通和市场环节，但这些环节内部的政策是缺失的。也就是说，目前仍然没有完善的蛋鸡产业发展政策体系。需要政府继续挖掘蛋鸡产业不同环节上的问题，提出解决的方案，出台相关的政策。尤其是未来的政策出台都应具有针对性，增强适用性。因此，为了蛋鸡产业的可持续发展，必须要建立健全蛋鸡产业发展政策体系。

2. 重视流通和市场环节的政策出台

流通过程中存在成本高、损耗大、物流设备差等问题，这些问题仍然没有很好地通过政策的途径得以解决，政府可以出台相关的优惠政策，比如减免高速公路过路费等，以减轻流通过程中的压力，同时提升流通的效率；市场环节的政策比较缺乏，需要通过政府出台优惠政策激励养殖主体开拓市场、市场主体减少成本，还需要通过政策手段调控价格，预测预警鸡蛋市场价格，为蛋鸡产业中的各主体提供价格信息。

3. 加大对蛋鸡产业政策执行的跟踪监督

通过组建专门的监管部门，制定严格的评价政策执行的制度和标准，监督和管理各级政府对蛋鸡产业政策的执行状况，尤其是要从养殖场角度评估政策执行的程度和实施的效果，通过建立整套的蛋鸡产业政策执行的跟踪监督体系，可以确保蛋鸡产业政策的实施，为促进蛋鸡产业可持续发展提供政策保障。

第三篇　主要畜种国际市场及贸易分析

随着我国居民收入水平的不断提高，食物消费结构不断升级，畜产品的国际贸易不断扩大，国内产业也面临日益严峻的国际竞争力压力。因此，必须全面审视国际市场，分析进出口贸易情况，为如何充分利用两种资源两个市场提供决策依据。

第一章　生猪国际市场分析

世界猪肉的生产主要集中在亚洲、欧洲与美洲，中国、德国、美国是世界主要猪肉生产国，同时也是世界重要的猪肉产品出口国，中国是全球最大的养猪市场和猪肉消费市场。世界猪肉产品贸易主要集中在欧洲、亚洲与美洲，且主要从欧洲与美洲流向亚洲，欧洲在世界猪肉产品的进出口贸易中占据绝对主导地位。世界猪肉贸易以鲜冷冻猪肉为主，生猪的贸易波动较大。

一、世界猪肉生产和消费情况

（一）猪肉生产

自20世纪80年代开始，随着世界猪肉产业的迅猛发展，全球猪肉产量大幅增加，全世界猪肉总产量2009年突破1亿吨，比1980年的5267.3万吨、1990年的6958.6万吨、1995年的7717.12万吨分别增长了90.3%、43.5%和47.8%（见图1）。从1995年至2013年的20年间，世界猪肉产量从7717.12万吨增加到1.13亿吨，增长了1.46倍，年均增长率为1.78%。受资源、环保、疫病等压力的影响，尽管近20年世界猪肉产量在不断增长，但增长速度逐年放缓：1961～1970年猪肉年均增长率为4.91%，1971～1990年为3.27%，1991～2000年为2.54%，2001～2009年为2.32%。特别是2007年后世界粮食的供需紧张以及饲料价格的猛涨，对全球猪肉生产产生了极大的影响。

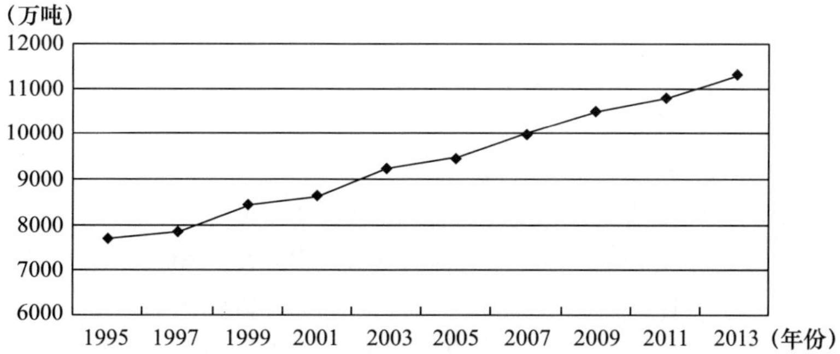

图1 1995～2013年世界猪肉产量变动

资料来源：联合国粮农组织（FAO）。

当前，世界猪肉的生产基本集中在亚洲、欧洲和美洲。2013年世界猪肉总产量为1.13亿吨，其中亚洲猪肉产量占世界总产量的57.0%，达到6444.9万吨。同期欧洲的猪肉产量为2712.2万吨，占总产量的23.9%，美洲产量为1966.2万吨，占世界总产量的17.4%。中国、美国、德国、西班牙、巴西和越南是世界猪肉生产大国，年产量均超过300万吨，6个国家猪肉总产量占同期世界猪肉总产量的70%以上。此外，世界猪肉的主要生产国还有俄罗斯、法国、加拿大、波兰、菲律宾和丹麦，但这6个国家的产量相对较小，所占份额均不超过2.5%。值得一提的是，越南政府对生猪行业的大力鼓励为其猪肉生产和贸易带来了快速发展的契机，由2000年的第12位上升到了2013年的第六位，一跃成为世界猪肉生产强国。2013年我国猪肉产量为5375.20万吨，占世界猪肉总产量的47.5%，是实至名归的世界猪肉生产大国。

根据美国农业部的报告，2014～2016年，世界生猪产量持续下滑，2016年，世界生猪存栏量为78483万头，比2013年下降了2.13%。中国、欧盟以及美国的存栏量占世界存栏量的比重为85.21%，较2015年略有下降。中国的存栏量占到了世界的57.48%，在2014年以后连续2年下降。2016年，欧盟（28国）存栏量占世界的比重为18.95%，美国占比为8.78%，均比2015年有所上升。

2016年，世界生猪出栏量达到119212万头，比2015年下降了5.62%，中国、欧盟（28国）以及美国的出栏量占到了世界的84.51%，比2015年有所下降，中国的出栏量占世界的比重为52.01%，比2015年下降了3.14个百分点。欧盟（28国）出栏量占比为22.15%，美国占10.36%，欧盟和美国的份额都有所上升。

2016年世界猪肉产量达到10820万吨，比2015年下降了5.50%，中国、欧盟（28国）、美国的猪肉产量占世界的79.95%，其中中国占47.92%，2015年下降1.79个百分点，欧盟（28国）占21.58%，美国占10.45%，欧盟和美国的份额比2015年都有所上升。世界生猪产量下滑的主要原因是中国生猪存、出栏量以及猪肉产量的下降。

（二）猪肉消费

在世界肉类生产和消费领域中，猪肉占据着重要地位，其消费量占世界肉类总消费量的份额维持在41%左右。按国家和地区来看，2000～2013年世界猪肉人均消费量一直处于比较稳定的阶段，2013年世界猪肉人均消费量排名前五的国家分别是丹麦、西班牙、德国、匈牙利和波兰，见表1。

表1　2000～2013年世界10强猪肉人均消费量国家　　单位：千克/人

国家	2000年	2005年	2010年	2013年
丹麦	57.3	65.3	64.8	69.3
西班牙	52.1	58.9	62.3	61.5
德国	40.8	49.1	54.9	58.5
匈牙利	34.2	44.7	46.5	45.1
波兰	33.3	37.9	39.1	41.6
瑞典	27.3	29.5	34.3	39.7
法国	25.3	27.7	34.1	38.3
中国	35.0	34.3	38.5	37.6
新加坡	31.3	32.1	31.7	34.6
加拿大	20.9	25.2	25.0	33.1

资料来源：美国农业部（USDA）。

世界10强猪肉人均消费量表中除了中国以外，其他都是发达国家。相对于发展中国家，发达国家的猪肉人均消费量在世界猪肉产品消费中占据主导地位。近20年，随着国内经济的发展和人民生活水平的提高，发展中国家猪肉人均消费量逐年增加，而近年发达国家猪肉人均消费量则变化不大，这主要是由于其猪肉人均消费量大致已达到饱和水平。

1995年，发达国家的猪肉人均消费量为24.7千克，发展中国家猪肉人均消费量为12.3千克，发达国家猪肉人均消费量是发展中国家的2倍；2000年，发达国家猪肉人均消费量略有下降，达到24.1千克，而发展中国家猪肉人均消费量则上升至13.3千克，但发达国家人均消费量还是远远高于发展中国家；2013年，发达国家猪肉人均消费量为29.3千克，而发展中国家达到22.9千克，仅仅相差6.4千克。由此可看出，13年来发展中国家与发达国家猪肉人均消费量的差距在逐渐减小，但非洲国家是唯一例外。近20年来，非洲国家的猪肉人均消费量一直徘徊在1～2千克，经济发展水平低、饮食习惯和宗教是其人均消费量水平低的主要因素。与其他地区相比，欧洲和北美发达国家的猪肉人均消费量较高。其中，北美发达国家猪肉人均消费量相对较为稳定，欧洲发达国家猪肉人均消费量呈现小幅度上涨，南美洲、大洋洲以及亚洲国家由于基数较小，其猪肉人均消费量均呈现增长态势。

二、发达国家促进生猪产业发展的经验

在猪肉生产上，生产技术与机械化生产是美国、德国、西班牙等发达国家主要的生产优势。因此，这些国家的产量水平较高。虽然中国的产量稳居世界第一，但由于生产技术水平比较低下，猪肉的生产比较零散，没有集约化生产，导致我国的猪肉生产率不高。同时，规模化的缺失致使我国猪肉质量参差不齐。由于这些方面的缺陷，还有猪场的不正当竞争，导致中国猪肉的品质出现了很大的问题。

（一）美国

美国猪肉产业政策体系完善，不但拥有巨大的猪肉生产能力，而且培育了极强的国际竞争力。近年来，美国在巩固东亚、美洲地区等传统出口市场的基础上，加大了对东南亚、东北亚等新兴市场的开拓力度，越来越多的亚洲国家成为了美国的鲜冷冻猪肉进口国。美国与其贸易伙伴国的猪肉产业合作和产业政策为美国的鲜冷冻猪肉出口提供了强有力的保障。同时，技术的研发和支持以及强势的经济地位是美国鲜冷冻猪肉迅速发展的主要驱动力。美国的猪肉产业补贴政策、空间布局政策、环境保护政策以及技术研究支持政策较为完善，通过吸收和优化相关政策，可服务于我国生猪产业结构深度调整和可持续发展。

（1）产业补贴政策。农业补贴政策的目标是在农产品生产过剩的背景下为农业提供支持和保护，提高农场主抵御风险的能力。主要通过直接补贴和间接补贴两种方式对生猪产业进行支持。所谓直接补贴，就是当市场供过于求时，联邦政府加大对猪肉的采购以保障生猪养殖者的利益，农业部每年都会针对猪肉制订采购计划。间接补贴指的是政府对于玉米和大豆的补贴（60%的玉米和47%的大豆产量用作畜牧业的饲料）。政府平均每年对玉米补贴约47.3亿美元，对大豆补贴约15.26亿美元，政府对玉米和大豆补贴的最大受益者是国内的畜牧养殖场和大型肉类食品公司。

（2）空间布局政策。生猪养殖产业需要大量耕地和水等要素的投入，玉米种植带一直是该国的生猪养殖主产区。20世纪90年代，生猪养殖专业化程度提高，区域分工模式逐步形成：北部各州的生猪产量逐渐下降，而南部的北卡

罗来纳州和西部的俄克拉荷马州生猪产量则急剧扩张。非传统生猪养殖地区生猪养殖规模的急剧扩张很大程度上归因于合约养殖模式的推广。猪肉加工企业和生猪养殖企业订立委托代养合同能够降低与调查、协商、转让有关的交易费用，减少两类企业之间猪肉质量信息的不对称，加强猪肉供应链各节点企业之间的协同性，降低生猪养殖企业和猪肉加工企业的经营风险。委托代养合同有助于增加猪肉产业供应链各节点企业物资资本投入，扩大经营规模，并降低生产成本。

（3）环境保护政策。目前主要依据《净水法案》（Clean Water Act，CWA）对环境污染进行治理。CWA 要求规模化养殖场要制订全面的肥料管理计划，养殖企业必须有符合联邦标准的存储和处置肥料的计划，包括适当规模的土地来处理肥料、符合气体发散限制的指导方案和确保氮磷最低流失率的控制措施。生猪养殖企业需要将此做成文件并报告给环境保护组织的监督员。“环境质量激励计划”规定，生猪养殖者可以自愿申请补贴。在生猪养殖者采取环保措施后，政府通过事后的环境评估，提供以下两方面的补贴：一是分担环保工程措施实施成本的75%；二是激励补贴，主要是通过补贴，鼓励农牧民的生产活动达到政府的环境标准。按照“环境质量激励计划”提供环保工程设施成本 75% 的政策规定，联邦政府对生猪养殖场沼气池的补贴超过了 2500 万美元。从长期看，“环境质量激励计划”能够督促养殖场改进养殖技术，提高污染物处理和资源利用的效率，有利于猪肉行业的可持续发展，对保证生猪健康、提高猪肉品质也有积极作用。

（4）技术研发支持政策。猪肉产业技术研发工作主要由大学和大企业内的研究中心承担。大学研究经费主要来源于州政府拨款，其次为联邦政府拨款。政府通过财政支出的形式对农业技术的研究和推广进行支持，使其猪肉产业的生产技术水平得到了较大幅度的提高，不仅提高了猪肉产业的全要素生产率，也为猪肉产业内整合及结构性转型创造了有利条件。2014 年，联邦政府对农业技术研究与推广的预算支出为4100 万美元，2018 年该项支出将超过 1 亿美元。2014 ~ 2018 年五年间总计支出将达到 3.94 亿美元，年均 7880 万美元。猪肉产业因此在疫病防治、遗传育种、人工授精、营养健康管理、栏舍与环境管理等技术领域取得了长足的进步，先进的猪肉生产和加工技术也提高了猪肉企业的生产效率和利润。

（二）丹麦

丹麦是世界农业强国，也是公认的“养猪王国”，具有高度组织化的合作经营体制，完善的种猪繁育体系，健全的肉品安全监管体系以及合理、完善的环保政策，生猪产业具有强劲的国际竞争力，世界已有 140 多个国家和地区给予了产自丹麦的猪肉免检待遇，许多国家还授予了丹麦猪肉绿色食品认证。虽然丹麦鲜冷冻猪肉质量不错，但售价与其他国家相比价格仍然不高。上述原因都是丹麦稳居世界鲜冷冻猪肉出口国第三的主要因素。

（1）建立高度组织化的合作经营体制。在农业委员会、熏肉和肉制品委员会、养猪协会及农业协会等合作社基础上合并成立的农业和食品理事会，是农业初级产品生产者、各类合作社和相关产业的代言人，在布鲁塞尔、伦敦、北京和东京均设有代表处。理事会从生猪育种、饲养、屠宰到产业规划、市场营销、疫病防控、猪舍建设，提供一体化、专业化服务，确保动物卫生、食品安全、可持续发展等理念和标准在全产业链的共同遵循和执行。产业链上各类主体互为股东，形成利益共享和风险共担机制，有效避免市场风险。例如，皇冠集团由大量养猪场持股，养猪场养 1 头生猪利润为 120 克朗，年终屠宰环节还会按照每头猪 10 克朗返还分红。

（2）完善的种猪繁育体系。猪种主要包括长白、大白和杜洛克，通过杂交生产商品猪。全国商业猪场合作建立了全世界最有效和管理最完善的种猪繁育计划（DanAvl），围绕养殖和屠宰需求确定育种目标，日增重、瘦肉率、繁殖率、抗病力等各项指标均居世界前列，种猪竞争优势明显，每年出口种猪达 8 万多头。DanAvl 引入内部竞争机制，共联合了全国 72 个种猪群，辐射 4100 个猪场，持续改良种猪品种，种群层级分明，生产性能测定规范，人工授精网络健全，大多数种猪场还实施了无特定病原（SPF）育种计划。生猪育种经费每年大约 2.5 亿丹麦克朗（1 丹麦克朗约折合 1.1 元人民币），全部来源于商品猪生产及屠宰税，即每生产、屠宰 1 头商品猪，农场主缴纳 4.9 克朗的会员费和 5.5 克朗的屠宰税。

（3）健全的肉品安全监管体系。为保障猪肉质量安全，对生猪生产从农场到餐桌进行“全流程、一体化”的安全监管。一是强化养殖源头控制，农场主主要以自己种植的谷物饲草配制饲料，需经作物管理局许可并定期接受检查，同时，法律严格限制对饲料用作物使用农药；二是对生猪产业实行全程兽医卫生监管，涉及兽医诊疗、动物卫生、动物福利、食品安全等多个方面；三是建立严格的屠宰管理体系，屠宰厂设立审批严格、屠宰设备现代化、企业强化风险管理、政府监管严格；四是建立质量追溯体系，生猪交易、屠宰加工、流通都需附具相应单证，以保证发生疫情或出现质量安全问题时能追溯到每头猪及所在农场；五是企业主体责任明确，政府在制定生猪产业发展政策和食品安全标准时，通常与行业组织进行充分沟通，并通过合作社这一独特模式在全产业链上得到自觉执行，企业主动负起全部责任。

（4）环保政策。注重环保促进产业可持续发展。高度重视生猪养殖环保问题，根据土地消纳畜禽粪便能力确定养殖规模。养猪场要有与生产规模相配套的粪便污水处理系统，推行种养结合、生态循环养殖模式，最大限度地消除生猪养殖对环境的污染，实现可持续发展。每个农场饲养量根据农场面积进行限定，不得超过500个动物单位（1个动物单位相当于1头牛、3头母猪、30头育肥猪或2500只肉鸡）。畜禽粪浆需储存9个月才能还田利用，1公顷土地施肥上限为1.4个动物单位粪浆。当农场养殖量超过法律规定时，政府通过环境影响评估决定是否允许其扩大养殖规模。目前，畜禽粪肥中氮和磷的使用率跟矿物肥料相当，既降低了环境影响，也减少了农户购买肥料支出。

（三）日本

日本是世界上最大的猪肉进口国，为防止价格波动，维护猪肉市场稳定，保护养殖户利益，建立了价格稳定政策、养殖稳定政策、贸易保护政策以及其他生产支持等一整套完善的产业政策体系，为优化我国生猪产业调控政策提供了参考。

（1）市场调控政策。价格稳定政策包括投、收储政策和进出口政策。当猪肉批发价低于提前设定的安定基准价格下限时，由养猪团体，或农畜产业振兴机构实施收储；当猪肉批发价格高于安定基准价格上限时，则投放库存猪肉。此政策类似于我国的冻肉收、投储政策，但其政策启动的信号来自市场价格，而我国的投、收储启动政策的信号来自猪粮比价。政府猪肉收储量很小，主要依靠增加进口平抑价格。为减少政府收购、存储的成本，在政府指导下，生产者团体、猪肉加工行业协会等自主实施猪肉冷藏保存，控制投放市场的猪肉数量，政府将补贴其相关成本和损失。此外，通过采用通过《畜产品价格稳定法》，成立“畜产品价格稳定基金协会”进行生猪生产价格补贴，协会根据其市场供求情况，综合采用生猪价格补贴契约、生猪生产公积金、生产价格补贴金等方式进行市场价格调控，取得了较好效果。

（2）生产支持政策。建立了用于改良生产、提高竞争力的养猪振兴基本方针，用于改善饲料利用、降低生产成本、提高养猪生产和经营能力、优化良种猪等；为养殖户提供融资的畜产融资制度，养殖户可以向民间金融机构（银行、信用金库等），也可以向政策金融公库贷款进行运营资金、基础设施改造、牲畜购买、粪污处理等方面。

（3）贸易保护政策。包括门槛进口价格和紧急措施关税政策。分别针对低价猪肉和高价猪肉，当进口价格过低时，征收从量税；当价格过高时，则采用低税率的从价税来减轻关税负担，保护消费者的利益。在差额关税部分，则预定基准进口价格，随着进口价格高低，征收与标准进口价格中间差额关税。当进口价格低时，征收国内猪肉批发价与基准进口价格的差额。

三、世界猪肉进出口贸易概况

（一）贸易规模

1995～2013年，世界猪肉产品出口总额呈现波动上升的趋势，从1995年的111.2亿美元增加至2013年的349.2亿美元，平均每年增长2.1个百分点。1995年以来，除1998年和2000年猪肉出口量较上年有所下降外，猪肉世界贸易出口量逐年平稳递增，1995年猪肉的世界出口总量为147.9万吨，2011年增长到522.8万吨，为1995年的3.5倍，年均增长23.4万吨，年均增长率8.8%。

1995～2013年20年间世界猪肉产品出口变动大致可分为以下三个阶段：①1995～1999年，出口额起伏较大。在经过了之前10年的出口贸易繁荣期之后，世界猪肉产品的出口进入了波动期，猪肉产品出口总额由1995年的111.2亿美元上升至1997年的805.7亿美元，再减至1999年的576.7亿美元，4年出口贸易额绝对差值达到465.5亿美元。这主要是由于SPS协议的实施以及猪肉产品国际价格变动所引起的。②2000～2010年，出口额呈现增长态势。随着经济的发展、消费水平的提高和个人收入的增长，人们对肉类产品的需求也大大增加。同时，技术水平的提高促进了世界养猪业的繁荣发展，对出口也起着重要的作用。③2011～2013年，出口变化较为平稳。世界各国已经适应了SPS措施，适当调整了自己的出口策略，在巩固原有市场的同时开拓新兴市场；同时，各国为了保护国内市场，逐渐设置了猪肉产品反倾销、反补贴等保护政策，这导致世界猪肉产品出口变化不大。

2016年，由于中国猪肉进口量的大幅度上升，世界猪肉贸易量显著扩大，达到831万吨，同比增加24%。根据美国农业部的估计数据，2016年中国猪肉进口量达到240万吨，比2015年上升了近140万吨，中国超过日本成为世界最大猪肉进口国。在日本之后，墨西哥的进口量也达到了102.5万吨。在出口方面，欧盟出口量占比最大，达到38.24%，这一份额比2015年略低，其次是美国，为28.38%，比2015年有所上升，加拿大和巴西的出口份额分别为15.07%和10.89%。

（二）产品结构

世界猪肉产品贸易以鲜冷冻猪肉为主，生猪的贸易量较少。从猪肉产品的出口结构来看，鲜冷冻猪肉的出口比重较大，出口规模稳步上升，生猪的出口波动较大。

2000年世界生猪出口量为105.6万吨，2013年则增加到了212.6万吨，占世界猪肉出口量比重从16.8%上升至17.4%。而2013年生猪出口额为51.1亿美元，占世界猪肉出口总额的14.6%。其中2005年由于动物疫病的频发和严重的食品安全问题，世界生猪出口面临着巨大的挑战，出口急剧下降，虽然出口量远远少于2000年，但出口额却达到26.5亿美元；而鲜冷冻猪肉的出口量所占比重略有减少，从2000年的83.2%到2013年的82.5%，但出口额大幅增加，从2000年的97.3亿美元增加到2013年的298.1亿美元（见表2）。由此可见，无论从出口额还是出口量来看，鲜冷冻猪肉在世界猪肉产品贸易中均占据绝对主导地位。

表2　世界猪肉产品出口变动趋势　　单位：万吨，亿美元

	年份	2000	2005	2010	2013
出口量	生猪	105.6	23.1	228.5	212.6
	鲜冷冻猪肉	522.5	770.1	958.2	1005.8
	总计	628.1	793.1	1186.7	1218.4
出口额	生猪	12.9	26.5	67.2	51.1
	鲜冷冻猪肉	97.3	181.4	229.5	298.1
	总计	111.2	207.9	296.7	349.2

资料来源：联合国商品贸易数据库。

（三）国家结构

1. 出口国家

世界猪肉产品贸易主要集中在欧洲、亚洲和美洲。2011年，猪肉的主要出口国家为德国、丹麦、加拿大、西班牙、巴西、荷兰、法国、比利时、波兰、奥地利。此前，中国猪肉出口量一直位居前十，但2011年被波兰取代。1995～2011年猪肉世界前10位国家出口量占世界总出口量比例从1995的89.7%下降到1997年的82.3%，然后逐渐上升，并稳定在88%左右。2013年，欧洲、亚洲、美洲是世界猪肉产品贸易集中地区，猪肉产品贸易量占世界猪肉产品贸易总量的比重为95.1%。其中，在世界猪肉产品贸易中占据绝对主导地位的是欧洲，其猪肉产品出口量占世界总出口的55.0%，进口量达到1225.2万吨，占世界猪肉产品总进口的59.7%。美洲是世界猪肉产品的主要出口区域，2013年出口的猪肉产品占世界猪肉产品出口总量的29.6%，为325.6万吨。亚洲是世界猪肉产品的第三大出口区域，其猪肉产品出口量占世界出口猪肉产品总量的比重为10.5%。从猪肉产品贸易洲际流向来看，2013年欧洲与美洲猪肉净出口量分别为138.7万吨和104.5万吨，亚洲对猪肉的净进口量达69.2万吨，其他洲净进口总量为36.1万吨。总的来说，世界猪肉贸易洲际间流动主要是从欧洲与美洲流向亚洲，趋势较为明显。

按出口额排序，荷兰、丹麦、德国、中国、加拿大、西班牙、比利时和美国是2013年世界前8大生猪出口国（见表3）。其中，位于欧洲的5国（荷兰、丹麦、德国、西班牙、比利时）生猪的出口量占世界出口总量的64.9%，出口额占世界出口总额的68.7%。中国是亚洲地区唯一生猪出口大国，出口量与出口额所占的比重分别为8.1%和9.0%。加拿大出口量和出口额所占比重分别为6.8%和6.7%。

表3　世界主要猪肉产品出口国的出口变动及占比

单位：万吨，亿美元

国别	生猪				鲜冷冻猪肉			
	2000年		2013年		2000年		2013年	
	出口量	出口额	出口量	出口额	出口量	出口额	出口量	出口额
荷兰	19.3	2.5	67.2	16.1	77.8	12.2	79.7	22.9
丹麦	11.4	1.5	31.7	9.6	94.1	20.4	108.4	33.9
德国	7.9	0.6	19.4	4.6	32.6	5.1	172.7	52.9
中国	20.4	2.5	17.2	4.6	9.7	0.9	12.3	4.6
加拿大	25.5	3	14.5	3.4	44.0	9.3	90.3	25.6
西班牙	—	—	13.4	2.8	32.1	5.3	100.0	31.7
比利时	10.1	1.1	10.8	2.0	52.6	8.9	77.8	20.4
美国	0.5	0.1	0.5	0.3	46.2	12.5	149.0	44.3
世界	105.6	12.9	212.6	51.1	522.5	97.3	1005.8	298.1

资料来源：根据联合国商品贸易数据库数据计算。

可见，世界生猪出口贸易高度集中在欧洲。如表3所示，荷兰在世界生猪出口中占据着及其重要的地位；德国在13年期间生猪出口得到了繁荣发展，从2000年的第六位上升到了2013年的第三位；加拿大则由2000年世界生猪出口第一位下降到第五位，这主要是由于加拿大有害危险物质的情况持续增加。

2000年和2013年世界鲜冷冻猪肉的出口格局发生了很大的变化（见表3）。2000年，作为世界最重要的两大鲜冷冻猪肉出口国，丹麦和荷兰的出口量和出口额所占比重分别为18.0%和14.9%。2013年，德国和美国在世界鲜冷冻猪肉出口贸易中占据了绝对主导地位，两国鲜冷冻猪肉的出口量分别为172.7万吨和149.0万吨，分别占世界鲜冷冻猪肉出口总量的17.2%和14.9%，相应的出口额分别为52.9亿美元和44.3亿美元，分别占世界出口总额的17.7%和14.9%。这是由于两国规模高效的养猪业和高质量猪肉产品。此外，丹麦和西班牙也是鲜冷冻猪肉出口大国，2013 年两国鲜冷冻猪肉出口额分别为 33.9 亿美元和 31.7 亿美元，分别占世界出口总额的 11.4% 和 10%。上述数据表明，世界鲜冷冻猪肉出口地主要集中在欧洲地区。

2. 进口国家

猪肉进口国主要集中在欧盟和东亚地区。2013 年，世界生猪进口额超过 100 万美元的国家共有 10 个（见表 4）。这 10 个国家的生猪进口量占世界总进口量的 87.0%，进口额占世界总进口额的 86.4%。其中，德国、波兰和中国的进口额都超过了 20 亿美元，占世界生猪进口额的比重较高，是主要的生猪进口国。德国的生猪进口不断增长，由 2000 年的 17.9 万吨增加到 2013 年的 79.2 万吨，13 年间增幅达到了 440%。美国的生猪进口量比较稳定，总体来说还是呈上升趋势。波兰和中国的生猪需求量不断增加导致其生猪进口量分别从 2000 年的 0.1 万吨和 1.3 万吨上升至 2013 年的 23.3 万吨和 24.3 万吨。而其他的国家，除了意大利以外对生猪的进口也呈上升的趋势。可见，世界生猪的进口呈多元化趋势，生猪的进口国在不断地增加，出现了大量的生猪贸易的新兴市场。

表 4　世界主要生猪进口国的进口变动　　单位：万吨，亿美元

国别	2000 年		2013 年	
	进口量	进口额	进口量	进口额
德国	17.9	2.3	79.2	17.7
中国	1.3	0.1	24.3	5.6
波兰	0.1	0.01	23.3	5.8
美国	17.8	3.0	18.2	3.3
葡萄牙	8.4	0.9	11.3	2.2
荷兰	4.7	0.5	9.0	2.0
比利时	3.4	0.5	8.1	1.8
罗马尼亚	1.9	0.2	4.3	1.2
斯洛伐克	0.3	0.03	5.6	1.1
意大利	11.3	1.3	4.1	1.1
世界	97.4	12.1	215.3	48.2

资料来源：联合国商品贸易数据库。

2000 ~ 2013 年，世界鲜冷冻猪肉进口不断增长，贸易格局发生了较大的变化（见表 5）。2000 年，意大利稳居世界鲜冷冻猪肉进口第一位。2013 年，克罗地亚取代意大利，一跃成为世界第一大鲜冷冻猪肉进口国。值得一提的是，由于

日本进口鲜冷冻猪肉价格远高于意大利，虽然2000年意大利鲜冷冻猪肉进口量为75.5万吨，但进口额仅为12.6亿美元。而日本进口65.1万吨鲜冷冻猪肉，进口额却达到了32.2亿美元。另外，从进口增幅看，克罗地亚是世界进口量增幅最大的国家，其进口量在13年间增长幅度达到了650%，从2000年的1.5万吨迅速增加到了2013年的977.6万吨；波兰是进口额增长幅度最大的国家，进口额从2000年的0.5亿美元增加到了2013年的17.2亿美元，实现了大幅度的增长。可见，2000~2013年，克罗地亚和波兰逐渐在世界生猪进口市场中占据了战略性地位，表明克罗地亚和波兰对生猪的需求不断增加。

表5　世界主要鲜冷冻猪肉进口国的进口变动

单位：万吨，亿美元

国别	2000年		2013年	
	进口量	进口额	进口量	进口额
克罗地亚	1.5	0.3	977.6	11.8
德国	71.3	11.8	95.3	23.7
意大利	75.5	12.6	95.0	26.9
日本	65.1	32.2	73.8	40.0
俄罗斯	21.3	2.1	62.0	21.4
波兰	3.5	0.5	60.1	17.2
中国	3.4	0.5	58.3	11.1
墨西哥	20.2	2.6	57.5	11.9
英国	26.7	4.4	35.2	11.6
美国	32.1	7.1	33.4	11.5
世界	538.8	103.6	1914.6	282.1

资料来源：联合国商品贸易数据库。

四、主要出口国情况

（一）美国

近年来，美国猪肉生产有小幅波动。2011年，美国猪肉产量为1032.30万吨，2012年上升到1054.76万吨；受国内消费稳定、出口下降影响，2013年猪肉产量降至1051.76万吨；2014年，受流行病影响，猪肉产量降至1036.16万吨；2015年，猪肉产量增至1110.76万吨，增长7.2%。2016年，美国猪肉产量为1131.2万吨，增长1.79%，在2014年以后出现了连续2年上升。美国生猪生产增长的一个重要原因是养殖水平的提升，2016 年美国生猪养殖的平均窝产活仔数达到 10. 50 头，比 2015 年上升了 1. 13%，比 2010 年平均的 9. 78 头上升了 7. 34%。

近年来，美国猪肉出口量趋于平缓。据美国农业部资料显示，2009 ~ 2013 年美国猪肉出口量稳步增加，从 185. 71 万吨增至 2012 年的 244. 00 万吨，2013 年出口量降至 226. 24 万吨。随后趋于平缓，2014 年和 2015 年的出口量分别为 220. 29 万吨和 224. 14 万吨。2016 年美国猪肉出口 237. 4 万吨，比 2015 年上升了 4. 47%。

美国猪肉出口国别结构总体比较平稳。主要出口到日本、墨西哥、中国、加拿大、澳大利亚等国家。近年来出口中国猪肉有所减少。2015 年，出口至墨西哥、日本、加拿大和韩国的猪肉数量分别为 70. 53 万吨、54. 85 万吨、23. 95 万吨和 22. 35 万吨，分别占总出口量的 31. 5%、24. 5%、10. 7% 和 10. 0%。出口至中国的猪肉数量从 2012 年的 30. 33 万吨连续 4 年下降，降至 2015 年的 11. 42 万吨，占比也从 12. 9% 降至 5. 1%。

美国也有 50 万吨左右的生猪进口，主要进口来源国是加拿大、丹麦和波兰，这三国合计份额超过 85%，其中仅加拿大的份额就在 70% 以上。

（二）欧盟

欧盟猪肉产量连续小幅增加。欧盟 28 国猪肉产量从 2000 年的 2176. 50 万吨增加至 2008 年的 2288. 50 万吨后，由于经济危机影响肉类消费，2009 年猪肉产量降至 2201. 50 万吨，随着欧盟经济的逐步恢复，猪肉产量再次增加，2014 年和 2015 年分别较上年增长 2. 0% 和 2. 7%，2015 年猪肉产量为 2341. 80 万吨，达到 2000 年以来的最大值。欧盟猪肉产量主要来自奥地利、比利时、丹麦、芬兰、法国、德国、希腊、爱尔兰、意大利、卢森堡、荷兰、葡萄牙、西班牙、瑞典和英国 15 个国家，2015 年其猪肉产量为 1984. 60 万吨，占欧盟猪肉产量的 84. 7%。2016 年，欧盟 15 国生猪出栏量将达到 21932 万头，比 2015 年上升了 0. 75%，猪肉产量将达到 1978 万吨，比 2015 年上升了 0. 36%，连续 2 年上升。

从欧盟内部的猪肉生产布局看，德国、丹麦、法国、意大利的份额有所下降，西班牙、荷兰及英国的份额在上升。德国的份额由 2011 年的 28. 92% 下降至 2016 年的 28. 07%，丹麦由 8. 88% 下降至 7. 73%，德国和丹麦 2016 年比 2015 年也有下降。西班牙由 2011 年的 17. 92% 上升至 2016 年的 20. 56%，荷兰由 6. 96% 上升至 7. 37%，英国由 4. 16% 上升至 4. 67%。[①]

欧盟的猪肉贸易主要是在内部，近年来对外出口有所增加，主要是对中国猪

① 各国 2016 年的份额依据 2016 年 1 ~ 11 月的产量数据计算。

肉出口的大幅增加。根据中国的海关数据，2016 年欧盟对中国鲜冷冻猪肉的出口量达到 109.9 万吨，比 2015 年上升了 89.4%，冻猪杂碎的对华出口量也达到了 76.1 万吨，比 2015 年上升 35.8%，在鲜冷冻猪肉方面，德国的对华出口量由 2015 年的 20.5 万吨上升至 2016 年的 34.4 万吨，西班牙由 13.7 万吨上升至 26 万吨，荷兰由 2.97 万吨上升至 12 万吨，丹麦由 8.13 万吨上升至 15.9 万吨。

（三）竞争力比较

当出口猪肉以发达国家为市场目标时，由于这类国家对猪肉消费的安全、营养和健康需求更加关注，因此成本是决定竞争力的首要因素。但是，当猪肉产品以二类市场或三类市场国家为出口对象时，成本价格仍起着较大作用。在猪肉质量安全符合国际标准的前提下，猪肉生产成本的高低也部分说明该国的比较优势。从猪肉生产成本的对比中，巴西的生产成本最低，这主要得益于巴西不仅是生猪饲料的产地，而且劳动力廉价，更为重要的是巴西货币的贬值使其成本大为降低。另外，加拿大和美国的猪肉生产成本也较低，因为两国处于北美大粮仓上，粮食充足，价格低廉，又是饲料粮的出口地区。欧盟成员国猪肉生产成本较高，主要是因为饲料粮相对短缺、劳动力昂贵、环境和动物福利规定严格，部分提高了养猪企业的生产成本，但生产的猪肉质量高，出口到欧盟成员国、日本、美国等猪肉进口价格高的国家，仍可获得利润。中国猪肉的生产成本低于欧盟国家，但高于巴西、美国和加拿大。另外，其他一些因素，如疫病控制、质量监管、保鲜技术等，也会对猪肉国际竞争力产生影响。

五、发展潜力

世界生猪产品贸易的变化是由多种因素引起的，尤其是世界经济水平、居民收入水平、居民消费结构、国家或地区间贸易争端、生猪生长周期、养殖成本和疫病等会对生猪产品需求量、生产量等产生一定的影响，从而引起世界畜产品贸易发生变化。

（一）影响发展潜力的因素

1. 收入水平

世界经济的快速发展，使得居民收入水平逐渐提高。以东亚和太平洋地区发展中国家为例，据世界银行统计，1995 年该地区人均 GDP 为 700 美元，2013 年达 5536 美元。而肉类需求弹性较大，当居民收入较低时对肉类的需求较小，随着收入的增加，人们对肉类的需求也会增加。相较而言，猪肉价格较低，符合当前人均收入水平，适宜大多数人群消费，因而需求量增长较快，世界贸易量增长较快。

2. 消费结构

随着发展中国家肉类需求强劲，食物消费结构发生变化，发展中国家总体上呈现出以植物性食物为主转向动植物性食物并重的食物消费与营养模式。发展中国家人口占世界总人口70%以上，其食物消费结构的变化及对肉类产品需求的增多，导致进口增多，促进了畜产品进口量前10位国家（地区）占世界总进口量比例的变化，以及生猪产品世界贸易总量的逐年攀升。

3. 贸易争端

经济全球化的不断推进，国家间关系日益复杂，国家整体经济发展水平、贸易经济利益、政治利益等方面的不平衡造成了畜产品的贸易争端。2002年1月，欧盟宣布全面禁止中国动物源产品进口，2014年俄罗斯暂停从加拿大进口猪肉。国家间的贸易争端影响了两国间的进出口贸易，而畜产品贸易争端的日益增多、日趋激烈，限制了世界生猪产品的进出口贸易，导致畜产品进出口贸易量增长变缓。

4. 生产成本

1995年以来，世界畜禽饲养成本发生较大变化。西方发达国家农业机械化水平较高，加之农业财政补贴等因素，饲料成本远低于发展中国家，饲养成本变化较小。而发展中国家曾经具有明显优势的劳动力成本逐年上升，饲料成本与发达国家价格差距持续扩大，导致饲养成本大幅提高。

5. 疫病控制

疫病的发生，不仅会影响畜禽的健康状况、降低畜产品产量，烈性的人畜共患病，如高致病性禽流感等还会危害到人的健康。大规模的疫病会严重影响畜产品的国际贸易。2001年英国暴发的口蹄疫给英国造成的间接经济损失达200亿英镑；2003年加拿大发现第1例疯牛病后，阿尔伯特省每年40亿加元的养牛业遭受灭顶之灾；据FAO统计，2004年动物疫病的暴发影响了全球约1/3肉类产品的贸易。因此，动物疫病是影响世界贸易的重要因素。

（二）未来生产、出口趋势预测

1. 产量总体有所回升

全球猪肉产量2012年以来呈增长趋势。在主要的猪肉生产国中，韩国、俄罗斯、墨西哥和中国增速较快，欧盟、加拿大和日本等发达国家（地区）猪肉产量趋于平稳。估计2017年世界生猪供应量会扭转连续下滑的趋势而开始回升。由于2016年中国大型生猪养殖企业扩张速度较快，加之持续高盈利水平的刺激，2017年中国生猪供给上升的可能性较大。美国在2016年种猪存栏量持续上升，同时生产效率会延续之前的趋势而进一步提高，因此，2017年美国生猪供给会进一步增加。欧盟虽然2016年控制了产量，但价格的逐步回升也会促进产量的增加。俄罗斯在对欧美国家实施食品禁运政策后，国内生猪供给上升幅度较大，2016年俄罗斯猪肉产量比2014年上升了10%，估计2017年这一趋势还会持续。

巴西近年来作为世界猪肉生产的重要生力军，2017 年产量仍有可能进一步增加。综合各国情况来看，2017 年全球生猪产量会有所回升。

2. 主要产地的价格稳中有升

中国虽然猪肉产量会增加，但受到环境问题的约束，供不应求的局面难以在短期内改变，因此 2017 年生猪价格会有所回落，但还会保持在高位。美国在产量继续增加的同时贸易政策也在调整，美国猪肉的国外市场也会进一步得到拓展，因此，美国生猪价格在 2017 年会稳中有升，实际上，2016 年底至 2017 年 1 月，美国生猪价格已经出现明显上涨。欧盟国家在 2016 年仍在控制产能，如丹麦 2016 年能繁母猪存栏量比 2015 年下降 3%，且中国的进口需求仍会对其市场形成重要支撑，因此，2017 年欧盟生猪价格会进一步上升或保持平稳。

3. 贸易量略有回落

贸易总量持续温和增长，但增速放缓。发达国家经济基础好，人均收入和食物消费结构已处于较高水平，人口处于零增长甚至负增长，对畜产品的需求变化不大，不会导致畜产品进出口贸易明显变化。但发展中国家则不同，如中国、巴西、印度等，这些国家经济正处于高速发展期，且人口不断增加，随着居民收入水平的逐渐提高，食物消费结构也在不断改善。以中国为例，20 世纪 90 年代，肉类年人均直接消费量为 17.2 千克，到 2006 年达 26.2 千克。可见，这类国家对肉类的需求逐渐强劲，畜产品进出口贸易量增长潜力较高。发展中国家进出口贸易量的增长成为促进世界进出口贸易量增长的主要动力，这将会导致世界畜产品进出口总量不断增加。但是，畜产品的高增长率是在技术效率和规模经济带来的较高粮肉转换率和高生产率的背景下获得的，由于畜禽生产饲料成本和劳动力成本的不断提高，以及有限的水资源和土地资源的限制，预计畜产品产量增速将放缓，进而导致世界畜产品进出口贸易增速放缓。

目前世界猪肉贸易量的变化主要取决于中国的进口市场。由于 2017 年中国生猪价格可能回落的同时，欧美国家生猪价格进一步回升，中国与欧美之间的生猪价差会有所缩小，另外，预期 2017 年人民币汇率仍会有一定幅度的下降，因此预计 2017 年中国猪肉进口量会低于 2016 年的水平，但考虑到中国国内猪肉供给短缺仍会持续，中国生猪生产成本仍明显高于欧美国家，中国猪肉进口量仍会保持高位。因此，可以判断 2017 年世界猪肉贸易量可能会比 2016 年有所回落，但仍然处于较高水平。

4. 贸易产品结构变化，猪肉占比下降

目前，世界上贸易量最多的肉类产品是禽肉和猪肉。过去一段时期，禽肉增长是畜产品增长的主要驱动力，尤其是鸡肉，因为鸡基数大，生长周期短，出栏率高，鸡肉价格较低，世界对鸡肉的需求持续增高，但随着资源条件的限制，禽肉产量增长率将会有所下降，居民食物消费结构的改善，也会降低对鸡肉的需求，增加其他肉类产品的消费。而全球牛肉产量将随着主产国家（地区）牛场的重建开始呈现快速增长态势。并且，随着居民收入的不断增加，将会加大对牛、羊肉的消费，从而导致贸易产品结构中牛羊肉占比的增加、禽肉和猪肉占比的下降。

5. 贸易地区结构发生改变，畜产品进口向发展中国家转移

由于畜禽主产地的资源优势，畜产品主要出口国（地区）将不会发生较大变化。但是，随着发展中国家的经济发展、收入水平的提高、对畜产品需求量的增多，加上饲料成本和劳动力成本的增加，一些国家（地区）的进出口结构将发生较大变化。以中国为例，2007 年之前，猪肉基本保持净出口，但由于饲养成本的变化，2008 年后，进口量急剧增加，由净出口国转为净进口国，并且进口量仍有持续增加趋势，这些因素都将导致主要进口国家的改变。可见，未来发展中国家对畜产品需求的增加，将导致这些地区畜产品贸易量的增加。

（三）中国生猪市场未来判断

我国是传统的猪肉消费大国，近几年来猪肉产量常年保持在 5500 万吨左右的水平，但随着国内居民收入的提高和饮食习惯的变化，猪肉消费的比重持续下降。未来，人口增长趋缓和消费结构的改变将持续抑制猪肉消费需求增长。2016 年，世界生猪市场走势出现分化，中国由于明显的供给短缺，生猪价格高涨，欧盟市场在中国进口需求的带动下逐步回暖，而美国由于国内供给过剩，生猪市场仍然持续低迷。受中国生猪产出下滑的影响，2016 年世界生猪供应也有下降。由于饲料原料价格在 2016 年仍在低位徘徊，全球的生猪养殖成本也有一定下降，中国及欧盟的养殖户盈利水平可观。

农业部发布的生猪生产“十三五”规划预计“十三五”期间猪肉年产量为 5760 万吨，仅比“十二五”末增长 5%。同时，食品安全问题日益突出，品质将越来越成为猪肉供给的关注点，这也对生猪产业发展提出了更高要求。未来十年，根据禽、猪比例，中国的母猪存栏应在 2500 万 ~ 3500 万头，中国生猪出栏应在 6.5 亿 ~ 9 亿头，按照 1 头母猪产毛猪 3 吨计算，毛猪产量 7500 万 ~ 1.05 亿吨，猪肉产量 5700 万 ~ 7900 万吨，见表 6。

表 6　生猪养殖核心政策目标调整

类别	猪肉年产量（万吨）	规模猪场出栏比重（%）	规模企业屠宰量占比（%）	出栏率（%）	人均饲养猪数（头）	饲料转化率	粪便综合利用率（%）
“十二五”	5487	44	68	155	650	2.8 : 1	50
“十三五”	5760	52	75	160	1000	2.7 : 1	75 以上

资料来源：公开资料整理。

城镇居民对猪肉消费所占的主导地位不会改变，猪肉消费比重在肉类中还会占相当大的比例。全球化、资本化、一体化的大趋势仍不可逆转，而来自国际竞争的压力也越来越大。未来 10 年，从供给方面判断，2015～2020 年按 1.2% 的增长率计算，到 2020 年猪肉产量会达到 6000 万吨，2021～2024 年按 1.0% 的增长率计算，到 2024 年猪肉产量会达到 6250 万吨。从需求方面判断，2015～2024 年增长率按 1.3% 计算，2024 年猪肉消费量达到 6500 万吨。由 2024 年猪肉的供需平衡可看出，2024 年我国猪肉进口量将增长到 250 万吨。

第二章　牛肉国际市场分析

肉牛是世界上分布最广泛、存栏量最多的大型牲畜之一，且牛肉也是受众群体最大的肉类品种之一。特别对于美国、欧盟、巴西等西方国家和地区是重要的生产及消费品种。中国是世界上第三大牛肉生产国，又是牛肉消费大国，牛肉产品出口量不高，进口迅猛增加，是典型的“生产、消费大国，国际贸易小国”。随着与多国自由贸易协定的签署，越来越多国家和地区的牛肉产品以更优惠的价格进入我国，国外牛肉产品的大量涌入无疑会给我国的牛肉产业带来巨大的冲击。

一、世界贸易概况

（一）贸易量和金额的变化

根据最新 UN Comtrade 数据库显示，全球牛肉（包括鲜、冷牛肉和冻牛肉）进出口量逐年增长。进口量从 2000 年的 543 万吨增至 2015 年的 748 万吨，增加了 37.7%；出口量从 2000 年的 561 万吨增加到 2015 年的 905 万吨，增加了 61.3%。从增速来看，近 20 年可以分为三个阶段：2000～2005 年增速最快，全球牛肉进出口量增加了 20% 以上；2006～2010 年为平稳增长期，增加了 15%；2011～2015 年增幅明显，增加了 13% 左右。多数年份全球牛肉呈净出口格局，近两年净出口在 160 万吨左右（见图 1）。

从全球牛肉贸易额看，增幅更加明显。进口额从 2000 年的 141 亿美元增至 2015 年的 384 亿美元，增加了 1.7 倍；出口额从 2000 年的 215 亿美元增加到 2015 年的 435 亿美元，增加了 2.0 倍。从增速来看，也可以分为三个阶段：2000～2005 年增速最快，全球牛肉进出口额增加了 60% 以上；2006～2010 年为第二增长期，增加了 30% 以上；2011～2015 年增幅放缓，增加了 10% 以上。牛肉贸易额的增幅明显大于贸易量增幅，多数年份牛肉的出口额大于进口额，世界牛肉贸易呈顺差格局。特别是近五年来，顺差优势拉大，牛肉顺差在 50 亿美元左右（见表 1）。

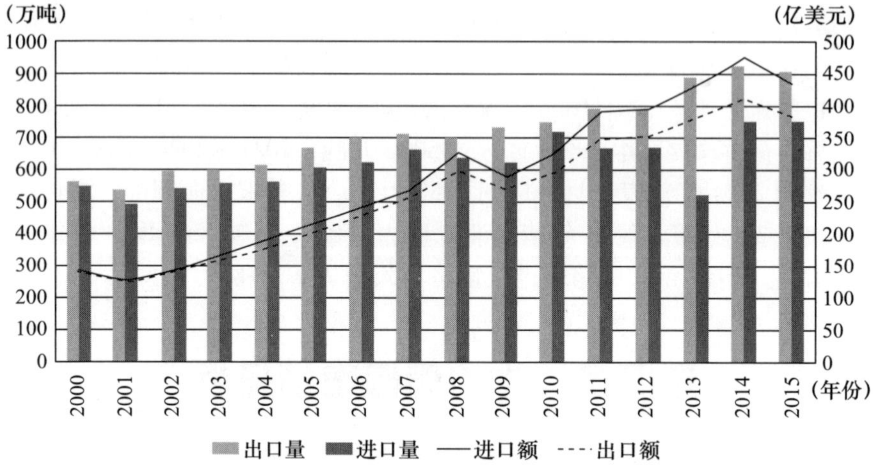

图 1　2000～2015 年全球牛肉贸易量和贸易额情况

资料来源：UN Comtrade 数据库。

表 1　2000～2015 年全球牛肉贸易及顺差情况

单位：亿美元，万吨

年份	进口量	出口量	进口额	出口额	净出口量	净出口额
2000	142. 91	140. 78	561. 26	543. 28	17. 98	2. 13
2001	127. 38	125. 05	534. 99	490. 08	44. 91	2. 32
2002	142. 53	137. 80	590. 07	541. 71	48. 36	4. 73
2003	165. 80	160. 25	602. 24	555. 13	47. 11	5. 54
2004	187. 35	178. 00	612. 21	557. 65	54. 56	9. 35
2005	215. 19	201. 29	666. 27	607. 16	59. 11	13. 91
2006	242. 16	226. 77	694. 79	618. 96	75. 83	15. 39
2007	267. 02	257. 45	709. 17	661. 64	47. 53	9. 57
2008	324. 91	298. 01	701. 86	637. 22	64. 63	26. 90
2009	289. 23	269. 07	727. 42	620. 55	106. 87	20. 16
2010	325. 16	295. 37	742. 96	715. 17	27. 79	29. 80
2011	390. 39	347. 64	791. 09	664. 91	126. 17	42. 75
2012	393. 58	352. 58	789. 90	664. 50	125. 40	41. 00
2013	433. 15	379. 69	885. 38	521. 33	364. 05	53. 46
2014	474. 36	409. 09	921. 32	751. 65	169. 68	65. 26
2015	434. 88	384. 35	905. 31	747. 92	157. 39	50. 53

资料来源：UN Comtrade 数据库。

（二）产品结构

牛肉产品贸易包括冷鲜、冻牛肉，加工牛肉和牛杂碎。不同牛肉产品的贸易量不同，其主要贸易国家和地区也不同，有必要将不同产品分别分析。根据 FAO 最新数据显示，世界牛肉产品的进出口规模从高到低的种类依次为冷鲜、冻牛肉，牛杂碎和加工牛肉。从图 2 中可以看出，全球牛肉的进出口都是以冷鲜、冻牛肉为主，牛肉（冷鲜、冻牛肉）贸易量占牛肉产品总量的 80% 左右。由于运输条件受限，在冷鲜、冻牛肉中，冻牛肉贸易量占比 60% 左右，冷鲜牛肉贸易量占比 40% 左右。除了牛肉以外，20% 左右是其他产品，其中牛杂碎占牛肉产品总量的 14.0%，加工牛肉占牛肉产品总量的 5.7%。

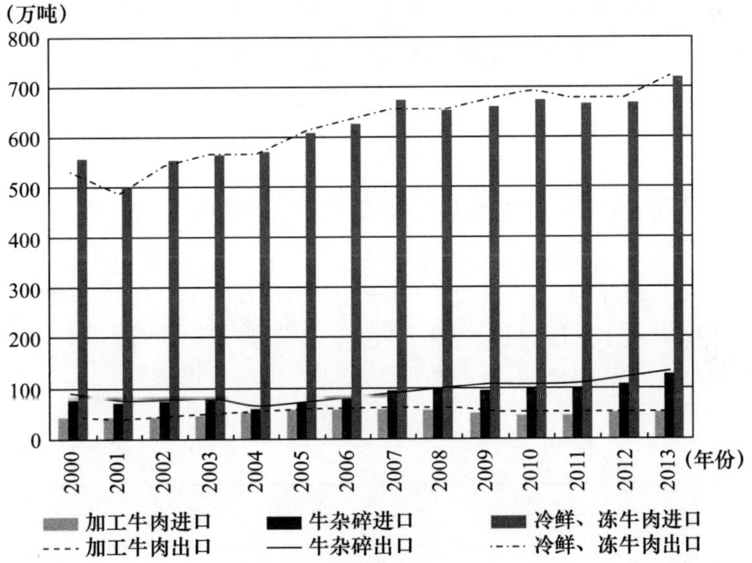

图 2　全球牛肉贸易产品结构图

注：加工牛肉包括香肠和牛肉制品“Meat, beef, preparations”；冷鲜、冻牛肉包括无骨牛肉；牛杂碎是杂碎，可食用。

资料来源：FAO 数据库。

（三）国家结构

出口国家方面：根据 UN Comtrade 数据库最新数据，2015 年世界牛肉出口的前几名国家排名分别为澳大利亚（136 万吨）、印度（129 万吨）、巴西（108 万吨）、美国（72 万吨）、新西兰（46 万吨）、荷兰（42 万吨）、波兰（36 万吨）、爱尔兰（32 万吨），排名前八位国家占全球牛肉出口总量的 66%，见图 3。

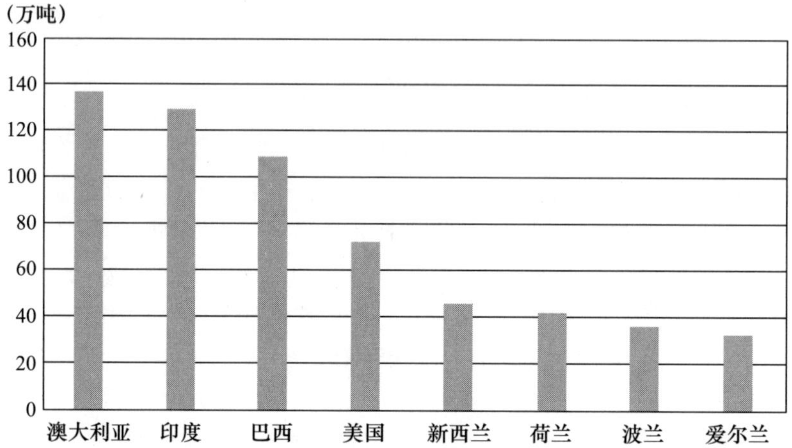

图3　2015 年全球牛肉出口国家排名

注：计算牛肉数据代码为 0201 牛肉（新鲜），0202 牛肉（冷冻）。

资料来源：UN Comtrade 数据库。

进口国家方面：2015 年美国是世界牛肉出口第四位的国家，同时也是牛肉进口量最大的国家。美国牛肉进口量为 108 万吨，占全球进口总量的 14.4%，其次是日本，进口 49 万吨，中国位列第三位（47 万吨），其后是俄罗斯（44 万吨）、荷兰（42 万吨）、意大利（40 万吨）、中国香港（33 万吨）、韩国（30 万吨）。排名前八位国家和地区占全球进口总量的 52%，见图 4。

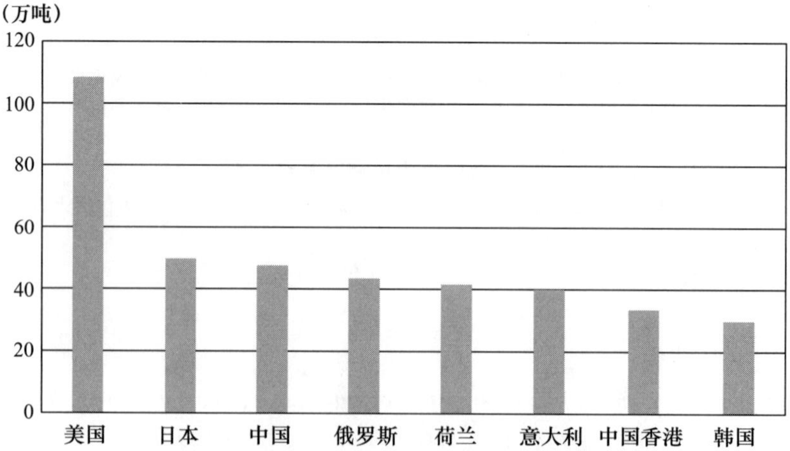

图4　2015 年全球牛肉进口国家排名

注：计算牛肉数据代码为 0201 牛肉（新鲜），0202 牛肉（冷冻）。

资料来源：UN Comtrade 数据库。

二、主要出口国情况

（一）出口国基本情况

1. 我国牛肉主要从传统进口国家进口

我国牛肉主要进口来源国有巴西、乌拉圭、澳大利亚、新西兰和加拿大。2016年，巴西超越澳大利亚成为我国牛肉进口第一大国，从巴西进口同比增加3倍，从澳大利亚进口同比减少26%。2016年美国又恢复成为牛肉进口来源国。2016年9月，我国解除美国牛肉进口禁令，美国牛肉进口又有新进展。根据“中美全面经济对话框架下经济合作百日计划”，中国允许进口美国牛肉，最迟不晚于2017年7月16日。世界前五位牛肉出口国中（澳大利亚、印度、巴西、美国、新西兰）除了印度牛肉还不能进入我国以外，其他国家都是我国牛肉进口的主要来源。另外，2017年2月澳大利亚首批海运活牛进口，与空运相比，海运大大节省了运输成本，为我国进口高品质牛肉打开了一条重要通道。

2. 进口来源逐渐扩展到欧洲、非洲、“一带一路”沿线国家

除传统进口国外，中国、纳米比亚于2015年8月签订《纳牛肉输华协定》，2016年纳米比亚成为非洲第一个牛肉获准进入中国市场的国家。2016年1月15日，中国首次从欧盟国家匈牙利进口牛肉。截至2016年5月，从匈牙利进口牛肉2.0吨。2016年1月，中国与蒙古国签订《牛羊肉输华议定书》。2017年，进口来源国又恢复了美国、法国，新添乌克兰，还要进口南非和英国的牛肉。2016年已经解除美国牛肉进口禁令，2017年，在我国“一带一路”国际合作高峰论坛上，财政部发布了《中美经济合作百日计划早期收获》，进一步推动了美国牛肉的进口步伐。在中美双方达成的10项重要共识的第一条就提出：中方尽快允许进口美国牛肉，最迟不晚于2017年7月16日。国家质检总局联合农业部发布2017年第18号公告，解除对法国30月龄以下牛的剔骨牛肉禁令，但该产品的检验检疫要求另行制定。2017年5月22日，中国市场对乌克兰牛肉已正式开放。国家质检总局与乌克兰“国家食品安全和消费者保护局”和“质量监督局”，正式签署了《乌克兰出口中国冷冻牛肉检验检疫和兽医卫生要求协议》。截至2017年5月，我国从乌克兰进口牛肉27吨。2017年2月24日，根据我国对南非牛肉风险分析结果，允许从南非有条件进口符合中国检验检疫要求的带骨和剔骨牛肉。中英两国早在2014年就开始讨论英国牛肉和羊肉出口中国的可行性。2017年4月，中国考察者将再次前往英国进行技术评估，然后根据目前出口限制的情况进行附加检查和谈判。2018年春季，中国检查员还将前往英国做第二次评估。不久的将来，中国将向英国牛肉打开大门。

目前我国牛肉进口来源国有巴西、乌拉圭、澳大利亚、新西兰、阿根廷、加

拿大、智利、哥斯达黎加、蒙古、乌克兰、匈牙利、美国、法国、纳米比亚 14 个国家。截至目前，由于刚刚允许进口，美国、法国、纳米比亚还没有实质性进口。我国牛肉进口来源由原来的传统牛肉出口大国大洋洲、美洲国家已经扩展到欧洲、非洲、"一带一路"沿线国家等，未来进口来源范围可能继续扩大。

从进口结构上看，我国牛肉进口以冷冻牛肉为主。冷冻牛肉占我国牛肉进口总量的 98.8%。冷冻牛肉主要从巴西（占进口量的 30%）、乌拉圭（27%）、澳大利亚（19%）、新西兰（12%）、阿根廷（9.0%）、加拿大（2%）、智利（0.4%）等国进口（见图 5）。冷鲜牛肉由于受运输条件的限制，目前只从澳大利亚进口。

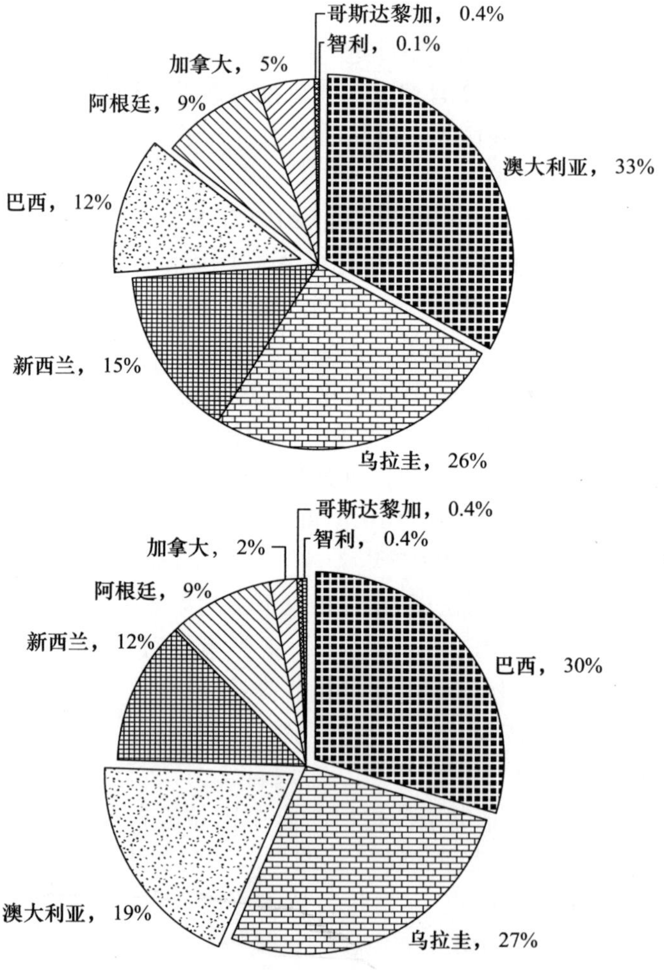

图 5　2015～2016 年我国牛肉进口来源结构变化

资料来源：2015～2016 年海关数据。

（二）国际竞争力分析

当前，世界牛肉产业和牛肉国际贸易发展迅速，特别是我国牛肉需求的增加拉动了牛肉进口的快速增长，牛肉进口逐年递增。我国已经成为世界主要牛肉消费国和进口国（世界第三）。2012 年从牛肉净出口国转变为净进口国，进口依存度不断提高（8.1%）。以下分别从成本比较、养殖环节、价格与品质比较等指标分析各国牛肉的国际竞争力。

1. 成本比较

澳大利亚牛肉生产成本主要包括劳动力薪酬、肥料、牲畜管理、合同服务、灌溉费用、牧场维护、饲料生产等。其中，劳动力薪酬、肥料、牲畜管理和合同服务占 72%，劳动力薪酬占比重最高，为总成本的 31%，其次是肥料费用占 18%，牲畜管理费用占 12%，合同服务费用占 11%（见图 6）。新西兰饲养牛、羊农场成本中，劳动力费用占总成本的 10%，肥料费用与剪毛费用分别占农场的 18% 与 15%，饲料费用仅占农场成本的 6%。美国肉牛的总成本中分为运行成本和分摊成本，各占一半左右。运行成本中，饲料成本占总成本比重最高，为 32.7%，在饲料成本中收获饲草和私人牧场成本最高。在分摊成本中，非偿付劳动力机会成本、机械和设备资本恢复成本比重最高。

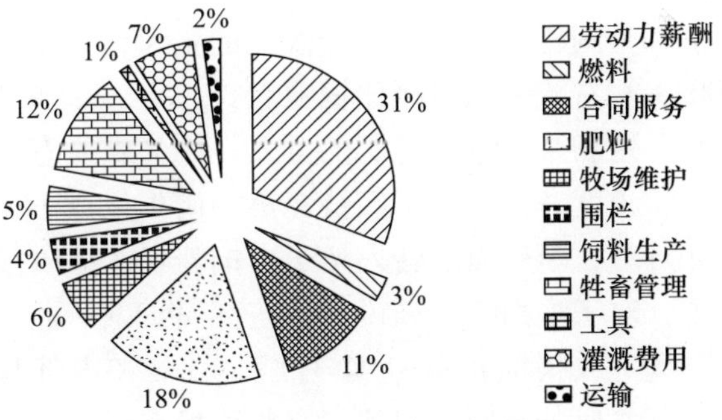

图 6　澳大利亚牛、羊生产成本构成

资料来源：PGA/WAFF 产业调查。

经比较，在我国肉牛成本构成中，仔畜费用占比最高，占总成本的 60% 以上，其次是饲料占比 20%，再次是人工费用占比 12% 左右（2016 年）。我国牲畜管理费用很低，占比很小。这也印证了澳大利亚、新西兰、美国等畜牧业发达国家肉牛养殖已经达到了经营规模化、生产机械化、服务社会化，而我国肉牛养殖还是以散养为主，人工投入很高，综合管理不够，规范化、专业化程度不足。

2. 养殖环节

以美国为例，一般发达国家都具有肉牛专业化繁育体系，分别分为繁育、架子牛养殖、育肥阶段。美国基础母牛养殖场有以下两种：

一种是带犊母牛养殖场。该类养殖场广泛开展经济杂交，生产健康犊牛，断奶出售，获取利益。这样的牧场几乎全部采用本交配种。其方法是每年将公牛放入牛群中2次（一般在春季和秋季），每次60天，繁殖率可以达到85%以上，最高可达90%～92%。该配种模式目前在美国最为普及，而且没有改变的迹象，加之近年来饲料成本逐年上升，为了降低成本，该模式还有继续推广的趋势。

另一种是纯种繁育场。5%的母牛采用人工授精技术配种，主要集中于种牛场，用于生产纯种牛。由于本交使用范围大，所以本交公牛需求量极大，每年大约需要100多万头纯种公牛。美国的种牛场近20000个，以生产出售周岁纯种公牛为主要盈利方式，个别种牛场也生产冻精和胚胎，但数量不是很大。因此，在肉牛成本中，发达国家由于有专业繁育场提供牛犊，就会节省出自繁自育的费用。

在美国肉牛生产中，有80%的断奶犊牛会进入育肥环节，进行集中育肥，并于16～18月龄出栏。美国育肥牛场有16000多个，其中超万头的大型商业化围栏育肥场有500多个，年可周转2.5次，这些大型育肥场提供一半以上的育肥牛。大型育肥场几乎都是围栏式，没有传统意义的牛舍，只是用钢管围成的若干露天小圈，每圈100头左右，采用机械化饲喂。

在美国，很少有养殖场采用直线育肥的方式，因为直线育肥并不能充分利用牛的生理特点，从经营角度考虑也最不经济。美国肉牛生产不提倡早期断奶，一般断奶犊牛为5～10月龄，断奶以后转入架子牛饲养场。该阶段的牛主要以骨骼生长和内脏发育为主，对于牛肉生产来说，这些都属于副产品，因此需要低成本投入。断奶犊牛在草场上放牧饲养4～5个月后，骨骼和内脏基本发育完全。由于不同草场所提供的营养成分不同，因此，有些草场有时也需适当补充干草和一些富含蛋白的谷物（如小麦、燕麦等），但该阶段极少补饲玉米。

我国肉牛养殖主要分为两种，散户多以自繁自育养殖为主，规模场多以短期育肥为主。根据农业部畜牧业司统计资料，肉牛年出栏1～9头养殖户的比重由2010年的58.4%下降至2015年的53.4%。肉牛年出栏50头以上养殖户的比重由2010年的23.2%上升至2015年的28.5%。肉牛养殖以小散户为主，规模化水平有待加强。

3. 价格与品质比较

从国际市场出口价格来看，FAO食物展望报告显示，美国牛肉价格最高，其次是澳大利亚，价格最低的是巴西。从我国进口牛肉价格看，2016年海关数据显示，上年美国牛肉进口单价（根据进口额/进口量测算）为每千克7.8美元，远高于同期加拿大（6.4美元/千克）、澳大利亚（4.8美元/千克）、新西兰（4.7美元/千克）、巴西（4.5美元/千克）、阿根廷（4.4美元/千克）和乌拉圭（3.5美元/千克）价格。综上，从进口价格看，美国、加拿大等美洲国家最高，其次是大洋洲国家，南美国家价格最低，价格优势最明显，见表2。

表2　牛肉国际价格比较　　单位：美元/吨

年份	澳大利亚	美国	巴西
2007	2544	4023	2367
2008	3024	4325	3785
2009	2562	3897	3118
2010	3272	4378	3919
2011	3944	4516	4816
2012	4176	4913	4492
2013	4009	5535	4326
2014	5016	6678	4515
2015	4638	6201	4130
2016	4085	5493	3788

注：澳大利亚：小乳牛（肥瘦相当90CL）出口美国船边交货价（FAS）；美国：冷冻牛肉，出口价；巴西：冷冻牛肉，出口价。

当前，国外牛肉分别布局我国低、中、高端市场。从份额上看，国内牛肉进口市场主要是南美和澳洲的天下。南美草饲牛肉主打大众牛肉市场，其中巴西和乌拉圭牛肉进口占我国进口总量的57%。而中高端市场归澳大利亚和新西兰牛肉，占我国进口总量的30%。加拿大牛肉和已经恢复进口的美国牛肉聚焦中国市场对于高品质、谷饲牛肉的需求。从品质上看，北美和大洋洲牛肉具有一定优势。

（三）国内生产及贸易政策

1. 自由贸易协定推动双边贸易

中国与澳大利亚、新西兰自由贸易协定推动了双方贸易的增长。2008年4月，中国和新西兰签署自由贸易协定，这是中国与发达国家签署的第一个自由贸易协定。目前，从新西兰进口牛肉为零关税。

2015年12月20日，中国—澳大利亚自由贸易协定正式生效，生效当天实施第一步降税，2016年1月1日实施第二步降税。2017年进口澳大利亚关税从

2016 年的 9.6% 降为 8.4%。澳洲牛肉 15% 的平均关税将在 10 年内降至零。

2. 畜牧业发达国家支持肉牛养殖

畜牧业发达国家大多注重草食畜牧业的养殖风险。为降低牲畜养殖的自然灾害和疾病风险给农民带来的损失，美国对牲畜养殖的补贴集中在对生产者的损失进行现金补偿，肉牛和奶牛养殖户是主要受益者。美国畜牧业保险补贴项目有家畜补偿计划（LIP）、家畜紧急援助计划（ELAP）和家畜饲料灾害计划（LFP）。2008 年 1 月 1 日至 2011 年 9 月 30 日，以上三个项目补贴支出总额分别为 1.5 亿美元、0.4 亿美元和 5.7 亿美元。

家畜补偿计划是对因自然灾害导致牲畜死亡率超过正常死亡率而导致的超额损失进行补贴，补贴的比重为损失额的 75%。家畜紧急援助计划主要针对特定一段时期，因疾病、恶劣天气等原因导致的损失进行补贴。家畜饲料灾害计划主要对因干旱或火灾导致的牧草损失提供 1～3 个月的补贴，补贴金额为饲料成本的 60%。

3. 草食畜牧业可持续发展政策

2004 年起，新西兰政府对牛、羊、鹿等排放的废气征税，以控制温室气体的排放。按照新西兰政府出台的这项税收政策，“屁税”将按头计征，每只羊约为 9 新西兰分（1 新西兰元相当于 5.7 元人民币），每头牛约为 54～72 新西兰分，鹿也在征税之列。对一般的农场主大约相当于每年增加 300 新西兰元的税收负担。此举每年可为政府筹集约 840 万新西兰元收入，税款将专项用于牲畜气体排放及减少温室气体排放的研究。为此，新西兰政府制定了为期 10 年的削减家畜温室气体排放的研究计划，研究内容包括如何抑制家畜体内产生甲烷的细菌以及开发甲烷生成少的牧草等。

三、发展潜力

（一）资源潜力

1. 新西兰

新西兰畜牧业主要以人工草地为主，几乎覆盖了全国所有的平原和丘陵地区，目前人工草场面积约 910 多万公顷，占草地总面积的 65%，主要种植禾本科和豆科草类，主要草种有黑麦草、鸭茅、绒毛草，豆科的苜蓿、三叶草、白脉根等。新西兰人工牧场和草地主要分布在新西兰的北岛地区，而天然草地主要分布在南岛山地东坡和平原区，属草丛草地。人工草地的产草量通常比天然草场高出了 1.5～2 倍。

新西兰一直重视牧草的品质，因此有专门的农业科学研究高能量的优良牧草品种。同时，根据牧草用途的差异，进行不同品种和不同比例的混播与科学管理。其中，禾本科植物黑麦草和豆科植物三叶草就是经过多年研究试验后确定的两个优质的人工草场草种品种。黑麦草在冬、春、秋季节都能生长，有利于调整牧草的需要和延长生产周期，而三叶草在夏季生长量大，主要起固氮作用。

新西兰对牧草的长期研究对其畜牧业的发展能力具有重要作用。新西兰人工草场上饲养牛羊具有饲养成本低且效益高的特点，一般不需要再额外补充精饲料。而且由于对草场的科学管理，人工草场播种一次可使用多年。

2. 澳大利亚

澳大利亚北部热带牧场，草地管理粗放，在天然草地的利用方面，以天然草地放牧为主，充分利用天然草地，发展低成本草地畜牧业。通过制定严格的载畜量，保证牧场适度规模经营，但由于长期粗放管理，天然草牧场也存在一定程度退化，正引起该国政府重视。因此在中雨、多雨地区建立高产、优质人工草地，人工草地面积已达3000万公顷，主要种植黑麦草、三叶草等。全部人工草地使用围栏，集约化程度高，牧场规模虽不大，但单位面积的生产率很高。在澳大利亚，家庭牧场是主要经营形式。

干草饲料和青贮饲料是澳大利亚饲料组成的一部分，澳大利亚饲草80%是干草，其中超过50%的干草是由作物（例如谷物）干草生产的。每年生产大约700万吨干草和200万吨青贮（干重）。澳大利亚的饲料企业每年的生产总值为20亿美元，超过了糖类、养鸡和大麦产业。

从20世纪90年代开始，澳大利亚的青贮饲料农场平均产量已经翻了一番多。澳大利业农业和资源经济局数据表明奶牛场每年青贮饲料平均产量已经从1991～1992年的64吨，增加到2001～2002年的170吨，而干草生产从97吨增加到142吨。

维多利亚州饲草的产量最高。2001年维多利亚州饲草产量超过350万吨，其次为新南威尔士州，超过150万吨，其余州产量都低于100万吨。

3. 美国

美国是草产品主产国之一。1961年美国干草收获面积2727万公顷，之后不同年份收获面积都有不同程度下降，2009年收获面积2435万公顷。

苜蓿干草1961年产量6695万吨，1986年增长至9187万吨后有所下降，2009年产量7198万吨；其他牧草干草产量总的来说呈增加趋势，从1961年的5003万吨增至2009年的8075万吨，年均增长1.0%。

干草单产持续增加，从1961年的4.30吨/公顷增至2009年的6.27吨/公顷，其中1995年产量水平最高，为6.38吨/公顷。

4. 加拿大

1998～2007年，加拿大人工草地收获面积波动较大，但都保持在了620万公顷以上，平均在677.72万公顷，其中最高收获面积发生在2007年，达到了746.80万公顷，而最低收获面积发生在1998年，仅为623.20万公顷。单产波动较大，平均在3.58吨/公顷，其中最高单产发生在2006年和2007年，达到了4.1吨/公顷，而最低单产则发生在2002年，仅为2.8吨/公顷。产量波动也较大，平均在2417.37万吨，其中最高产量发生在2007年，达到了3024.50万吨，而最低单产则发生在2002年，仅为1814.10万吨。

1961～2005年，加拿大永久草地面积出现了两次大的波动，即1961～1971年和1971～1981年，两次波动过后，即1982年后，永久草地面积波动不大，处在了一种相对稳定状态。1961～2005年，永久草地面积平均在1645.90万公顷，其中最高收获面积发生在1966年，达到了1993.30万公顷，而最低收获面积则发生在1971年，仅为1509.30万公顷。1961～1971年，永久草地面积平均在1782.29万公顷，1971～1981年，平均在1685.89万公顷，1981～2005年，平均在1557.66万公顷。

（二）政策支持潜力

农业部、国家质检总局2016年9月发布《关于解除美国30月龄以下牛肉的公告》，有条件解除对美国30月龄以下剔骨牛肉、带骨牛肉的禁令，允许符合中国追溯体系要求和检验检疫要求的美国牛肉对华出口。根据《中美全面经济对话框架下经济合作百日计划》，中美两国将扩大牛肉贸易，美国牛肉继2003年疯牛病被禁关后将于2017年7月16日前再次进入我国市场。

2017年2月24日，根据我国对南非牛肉风险分析结果，自公告发布之日起，允许从南非有条件进口符合中国检验检疫要求的带骨和剔骨牛肉。

2017年4月1日，宁波检验检疫局通报，质检总局联合农业部发布2017年第18号公告，解除对法国30月龄以下牛的剔骨牛肉禁令，法国30月龄以下剔骨牛肉的检验检疫要求另行制定。时隔16年后，我们可以再次吃上法国进口牛肉。

中英两国早在2014年就开始讨论英国牛肉和羊肉出口中国的可行性。2017年4月，中国考察者将再次前往英国进行技术评估，然后根据目前出口限制的情况进行附加检查和谈判。2018年春季，中国检查员还将前往英国做第二次评估。不久的将来，中国将向英国牛肉打开大门。

（三）未来5年生产、出口的趋势预测

从生产来看，澳大利亚、新西兰由于继续受到干旱影响，澳大利亚农业部预测，未来2～3年澳大利亚牛肉生产与出口将继续下降。新西兰农业部预测，未来几年内本国牛肉不具有竞争力，新西兰牛肉出口预计下降10.4%，新西兰将减少奶牛屠宰量，调整乳用与肉用之间的比例。2017年为了增强本国牛肉竞争力，新西兰预计首次尝试向中国出口冷、鲜牛羊肉，将有助于扩展新西兰牛肉产品出

口。美国、巴西逐渐从干旱中恢复过来，牛肉生产和出口有望继续增加。

从贸易看，中国正力图拓展更多的牛羊肉进口渠道，目前中国已重新开放北美、欧洲等国家牛肉进口，首次从匈牙利、蒙古等国进口牛肉产品。未来美国牛肉定位我国高端牛肉需求，与加拿大牛肉产品具有同质性，共同供给我国高端市场。相比之下，美国牛肉进口增幅将挤压澳大利亚市场份额，澳大利亚牛肉进口量预计继续下降。巴西、乌拉圭等南美国家由于具有价格低廉的优势，主打大众牛肉市场，占据我国进口近60%的份额，是我国牛肉进口主导国家。我国应警惕2017年3月的巴西变质牛肉丑闻，严把进口关，严禁劣质和不合格产品进入我国。未来我国牛肉进口市场逐渐多元化，主要市场还是集中在美洲（巴西、乌拉圭、阿根廷、加拿大等）、大洋洲（澳大利亚、新西兰）国家，欧洲等其他国家所占份额增长空间不大。

四、国内产业提高竞争力的政策建议

（一）利用两个市场，促进持续发展

牛肉产业的纵深发展必须要着眼于国内外两种资源、两个市场。国内企业必须树立全球化战略，强化市场国际化观念。一方面，充分利用国外优质肉牛资源，选育优良肉牛品种，打造自己的肉牛品牌，利用品种、品质和品牌优势提高国产牛肉的认知度，以高品质产品获取市场份额；另一方面，面对国内日益严重的环境问题和资源限制，充分利用国外养殖环境、资源和成本优势，鼓励企业到境外建设饲草料基地、生产加工基地等，确保本国有效供给和产业可持续发展。

（二）瞄准市场需求，提升竞争力

目前，我国牛肉产品结构不尽合理，产品同质化严重，高品质牛肉比重不高，生产效率有待提高，产业竞争力不足。进口产品养殖成本低，价格低廉，具有很强的竞争优势。作为本土企业应瞄准市场需求，及时调整产品结构。进口牛肉基本以冷冻为主，在新鲜肉制品上不具有竞争力，可以利用地缘优势，从质量上着手，提高新鲜肉产品质量，占领我国新鲜肉类市场。国内牛肉企业还应及时把握牛肉消费市场动向，注重对牛肉和副产品的开发和深加工，提高产品附加值和牛只综合利用率。

（三）培育经营主体，实现产业创新

当前我国牛肉产业发展还停留在初级阶段，存在产业化、规模化程度较低，市场秩序不规范等问题。随着国际市场的逐步放开，我国牛肉产业面临着巨大的竞争压力。加强新型农牧民、种养大户、合作社以及龙头企业的培育，可以实现规模化、专业化经营，促进牛肉产业稳步发展。随着产业化道路的不断实践，牛肉产业将逐渐由单一模式向多元化模式发展，最终将形成由几家龙头企业引领，

专业公司补充（专业育种、加工、贸易），互联网公司支撑服务（金融、流通、信息）的产业新模式。

第三章　乳制品国际市场

由于气候、土地、饲料以及科技管理水平等因素的影响，牛奶生产在全球范围内存在明显的区域性，世界奶业的生产主要集中在亚洲、欧洲与美洲。世界奶业出现过多次周期性波动，但全球乳制品贸易一直保持稳步增长势头。中国目前是全球第一大乳制品进口国，进口产品以奶粉为主。

一、世界贸易概况

（一）总体情况

1. 全球原料奶生产存在显著的区域差异性

由于气候、土地、饲料以及科技管理水平等因素的影响，牛奶生产在全球范围内存在明显的区域性，据国际乳品联合会（IDF）的报告，就牛奶生产而言，2015 年亚洲牛奶产量 1.97 亿吨，占全球牛奶产量的 29.2%；欧盟（28 国）牛奶产量 1.63 亿吨，占比 24.2%；北美及中美洲牛奶产量 1.21 亿吨，占比 18.0%；南美洲牛奶产量 0.66 亿吨，占比 9.8%；欧盟（28 国）外的其他欧洲国家牛奶产量 0.58 亿吨，占比 8.6%；非洲牛奶产量 0.37 亿吨，占比 5.5%；大洋洲牛奶产量 0.31 亿吨，占比 4.7%，见图 1。

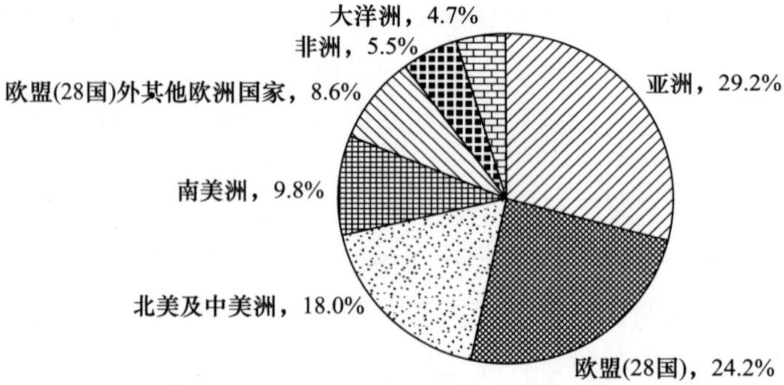

图 1　2015 年世界各地区牛奶产量份额

资料来源：国际乳品联合会（The International Dairy Federation，IDF）。

由于原料奶生产分布的区域差异性，全球各地区的奶制品供给率也存在明显差距。根据IDF报告，2015年，大洋洲的奶类自给率为309%，欧盟（28国）、欧盟（28国）外的其他欧洲国家、北美洲、南美洲的奶制品自给率均超过100%，供给相对充裕；亚洲、非洲、中美洲的奶制品自给率均在95%及以下，供需缺口较大（见表1）。因此，尽管全球大多数的乳制品仍然以当地消费为主，但奶制品贸易在全球奶业发展中对缓解生产和消费的区域性及时间上的不平衡具有越来越重要的作用。

表1　2005年和2015年全球各地区奶类自给率　　单位：%

地区	2005年	2015年
亚洲	92	90
欧洲	106	111
其中：欧盟（28国）	109	112
欧盟（28国）外其他欧洲国家	101	108
北美洲	102	108
南美洲	102	101
非洲	84	83
中美洲	75	78
大洋洲	245	309

资料来源：国际乳品联合会（The International Dairy Federation，IDF）。

2. 全球乳制品贸易量增长快于原料奶产量增长

2000年以来，尽管世界奶业出现过多次周期性波动，但全球乳制品贸易一直保持稳步增长势头，而且增长速度超过原料奶产量的增速。据联合国粮农组织（FAO）统计，2000~2015年，全球乳制品贸易量年均增长率为3.9%，由2000年的7115万吨增长到2015年的12673万吨（折合原料奶，下同），同期全球原料奶产量年均增长率仅为2.2%（由2000年的57931万吨增长到2015年的80480万吨）。2000年以来全球乳制品贸易量占全球原料奶产量的比重一直保持在12%以上，2013~2015年更是突破了15%的大关（见表2）。这越发凸显了全球乳制品贸易在平衡乳制品生产与消费在时间和空间上的不匹配中所起到的重要作用。

3. 近年来全球乳制品贸易量增长速度有所放缓

全球奶业市场存在着较强的周期性。如图2所示，上一个周期是2007年11月至2014年2月，国际原料奶价格从2007年11月的最高值53.7美元/100千克跌至2009年2月的19.3美元/100千克，跌幅达64.1%，历时1年3个月；随后从2009年2月的最低点涨到2014年2月的56.0美元/100千克又历时4年，整个周期历时5年零3个月，中间还经历了几次小的波折。本次周期是从2014年2月开始，国际原料奶价格从56.0美元/100千克跌至2016年5月的22.0美元/100千克，跌幅也达到了60.7%，目前国际奶业正处于缓慢回升的阶段。

表2　全球乳制品贸易量和原料奶产量

年份	贸易量（万吨）	全球产量（万吨）	贸易量占产量比重（%）
2000	7115	57931	12.3
2005	8451	64822	13.0
2010	10312	72147	14.3
2011	10436	73896	14.1
2012	11302	75658	14.9
2013	11681	76506	15.3
2014	12176	79179	15.4
2015	12673	80480	15.7

注：全球乳制品贸易量为折合原料奶量。

资料来源：联合国粮农组织（FAO）。

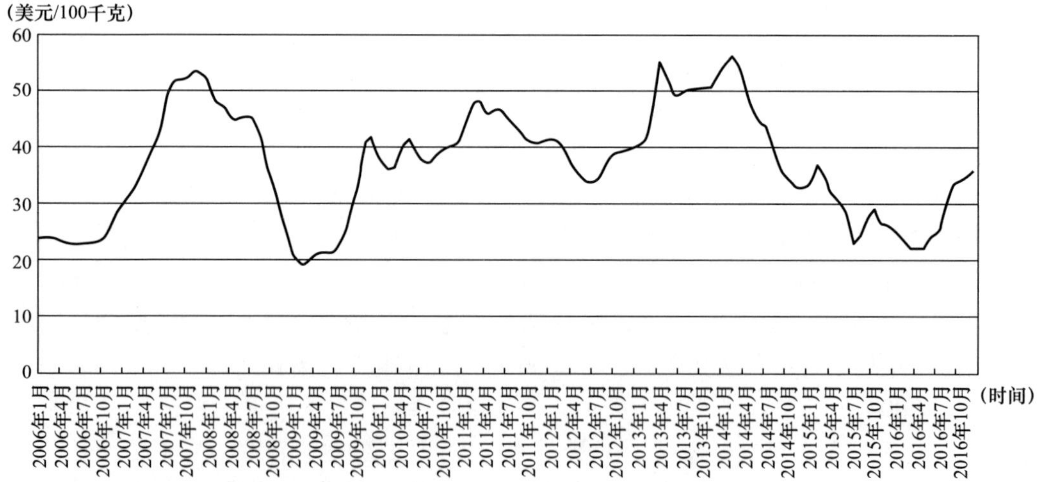

图2　全球原料奶贸易价格

资料来源：国际牧场联盟（IFCN）。

由于受到奶业市场周期性波动大环境的影响，近期全球乳制品贸易的增长速度也有所下降。2015年，全球乳制品贸易增长（不包含欧盟内部贸易）表现相对缓慢，其原因是国际市场需求下降，特别是中国和俄罗斯市场。2015 年以来，俄罗斯对一些主要的乳制品供应国实施进口禁令，进一步抑制了全球贸易的增长。因此，2015 年全球贸易总量比上一年仅增长 0.3%，增长率远低于 2010 ~ 2014 年期间的 5.9% 年均增长率，见图 3、图 4。

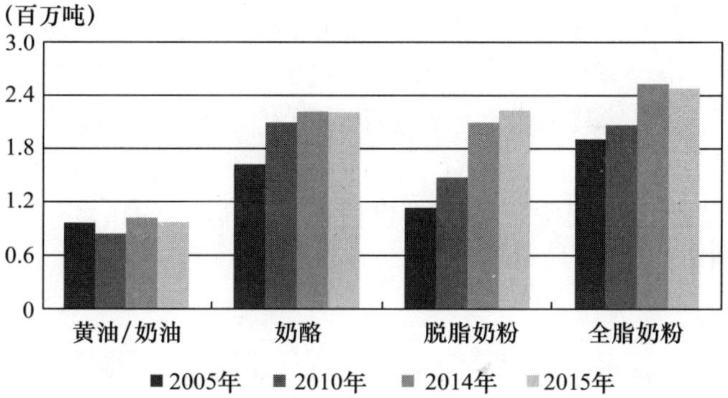

图 3　2005 ~ 2015 年全球主要乳制品贸易量

资料来源：国际牧场联盟（IFCN）。

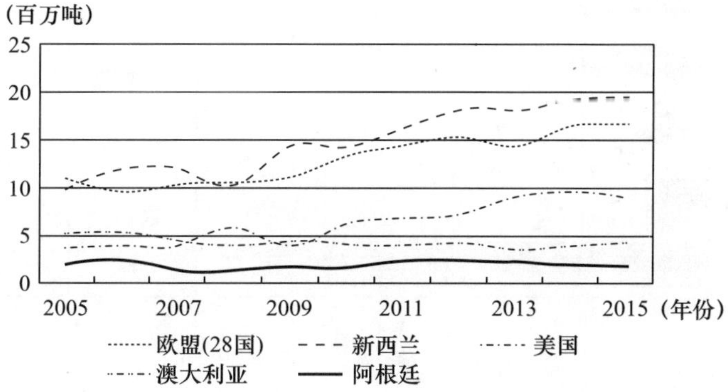

图 4　2005 ~ 2015 年全球乳制品贸易前 5 位的国家（地区）

资料来源：国际牧场联盟（IFCN）。

随着乳制品主要进口国需求量下降，再加上主要的原料奶出口地区（如欧洲和大洋洲）生产量过剩，从而导致全年国际市场价格低迷。此外，有利的气候条件以及欧盟 2015 年 3 月结束的牛奶配额制度进一步刺激了生产。然而，并不是各国的牛奶生产状况都蓬勃发展，作为全球前五大乳制品供应国之一的阿根廷，由于极端潮湿的气候对牛奶产量产生负面影响，从而导致其出口量大幅减少。

4. 七大出口国（地区）占据85%市场份额

全球乳制品主要出口国（地区）相对比较集中，包括美国、新西兰、澳大利亚、欧盟、白俄罗斯，以及南美洲的阿根廷和乌拉圭。在英国作为“日不落帝国”时期，新西兰就被当作牛奶及乳制品的供应基地，目前新西兰的原料奶产量为2100多万吨，仅占全球产量的2%，但其95%以上的原料奶加工成各种乳制品对全球出口，成为全球乳制品第一大出口国，约占全球贸易总量的28%。欧盟以27%的市场份额紧跟第二，其中贸易量的一半以上来自荷兰、德国和法国。美国排在第三位，虽然其国内需求旺盛和国际价格水平疲软，但贸易量在持续增长之后，呈现出口严重下降。从贸易整体情况可以看出，从乳制品供应角度看，国际乳业市场依然相当集中，前七大供应国（地区）的市场份额占全球出口总量的85%，见图5。

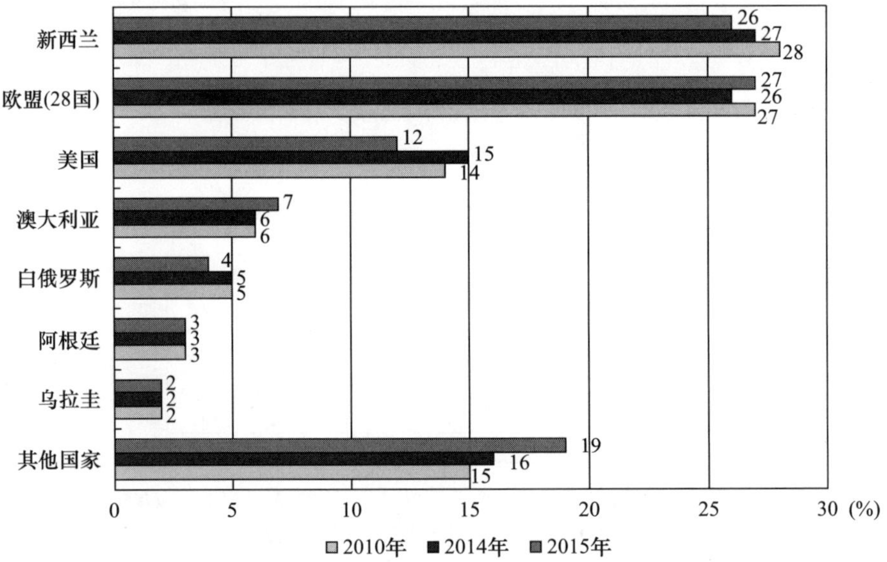

图5　2010~2015年全球主要乳制品出口国（地区）市场份额（折原料奶）

资料来源：ZuivelNL，Comtrade。

（二）产品结构

与上述乳制品出口国的高度集中相比，全球乳制品的进口国相对比较分散，各主要乳制品品种的进口国差异较大，下面将按品种分别加以论述。

1. 全球乳制品贸易以干乳制品为主

国际市场上乳制品的贸易品种主要包括液奶、发酵乳、全脂奶粉、脱脂奶粉、炼乳、乳清粉和乳清制品、黄油、奶酪、乳糖、酪蛋白、白蛋白，以及婴幼儿配方乳粉等。由于鲜乳制品易腐、含水量高等特点，不适宜大规模贸易，因此，全球乳制品贸易以干乳制品为主，其中全脂奶粉、脱脂奶粉、黄油、乳清粉，以及奶酪为主要贸易品种（见图6）。

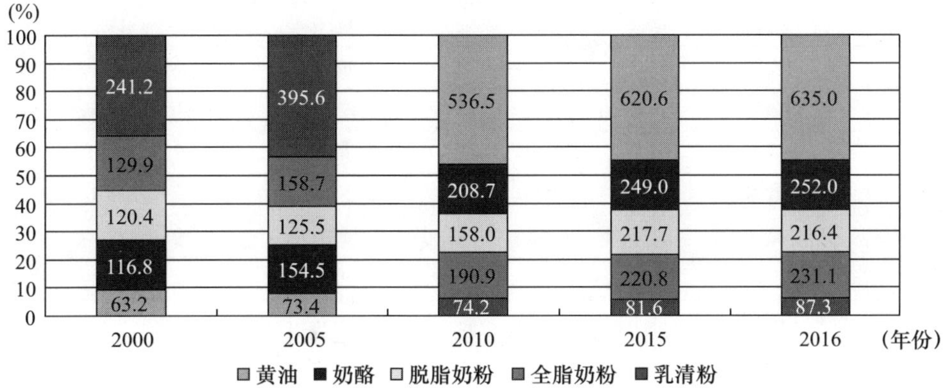

图6 2000~2016年各干乳制品贸易量及所占比重

资料来源：FAO－OECD。

2. 各主要乳制品国际贸易情况

（1）奶酪。奶酪是全球乳制品贸易中最重要的品种之一，但近期全球奶酪贸易出现急剧下降，而且俄罗斯实施的乳制品禁令影响了所有主要的奶酪供应国，这使得2015年的全球奶酪贸易量增长停滞，稳定在221万吨（同比下降0.1%），见表3。

欧盟奶酪出口占全球奶酪贸易总量的大约33%，仍然稳居全球第一大奶酪供应国地位。荷兰是欧盟最主要的出口国，占其出口总量的18%以上。2015年，欧盟出口量相对稳定。在2014年8月实施禁令之前，俄罗斯是欧盟一个主要的出口目的国，占其奶酪出口总量的1/3。随着俄罗斯市场的关闭，欧盟不得不将出口重点转向其他国家。2015年，欧盟成功地实现对美国、日本、韩国和沙特阿拉伯等主要地区出口额的增长。

由于俄罗斯没有对白俄罗斯实施进口禁令，这使得近年来白俄罗斯与俄罗斯的传统奶酪贸易继续蓬勃发展，其奶酪出口量增长了7%。该增长率略低于2010年以来8%的年均增长率。

新西兰的奶酪出口量激增，大幅增长了近5万吨（同比增长18%），达到32.8万吨。这也体现了新西兰乳制品出口重点目的国的一个转变，2015年新西兰对中国的全脂奶粉出口量急剧下降。

表3 2015年全球前10大奶酪出口国（地区） 单位：万吨，%

排名	出口国（地区）	出口量	所占份额	2015年增长率
1	欧盟（28国）	71.93	32.5	0.1
2	新西兰	32.75	16.6	17.8
3	美国	31.67	12.1	-14.1
4	白俄罗斯	17.76	7.5	6.5
5	澳大利亚	17.11	6.7	14.1
6	埃及	14.19	5.2	23.6
7	瑞士	6.42	2.9	0.9
8	阿根廷	4.35	2.5	-23.0
9	土耳其	4.14	2.1	-4.1
10	尼加拉瓜	3.79	1.9	15.6
	全球贸易	221.43	100.0	-0.1

资料来源：IDF。

美国国内需求强劲，再加上国际市场价格相对较低，这严重阻碍了美国出口的增长，直接导致其出口总量显著下降（同比下降14%）。

澳大利亚奶酪出口量达到近几年的最高峰（同比增长14%），这主要归功于澳大利亚对其主要的出口目的国日本增加了近1.8万吨的出货量，该市场目前占澳大利亚出口总量的55%以上。

尽管最近俄罗斯的奶酪进口贸易暂停，俄罗斯仍然是全球奶酪贸易的一个主要国家，此外还有日本、美国、墨西哥和韩国。2015年，中东地区一些主要的进口国，如沙特阿拉伯和阿拉伯联合酋长国的奶酪贸易似乎遭受了低油价的影响。中国在全球奶酪进口国中的地位持续增强，2015年再次实现了两位数的增长（同比增长19%）（见图7）。

（2）黄油。国际黄油贸易呈现出高度集中的特点，全球前10大出口国（地区）的市场份额占据全球贸易量的92%以上。新西兰仍然稳居全球最大的黄油供应国地位，占据了全球出口市场份额的大约55%。2015年，全球黄油贸易达到96.82万吨黄油当量，比2014年下降了近5%，见表4。

美国出口量显著下降是全球贸易量整体下降的主要因素，2015年美国出口量下降至2.38万吨，不足2014年出口量的1/3。美国出口下降受到国内乳品市场快速扩张和国际环境价格低迷的严重影响。

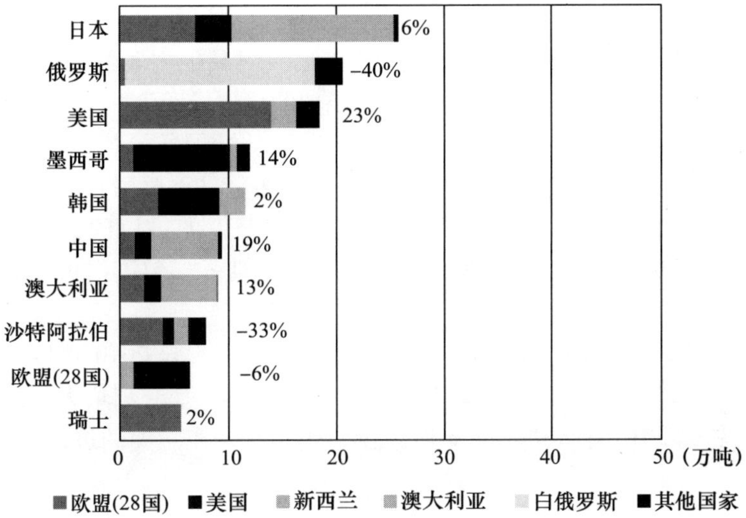

图 7　2015 年全球前 10 大奶酪进口国（地区）

资料来源：IDF。

表 4　2015 年全球前 10 大黄油出口国（地区）　　单位：万吨，%

排名	出口国（地区）	出口量	所占份额	2015 年增长率
1	新西兰	52.95	54.7	-1.6
2	欧盟 28 国	16.52	17.1	10.6
3	白俄罗斯	8.00	8.3	20.7
4	澳大利亚	3.69	3.8	-19.3
5	美国	2.38	2.5	-68.1
6	乌拉圭	2.04	2.1	-4.3
7	乌克兰	1.16	1.2	14.8
8	墨西哥	0.93	1.0	25.5
9	印度	0.90	0.9	-9.8
10	阿根廷	0.88	0.9	-35.6
	全球贸易	96.82	100.0	-4.7

资料来源：IDF。

近几年，中国逐渐成为新西兰黄油出口最主要的目的国家。2015 年，新西兰对中国的黄油出口略有下降，但仍然占其出口总量的 15%。新西兰在 2015 年的黄油出口总量略有下降，具体情况还有一些复杂。一方面，新西兰对墨西哥的出口增长了一倍多（大幅度增长），而且对其他主要的进口国，如埃及、菲律宾和阿拉伯联合酋长国的出口也有所增加；另一方面，新西兰对其他主要的进口国，如伊朗、美国、阿尔及利亚、俄罗斯、欧盟和沙特阿拉伯的出口量明显减少。同时，欧盟的黄油出口贸易量进一步增长，达到16.5万吨（同比增长11%）。

俄罗斯的进口禁令严重影响了其作为全球黄油贸易重要国家的市场地位，其进口量缩减了31%。然而，该国目前仍然是全球最大的进口国，紧随其后的是中国。但是，俄罗斯目前的进口贸易大部分是区域性的，邻国白俄罗斯占供应量的近80%。

黄油产品出口到亚洲、北非和中东的大多数国家。自2010年以来，中国的进口量增长了两倍，中国成为亚洲主要的进口国。埃及是非洲最大的进口国，而沙特阿拉伯尽管2015年的进口量有所减少，仍然是中东主要的进口国，见图8。

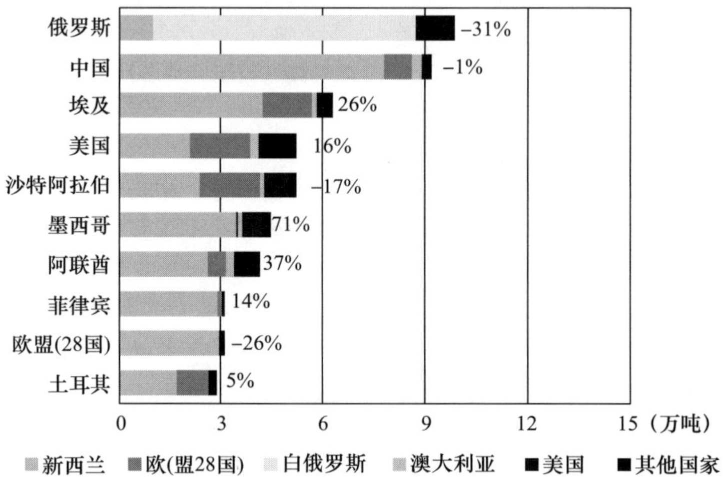

图8　2015年全球前10大黄油进口国（地区）

资料来源：IDF。

（3）全脂奶粉。2015年，全球全脂奶粉贸易下降了2%，不足250万吨。其中，贸易量的55%来自新西兰，该国仍然位居不可动摇的全球领先地位，尽管其生产量下降了3%。

全球最大的全脂奶粉进口国中国的需求量下降，这对全脂奶粉全球贸易下降产生了重要影响。中国的进口贸易下降大于38%，即贸易量大幅下滑25万吨（见图9）。但是，中国市场仍占全球贸易总量的16%。新西兰深受中国需求减少的严重影响，尽管如此，中国仍占据新西兰全脂奶粉出口总量的26%。

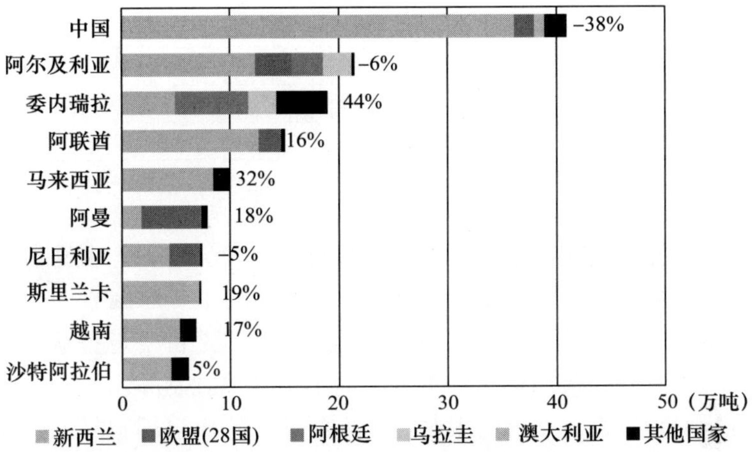

图9 2015年全球前10大全脂奶粉进口国

资料来源：IDF。

中国的需求下降导致一些替代市场激烈的竞争。新西兰对其他关键市场的出口增加，其中最突出的是委内瑞拉：新西兰自2014年以来对委内瑞拉的出口量下降之后，2015年对其出口明显恢复。此外，新西兰还出口更多的产品到亚洲（马来西亚、越南、斯里兰卡），中东（阿拉伯联合酋长国）和非洲（阿尔及利亚、尼日利亚）的一些进口国。

并不是只有市场领导者新西兰的出口量下滑，欧盟、阿根廷和澳大利亚也面临相同的形势。乌拉圭是全球前5大出口国中唯一出口大幅增长的国家（整体增长62%），带动其产量略低于10万吨，主要出口到巴西、阿尔及利亚和委内瑞拉，见表5。

表5 2015年全球前10大全脂奶粉出口国（地区） 单位：万吨,%

排名	出口国（地区）	出口量	所占份额	2015年增长率
1	新西兰	137.73	55.4	-3.0
2	欧盟（28国）	38.22	15.4	-1.6
3	阿根廷	13.70	5.5	-4.5
4	乌拉圭	9.75	3.9	62.4
5	澳大利亚	6.55	2.6	-19.3
6	巴西	4.14	1.7	5.5
7	白俄罗斯	3.76	1.5	19.3
8	美国	3.38	1.4	-38.2
9	马来西亚	2.21	0.9	110.5

续表

排名	出口国（地区）	出口量	所占份额	2015 年增长率
10	菲律宾	2.11	0.8	171.8
	全球贸易	248.81	100.0	-1.8

资料来源：IDF。

（4）脱脂奶粉。与其他大多数产品类别相比，2015 年全球脱脂奶粉贸易量增长近 7%，超过 220 万吨。脱脂奶粉贸易量增加的主要原因有两个：一是保质期较短的全脂奶粉类产品进口需求不确定性较大；二是价格走势意味着更多的加工商决定将其重点转向脱脂奶粉和黄油，而不是其他乳制品。

全球脱脂奶粉贸易的增长主要是由于大多数主要出口国贸易的扩张，除了马来西亚和印度。在印度，低迷的国际价格水平导致出口大幅下降，并引起国内未售出脱脂奶粉库存的积压。为了处理这些问题，加工商开始使用脱脂奶粉生产复原奶，这导致了黄油进口量额外增加，并对当地农户造成一定伤害，市场对他们生产的牛奶需求量降低。

欧盟仍然是全球最大的脱脂奶粉出口地区，占全球出口总量的 30%（见表6）。欧盟向很多进口国出口脱脂奶粉，大部分位于北非、亚洲和中东地区。欧盟的出口总量增长了 4%，尽管欧盟与主要进口国如中国和阿尔及利亚的贸易量大幅度减少。欧盟对阿尔及利亚的年度出口量取决于其对欧盟供应商招标的结果。在 2014 年进口量激增的形势下，2015 年阿尔及利亚进口的外国脱脂奶粉下降了 5 万吨，主要购买自欧盟出口国。

表 6　2015 年全球前 10 大脱脂奶粉出口国（地区）　　单位：万吨，%

排名	出口国（地区）	出口量	所占份额	2015 年增长率
1	欧盟（28 国）	67.11	30.0	3.7
2	美国	55.97	25.0	2.5
3	新西兰	41.12	18.4	7.5
4	澳大利亚	20.36	9.1	23.2
5	白俄罗斯	11.07	4.9	19.8
6	乌克兰	3.45	1.5	25.3
7	马来西亚	2.88	1.3	-10.2
8	乌拉圭	2.74	1.2	18.1
9	阿根廷	2.42	1.1	12.2
10	印度	1.72	0.8	-71.7
	全球贸易	223.66	100.0	6.6

资料来源：IDF。

美国的出口量有所恢复，创下历史新高，接近56万吨。其中总量的45%出口到墨西哥，从而取代了中国成为全球最大的出口市场，该类产品的进口量增加了7.5万吨（超过1/3）（见图10）。贸易量的近2/3来自北美自由贸易协定国家之间的贸易。

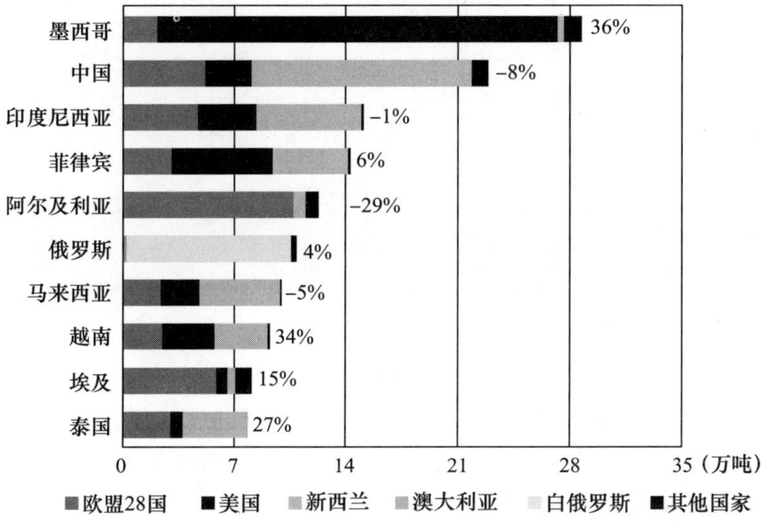

图10　2015年全球前10大脱脂奶粉进口国

资料来源：IDF。

（5）乳清粉和乳清制品。2015年乳清粉和乳清制品的全球贸易下降了4%，达到172.39万吨（见表7）。这个下降率与2010～2014年的平均增长率6%形成鲜明对比，大部分原因是由于美国出口的大幅度下降。上一年，美国的出口大幅度减少了9.6万吨，其余前5大出口国则加快了它们的贸易，特别是欧盟、新西兰和白俄罗斯。

欧盟和美国的出口贸易仍然占据主导地位，共占到全球贸易总量的62%。欧盟乳清粉和乳清制品出口市场的重点仍然集中在亚洲，如中国、印度尼西亚、马来西亚、泰国和越南都加大了购买力度。其中进口量增加幅度最大的是中国，增量接近1万吨（增长了7%）。因此，中国巩固了其作为欧盟最大的单体出口市场的地位，市场份额超过欧盟出口总量的1/4。

然而，欧盟和其他国家（如阿根廷和新西兰）对中国的乳清粉和乳清制品出口量增加并不能补偿美国向中国出口大幅下滑的缺口（下降了18%）。因此，尽管中国进口市场缩减了5%，但进口量仍占美国出口总量的1/3以上（35%）。

表7　2015 年全球前 10 大乳清出口国（地区）　　单位：万吨,%

排名	出口国（地区）	出口量	所占份额	2015 年增长率
1	欧盟（28 国）	62.48	36.2	6.6
2	美国	43.59	25.3	-18.1
3	白俄罗斯	12.95	7.5	6.9
4	新西兰	9.18	5.3	14.8
5	瑞士	9.13	5.3	0.5
6	阿根廷	6.93	3.7	-6.3
7	加拿大	4.38	2.5	-15.7
8	澳大利亚	2.83	1.6	-14.7
9	乌克兰	2.66	1.5	19.2
10	土耳其	2.41	1.4	-41.6
	全球贸易	172.39	100.0	-4.0

资料来源：IDF。

美国出口总量的大幅下降对大部分主要的亚洲进口国产生了影响，除了菲律宾、日本和印度尼西亚。同时，美国出口也对主要的区域性市场产生了重要影响，即北美自由贸易协定合作伙伴墨西哥和加拿大。然而北美自由贸易协定区域仍是美国产品的重要进口地区，占贸易总量的 22%。

亚洲占有全球前 10 大进口国中的 6 个席位，该地区成为一个主要的贸易目的地区。最领先的出口国是欧盟和美国，但美国的进口量也增加了 9%。大部分进口产品来自新西兰，新西兰一直向美国出口大量的蛋白质浓缩物，见图 11。

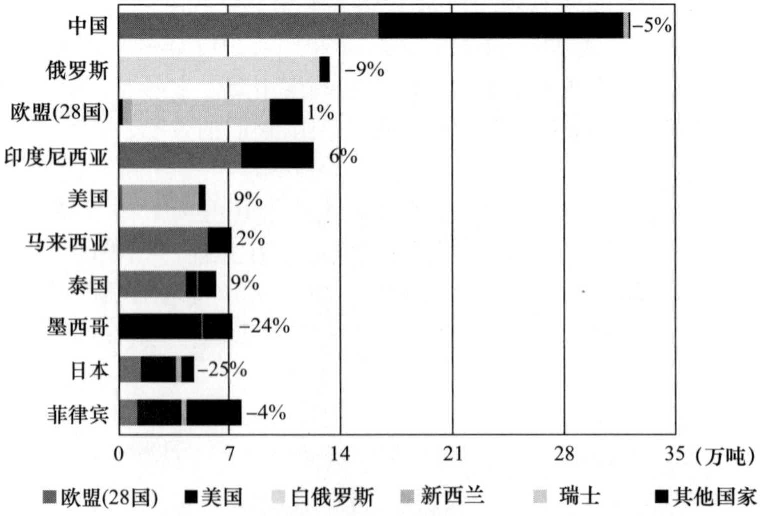

图 11　2015 年全球前 10 大乳清进口国（地区）

3. 中国乳制品进口以奶粉为主

中国目前是全球第一乳制品进口国。自 2008 年中国与新西兰签署自由贸易协定之后，中国对乳制品的进口需求高速增长（见图 12），主要原因包括国内乳制品消费的快速增长带来的国内供给不足、由于食品安全事件造成的消费者对国产乳制品信心不足，以及国外乳制品的价格优势等。

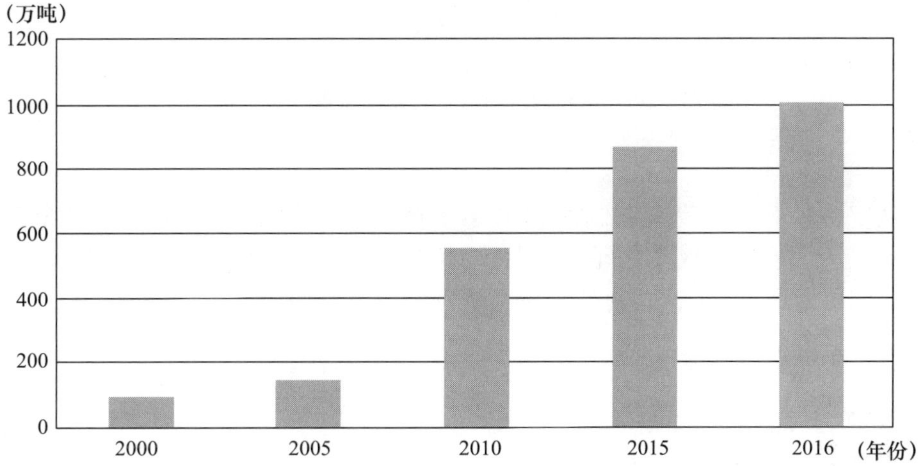

图 12　中国进口乳制品数量（折算生鲜乳）

资料来源：中国海关。

2016 年中国共进口乳制品（HS0401 - HS0406）195.6 万吨，同比增长 21.4%，其中进口液态奶 65.5 万吨，同比增长 39.4%；进口干乳制品 130.0 万吨，同比增长 14.0%；将进口乳制品（含婴幼儿配方乳粉）按比例折算，2016 年我国共进口原料奶 1006.6 万吨，同比增长 16.1%。其中，奶粉的进口额占到了全部进口乳制品的 45%，成为第一大进口品种，而进口工业奶粉的持续增长给我国奶牛养殖行业造成了巨大的压力（见图 13）。

乳制品出口方面，整体形势依然严峻，出口数量继续有较大幅度下跌，其中干乳制品出口数量为 7146 吨，同比下跌 13.1%，液态奶出口数量为 23669 吨，同比下跌 5.7%。出口市场仍然高度集中于中国香港、中国澳门和周边国家。按比例折算，2016 年我国出口乳制品折合原料奶 86699 吨，同比下跌 7.7%。

2016 年，我国乳制品贸易折合原料奶净进口 1006.6 万吨，我国年人均乳制品消费量（折原料奶）为 34.1 千克，由于国内生鲜乳产量下跌而进口乳制品数量增长，我国乳制品自给率下跌至 79.7%。

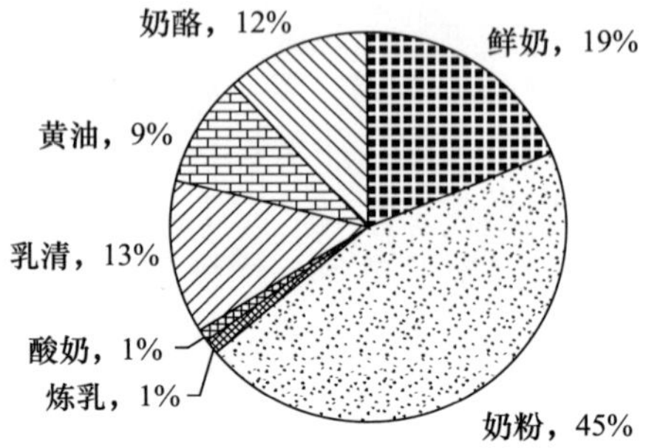

图 13 2016 年我国进口各类乳制品比重（按货值）

资料来源：中国海关。

从贸易额上看，我国乳制品贸易不平衡进一步加剧，2016 年进口金额为 33.7 亿美元（折合 223.9 亿元），同比增长 6.0%；乳制品出口金额仅为 4735 万美元，同比上涨 5.0%；乳制品贸易逆差为 33.2 亿美元。

二、主要出口国情况

（一）新西兰

1. 原料奶生产

新西兰是世界上最大的乳制品出口国，奶业是其最大的产业，也是其重要的经济支柱。新西兰奶业发展以天然牧场放牧生产体系为基础，通过机械化生产、专业化管理和规模化经营实现了生产的现代化，其乳制品以低成本、高质量为特点，具有很强的国际竞争力。

近几年来，由于国际乳制品市场需求的拉动，尤其是 2008 年《中新自贸协定》签署以后，新西兰的乳制品出口大幅增长，拉动了新西兰的原料奶持续增产，产量从 2008 年的 1558.0 万吨上涨到 2016 年的 2117.4 万吨，8 年间增加了 559.4 万吨，增长 35.9%，年均增长率达到 5.2%。2015 年和 2016 年由于中国进口需求减少、国际乳制品市场持续低迷，新西兰原料奶产量出现小幅回落，2015 年产奶量 2153.7 万吨，2016 年继续下跌至 2117.4 万吨，同比减少了 36.3 万吨，跌幅 1.7%（见图 14）。预计 2017 年国际乳制品市场需求难以出现大的起色，因此 2017 年新西兰的原料奶产量不会出现大的增幅。

2. 乳制品出口

新西兰人口稀少，国内市场空间有限，乳制品中仅 7% 用于本国居民消费，93% 用于出口，恒天然集团是新西兰最大的乳制品出口商，由约 1.05 万新西兰奶农共同拥有，其出口约 85% 的新西兰牛奶，占全球乳制品贸易的 1/3。由于地理因素以及乳制品不易长期保存的特点，新西兰的出口以干乳制品为主。

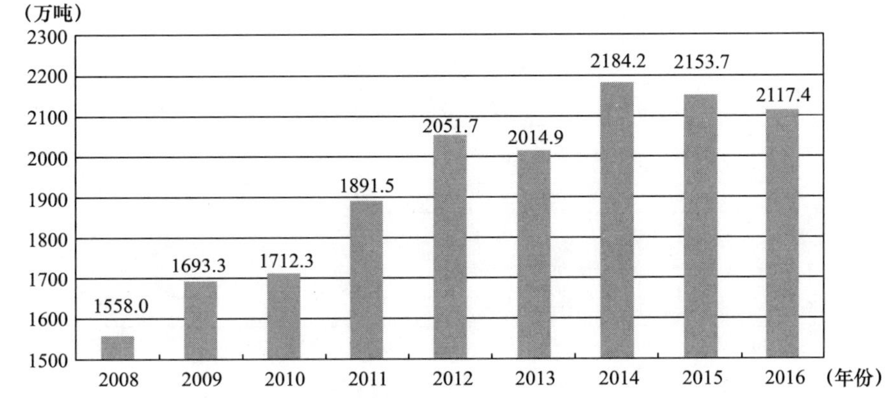

图14 新西兰原料奶产量（2008～2016年）

资料来源：DCANZ。

随着国际乳制品市场需求的不断增长，新西兰乳制品的出口数量也不断攀升，虽然2015年、2016年受到传统出口市场需求大幅减弱的影响，但新西兰努力寻找新的出口市场空间，因此出口量并未受到影响，反而出现小幅增长，但出口金额由于国际市场价格大幅下跌而出现较大幅度的下滑。

新西兰乳制品（HS0401－0406）出口数量从2010年的218.6万吨上涨到2016年的312.3万吨，6年间增加了93.7万吨，增长42.9%，年增长率达到6.1%（见图15），快于原料奶产量的增长速度。而新西兰乳制品出口金额均保持在100亿新西兰元以上，最低的年份是2010年的102.3亿新西兰元，最高为2014年的145.3亿新西兰元，乳制品出口占新西兰全部商品出口的比重最高达到了28.9%（2014年），最低也有22.6%（2016年），常年稳居各类商品出口的首位，见图16。

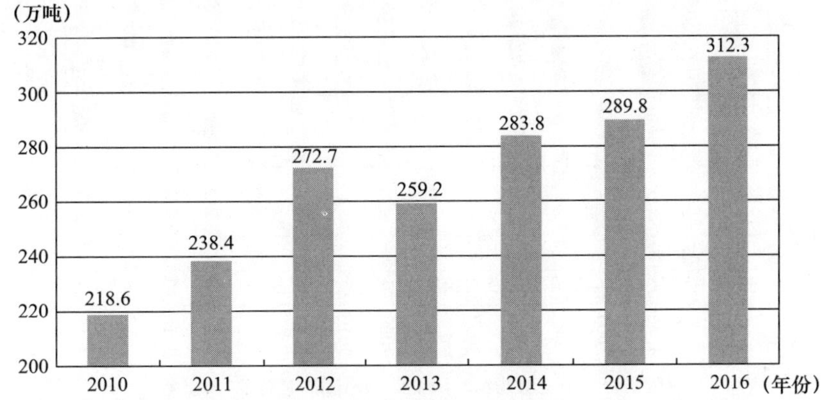

图15 新西兰乳制品出口数量（2010～2016年）

注：数量进行了季节性调整并排除短期不规则变动。

资料来源：新西兰统计局。

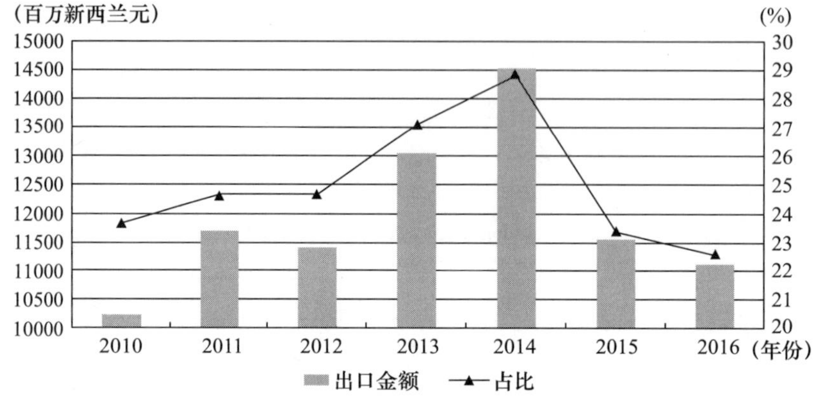

图 16　新西兰乳制品出口金额及占比（2010～2016 年）

资料来源：新西兰统计局。

3. 出口结构

新西兰位于太平洋西南部，是个岛屿国家。新西兰地广人稀，奶牛存栏高达 499.8 万头（泌乳牛存栏），而人口仅为 481.2 万，国内乳制品消费仅占原料奶产量的 7%（折合原料奶），其余 93% 的原料奶被制成各种乳制品出口（见图 17）。由于远离欧洲、美洲、亚洲等主要乳制品消费区域，以及鲜乳制品易腐、含水量高等特点，不适宜大规模贸易，因此，新西兰的乳制品绝大部分是以干乳制品的形式向全球出口。

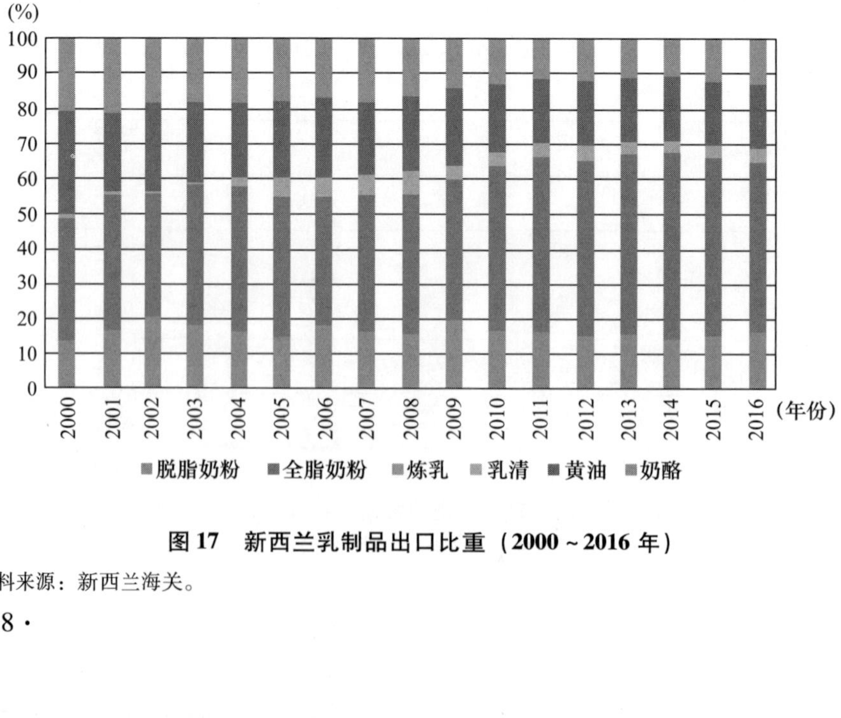

图 17　新西兰乳制品出口比重（2000～2016 年）

资料来源：新西兰海关。

新西兰出口的干乳制品主要包括脱脂奶粉、全脂奶粉、炼乳、乳清、黄油以及奶酪。由于出口市场的变化，尤其是2008年与中国签订自由贸易协定之后，全脂奶粉的出口量大幅增长，而黄油和奶酪的比重明显下滑，炼乳的出口在2016年则基本为零，这反映了新西兰乳制品的加工可以针对市场的变化快速做出调整。

由图18、图19可以看出，2000~2016年，新西兰出口的干乳制品中，脱脂奶粉的比重由13.7%上升到16.1%，上升2.4个百分点；全脂奶粉的比重由35.1%上升到48.8%，上升13.7个百分点；乳清的比重由0.7%上升到3.9%，上升3.2个百分点；而炼乳的比重则由0.2%下跌至几乎为零；黄油的比重由29.1%下跌到18.3%，下跌10.8个百分点；奶酪的比重由21.2%下跌到12.9%，下跌8.3个百分点。

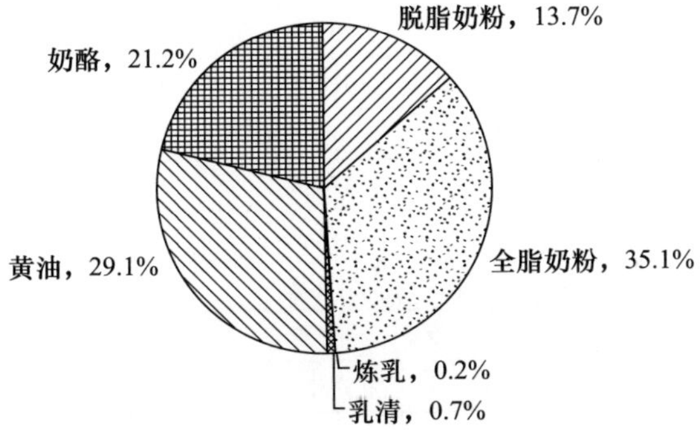

图18　2000年新西兰干乳制品出口比重

资料来源：新西兰海关。

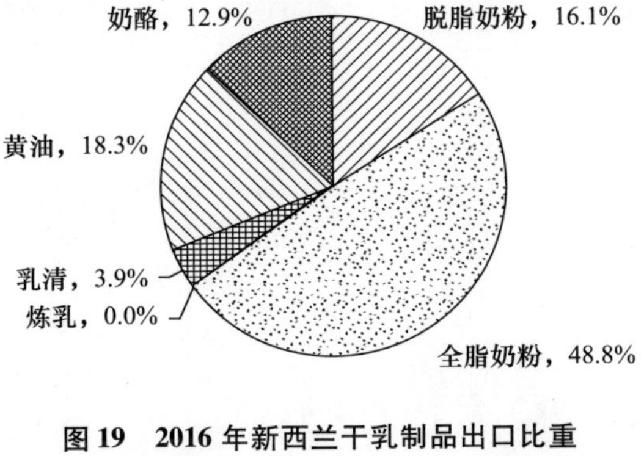

图19　2016年新西兰干乳制品出口比重

资料来源：新西兰海关。

4. 对中国出口

2008 年，中国和新西兰签订自由贸易协定后，新西兰对华的乳制品出口迅猛增长，中国已经成为新西兰乳制品出口最重要的目的地之一。2008 ~2016 年，新西兰对中国的乳制品（HS0401 －0406，不含婴幼儿配方乳粉）出口由 7. 8 万吨增长到 76. 5 万吨，8 年间增长了 875%，年复合增长率为 32. 9%，见表 8。

按中国国家标准中的折算率计算，2008 年中国从新西兰进口的乳制品折算原料奶为 62. 1 万吨，而到了 2016 年增长到 535. 4 万吨，2016 年比 2008 年增长 762%，年复合增长率为 30. 9%，见表 9。

表 8　2008 ~2016 年新西兰对华出口乳制品折算原料奶及增长率

单位：万吨，%

年份	进口折算	同比增长
2008	62. 1	—
2009	203. 7	228
2010	318. 1	56
2011	354. 5	11
2012	478. 3	35
2013	647. 3	35
2014	708. 2	9
2015	464. 8	－34
2016	535. 4	15

资料来源：中国海关。

表 9　2016 年中国自新西兰进口乳制品数量及增长率　　单位：吨，%

税号	品类	2008 年	2016 年	比 2008 年增长	年均增长率
0401	液奶	3567	131792	3594. 80	449. 30
04021000	奶粉	50594	503561	895. 30	111. 90
04022100					
04022900					
04029100	炼乳	362	0	－100. 00	－12. 50
04029900					
0403	酸奶	13	4571	34672. 30	4334. 00
0404	乳清	6753	3107	－54. 00	－6. 70
0405	黄油	10918	70807	548. 50	68. 60
0406	奶酪	6233	51116	720. 10	90. 00

资料来源：中国海关。

新西兰对中国的乳制品出口以原料奶粉为主，尤其是全脂奶粉。2008 年中国自新西兰进口的全部乳制品当中，全脂奶粉占到了 49.8%（见图 20），2016 年上升至 62.8%，而在中国全部的全脂奶粉进口当中，新西兰的产品占到了 90%以上，见图 21。

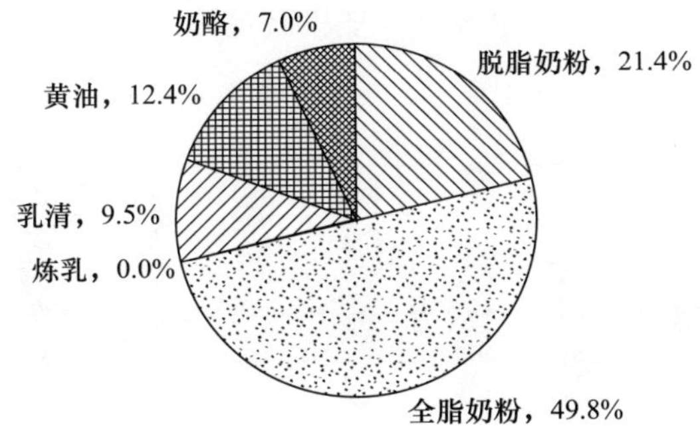

图 20　2008 年中国自新西兰进口干乳制品比重

资料来源：中国海关。

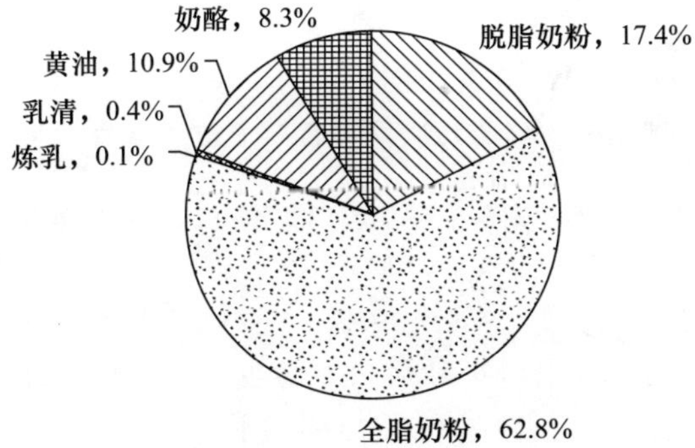

图 21　2016 年中国自新西兰进口干乳制品比重

资料来源：中国海关。

近几年，随着我国乳制品的消费升级，消费者对黄油、奶酪的需求大幅增长，新西兰对中国的黄油和奶酪出口也快速增加。黄油的出口数量由 2008 年的 11147 吨增长到 2016 年的 67750 吨，增长了 508%；奶酪的出口数量由 2008 年的 6260 吨增长到 2016 年的 51668 吨，增长了 725%（见图 22）。

5. 国内生产及贸易政策

新西兰政府对奶业的扶持政策较少，主要以市场为导向，把重点放在奶业技术研发，树立品牌形象上面。新西兰作为世界上最大的乳制品出口国，为了减少奶业发展对环境可能造成的影响，促进资源合理利用，促进本国奶业的可持续发展，基于牧场盈利、环境管理、开发和研究、动物福利、人才培养、工作环境、生物安全和产品的完整性、当地社区、行业信息系统、国家繁荣等目标，制定了一系列的环境保护政策，主要包括《乳业与河流清洁法令》、《新西兰资源管理法》和《新西兰生物安全法》以及废气征税政策等。

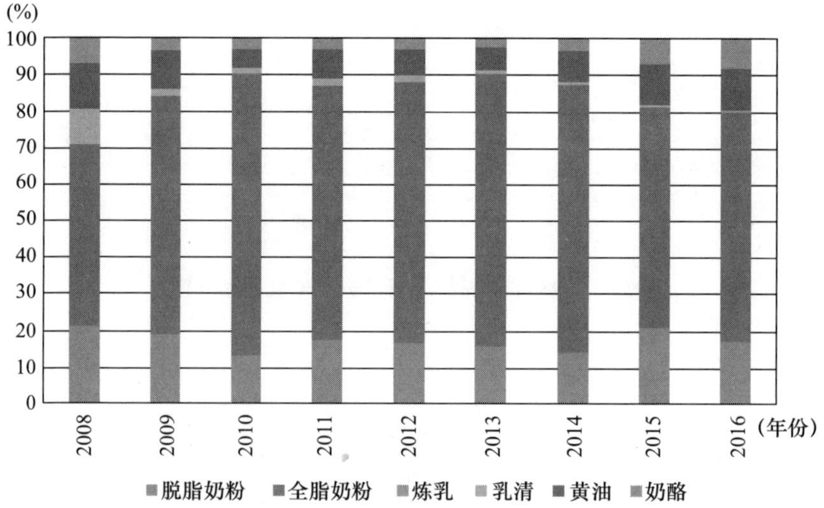

图22　新西兰对华乳制品出口比重（2008～2016年）

资料来源：中国海关。

新西兰政府对乳制品进出口实施自由贸易政策，政府并未对奶农进行出口补贴或贸易扭曲性国内补贴。新西兰现已与澳大利亚、印度、中国、韩国、文莱、新加坡等国家达成了自由贸易协定。

新西兰政府非常重视保护草场资源，为了避免过度放牧，规定1英亩土地上只能放牧1头牛或4只羊；为了防止草原退化，鼓励采用分栏式放牧。新西兰政府一直重视生态保护，2003年，《乳业与河流清洁法令》颁布实施，要求所有奶牛场的废水及排泄物都符合当地环保部门规定；2004年起，新西兰政府对牛、羊、鹿等畜产品养殖按头征收“屁税”，每头牛54～72新西兰分。这些政策的实施在保证奶业发展的同时，也保护了新西兰的生态环境。

（二）澳大利亚

1. 原料奶生产

与新西兰相比，澳大利亚奶业受到自然条件的制约更大，近几年干旱频繁发生，而水资源对奶业的影响也越来越明显。另外，《中国—澳大利亚自由贸易协定》签订得较晚（2015 年 12 月 20 日正式生效），中国乳制品进口快速增长的红利澳大利亚也没有得到很多，加上其国内市场的饱和，造成近几年澳大利亚的原料奶生产没有出现增长。2007 ~2016 年，除了 2015 年原料奶产量突破了 1000 万吨大关外，其余年份均在 930 万 ~980 万吨。

2016 年，澳大利亚受国际乳制品市场需求疲软以及气候影响，原料奶产量出现较大幅度下跌，全年产量跌至 935. 4 万吨，比 2015 年减少了 67. 1 万吨，跌幅 6. 7% （见图 23）。从月度产量看，全年各个月份的产奶量均出现同比下跌，显示全年的生产都不景气。2017 年，澳大利亚国内以及国际乳制品需求难有大的改观，因此预计原料奶产量很难出现大幅增长。

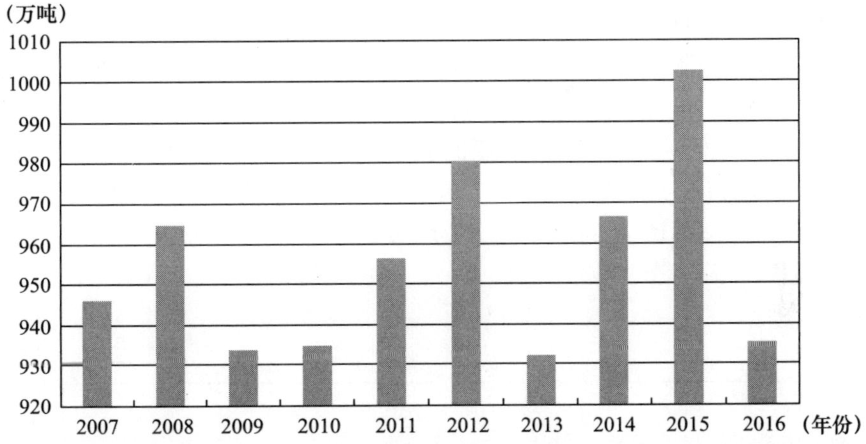

图 23　澳大利亚原料奶产量（2007 ~2016 年）

注：澳大利亚奶业年度为 7 月 1 日至次年 6 月 30 日。

资料来源：Dairy Australia。

2. 干乳制品生产

由于澳大利亚的国内乳制品市场容量较大，也相对比较成熟，因此各个品种的乳制品生产波动不大，所占的比重也相对稳定。以 2016 年为例，由于原料奶产量下跌，带动干乳制品的产量随之减少，全年澳大利亚干乳制品产量达到 76. 1 万吨，比 2015 年减少了 7. 0 万吨，跌幅为 8. 4% 。奶酪、脱脂奶粉和全脂奶粉是最主要的品种，产量分别为 32. 4 万吨、23. 8 万吨和 5. 3 万吨，所占比重分别达到了 43% 、31% 和 7% ，其他干乳制品品种，比如无水奶油、黄油、中脂奶粉和乳清粉的产量和比重相对较小，见图 24。

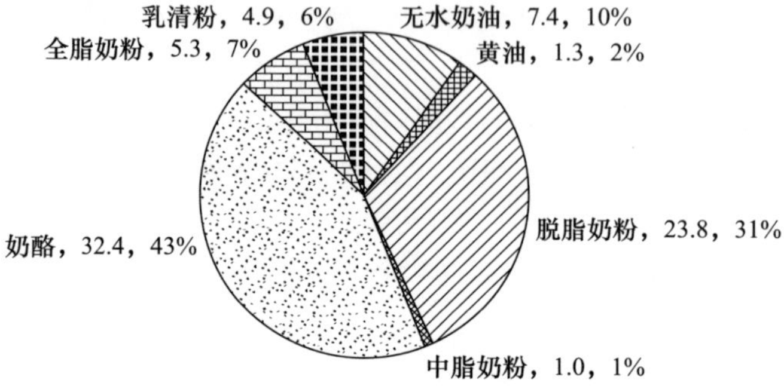

图24 2016年澳大利亚干乳制品产量情况（单位：万吨）

资料来源：Dairy Australia。

3. 干乳制品出口

澳大利亚是乳制品出口大国，2015年占全球乳制品出口市场的份额达到6%，仅次于新西兰、欧盟和美国，但由于近几年产量的下滑，以及在国际乳制品市场中的竞争优势不足，澳大利亚的乳制品出口有所萎缩。2000年，澳大利亚的干乳制品出口达到了83.9万吨，两年后达到了近期的最高峰90.3万吨，但随后便逐渐下滑，2016年的出口量仅为50.6万吨，比2002年的最高值下跌了44.0%，见图25。

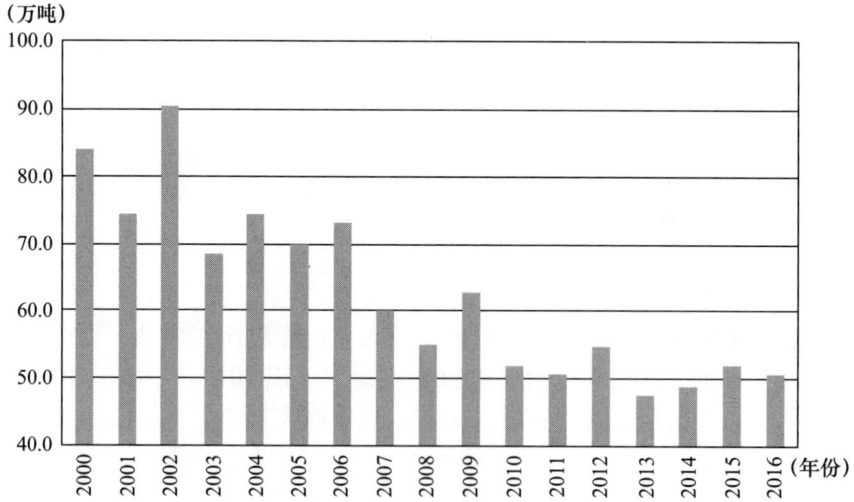

图25 澳大利亚干乳制品出口量（2000～2016年）

资料来源：澳大利亚海关。

2016 年，澳大利亚共出口各类乳制品 829952 吨，同比 2015 年增加了 54665 吨，增幅为 7.3%；但由于国际乳制品需求不振、价格下跌，出口金额仅为 30.2 亿澳元，同比 2015 年增加了 13427 万澳元，涨幅为 4.6%。

在出口量方面，与 2015 年相比，大部分品种出现同比增长，其中增长幅度较大的有乳清制品（增长 65%）、其他乳制品（增长 24%）、全脂奶粉（增长 23%）和牛奶（增长 20%）；仅脱脂奶粉（跌幅 18%）和黄油（跌幅 14%）出现同比下跌，见图 26。

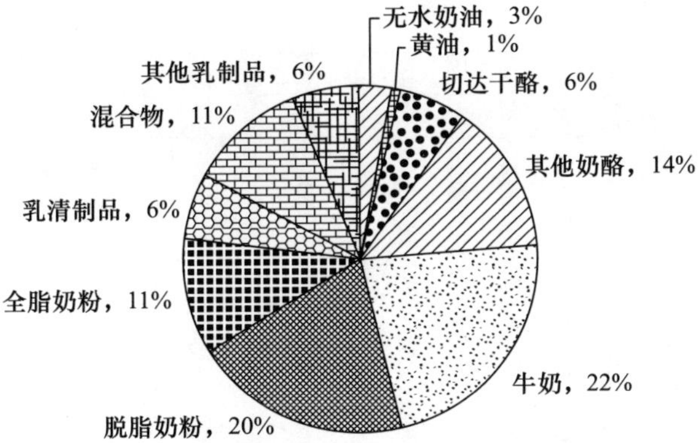

图 26　澳大利亚 2016 年乳制品出口数量比重

资料来源：Dairy Australia。

在出口金额方面，全脂奶粉（增长 56%）、其他乳制品（增长 18%）和混合物（增长 16%）同比增幅较大；而脱脂奶粉（跌幅 28%）、黄油（跌幅 20%）、无水奶油（跌幅 6%）和其他奶酪（跌幅 6%）出现同比下跌，见图 27。

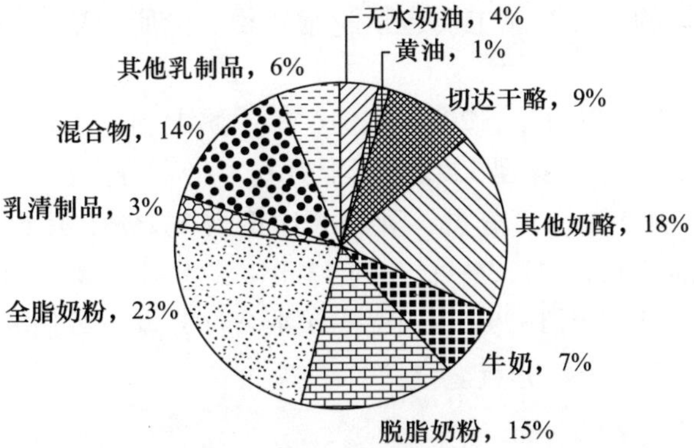

图 27　澳大利亚 2016 年乳制品出口金额比重

资料来源：Dairy Australia。

4. 出口结构

澳大利亚领土面积769.2万平方千米，四面环海，是世界上唯一国土覆盖一整个大陆的国家。澳大利亚奶牛存栏166.3万头（泌乳牛存栏），人口2430.9万，国内乳制品消费约占原料奶产量的53%（折合原料奶），其余47%的原料奶被制成各种乳制品出口。同样，由于地理位置远离出口目的地，以及鲜乳制品易腐、含水量高等特点，不适宜大规模贸易，澳大利亚的乳制品也是主要以干乳制品的形式向全球出口，液奶出口仅占全部出口数量的7.4%，见图28。

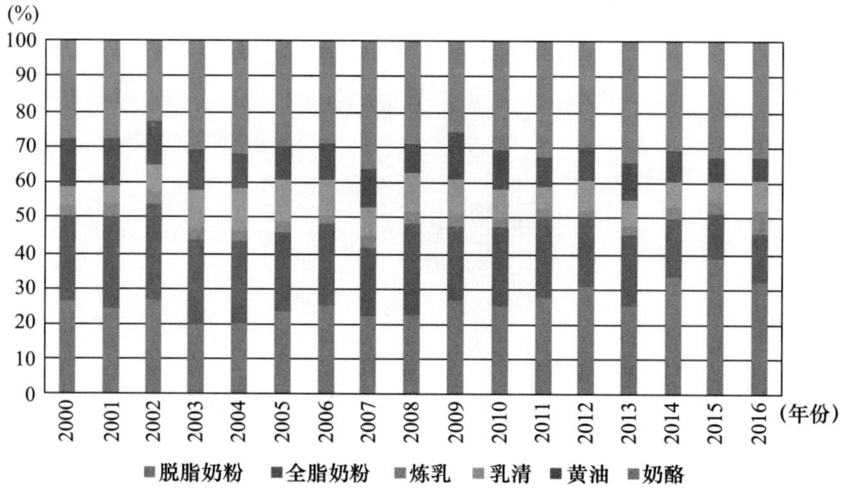

图28 澳大利亚乳制品出口比重（2000~2016年）

资料来源：澳大利亚海关。

澳大利亚出口的干乳制品主要包括脱脂奶粉、全脂奶粉、炼乳、乳清、黄油以及奶酪。

由图29、图30可以看出，2000~2016年，澳大利亚出口的干乳制品中，脱脂奶粉的比重由26.1%上升到32.2%，上升6.1个百分点；炼乳的比重由3.0%上升到6.1%，上升3.1个百分点；乳清的比重由5.2%上升到8.6%，上升3.4个百分点；奶酪的比重由27.7%上升到33.0%，上升5.3个百分点；而全脂奶粉的比重由24.3%下跌到13.9%，下跌10.4个百分点；黄油的比重由13.7%下跌到6.2%，下跌7.5个百分点。

5. 对中国出口

《中国—澳大利亚自由贸易协定》于2015年12月正式生效，2016年澳大利亚的干乳制品对华出口就由2015年的49860吨增长到62974吨，增幅高达

26.3%。预计随着自由贸易协定的持续实施，中国自澳大利亚进口的乳制品关税进一步削减，澳大利亚对华的乳制品出口将会保持较快的增长速度。

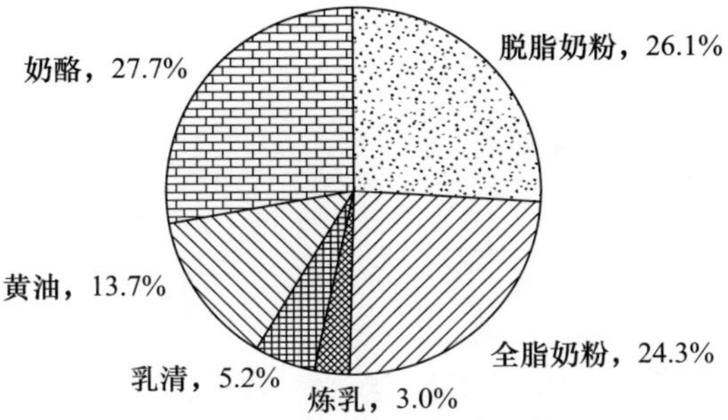

图 29　2000 年澳大利亚干乳制品出口比重

资料来源：澳大利亚海关。

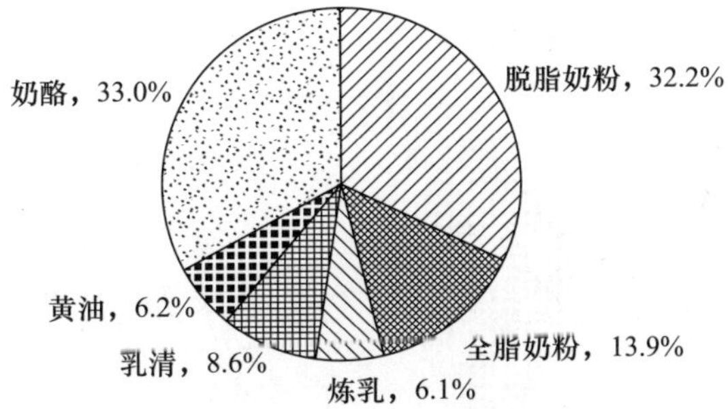

图 30　2016 年澳大利亚干乳制品出口比重

资料来源：澳大利亚海关。

2000～2016 年，澳大利亚对中国的干乳制品出口由 1.6 万吨增长到 6.3 万吨，16 年间增长了 303%，年复合增长率为 9.1%，见图 31。

由图 32、图 33、图 34 可以看出，2000～2016 年，澳大利亚对华出口的干乳制品中，脱脂奶粉的比重由 31.2% 下降到 27.1%，下降了 4.1 个百分点；全脂奶粉的比重由 25.7% 下降到 20.7%，下降了 5.0 个百分点；炼乳的比重由 1.2% 上升至 6.3%，上升 5.1 个百分点；乳清的比重由 40.6% 下降到 11.7%，下降了 28.9 个百分点；黄油的比重由 1.0% 上升至 3.0%，上升 2.0 个百分点；奶酪的比重由 0.3% 上升至 31.3%，上升 31.0 个百分点。乳清的比重出现了大幅度的下跌，而奶酪的比重得到了快速的提升。

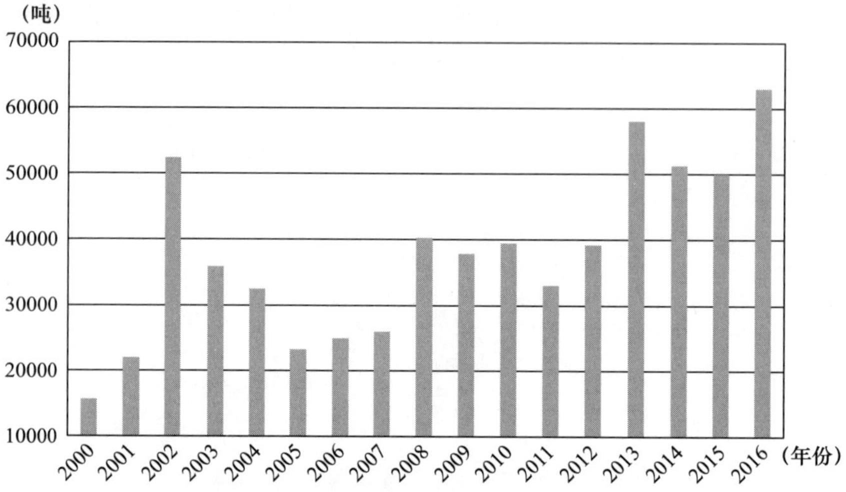

图 31　澳大利亚对华干乳制品出口（2000～2016 年）

资料来源：澳大利亚海关。

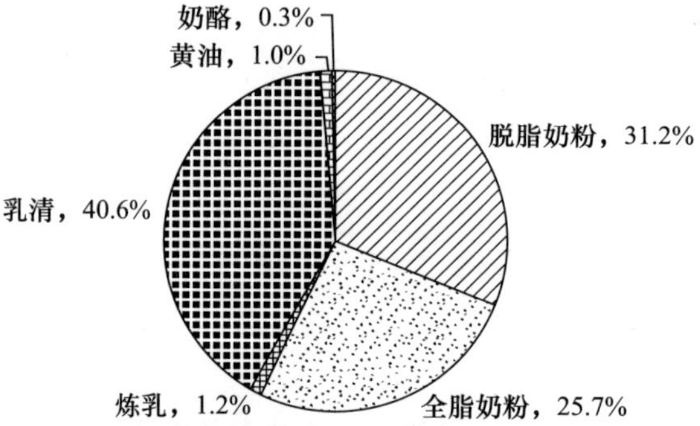

图 32　2000 年中国自澳大利亚进口干乳制品比重

资料来源：中国海关。

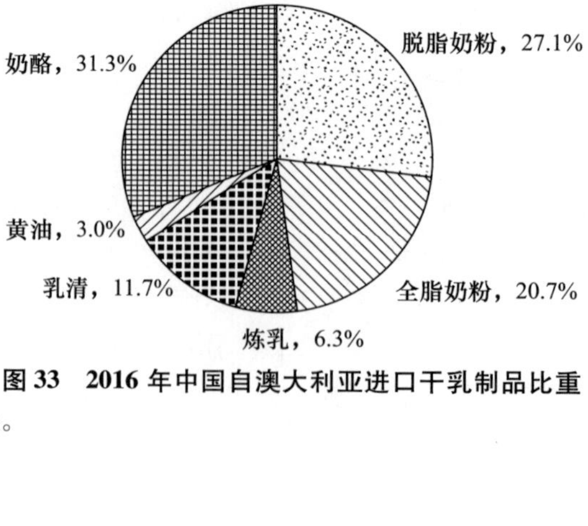

图 33　2016 年中国自澳大利亚进口干乳制品比重

资料来源：中国海关。

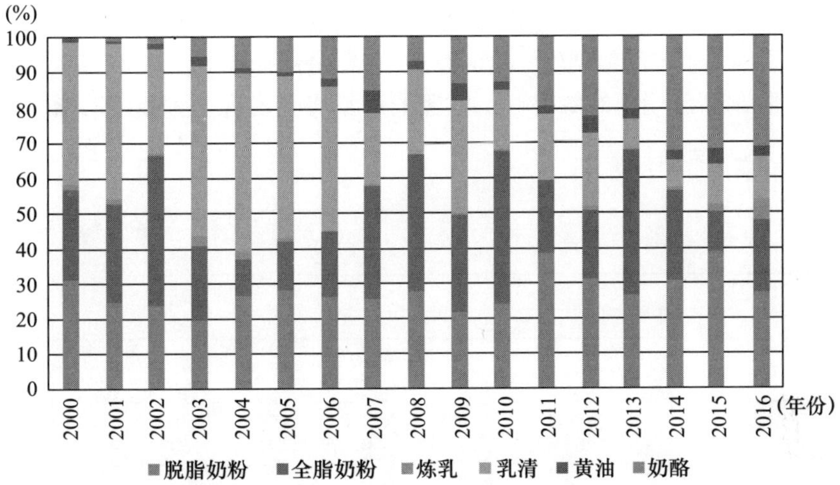

图 34　澳大利亚对华乳制品出口比重（2000～2016 年）

资料来源：澳大利亚海关。

6. 国内生产及贸易政策

澳大利亚乳制品行业是一个完全由市场驱动的行业。在过去的 20 多年里政府逐步取消了限制，而这个进程的最后一步是 2000 年 7 月政府对饮用奶价格管制的取消。因此，现在除了设立最基本的食品安全要求和食品标准规范（乳制品标签和广告等）之外，政府对乳品行业没有任何形式的干预。

澳大利亚执行严格的乳制品清洁、安全和品质标准。从 2001 年起，澳大利亚每个州都有一个食品安全机构负责每个乳制品加工厂和奶农的生产符合食品安全标准。在此之前是由国家鲜奶管理机构负责。各州食品安全组织各出 1 名代表组成澳大利亚奶业标准管理委员会，负责全国乳制品的质量问题，同时也负责鲜奶残留成分研究。

澳大利亚政府奉行将自由贸易协定作为 WTO 贸易谈判的重要补充，来打破贸易壁垒，提高澳大利亚乳制品出口的竞争力，增加出口。

（三）欧盟

1. 原料奶生产

由于优良的牧草及适宜的自然条件，欧盟一直是世界奶业主产区之一，德国、法国、英国、意大利、荷兰、爱尔兰等是其最主要的奶业生产国。欧盟奶牛养殖采用以农户为基础的协会制模式，合作组织或协会为奶农提供各种技术服务和人员培训。欧盟（28 国）是全球原料奶产量最大的地区，2015 年的产量达到 15227.5 万吨，为全球产量的 18.6%（见图 35）。经过 2009 年全球性的奶业危机后，欧盟（28 国）的原料奶产量出现逐年增长势头，值得一提的是，欧盟于 2015 年 4 月取消了牛奶生产配额制度，这为欧盟（28 国）原料奶产能的释放解除了限制，在国际乳制品市场向好的时候，欧盟的产量将会出现较大幅度的增长。

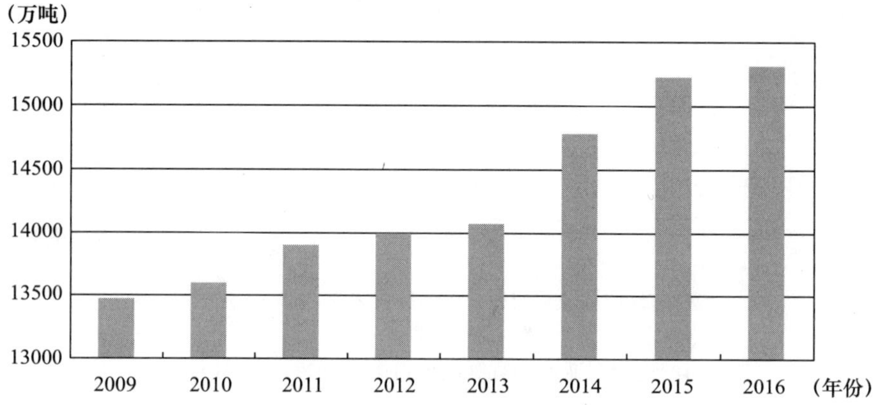

图 35　欧盟（28 国）原料奶产量（2009～2016 年）

资料来源：Eruo Stat。

但 2016 年由于俄罗斯继续对欧盟实行乳制品禁运，中国对进口乳制品的需求不振以及全球其他乳制品市场整体低迷，加上欧盟对主动减产实施补贴，因此欧盟（28 国）的产量从 6 月开始出现同比下跌，全年原料奶产量为 15322. 4 万吨，同比 2015 年仅增加了 94. 9 万吨，增幅 0. 62%。

由于 2017 年全球乳制品市场需求难有大的改观，欧盟高企的乳制品库存也需要处理，在其区域内消费早已饱和的前提下，欧盟的原料奶生产必将受到国际市场的影响；但是，由于欧盟对主动减产的补贴也已经用完，欧盟继续减产的动能也逐步减弱，因此预计 2017 年欧盟的原料奶产量将基本保持平稳。

2. 乳制品生产

欧盟区内乳制品市场成熟、容量大，乳制品生产以供应欧盟区内消费为主。2000～2016 年，各个品种的乳制品产量保持相对稳定，所占比重变化不大。产量增长幅度较大的有脱脂奶粉（增长 37%，年均增长 2. 3%）、奶酪（增长 28%，年均增长 1. 8%），以及乳清粉（增长 20%，年均增长 1. 3%），而下跌幅度较大的是全脂奶粉（下跌 16%，年均跌幅 1. 0%），见图 36。

欧盟（28 国）2016 年的乳制品产量整体上保持平稳，略有增长。其中，饮用奶产量 3018 万吨，同比 2015 年下跌 0. 2%；发酵乳 1220 万吨，同比增长 3. 1%；奶酪 8411 万吨，同比增长 1. 5%；黄油 215 万吨，同比增长 2. 5%；脱脂奶粉 1667 万吨，同比增长 3.7%；全脂奶粉 517 万吨，同比增长 3.1%；炼乳 191 万吨，同比下跌 12%；稀奶油 278 万吨，同比下跌 0.6%。全部乳制品折合原料奶 15301.3 万吨，同比 2015 年增长 1.3%，见图 37。

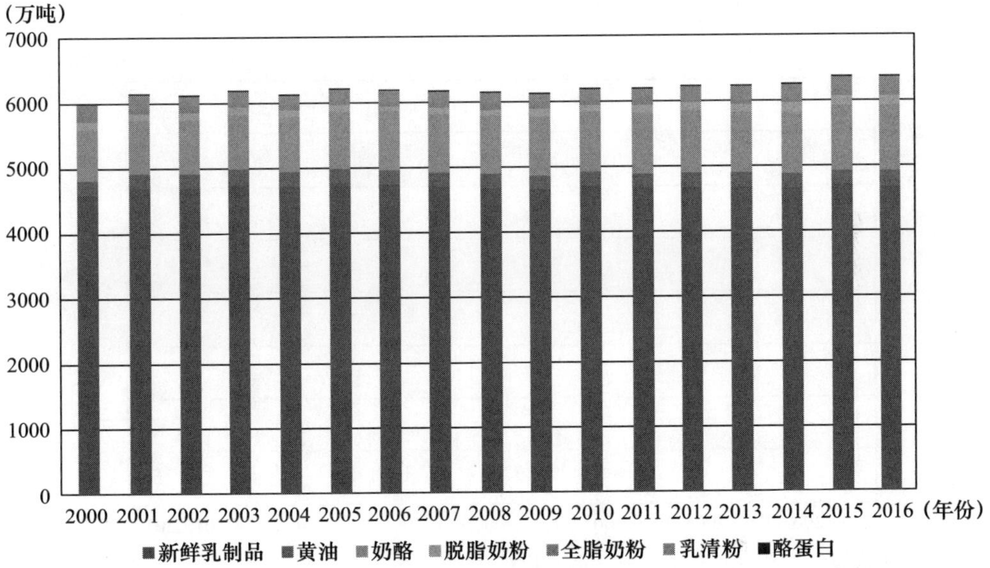

图 36　欧盟（28 国）乳制品产量（2000～2016 年）

资料来源：Eruo Stat。

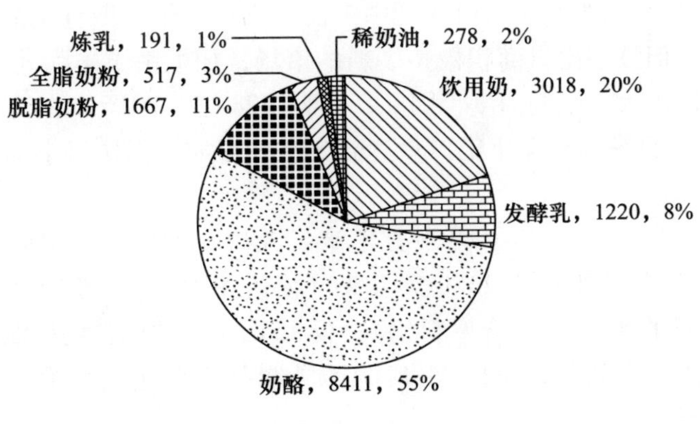

图 37　2016 年欧盟（28 国）乳制品产量（折原料奶）（单位：万吨）

3. 干乳制品出口

欧盟（28 国）是原料奶生产大国、乳制品生产大国，也是乳制品出口大国，近几年在全球乳制品市场中占据26% ~27%的市场份额，仅小幅低于新西兰。2002~2016年，欧盟（28国）的干乳制品出口形势与全球奶业周期保持一致，出口数量在经过全球金融危机后，自2009年开始回升，到2016年达到287.7万吨，比2002年增长了39.1%，年复合增长率为2.4%，见图38。

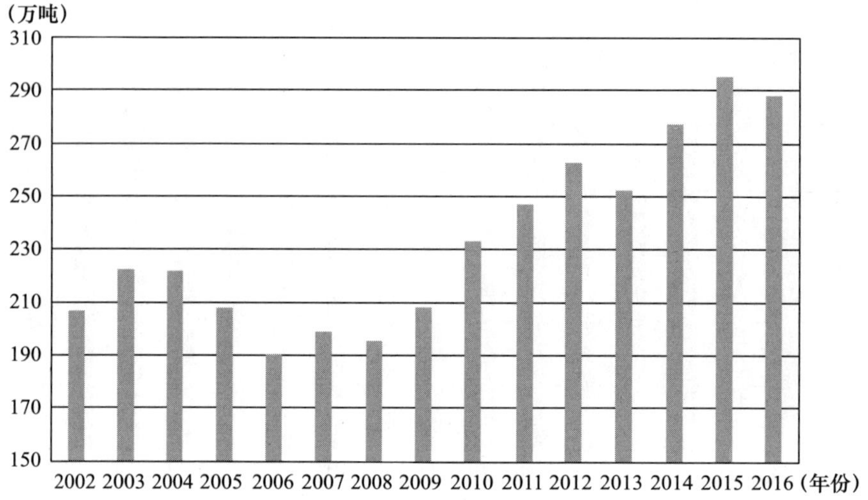

图38　欧盟（28国）干乳制品出口量（2002~2016年）

资料来源：Eruo Stat。

尽管2016年欧盟乳制品出口受到中国需求不振、俄罗斯乳制品禁令延期等不利因素的影响，但欧盟出口商积极拓展新的市场，加上由于国际乳制品价格下跌，部分二线进口国加大了采购力度，因此，欧盟（28国）2016年的干乳制品出口并未受到太多的负面影响，全年出口量达到279.2万吨，同比仅小幅下跌1.8%。

4. 出口结构

欧盟（28国）面积438.0万平方千米，人口5.1亿，欧盟区内市场容量巨大。欧盟（28国）奶牛存栏2350.7万头（泌乳牛存栏），欧盟区内乳制品消费约占原料奶产量的85%（折合原料奶），仅15%左右的原料奶被制成各种乳制品出口（见图39）。欧盟（28国）出口的干乳制品主要包括奶酪、脱脂奶粉、全脂奶粉以及乳清等。

由图40、图41可以看出，2002~2016年，欧盟（28国）出口的干乳制品中，脱脂奶粉的比重由12.6%上升到20.0%，上升7.4个百分点；全脂奶粉的比重由24.7%下跌到13.2%，下跌11.5个百分点；炼乳的比重由13.1%下跌到9.6%，下跌3.5个百分点；乳清的比重由13.3%上升到22.0%，上升8.7个百分点；黄油的比重由 10.4% 下跌到 7.4%，下跌 3.0 个百分点；奶酪的比重由 25.9% 上升到 27.8%，上升 1.9 个百分点。

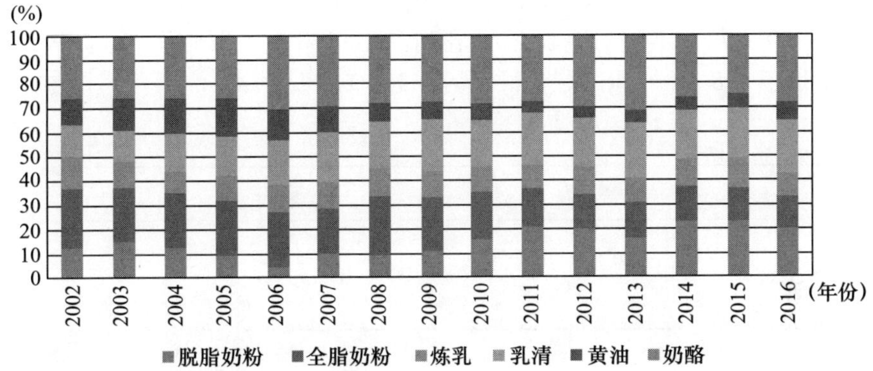

图 39 欧盟乳制品出口比重（2002～2016 年）

资料来源：CLAL。

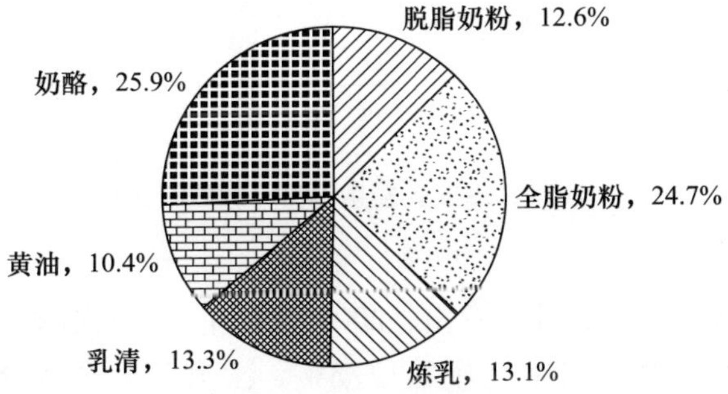

图 40 2002 年欧盟干乳制品出口比重

资料来源：CLAL。

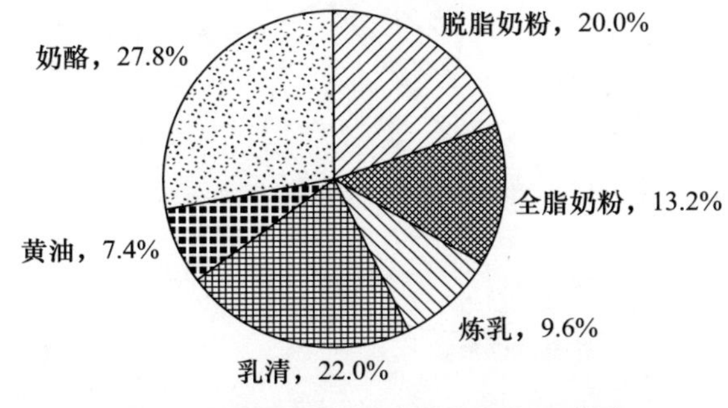

图 41 2016 年欧盟干乳制品出口比重

资料来源：CLAL。

5. 对中国出口

中国与欧盟虽然没有签署自由贸易协定，但欧盟仍然是中国乳制品进口的主要来源地，尤其是2008年以后，欧盟对中国的乳制品出口快速增长。

2002～2016年，欧盟对中国的干乳制品出口由6.4万吨增长到29.5万吨，14年间增长了358.9%，年复合增长率为11.5%，见图42。

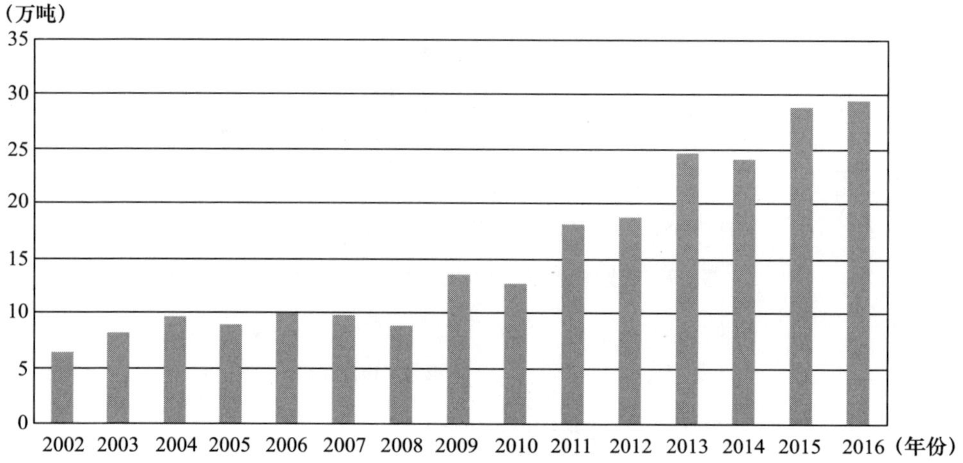

图42 欧盟对华干乳制品出口（2002～2016年）

资料来源：CLAL。

由图43、图44、图45可以看出，2002～2016年，欧盟对华出口的干乳制品中，脱脂奶粉的比重由10.2%上升至17.3%，上升7.1个百分点；全脂奶粉的

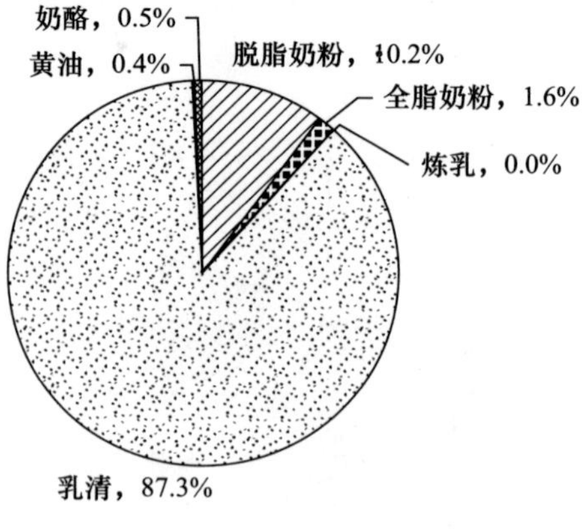

图43 2002年中国自欧盟进口干乳制品比重

资料来源：中国海关。

比重由 1.6% 上升至 7.6%，上升 6.0 个百分点；炼乳的比重由 0.0% 上升至 8.3%，上升 8.3 个百分点；乳清的比重由 87.3% 下降到 54.7%，下降了 32.6 个百分点；黄油的比重由 0.4% 上升至 7.4%，上升 7.0 个百分点；奶酪的比重由 0.5% 上升至 4.7%，上升 4.2 个百分点。整体来说，乳清的比重出现了大幅度的下跌，而其他乳制品品种均有不同程度的增长。

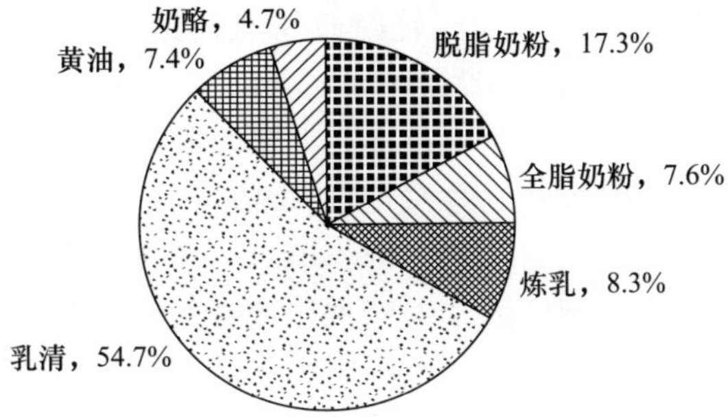

图 44　2016 年中国自欧盟进口干乳制品比重

资料来源：中国海关。

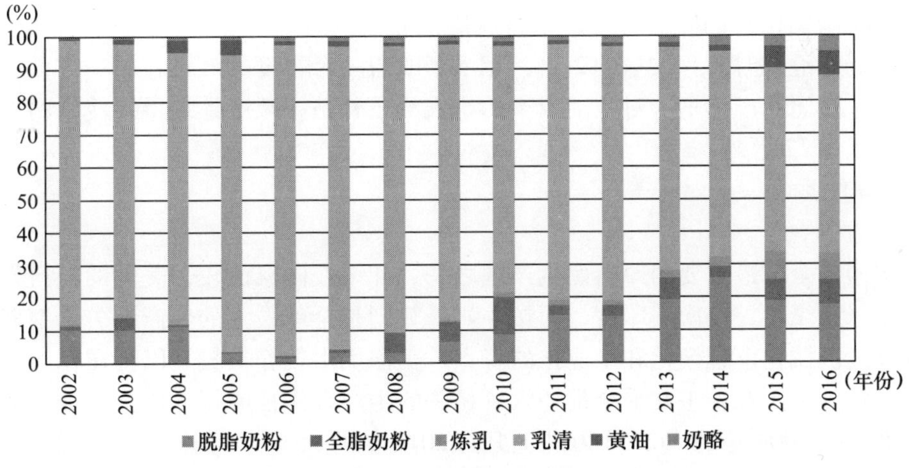

图 45　欧盟对华乳制品出口比重（2002～2016 年）

资料来源：CLAL。

6. 生产及贸易政策

奶业是欧盟农业政策的重点领域，以共同农业政策为基础，欧盟奶业政策分为市场准入、国内支持、出口补贴和动植物措施四大类，具体包括干预价格、供给配额、消费者补贴、投入补贴、差额支付、关税壁垒、出口补贴等方面。随着市场供需形势变化，欧盟不断调整其奶业政策。

1984 年 4 月以来，由于原料奶及乳制品出现严重过剩，欧盟开始对原料奶及乳制品实行生产配额制度，对超出配额的部分收取高税收。为稳定市场价格，欧盟对原料奶及乳制品实行定价干预制度，其主要目的是限制原料奶产量的过快增长，防止奶价大幅下跌从而给奶农带来损失，当区内价格低于参考价时，启动干预购买计划，将产品转入库存。为减轻财政压力，2003 年开始欧盟将补贴支付与奶制品质量和环保挂钩，并逐步减少 20%。值得关注的是，2009 年欧盟重启了奶制品出口补贴措施。由于对国际市场，尤其是中国市场增长的乐观预期，欧盟逐步增加了原料奶生产的配额，并最终在 2015 年 4 月 1 日正式废除了原料奶生产配额制度。

在废除原料奶生产配额制度后，人们预计欧盟的原料奶产量会出现较大幅度的增长，但此时却遭遇到全球奶业的下行周期，消费增长放缓，中国的进口需求下降，而俄罗斯又由于政治原因对欧盟的乳制品实施禁运，各种原因叠加在一起使得欧盟的原料奶价格大幅下跌，养殖行业出现大规模亏损，奶农抗议事件不断，2016 年的产量同比仅增长了 0.57%。

因此，一方面，欧盟加大了干预库存（品种为黄油、奶酪和脱脂奶粉，最主要的是脱脂奶粉）的收储力度，使得脱脂奶粉的库存达到了 35 万多吨，几乎是上一轮奶业危机时库存数量的 2 倍，相当于欧盟一个季度的产量；另一方面，欧盟出台了自愿减产计划，对主动减产的奶农给予补贴，减产计划最终使原料奶产量减少了 85.2 万吨。

（四）美国

1. 原料奶生产

美国是全球最重要的原料奶生产国之一，如果按国家比较，美国的原料奶产量居全球第二位，仅次于印度，而按牛奶计算则是全球最大的生产国。奶牛养殖具有高度机械化、规模化和专业化的特点。美国奶牛饲养一般是以公司化运作的家庭农场为主，农场主几乎全都加入了相关的生产合作社或行业协会。美国的原料奶产量从 2003 年的 7725.3 万吨上升到 2016 年的 9639.4 万吨，13 年间增加了 1914.1 万吨，增幅达到了 24.8%，年复合增长率为 1.7%，见图 46。

2016 年，美国原料奶产量连续第 7 年保持增长，全年产量达到了 9639.4 万吨，同比 2015 年增加了 175.8 万吨，增幅 1.9%。综观 2016 年，由于美国国内经济的复苏、需求强劲，以及饲料价格持续保持在低位，刺激了原料奶的增产，成为全球主要奶业出口国（地区）中唯一保持产量增长的国家。2017 年，受国际乳制品市场需求不振、价格波动的影响，预计美国原料奶产量增长的势头将有所减缓。

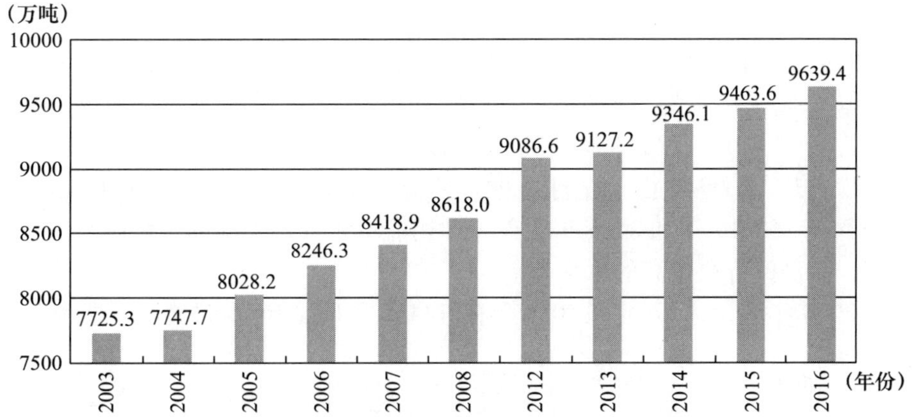

图 46　美国年度原料奶产量（2003 ~ 2016 年）

资料来源：USDA。

2. 乳制品生产——脱脂奶粉

脱脂奶粉（包括 Nonfa 吨 Dry Milk 和 Skimmed Milk Powder）是美国乳制品生产中最主要的产品之一，也是最重要的出口产品之一，2016 年其出口量达到 60. 2 万吨，相当于其国内产量的 57. 5%。美国也是我国脱脂奶粉进口的主要来源国之一。2010 ~2016 年，美国的脱脂奶粉产量从 82. 3 万吨上升到 104. 8 万吨，6 年间上涨 27. 3%，年复合增长率为 4. 1%，见图 47。

图 47　美国脱脂奶粉产量（2010 ~ 2016 年）

注：美国 NDM 和 SMP 产品很类似，但 SMP 对蛋白含量要求最低 34%，而 NDM 没有这方面的要求；书中价格采用美国西部 FOB 价格，包含特级和 A 级两个品种。

资料来源：USDA。

3. 干乳制品出口

美国也是原料奶生产大国和乳制品生产及出口大国，近几年在全球乳制品市场中占据12% ~15%的市场份额。2000~2016年，美国的干乳制品出口整体上保持增长势头，2000~2003年干乳制品出口量基本保持平稳，2004~2008年出口量连续上升，2009年由于全球金融危机导致出口下滑，但2010年重拾升势，直到2014年、2015年和2016年由于全球奶业不景气，美国的干乳制品出口也有所回落，但仍保持在较高的水平上。

从2000年的35.9万吨到2016年的144.5万吨，16年间美国干乳制品出口增长了302.5%，年复合增长率为9.1%，见图48。

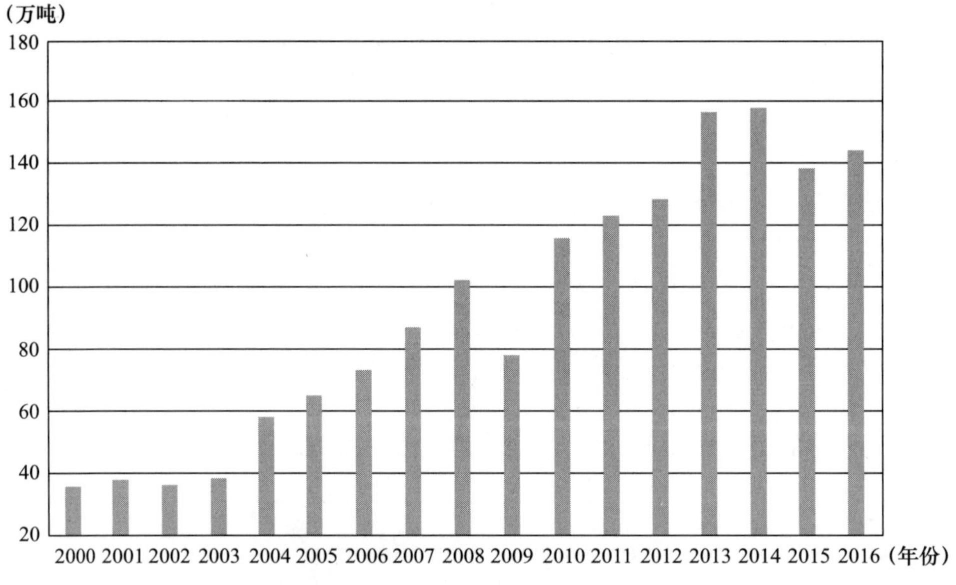

图48　美国干乳制品出口量（2000~2016年）

资料来源：USDA。

4. 出口结构

美国国土面积963万平方千米，人口3.2亿，国内市场容量巨大。美国奶牛存栏932.8万头（泌乳牛存栏），国内乳制品消费约占原料奶产量的85%（折合原料奶），仅15%左右的原料奶被制成各种乳制品出口。

美国出口的干乳制品主要包括脱脂奶粉、全脂奶粉、乳清以及奶酪等，见图49。

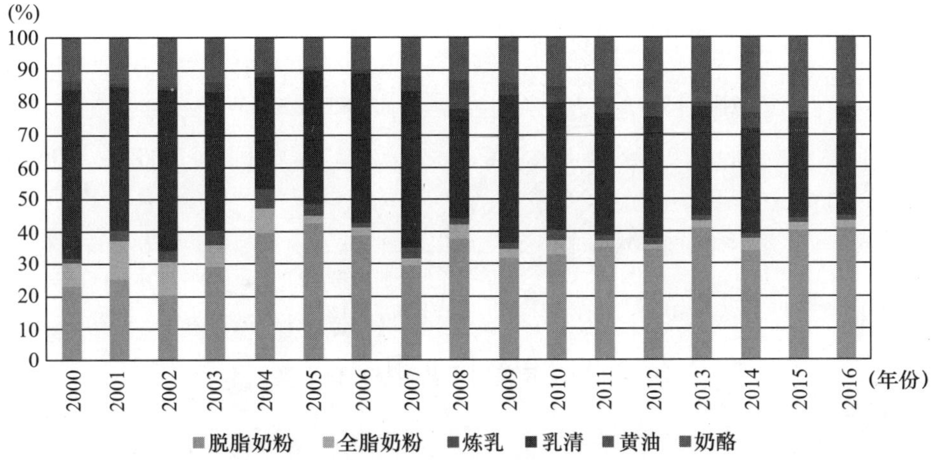

图 49　美国乳制品出口比重（2000～2016 年）

资料来源：USDA。

由图 50、图 51 可以看出，2000～2016 年，美国出口的干乳制品中，脱脂奶粉的比重由 21.6% 上升到 39.7%，上升 18.1 个百分点；全脂奶粉的比重由 6.5% 下跌到 2.2%，下跌 4.3 个百分点；炼乳的比重由 1.3% 下跌到 1.1%，下跌 0.2 个百分点；乳清的比重由 48.3% 下跌到 32.8%，下跌 15.5 个百分点；黄油的比重由 2.1% 下跌到 1.7%，下跌 0.4 个百分点；奶酪的比重由 12.3% 上升到 19.2%，上升 6.9 个百分点。

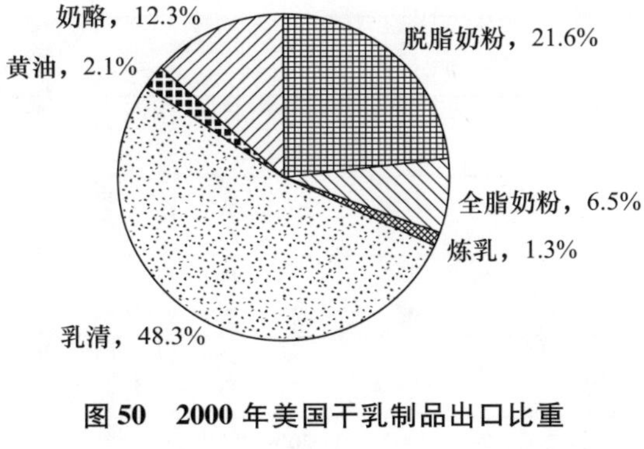

图 50　2000 年美国干乳制品出口比重

资料来源：USDA。

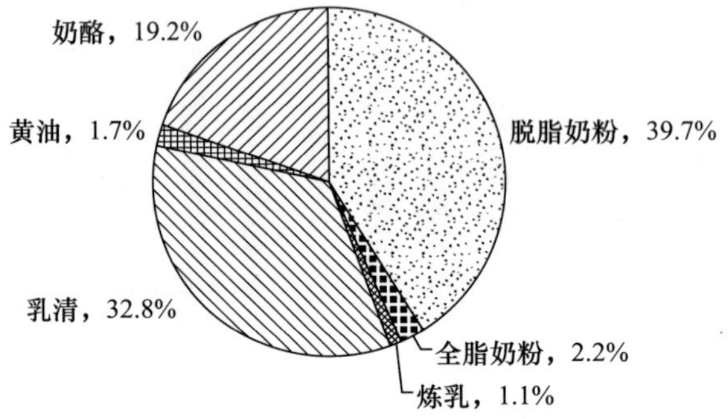

图 51　2016 年美国干乳制品出口比重

资料来源：USDA。

5. 对中国出口

中国与美国没有签署自由贸易协定，但美国是中国乳制品进口的主要来源地之一，尤其是乳清的进口，占到中国乳清进口总量的 50%。2000 ~ 2016 年，美国对中国的干乳制品出口快速增长，由 1.8 万吨增长到 23.9 万吨，16 年间增长了 1198.9%，年复合增长率为 12.4%（见图 52）。从整体看，除了 2007 年全球金融危机以及 2015 年全球奶业不景气外，其余年份美国对华干乳制品出口均保持增长。

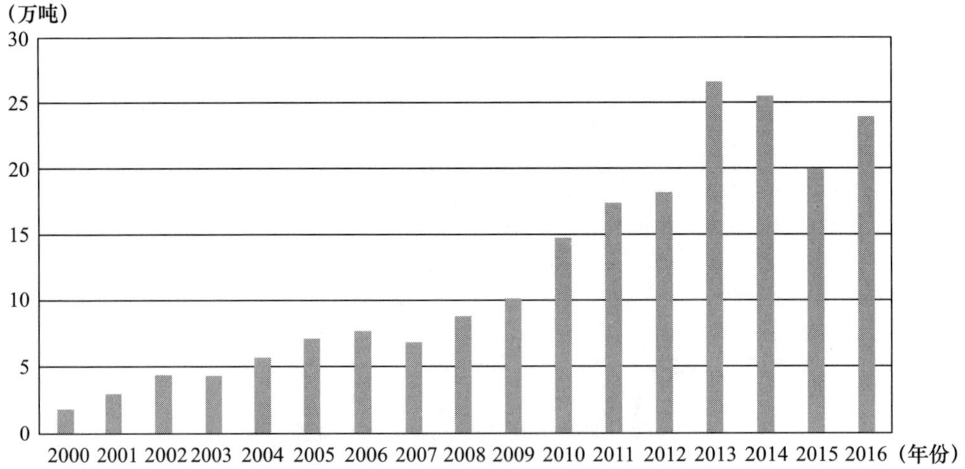

图 52　美国对华干乳制品出口（2000 ~ 2016 年）

资料来源：CLAL。

由图 53、图 54、图 55 可以看出，2000～2016 年，美国对华出口的干乳制品中，脱脂奶粉的比重由 3.1% 上升至 7.7%，上升 4.6 个百分点；全脂奶粉的比重由 3.9% 下跌到 1.0%，下跌 2.9 个百分点；炼乳的比重由 0.0% 上升至 0.2%，上升 0.2 个百分点；乳清的比重由 92.9% 下降到 86.9%，下降了 6.0 个百分点；黄油的比重由 0.0% 上升至 0.2%，上升 0.2 个百分点；奶酪的比重由 0.1% 上升至 4.1%，上升 4.0 个百分点。整体来说，乳清的比重出现了较大幅度的下跌，而脱脂奶粉和奶酪呈现出较明显的增长。

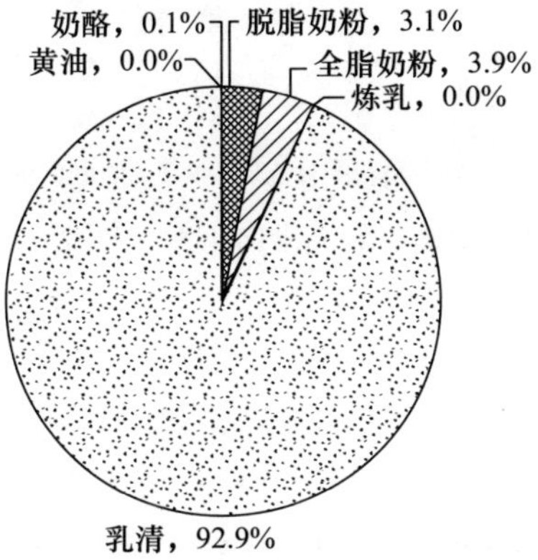

图 53　2000 年中国自美国进口干乳制品比重

资料来源：中国海关。

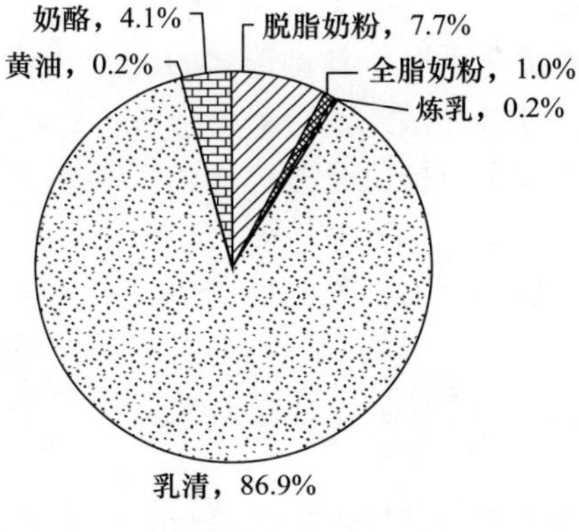

图 54　2016 年中国自美国进口干乳制品比重

资料来源：中国海关。

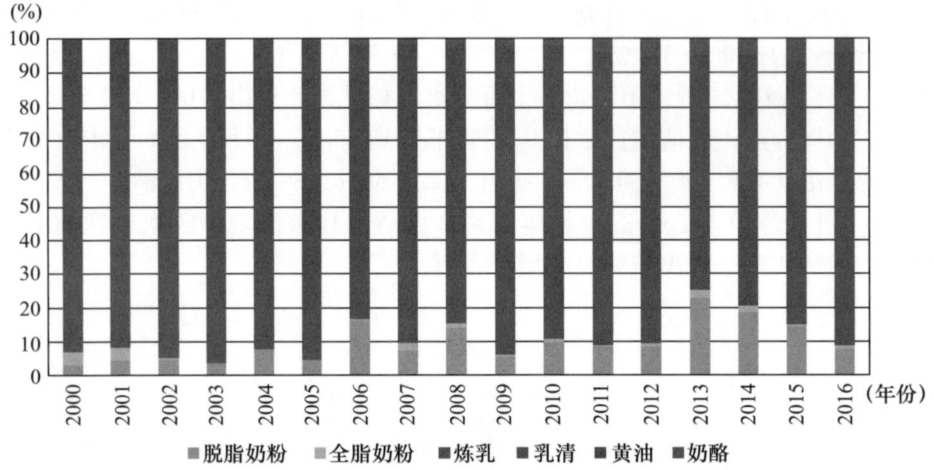

图 55　美国对华乳制品出口比重（2000～2016 年）

6. 国内生产及贸易政策

美国奶牛场一直非常重视科学技术的应用，90%以上的奶牛场运用计算机进行牛场管理，50%的牛场实现了计算机联网，档案登记、性能测定和公牛后裔测定等科学技术被广泛应用，奶牛单产水平超过 9 吨。

自 1933 年颁布第一部农业法以来实施了一系列奶业支持政策，经历了“价格支持—收入补贴—利润保障”三个阶段，2008 年开始实施牛奶利润保障保险（LGM－D），基于牛奶价格和饲料价格两个方面综合考虑来保障奶农的基本收益。与其政策目标相一致，相关政策手段主要包括国内的支持价格以及相应的对外政策。美国政府对发展奶业采取了各种形式的优惠政策：政府无偿投资、低息或无息贷款；对奶农实行价格补贴或实行最低保护价；实施奶牛保险；原奶过剩时进行收储；对养殖和加工企业提供全方位的信息服务等。同时规定消毒奶必须使用本土生产的生鲜奶为原料。

美国奶业对外政策的核心是加强乳制品出口，扩大国外市场，缓解国内生产过剩。乳制品出口激励项目出台于 1985 年，在该项目授权下，美国农业部（USDA）对销往国外的乳制品提供补贴。美国对乳制品采取重关税和非关税壁垒，严格控制进口。

同时，美国三位一体的奶业环境保护体系也日渐完善，使得奶业发展在取得较高经济效益的同时能够兼顾到生态效益，鼓励奶牛养殖业结合种植业构建循环生态经济产业链。美国政府为了使更多的困难家庭受益，1935 年开始实施“学校营养餐计划”，并作为教育部全国推广健康膳食的重要手段，推动了国内乳制品消费的增长。

（五）主要出口国生产成本、价格等国际竞争力比较

1. 原料奶生产成本存在差异

由于自然禀赋（包括土地、水、饲料等）、养殖模式、社会化服务程度，以及监管方式等的差异，美国、欧盟、新西兰及澳大利亚在生产成本、原料奶收购价格和国际竞争力上也存在一定的差异，见图 56。

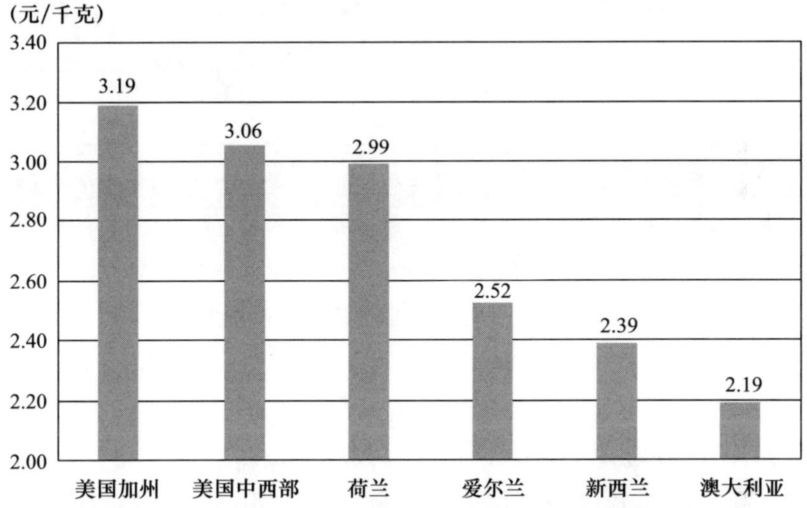

图 56　美国、新西兰、澳大利亚及部分欧盟国家原料奶成本

资料来源：荷兰合作银行。

如图 56 所示，新西兰和澳大利亚的自然禀赋优势明显，主要采取放牧的形式，成本最低，前期由于不少新西兰奶农看好未来市场，借债扩张，导致资金成本有所上升；爱尔兰的自然条件与新西兰有些相似，同样以放牧为主，在欧盟成员国中成本较低，而其他成员国，比如荷兰，则采取半放牧、半舍饲的模式，所以成本较爱尔兰放牧模式要高。四个主要乳制品出口国中，美国大部分采取舍饲模式，所以成本是其中最高的。

2. 原料奶价格围绕全球价格波动

如图 57 所示，由于国际乳制品市场相对开放，竞争比较充分，因此尽管主要出口国（地区）的生产成本有所差异，但整体上看，原料奶价格均围绕全球原料奶贸易价格波动。2011 年至今，新西兰的原料奶价格位于全球原料奶贸易价格之下的时间较长，而欧盟和美国则相反，其原料奶价格多数时间位于全球价格之上。

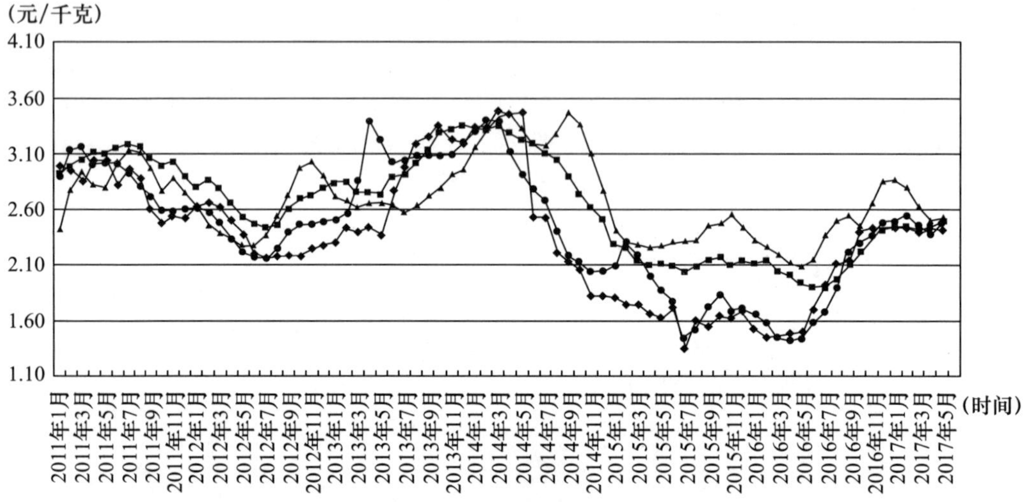

图 57　美国、新西兰、欧盟及全球原料奶价格

资料来源：IFCN。

3. 主要乳制品出口国原料奶收购价格

（1）新西兰原料奶收购价格。由于新西兰的原料奶绝大部分要制成各种乳制品以供出口，因此其价格直接受到国际乳制品市场的影响，如图 58 所示，2008～2016 年，新西兰原料奶价格的波动与国际奶业周期保持一致，2009 年的全球金融危机、2012 年和 2015 年的全球奶业不景气都造成了新西兰原料奶价格的下跌。2016 年新西兰的原料奶收购价格平均值为 40.28 新西兰元/100 千克，折合人民币 1.87 元/千克，比 2015 年的 37.47 新西兰元/100 千克上涨了 2.81 新西兰元/100 千克，涨幅为 7.5%。

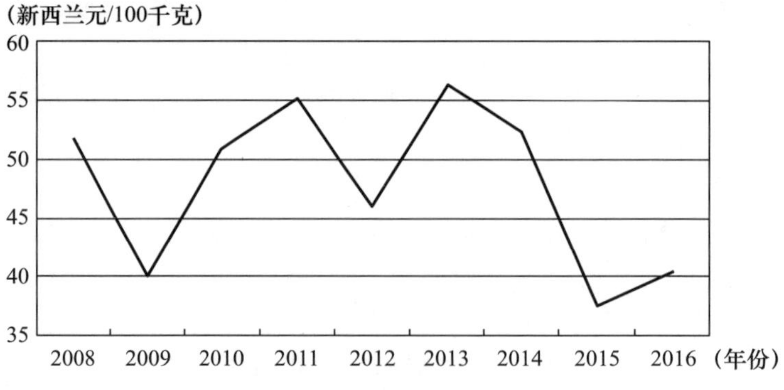

图 58　新西兰原料奶价格（2008～2016 年）

资料来源：DCANZ。

由于2015年低迷的原料奶价格已经使得国际上大多数奶业出口国家的奶农出现亏损，2016年多个主产区的原料奶生产出现减产，尤其是欧盟和新西兰的减产对奶业的供需再平衡起到了较强的推动作用，从而拉动了国际乳制品价格的上涨，进而影响到新西兰的原料奶收购价格上涨，但是国际乳制品的供需平衡主要是在供给端出现了一定程度的改善，而需求端未见大的起色，因此预计2017年新西兰的原料奶收购价格难以出现大幅上涨。

（2）欧盟原料奶收购价格。如图59所示，欧盟原料奶价格在经历了全球金融危机后，自2009年开始复苏，一路攀升至2014年的37.2欧元/100千克，但随后遭遇欧债危机和全球性的奶业不景气，原料奶价格一路下滑。近两年由于经济复苏乏力、俄罗斯的乳制品禁令延期以及国际乳制品市场持续低迷，2016年欧盟（28国）的原料奶加权平均收购价格进一步跌至28.5欧元/100千克，按年度汇率7.35计算折合人民币2.09元/千克，相比2015年的30.8欧元/100千克又下跌了2.3欧元/100千克，跌幅为7.7%。

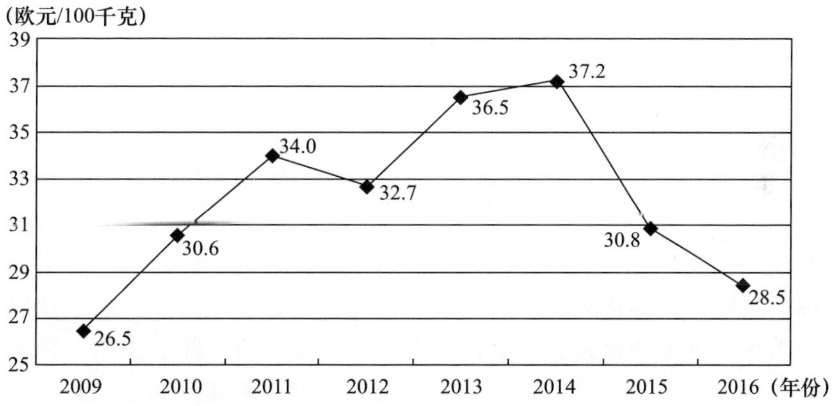

图59 欧盟28国原料奶收购价格（2009~2016年）

资料来源：Eruo Stat。

（3）美国原料奶收购价格。如图60所示，2009~2016年，美国的原料奶价格走势与新西兰、欧盟的原料奶价格走势大体吻合。由于全球金融危机的影响，美国2009年的原料奶价格跌至12.8美元/美担的谷底，危机结束后一路上涨至2011年的20.1美元/美担，2012年的奶业不景气使得价格小幅下跌至18.5美元/美担，之后又是两年的上涨，2015年和2016年处于奶业周期的下行阶段，加上欧盟扩产以及俄罗斯的乳制品禁运，使得2016年美国原料奶平均收购价格跌至16.2美元/美担，折合人民币2.38元/千克，比2015年的17.1美元/美担又下跌了0.9美元/美担，跌幅为4.9%。

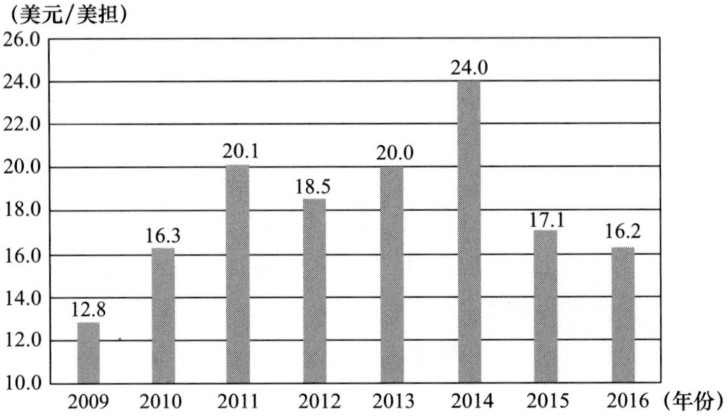

图60　美国原料奶收购价格（2009~2016年）

资料来源：USDA。

三、发展潜力

（一）资源潜力

新西兰、澳大利亚、美国和欧盟的自然条件优势明显，在气候正常、没有大规模疫病的情况下，存在较大的增产潜力，尤其是随着基因技术的快速发展，奶牛的单产水平有较大的提升，未来仍然有进一步增长的空间。当然，随着全球对环保的日益重视，对奶牛养殖也产生了一定的限制，尤其是欧盟和新西兰出台了相关的法律，对原料奶的增产有一定的负面影响。另外，由于上述四个奶业主要出口国（地区）的农业开发相对已经很成熟，奶牛养殖的进一步发展，如果开发新的资源，比如新西兰南岛的开发，其成本要高于相对成熟的北岛；而取代其他农业资源，比如将原有的肉牛、羊的养殖场转换为奶牛养殖场，其成本也会高于原有的水平；同时，大规模生产意味着放弃家庭牧场这种低成本高效率的模式，成本的增加也是必然的。以上几个因素都将限制原料奶产量增长的速度。

由于预计在未来几年中，传统的主要乳制品出口国（地区）的原料奶产量增幅有限，全球主要的乳制品进口国（地区）将更加依赖自身的生产能力。目前看发展中国家，尤其是在亚洲，比如印度如果每年产量增幅超过

6%，它将可能成为另一个乳制品出口大国，弥补亚洲国家乳制品生产的不足。

（二）政策支持潜力

由于全球人口的增长，以及人均乳制品消费量的增加等因素，全球对乳制品的需求将稳步增长，而国际乳制品贸易在解决产量、消费量地域不平衡方面也将发挥越来越大的作用。

在正常情况下，乳制品产量的增长潜力要超过消费量增长的速度。因此，为缓解国内的生产过剩、加强自身在国际乳制品市场的优势地位，新西兰、澳大利亚、欧盟、美国在对奶业的政策支持上预计会有进一步的加强，比如通过贸易谈判打开其他国家的市场，加大非关税壁垒力度保护本国奶业，通过收储、技术服务等手段稳定国内产业、避免大幅度波动等。

（三）未来5年生产、出口的趋势预测

由于本轮奶业危机已经基本结束，奶业的供需又逐步恢复到平衡状态，未来5年将进入奶业上升周期，奶业生产预计稳步提高，而乳制品贸易的增长速度有望高于原料奶的增速。

如图61所示，2021年全球的原料奶产量将由2016年的8.06亿吨增长到8.92亿吨，增长幅度达到10.6%，年复合增长率为2.0%。

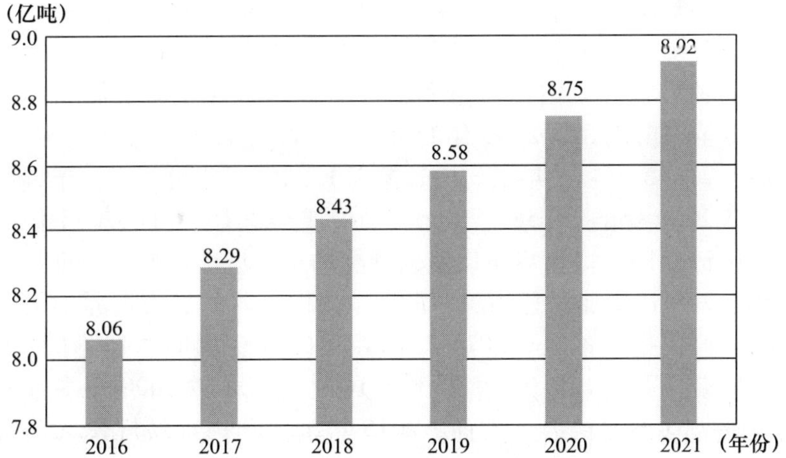

图61　全球未来5年原料奶产量预测

资料来源：FAO－OECD。

西方的乳制品消费市场已经基本饱和，而未来的消费增长空间主要来自于发展中国家，但全球乳制品供应的增量主要来自于已有的奶业发达国家（地区），新西兰、澳大利亚、欧盟、美国将会贡献大部分的增量份额，而这种供需地域性的不平衡也将促进乳制品国际贸易的进一步发展。

预计 2021 年全球主要乳制品品种出口合计将由 2016 年的 1105.4 万吨增长到 1291.9 万吨，增长幅度为 16.9%。在各个品种中，乳清粉的增长幅度最高，达到 31.1%，酪蛋白和脱脂奶粉的增幅也将超过 14%，其余各品种（新鲜乳制品、黄油、奶酪和全脂奶粉）的增长率都在 10% 左右。

第四章　羊肉国际市场研究报告

羊肉是世界贸易中重要的畜产品之一，各国通过国际贸易调剂国内余缺。近些年来，随着贸易自由化和国际市场一体化程度的不断加深，世界羊肉贸易得到发展，贸易品种结构和国别结构较为稳定。

一、世界贸易概况

（一）贸易规模变化情况

1. 贸易规模整体波动增加，2014 年为贸易规模最高点

世界各国羊肉生产除了满足国内消费需求以外，还用于出口参与国际贸易。2000 年以来，世界羊肉出口量和出口额整体呈现波动增加趋势。从出口量来看，世界羊肉出口量从 2000 年的 98.31 万吨波动增加至 2015 年的 119.74 万吨，增加了 21.43 万吨，年平均增长率为 1.32%。相对而言，羊肉出口额的增幅较大，从 2000 年的 21.58 亿美元波动增加至 2015 年的 62.45 亿美元，年平均增长率达到 7.34%。世界羊肉贸易规模的整体波动增加，与世界肉羊养殖规模扩大和羊肉产量增加息息相关，世界羊肉供给的增加为世界羊肉出口提供了有效保障。值得指出的是，2014 年世界羊肉贸易规模达到了历史最高点，出口量和出口额分别为 125.91 万吨、72.14 亿美元，较 2000 年水平分别增长了 27.6 万吨、50.56 亿美元。然而，2015 年世界羊肉贸易规模又开始小幅回落。这主要由于世界最大羊肉进口国中国的国内羊肉消费需求低迷而国内羊肉供给增加，导致对世界羊肉的进口需求量大幅减少，引发世界羊肉出口减少（见图 1）。

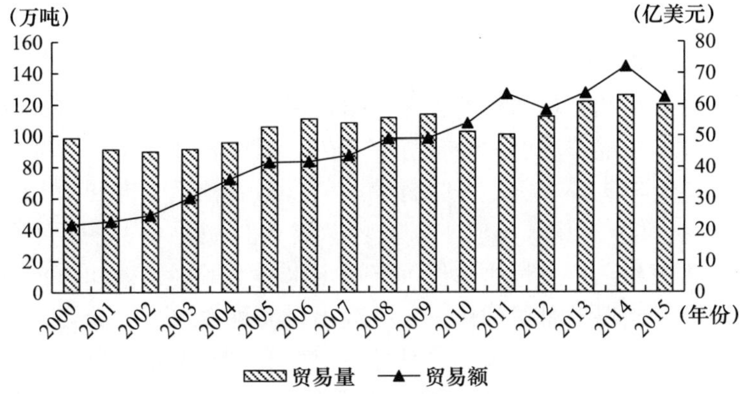

图 1　世界羊肉贸易规模变化情况

资料来源：UN Comtrade 数据库。

2. 贸易价格整体波动上涨，近年来较为稳定波动

在世界羊肉贸易规模波动增加的同时，世界羊肉贸易价格也整体呈现波动上涨。世界羊肉平均出口价格从 2000 年的 2194.98 美元/吨波动上涨至 2015 年的 5215.72 美元/吨，年平均增长率为 5.94%。世界羊肉贸易价格整体波动上涨是羊肉生产成本上升、羊肉消费需求增长、羊肉供给增速放缓相互作用的结果。具体来看，世界羊肉平均出口价格先从 2000 年的 2194.98 美元/吨持续上涨至 2011 年的最高点 6304.40 美元/吨，此后价格回落并相对稳定，在 5000 美元/吨水平上下小幅波动，即近年来世界羊肉价格稳定波动，见图 2。

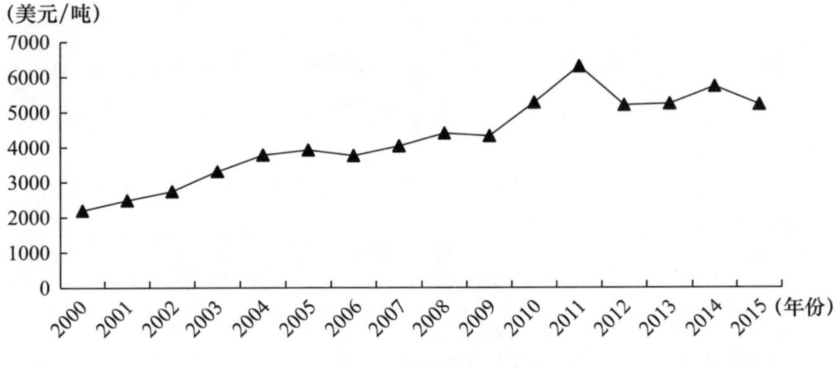

图 2　世界羊肉贸易价格变化情况

资料来源：UN Comtrade 数据库。

（二）贸易产品结构变化情况

1. 出口品种结构相对稳定，以冻带骨绵羊肉为主

从羊肉出口贸易的品种结构看，世界出口羊肉品种包括鲜冷整头及半头羔羊肉、鲜冷整头及半头绵羊肉、鲜冷带骨绵羊肉、鲜冷去骨绵羊肉、冻整头及半头羔羊肉、冻整头及半头绵羊肉、冻带骨绵羊肉、冻去骨绵羊肉和山羊肉九种，出口品种类别较为丰富。2000 年以来，世界羊肉出口贸易的品种结构相对稳定，各品种出口量占世界出口总量比重仅围绕一定水平上下小幅波动。具体来看，按照各品种占世界羊肉出口总量的比重，羊肉出口品种大致可以分为三个梯队：第一梯队为冻带骨绵羊肉，该品种一直是世界羊肉贸易的主要出口品种，其出口量占世界出口总量的比重在 40% ~45% 之间小幅波动，近三年所占比重稳定在 45% 左右；第二梯队为鲜冷整头及半头羔羊肉、鲜冷带骨绵羊肉和冻去骨绵羊肉，其出口量占世界出口总量的比重在 10% ~20% 之间小幅波动，近年来这三个品种所占比重较为接近，在 10% 左右；第三梯队为鲜冷整头及半头绵羊肉、鲜冷去骨绵羊肉、冻整头及半头羔羊肉、冻整头及半头绵羊肉和山羊肉，这些品种出口所占比重基本都在 5% 以下水平小幅波动，其中冻整头及半头羔羊肉的出口所占比重最低，到 2015 年已不及 2% ，见图 3。

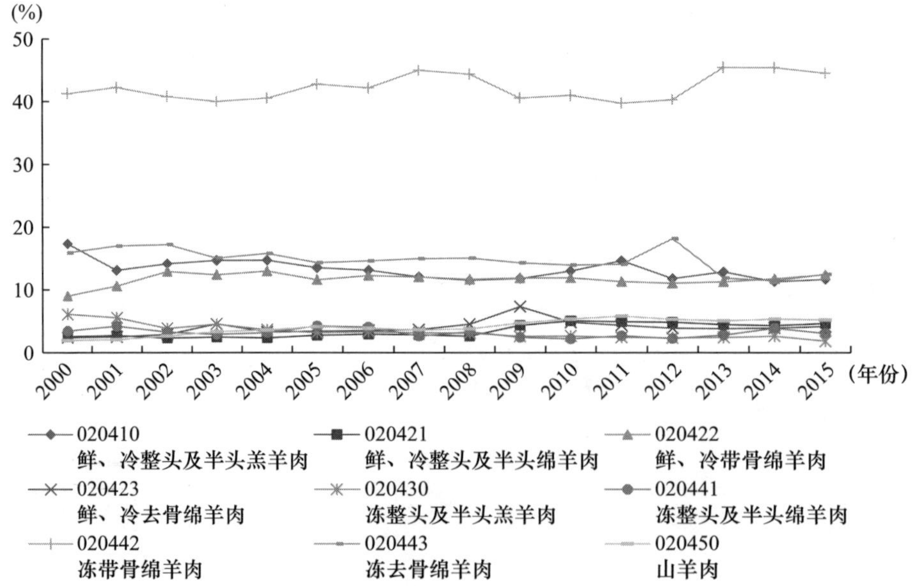

图 3　世界羊肉贸易产品结构变化情况

资料来源：UN Comtrade 数据库。

2. 大多数品种出口规模波动增加，山羊肉增速最为显著

从世界羊肉各出口品种的贸易规模看，除鲜冷整头及半头羔羊肉、冻整头及半头羔羊肉、冻去骨绵羊肉以外，其他品种的出口量均波动增加。冻带骨绵羊肉作为主要出口品种，出口量从2000年的40.60万吨波动增至2015年的53.34万吨，年平均增长率为1.83%。并且，出口量在2014年达到最高，为57.21万吨。鲜冷整头及半头绵羊肉、鲜冷带骨绵羊肉、鲜冷去骨绵羊肉、冻整头及半头绵羊肉、山羊肉的出口量分别由2000年的2.52万吨、8.86万吨、2.36万吨、3.40万吨、1.91万吨波动增至2015年的5.55万吨、14.85万吨、4.98万吨、3.66万吨、6.25万吨，年平均增长率依次为5.42%、3.51%、5.11%、0.49%、8.21%。虽然世界山羊肉出口量较少，但其出口规模增速较为显著。与此不同，鲜冷整头及半头羔羊肉、冻整头及半头羔羊肉和冻去骨绵羊肉的出口规模在缩减，2000~2015年的年平均降幅依次为1.32%、6.47%和0.29%，可见世界出口品种中羔羊肉的出口规模在减少，见表1。

表1 世界羊肉出口品种的贸易规模变化情况 单位：万吨

年份	020410	020421	020422	020423	020430	020441	020442	020443	020450
2000	17.02	2.52	8.86	2.36	6.03	3.40	40.60	15.61	1.91
2001	11.93	2.48	9.65	2.29	5.06	3.84	38.53	15.45	1.89
2002	12.68	2.09	11.57	2.59	3.45	2.94	36.59	15.41	2.36
2003	13.36	2.27	11.30	4.18	4.13	2.66	36.48	13.71	3.06
2004	14.01	2.25	12.36	3.12	3.46	3.03	38.69	15.05	3.44
2005	14.27	2.92	12.24	3.60	3.37	4.48	45.18	15.12	4.37
2006	14.52	3.26	13.56	3.92	3.70	4.50	46.69	16.14	4.28
2007	13.05	3.07	13.03	3.98	3.42	2.85	48.73	16.17	3.93
2008	12.84	2.93	13.03	5.06	3.50	3.70	49.58	16.79	4.22
2009	13.41	4.94	13.51	8.31	2.94	2.76	46.14	16.24	5.37
2010	13.27	5.17	12.17	4.96	2.70	2.24	41.90	14.24	5.46
2011	14.69	4.96	11.37	4.39	2.45	2.69	39.98	14.14	5.85
2012	13.24	5.43	12.41	4.37	2.67	2.54	45.32	20.41	5.96
2013	15.65	5.44	13.71	4.65	2.93	3.41	55.33	14.43	6.17
2014	14.20	5.42	14.78	4.94	3.29	4.91	57.21	14.42	6.73
2015	13.95	5.55	14.85	4.98	2.21	3.66	53.34	14.95	6.25

注：020410为鲜冷整头及半头羔羊肉，020421为鲜冷整头及半头绵羊肉，020422为鲜冷带骨绵羊肉，020423为鲜冷去骨绵羊肉，020430为冻整头及半头羔羊肉，020441为冻整头及半头绵羊肉，020442为冻带骨绵羊肉，020443为冻去骨绵羊肉，020450为山羊肉。

资料来源：UN Comtrade数据库。

3. 各品种出口价格均波动上涨，冻整头及半头绵羊肉价格涨幅最大

从世界羊肉各出口品种的贸易价格看，所有羊肉品种的出口价格均波动上涨。按照价格上涨幅度看，冻整头及半头绵羊肉的出口价格涨幅最大，2000 年该品种的出口价格仅为 962.06 美元/吨，是出口价格最低的贸易品种，此后波动上涨至 2015 年的 5872.89 美元/吨，年平均增长率达到 12.82%。其他羊肉品种的出口价格也波动上涨，但涨幅相对较低，基本在 6% 左右。其中，鲜冷去骨绵羊肉的出口价格最高，从 2000 年的 4031.54 美元/吨波动增至 2015 年的 9081.55 美元/吨，年平均增长率为 5.56%；鲜冷带骨绵羊肉的出口价格居于其次，从 2000 年的 3435.12 美元/吨波动增至 2015 年的 7001.56 美元/吨，年平均增长率为 4.86%；冻带骨绵羊肉作为主要出口品种，其出口价格从 2000 年的 1699.78 美元/吨波动增至 2015 年的 4075.05 美元/吨，年平均增长率为 6.00%，见图 4。

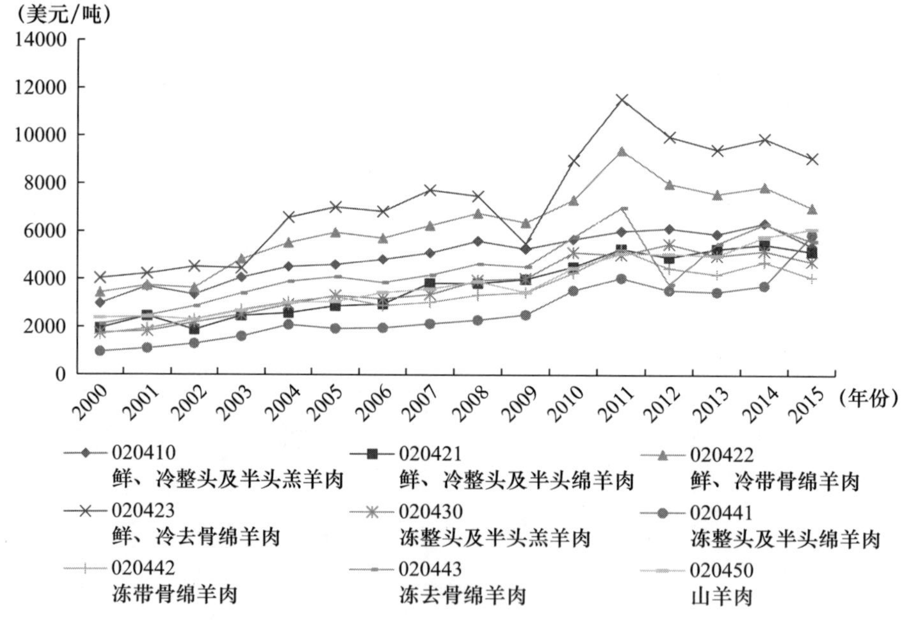

图 4 世界羊肉出口品种的贸易价格变化情况

资料来源：UN Comtrade 数据库。

（三）贸易国别结构变化情况

1. 出口国别结构较为稳定，以澳大利亚、新西兰为主

从出口国别看，世界羊肉出口的国别结构较为稳定，2000 年以来，羊肉出

口量居于世界前列的国家一直是新西兰、澳大利亚两大羊肉贸易大国和英国、爱尔兰等少数欧洲国家，新西兰、澳大利亚、英国、爱尔兰羊肉出口量占世界出口总量的比重分别在35%、30%、10%、5%水平上下小幅波动。其中，新西兰和澳大利亚一直是世界羊肉出口大国，两国的羊肉出口量占世界羊肉出口总量的比重均在六成以上，最高时达到75%的水平。2000~2015年，新西兰和澳大利亚的羊肉出口量分别从38.02万吨、32.12万吨波动增至41.83万吨、45.81万吨，年平均增长率依次为0.64%、2.39%，出口量遥遥领先于其他国家。并且，澳大利亚自2013年开始，赶超新西兰成为世界最大的羊肉出口国。相对而言，英国、爱尔兰的羊肉出口量较少，分别从2000年的11.07万吨、5.26万吨波动下降至2015年的7.95万吨、4.25万吨，在世界贸易市场中所占比重也有所下降，见表2。

表2 世界主要羊肉出口国的贸易规模变化情况 单位：万吨,%

排名	2000年			2005年			2010年			2015年		
	国家	数量	比重	国家	数量	比重	国家	数量	比重	国家	数量	比重
1	新西兰	38.02	38.67	新西兰	38.09	36.10	新西兰	35.53	34.68	澳大利亚	45.81	38.26
2	澳大利亚	32.12	32.68	澳大利亚	32.55	30.84	澳大利亚	30.50	29.77	新西兰	41.83	34.93
3	英国	11.07	11.26	英国	8.98	8.51	英国	9.24	9.02	英国	7.95	6.64
4	爱尔兰	5.26	5.35	爱尔兰	5.51	5.22	爱尔兰	3.51	3.43	爱尔兰	4.25	3.55
5	西班牙	1.70	1.73	中国	3.00	2.85	西班牙	2.72	2.66	西班牙	3.18	2.66

资料来源：UN Comtrade数据库。

2. 主要出口国出口价格均波动上涨，澳大利亚羊肉价格涨幅最大

从主要出口国的贸易价格看，世界前四大羊肉出口国的羊肉出口价格均波动上涨。澳大利亚、新西兰、英国和爱尔兰的羊肉出口平均价格分别从2000年的1551.73美元/吨、2232.54美元/吨、2978.40美元/吨、2870.09美元/吨波动涨至2015年的4555.67美元/吨、5135.25美元/吨、5817.76美元/吨、6074.47美元/吨，年平均增长率依次为7.44%、5.71%、4.56%和5.13%（见图5）。可见，澳大利亚和新西兰作为世界主要羊肉出口国，虽然其羊肉出口价格相对较低，但出口价格的涨幅较大。尤其是澳大利亚，其羊肉出口价格一直低于其他主要出口国，但其出口价格的涨幅也是主要出口国中最大的。

3. 进口国别相对分散，中国已成为最大进口国

从进口国别看，世界上进口羊肉的国家相对较多，且各国羊肉进口量差异相对较小，羊肉进口国别相对分散。其中，羊肉进口量相对略大的国家主要包括法国、英国、美国等发达国家，中国等羊肉消费总量较多的国家以及沙特阿拉伯等对

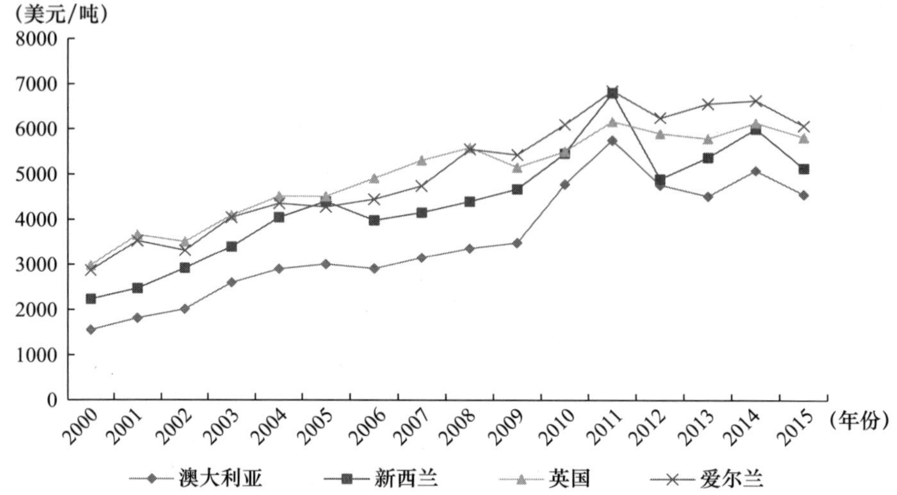

图 5　世界主要羊肉出口国的贸易价格变化情况

资料来源：UN Comtrade 数据库。

羊肉有较强偏好的伊斯兰国家。2000～2011 年，法国是世界上最大的羊肉进口国，但进口量持续波动下降，自 2012 年开始不敌中国、印度等国，截至 2015 年已降至第三大进口国，进口量占世界进口总量的比重不足 10%。而中国在国内羊肉供不应求驱动下，迅速发展成为世界最大的羊肉进口国，进口量及其占世界进口总量的比重分别从 2000 年的 1.78 万吨、2.05% 提升至 2015 年的 22.29 万吨、20.04%，进口规模远超其他进口国水平。美国的羊肉进口量也波动增加，从 2000 年的 6.04 万吨增至 2015 年的 10.35 万吨，占世界进口总量的比重也从 6.96% 提升至 9.30%，成为世界第二大羊肉进口国。沙特阿拉伯的羊肉进口规模相对稳定，进口量在 5 万吨左右波动，进口量所占比重在 5% 水平上下波动，见表 3。

表 3　世界主要羊肉进口国的贸易规模变化情况　　单位：万吨，%

排名	2000 年			2005 年			2010 年			2015 年		
	国家	数量	比重	国家	数量	比重	国家	数量	比重	国家	数量	比重
1	法国	17.04	19.63	法国	13.64	14.72	法国	11.60	12.11	中国	22.29	20.04
2	英国	11.03	12.71	英国	11.07	11.95	英国	10.28	10.73	美国	10.35	9.30
3	美国	6.04	6.96	美国	8.49	9.16	美国	8.14	8.49	法国	9.47	8.51
4	沙特阿拉伯	5.64	6.50	沙特阿拉伯	6.19	6.68	沙特阿拉伯	6.06	6.33	英国	9.35	8.40

续表

排名	2000 年			2005 年			2010 年			2015 年		
	国家	数量	比重	国家	数量	比重	国家	数量	比重	国家	数量	比重
5	南非	5.32	6.13	中国	4.14	4.46	中国	5.70	5.95	沙特阿拉伯	6.12	5.50

资料来源：UN Comtrade 数据库。

4. 主要进口国进口价格均波动上涨，但各国进口价格有明显差距

从主要进口国的贸易价格看，世界主要羊肉进口国的羊肉进口价格均波动上涨。中国、美国、法国、英国和沙特阿拉伯的羊肉进口平均价格分别从 2000 年的 786.94 美元/吨、3928.17 美元/吨、2910.67 美元/吨、2767.43 美元/吨、1971.02 美元/吨波动上涨至 2015 年的 3274.64 美元/吨、7662.54 美元/吨、5989.02 美元/吨、6435.98 美元/吨、5052.43 美元/吨，年平均增长率依次为 9.97%、4.56%、4.93%、5.79%、6.48%。可见，中国作为世界最大羊肉进口国，进口羊肉价格较低，但价格的涨幅较大。并且，各主要进口国的羊肉进口价格差距明显，中国、沙特阿拉伯主要是低价羊肉的进口，而美国、法国和英国主要是高价羊肉的进口。同一年份，羊肉进口价格最高的美国和羊肉进口价格最低的中国之间羊肉进口价格差距最高可达 6000 美元/吨，最低也在 3000 美元/吨以上，见图 6。

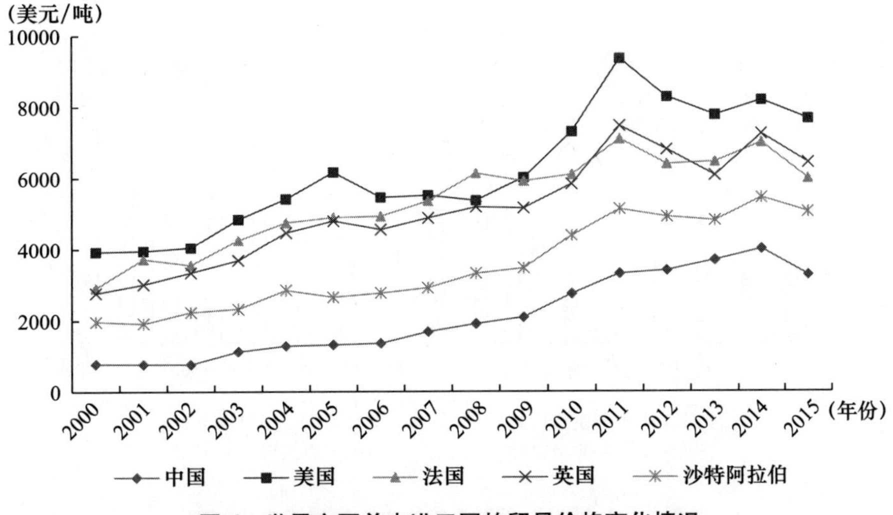

图 6　世界主要羊肉进口国的贸易价格变化情况

资料来源：UN Comtrade 数据库。

二、主要出口国情况

世界羊肉出口国别非常集中，一直以澳大利亚和新西兰两国为主，其他国家羊肉出口量较少。2015 年澳大利亚和新西兰羊肉出口量占世界出口总量的比重分别为 38.26%、34.93%，远高于居于其后的英国（6.64%）。因此，本书对主要羊肉出口国情况的分析，以澳大利亚、新西兰为研究对象。

（一）出口基本情况

1. 出口量小幅波动增加，出口额相对快速增长

澳大利亚和新西兰作为世界羊肉出口大国，2000 年以来羊肉出口规模一直远超其他国家，出口量均已突破 40 万吨，出口额也均突破 20 亿美元。从出口量看，澳大利亚和新西兰羊肉出口量分别从 2000 年的 32.12 万吨、38.02 万吨波动增至 2015 年的 45.81 万吨、41.83 万吨，年平均增长率分别为 2.39%、0.64%，增速相对缓慢。其中，澳大利亚羊肉出口量自 2013 年开始突破 40 万吨，同时赶超新西兰成为世界最大的羊肉出口国。新西兰羊肉出口量于 2007 年就突破 40 万吨，但之后上下波动，2012 年开始稳定维持在 40 万吨以上出口规模。从出口量的波动看（见图 7），澳大利亚和新西兰两国出口量波动规律较为相似，增减变动较为同步。从出口额看，澳大利亚和新西兰的羊肉出口额也波动增加，但增速明显较快，分别从 2000 年的 4.98 亿美元、8.49 亿美元波动增加至 2015 年的 20.87

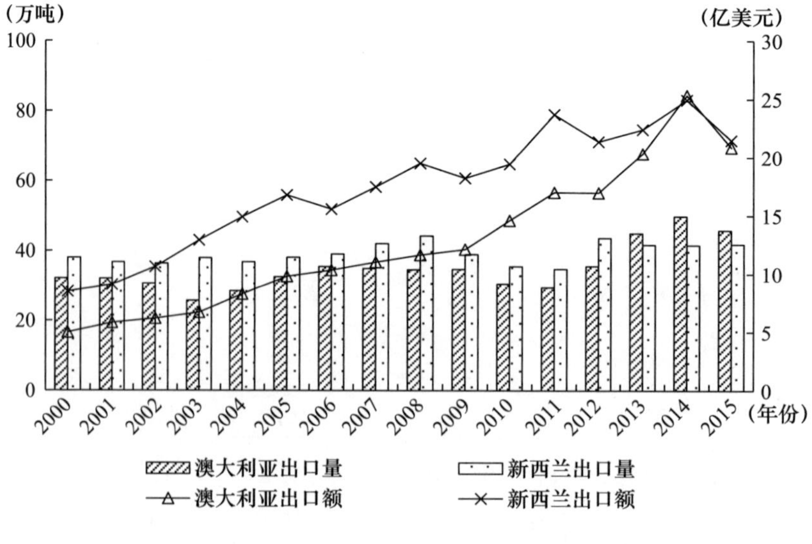

图 7 澳大利亚、新西兰的羊肉贸易规模变化情况

资料来源：UN Comtrade 数据库。

亿美元、21.48 亿美元，年平均增长率依次达到 10.02%、6.39%。其中，澳大利亚羊肉出口额于 2013 年突破 20 亿美元，而新西兰早于 2011 年突破 20 亿美元。并且，澳大利亚与新西兰羊肉出口额之间的差距先扩大，后快速缩小，至 2014 年开始两国间出口额差距不足 1 亿美元。

2. 出口以冻带骨绵羊肉为主，新西兰出口的品种集中度凸显

从羊肉出口的品种结构看，澳大利亚和新西兰羊肉出口的品种结构特征与世界羊肉出口表现较为一致，均以冻带骨绵羊肉为主，并且出口品种结构相对稳定。由图 8 可见，澳大利亚各品种羊肉的出口量占澳大利亚羊肉出口总量的比重稳定波动。其中，冻带骨绵羊肉的出口所占比重一直在40%以上，是澳大利亚出口规模最大的品种。2000~2015 年该比重在 40%~50%之间上下波动，2002 年为最低水平 41.23%，2007 年达到最高水平 51.50%。出口量居于其次的是冻去骨绵羊肉、鲜冷带骨绵羊肉，这两种羊肉的出口量所占比重在10%~20%之间波动，其中冻去骨绵羊肉的比重从 2000 年的 20.84%波动降至 2015 年的 14.44%。澳大利亚其他羊肉品种出口量所占比重一直在 10%以下波动，其中鲜冷整头及半头绵羊肉的出口量最少，占出口总量的比重至 2015 年已不及 1%。

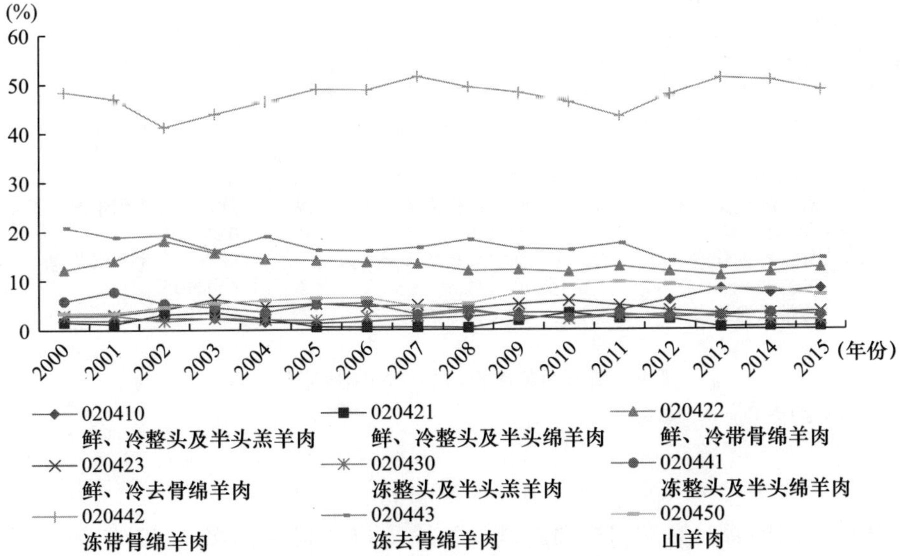

图 8　澳大利亚羊肉出口的产品结构变化情况

资料来源：UN Comtrade 数据库。

与澳大利亚羊肉出口的品种结构特征相似，新西兰羊肉出口品种结构也较为

稳定，也主要出口冻带骨绵羊肉，但新西兰羊肉出口的品种集中度更为凸显。2000年以来，新西兰各羊肉品种出口量所占比重基本都围绕一定水平上下波动，其中冻带骨绵羊肉作为主要出口品种，出口量所占比重一直在55%～65%水平波动，至2015年该比重已提升至最高水平63.74%，较澳大利亚表现更为集中出口冻带骨绵羊肉。冻去骨绵羊肉和鲜冷带骨绵羊肉出口所占比重居于其次，均在10%～20%之间波动，至2015年这两种羊肉出口量所占比重非常接近，在13%左右水平。其他羊肉品种出口所占比重非常低，基本都在5%以下，而鲜冷整头及半头羔羊肉、鲜冷整头及半头绵羊肉、山羊肉出口量所占比重更是不足1%（见图9）。整体来看，澳大利亚和新西兰羊肉出口的品种结构及其变动均非常相似，仅出口品种所占比重略有差异。

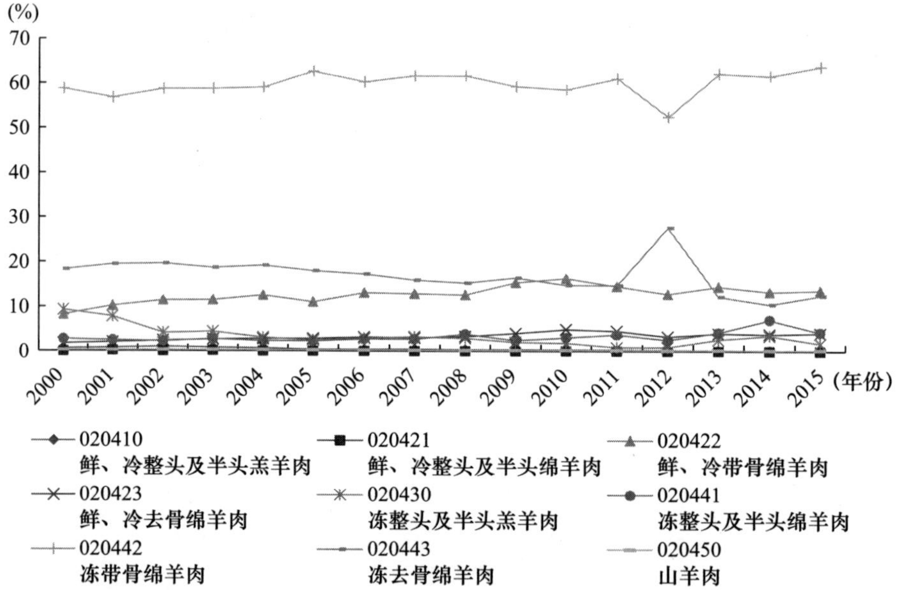

图9 新西兰羊肉出口的产品结构变化情况

资料来源：UN Comtrade 数据库。

3. 出口国别越发集中，中国成为主要出口目的地

从出口国别看，澳大利亚和新西兰羊肉出口的目的国多达70多个，近年来两国羊肉出口国别越发集中，并且中国发展成为主要的出口目的地。具体来看，2000年，澳大利亚主要将羊肉出口到南非、美国，出口至两国的羊肉数量占出口总量的比重合计在30%的水平。澳大利亚对居于其次的墨西哥、沙特阿拉伯等国的出口相对较少，出口量所占比重均不及10%。此后，中国发展成为与美

国并驾齐驱的主要出口目的地，2015 年澳大利亚出口至美国、中国的羊肉数量占出口总量的比重分别为 20.36%、17.03%，合计接近 40% 的水平，相较 2000 年出口更向前两大出口目的地集中，见表 4。

表 4　澳大利亚羊肉出口的国别结构变化情况　　单位：万吨，%

排名	2000 年			2005 年			2010 年			2015 年		
	国家	数量	比重	国家	数量	比重	国家	数量	比重	国家	数量	比重
1	南非	5.10	15.87	美国	7.04	21.64	美国	5.95	19.51	美国	9.33	20.36
2	美国	4.89	15.21	沙特阿拉伯	2.77	8.51	中国	3.14	10.31	中国	7.80	17.03
3	墨西哥	2.95	9.19	日本	2.13	6.55	阿拉伯联合酋长国	2.38	7.82	阿拉伯联合酋长国	2.96	6.47
4	沙特阿拉伯	2.39	7.43	南非	1.94	5.98	沙特阿拉伯	1.56	5.11	马来西亚	2.62	5.73
5	巴布亚新几内亚独立国	2.20	6.85	中国	1.77	5.44	日本	1.28	4.18	沙特阿拉伯	2.53	5.52

资料来源：UN Comtrade 数据库。

与澳大利亚相似，新西兰在 2000 年时主要向英国出口羊肉，对其出口量占出口总量的比重为 23.55%。而对德国、法国等国的出口相对较少，出口量所占比重均在 10% 以下。此后，新西兰对中国的羊肉出口增加，尤其是 2010 年以后，中国迅速攀升成为新西兰最大的羊肉出口目的地，至 2015 年新西兰对其羊肉出口占出口总量的比重达到 34.14%。与此同时，英国退居第二大出口目的地，新西兰对其出口占出口总量比重降至 17.58%。可见，新西兰已由最初主要向英国出口羊肉转变为主要向中国和英国出口羊肉，2015 年中国和英国两个目的地的出口比重合计在 50% 左右。

表 5　新西兰羊肉出口的国别结构变化情况　　单位：万吨，%

排名	2000 年			2005 年			2010 年			2015 年		
	国家	数量	比重	国家	数量	比重	国家	数量	比重	国家	数量	比重
1	英国	8.95	23.55	英国	8.56	22.46	英国	7.27	20.45	中国	14.28	34.14
2	德国	3.45	9.07	德国	3.14	8.24	中国	2.98	8.39	英国	7.35	17.58
3	法国	3.06	8.04	法国	3.05	8.01	法国	2.71	7.62	美国	2.55	6.09

续表

排名	2000年			2005年			2010年			2015年		
	国家	数量	比重	国家	数量	比重	国家	数量	比重	国家	数量	比重
4	沙特阿拉伯	2.26	5.93	中国	2.62	6.89	美国	2.51	7.07	德国	2.17	5.19
5	美国	1.98	5.22	美国	2.19	5.74	德国	1.99	5.60	沙特阿拉伯	1.72	4.12

资料来源：UN Comtrade 数据库。

4. 对中国出口波动增长，几乎占领全部中国市场

澳大利亚和新西兰作为世界主要羊肉出口国，对中国的羊肉出口波动增长，并且两国对中国的羊肉出口量占世界对中国羊肉出口总量的比重一直在95%以上，几乎占领全部中国市场。2000～2015年，澳大利亚和新西兰对中国的羊肉出口量分别从0.19万吨、1.59万吨波动增至7.80万吨、14.28万吨，年平均增长率依次达到27.91%、15.75%。其中，除2010年外，新西兰一直是中国最大的进口来源国。并且，自2010年开始，澳大利亚和新西兰对中国羊肉出口快速增加，迅速由不足5万吨分别提升至10万吨、15万吨水平。但近年来两国对中国羊肉出口有所减少，与中国羊肉进口需求缩减有关。从出口量在中国市场的份额看，澳大利亚对中国的羊肉出口量占世界对中国羊肉出口总量的比重从2000年的10.39%波动提升至2010年的最高水平49.71%，以后又降至2015年的35.01%；与此相反，新西兰对中国的羊肉出口量占世界对中国羊肉出口总量的比重先降后升，先从2000年的85.11%波动降至2010年的47.14%，后又升至2015年的64.07%。可见，新西兰羊肉基本占中国一半以上市场份额。并且，澳大利亚和新西兰二者出口份额合计非常高，一直在95%以上，大多数年份都在98%～99%的水平，几乎承包全部中国羊肉贸易需求，占领全部中国市场，见图10。

从出口价格看，澳大利亚和新西兰两国对中国出口的羊肉价格经历了平缓波动、快速上升和有所回落三个阶段。2000～2006年，两国对中国出口的羊肉价格差异较小，均在600～1200美元/吨之间小幅波动；2006～2014年，两国对中国出口的羊肉价格快速上涨，并且差距拉开。澳大利亚和新西兰对中国出口的羊肉价格分别从1109.83美元/吨、1190.18美元/吨快速上涨至2014年的3451.23美元/吨、4121.36美元/吨，两国出口价格差也从80美元/吨扩大到670美元/吨；2015年，澳大利亚和新西兰对中国出口的羊肉价格分别回落至2469.96美元/吨、3242.28美元/吨，见图11。

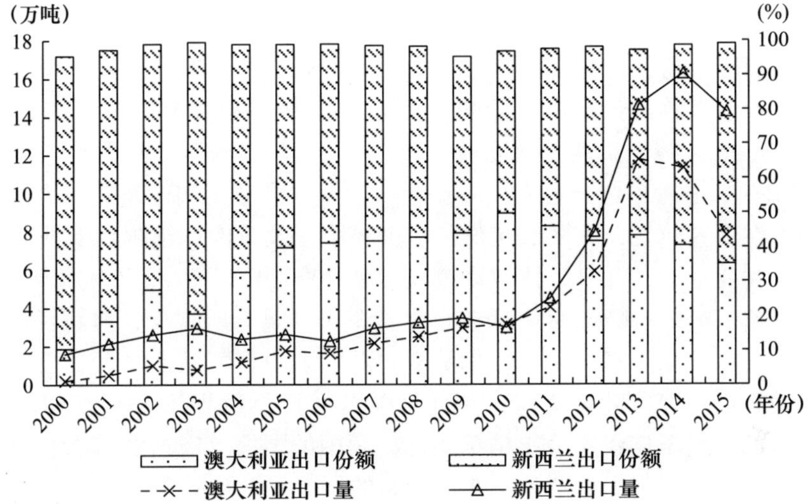

图 10 澳大利亚、新西兰对中国出口的羊肉规模变化情况

资料来源：UN Comtrade 数据库。

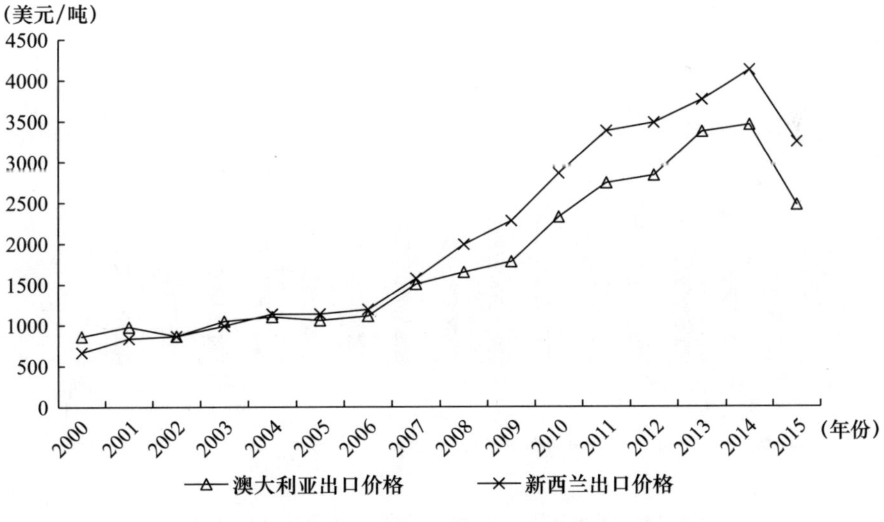

图 11 澳大利亚、新西兰对中国出口的羊肉价格变化情况

资料来源：UN Comtrade 数据库。

(二) 国际竞争力情况

1. 供给水平位居世界前列

供给水平是衡量一国羊肉出口国际竞争力的基本指标。在世界各国中，如果一国羊肉供给水平较高，意味该国羊肉生产具有数量优势，可能有更大规模的羊肉用于参与国际贸易，更易在国际市场中占有市场份额，形成规模竞争优势。从衡量羊肉供给水平的产量指标看，澳大利亚羊肉产量整体呈“W”形变化，从2000年的69.06万吨经历两轮减增波动增加至2015年的74.69万吨，年平均增长率为0.52%。虽然羊肉产量有增减变动，但澳大利亚羊肉产量在世界排名较为稳定，一直在世界前三，大多数年份位居世界第三大羊肉产出国。新西兰羊肉产量低于澳大利亚水平，并且整体波动较少，从2000年的53.43万吨降至2015年的48.84万吨，年平均降幅为0.60%。尽管羊肉产量有所减少，但新西兰羊肉产量的排名一直在世界前五，大多数年份位居世界第四。可见，澳大利亚和新西兰两国羊肉供给水平均居世界前列，并且与中国（产量世界第一）和印度（产量世界第二）的国内羊肉供不应求情况相比，两国的国内羊肉消费需求有限，有相对充足的羊肉数量用于出口贸易，在出口目的国市场上更有条件创造和保持规模竞争优势，见图12。

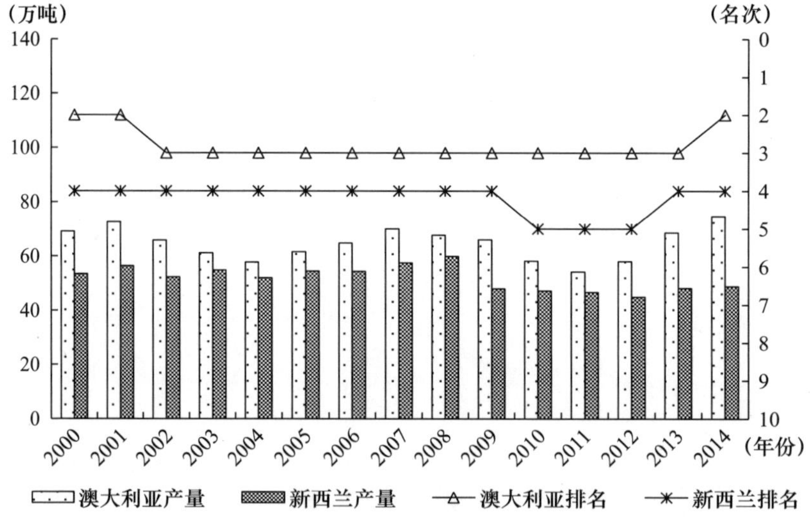

图12　澳大利亚、新西兰的羊肉产量变化情况

资料来源：FAO数据库。

2. 单产水平不断提升

单产水平是衡量羊肉产出水平的重要指标，在养殖规模一定的情况下，单产水平越高，则羊肉产量越高，越有潜力和能力成为世界羊肉生产大国，在国际市场上占有重要地位。2000年以来，澳大利亚和新西兰的羊肉单产水平波动增加，分别从20.6千克/只、17.4千克/只增至2014年的22.5千克/只、19.3千克/只，年平均增长率分别为0.59%、0.69%。而居于其次的世界主要出口国英国的羊肉单产水平波动下降，年平均降幅为0.13%；爱尔兰的羊肉单产水平波动增加，年平均增幅仅为0.07%；西班牙的羊肉单产水平平稳波动，2015年与2000年的水平相当。可见，澳大利亚和新西兰作为世界主要出口国，羊肉单产水平保持增长的态势，增速也明显快于其他出口国。并且从羊肉单产水平的世界排名情况来看，澳大利亚的羊肉单产水平世界排名在前五大羊肉出口国中领先，基本在10~20名波动，近年来稳定在15名左右。新西兰的羊肉单产水平世界排名相对较低，但在不断提升中，从2000年的46名波动提升至2014年的37名。出口量居于其后的英国、爱尔兰两国羊肉单产水平世界排名低于澳大利亚、高于新西兰，但排名在不断下降。西班牙羊肉单产水平世界排名150左右，远低于澳大利亚、新西兰排名（见图13）。总体来看，澳大利亚和新西兰羊肉单产水平相较其他主要出口国，具有一定的增长优势和排名优势。

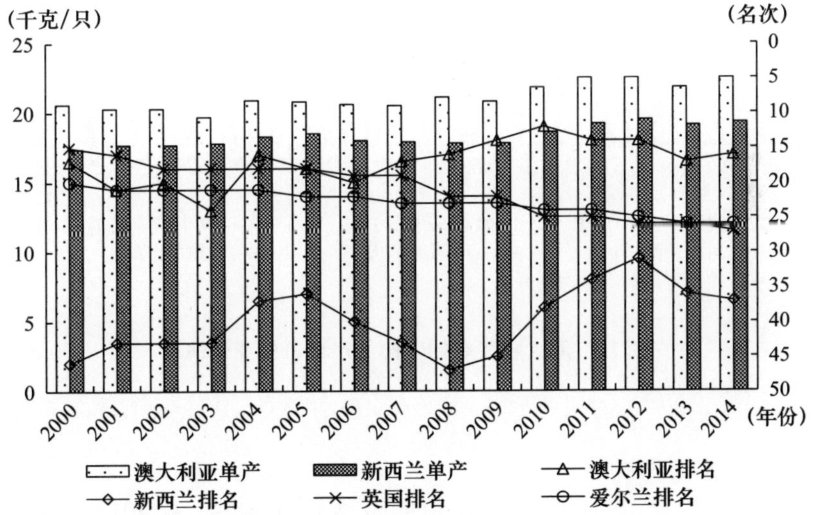

图13　澳大利亚、新西兰的羊肉单产变化情况

资料来源：FAO数据库。

3. 生产成本低位运行

生产成本是羊肉价格形成的基本因素，生产成本的高低决定着羊肉产品在世界市场上的竞争力和市场占有率。以包含生产成本的生产者价格来看，澳大利亚羊肉生产者价格低位运行[①]。其中，澳大利亚山羊肉的生产者价格远低于世界第五大出口国西班牙的水平，2002～2012年，澳大利亚山羊肉的生产者价格不及西班牙的一半。澳大利亚绵羊肉的生产者价格虽然从2000年的739.20美元/吨波动增至2015年的2252.30美元/吨，但仍低于同为主要出口国的西班牙价格水平，更远低于世界主要羊肉进口国中国、法国、沙特阿拉伯的绵羊肉生产者价格（见图14）。澳大利亚地处大洋洲，有着天然的草场优势，羊肉品种优良，养羊业是其主要农业产业，在生产成本方面自然控制得比较好，生产者价格低位运行成为该国羊肉出口的价格竞争优势。

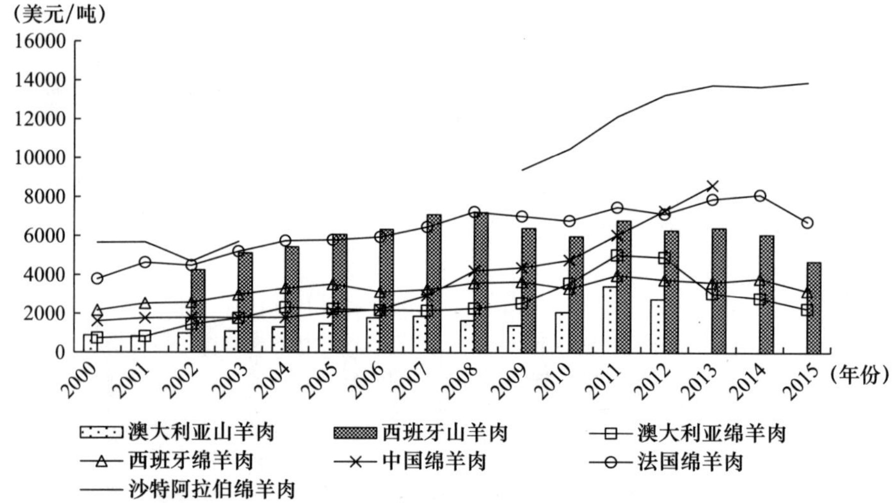

图14　澳大利亚等的羊肉生产者价格变化情况

资料来源：FAO数据库。

4. 出口价格低位波动

出口价格直观显示了各国羊肉出口的价格竞争优势。从2015年世界前十大羊肉出口国的羊肉出口价格看，澳大利亚和新西兰两国羊肉出口价格低位波动，并且价位低于大多数主要出口国。2000年，澳大利亚和新西兰的羊肉出口平均价格分别为1551.73美元/吨、2232.54美元/吨，远低于比利时、法国、荷兰水平，低于英国、爱尔兰、西班牙水平。此后，各国羊肉出口价格均波动上涨，但比利时、法国、荷兰、爱尔兰的羊肉出口平均价格一直高于新西兰水平，澳大利

① 由于FAO数据库可获得数据有限，无法获得新西兰、英国、爱尔兰等出口国的羊肉生产者价格，因此仅比较分析澳大利亚的羊肉生产者价格情况。

亚的羊肉出口平均价格仅部分年份高于印度、埃塞俄比亚水平。至 2015 年，澳大利亚的羊肉出口价格为 4555.67 美元/吨，在前十大出口国中处于最低水平；新西兰的羊肉出口价格为 5135.25 美元/吨，略高于澳大利亚、西班牙（4763.51 美元/吨）水平，低于居于其次的英国（5817.76 美元/吨）水平（见图 15）。整体来看，澳大利亚和新西兰两国的羊肉出口价格一直处于主要出口国中的低位水平，出口价格的竞争优势较强。

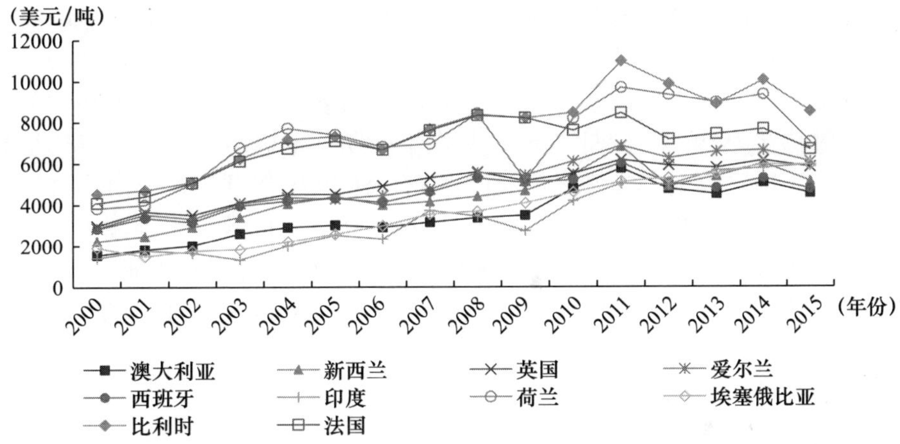

图 15　澳大利亚、新西兰的羊肉出口价格变化情况

资料来源：UN Comtrade 数据库。

（三）国内政策情况

1. 市场机制调节生产，生产扶持力度较小

澳大利亚和新西兰是市场经济高度发达的国家，作为世界贸易组织成员国，畜牧业经济体制的自由化程度不断提升，减少了对畜牧业发展产生干预和扭曲的“黄箱”政策，趋向于 WTO 认可的“绿箱”政策。在此背景下，两国羊肉生产政策也有所调整，整体扶持力度较小，扶持政策转向不对价格和贸易产生扭曲的“绿箱”畜牧业政策，农牧场主依靠市场机制自行调节生产。

从澳大利亚看，20 世纪 70 ~ 90 年代，澳大利亚政府一直对该国的畜产品实行价格支持政策。价格支持政策操作相对简单，对于保障畜产品供给、稳定农牧民收入见效较快，但是这项政策容易扭曲市场信号，增加政府财政负担。由于加入 WTO 的规则限制，加上较高的财政支出压力，澳大利亚于 20 世纪 90 年代按照面向市场、减少干预、优化服务的农业管理体制改革方向，开始逐步取消了本国的畜产品价格支持政策。2000 年 7 月，其最后一项畜产品——牛奶的价格支持

政策也被取消。至此，澳大利亚几乎全部取消了目前世界各国广泛使用的畜产品价格支持政策，趋向于以WTO认可的不扭曲生产和贸易的"绿箱"政策扶持畜牧业发展，市场机制在澳大利亚畜产品的产品定价、资源配置、生产引导等方面充分发挥决定性作用。

羊肉作为澳大利亚主要畜产品，其生产政策受到农业管理体制改革的影响，目前已不再享受价格支持政策。具体来看，根据OECD测算体系，单项农产品的生产者补贴水平用单项产品生产者转移（PSCT）① 表示，其由市场价格支持、产出品补贴、投入品补贴等部分构成。1986～1990年，澳大利亚羊肉生产仅获得了市场价格支持，也就是说，市场价格支持水平即为生产者补贴水平。此期间，澳大利亚对羊肉的生产者补贴基本维持在10百万澳元水平，生产者补贴率（%PSCT）② 维持在2%水平（见图16），远高于同期其他肉类生产所获得的生产者补贴水平，国内羊肉生产获得了正向的保护。自1991年开始，羊肉不再享受市场价格支持，生产者补贴水平长期为0，羊肉生产受到的政府干预减少，转向依靠市场机制进行调节。政府对羊肉产业的扶持从价格支持政策趋向于WTO认可的"绿箱"畜牧业政策，如税收优惠政策：对用于畜牧业初级生产的投入免征批

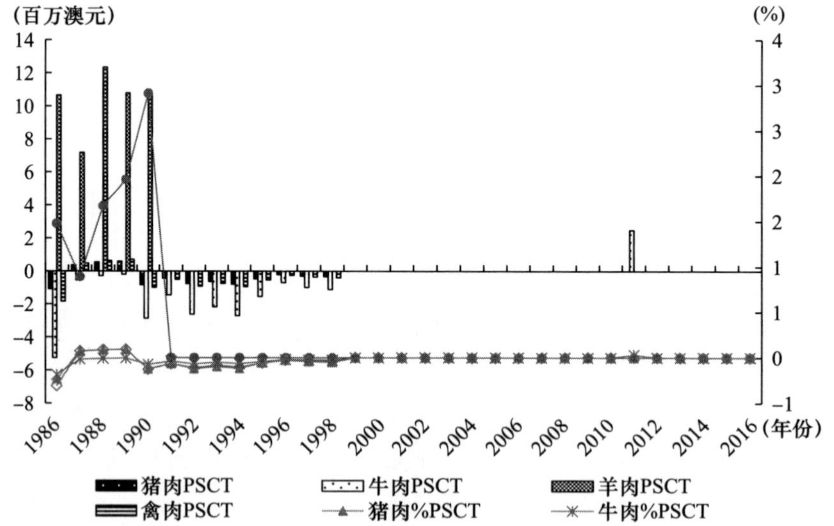

图16　澳大利亚肉类的单项产品生产者补贴变化情况

资料来源：OECD数据库。

① 即对特定产品的消费者和纳税人的转移支付水平，是某一种农产品获得的生产者补贴水平。

② 即特定农产品获得的生产者补贴水平（PSCT）与生产该产品经营收入的比值。

发销售税，对所有的畜产品销售也免征批发销售税，对所有用于农牧业生产的先进生产技术一概免税，对农用物资（农用小型卡车、拖拉机、备用零部件、汽柴油等）实行免税；一般服务支持政策：涉及草场租赁、牧草种植、围栏放牧、病虫害防控、科学技术研究投入、生产者合作组织、推广培训、产品检验检测、灾害救济等方面扶持。

从新西兰看，1984 年以前新西兰对农牧业，尤其是对肉类和羊毛给予了高额补贴。但这对于一个财政收入有限的国家来说，使得新西兰政府财政负担不堪重负，外债高筑，经常项目赤字巨大，借贷信用下降，国内通胀压力巨大，经济已处于崩溃边缘。1984 年政府的财政赤字已达到 GDP 的 9%，公共赤字占公共支出的 15%。1984 年，第四届工党政府上台后开始推行以农牧业改革为突破口的经济改革，其宗旨是“创造一个充满活力的市场经济”，其目标为“取消所有政府给某些行业和个人的特权，建立一个公平的竞争环境”。在经济改革的推动下，新西兰政府减少对农场主的资金补贴，逐渐取消对农业的资金补助及其他援助计划，逐步取消在税收产品检验和技术咨询方面的优惠措施，政府的补贴政策全面转变成指导性政策。到 1996 年，新西兰政府对农牧业部门的补贴占农业总产值的比重从 1980～1984 年的 33% 下降至 2%。1998 年后，农牧业补贴和农牧业优惠贷款全部取消。另外，农业支持率已由 1986 年的 20% 下降至 1990 年的 1%，之后一直保持较低水平，是经济合作与发展组织（OCED）成员中最低的。

经过 1984 年以后比较彻底的市场经济改革，新西兰农牧业面临更加自由的市场竞争，开始以市场为主导进行农牧业生产，市场化效率提高，成为目前发达国家中唯一一个没有对农业提供任何直接补贴，与其他产业一样征收商品税、收入税的国家。根据 OECD 数据，受经济改革影响，新西兰对本国羊肉的生产者补贴也全部取消，羊肉生产者补贴水平自 1986 年开始持续为 0，国内羊肉生产遵循市场经济规律，农场主根据市场信息反馈调节生产决策，不享有市场价格支持、生产资料补贴等扭曲羊肉生产和贸易的“黄箱”类政策。但是，新西兰羊肉生产的农场主会享受政府提供的一些农牧业“绿箱”政策，包括一般性服务，如农业科研、病虫害控制、培训服务、技术推广和咨询服务等；动植物防疫及食品卫生检疫；自然灾害救济；农业结构调整资助以及环境保护计划下的补贴等方面。

从总体看，澳大利亚和新西兰两国羊肉生产早就不再享受生产者补贴，目前政府提供的生产政策主要为羊肉生产的技术、信息等各类服务支持，牧场主自行依据市场机制调整羊肉生产、进行生产决策。

2. 坚持对外开放，贸易自由化提升

澳大利亚和新西兰都是资源大国、人口小国，利用本土丰富自然资源生产的优势农牧产品供过于求，需要依赖优势农牧产品的出口来支付从国外进口的货物和服务。可以说，农牧产品出口贸易对两国经济至关重要，是对外贸易依赖型经济。因此，两国基于利益需要，一直坚持实行对外开放和自由贸易政策，通过积极实行多边贸易体制、签订自由贸易协定等方式，创造自由贸易环境，提升羊肉贸易自由化程度。

在多边贸易体制方面，澳大利亚和新西兰两国均于 1995 年加入世界贸易组织（WTO）。世界贸易组织处理全球贸易规则，主要职能是确保贸易在成员国之间尽可能顺畅、自由地流动。世界贸易组织以协商一致方式运作，每个成员的意见都有相同的分量，所有成员必须在作出决定前达成一致意见，所有成员都有义务遵守达成的决定。截至 2017 年，世界贸易组织成员国已达到 164 个，是名副其实的世界最大多边贸易体制。加入世界贸易组织对澳大利亚和新西兰羊肉贸易有利的方面主要包括：

一是成员国均遵守 WTO《农业协议》，按照协议内容增加市场准入机会、维护公平竞争，削减国内支持、消除农产品价格扭曲，削减出口补贴、促进公平贸易，保护人类健康和动植物生命安全、实施动植物卫生检疫，使得两国羊肉贸易面临更加公平、自由、开放的贸易环境，羊肉产品竞争优势相对进口国更加凸显。

二是新国家申请加入世界贸易组织时，若澳大利亚和新西兰是该国羊肉进口的主要供应国，那么两国就拥有该国关税减让表中羊肉最终约束税率（最惠国税率）的最终谈判权，谈判达成后该国将自约定的实施期开始按照最终约束税率自其他成员国进口羊肉。可见，澳大利亚和新西兰拥有最终谈判权，就可以通过谈判，为本国羊肉生产者争取最大的关税减让，推进与该国羊肉贸易自由化进程加快，有利于两国羊肉在成员国市场份额扩大。例如，在中国申请加入世界贸易组织时，澳大利亚和新西兰就获得了中国大多数羊肉品种最终约束税率的最终谈判权（见表6），有利于两国在谈判中讨价还价，为本国羊肉出口到中国争取最有利的最惠国税率。

表 6　中国加入 WTO 的羊肉关税减让情况　　单位：%

税号	商品描述	加入之日约束税率	最终约束税率	实施时间	最终谈判权
020410	鲜、冷整头及半头羔羊肉	19.8	15	2004 年 1 月 1 日	新西兰、澳大利亚
020421	鲜、冷整头及半头绵羊肉	23			新西兰、澳大利亚
020422	鲜、冷带骨绵羊肉	19.8	15	2004 年 1 月 1 日	新西兰、澳大利亚、美国
020423	鲜、冷去骨绵羊肉	19.8	15	2004 年 1 月 1 日	新西兰、澳大利亚、美国

续表

税号	商品描述	加入之日约束税率	最终约束税率	实施时间	最终谈判权
020430	冻整头及半头羔羊肉	19.8	15	2004年1月1日	新西兰、澳大利亚、美国
020441	冻整头及半头羔羊肉	23			美国
020442	冻带骨绵羊肉	18.6	12	2004年1月1日	新西兰、澳大利亚、美国
020443	冻去骨绵羊肉	19.8	15	2004年1月1日	新西兰、澳大利亚、美国
020450	山羊肉	21.8	20	2004年1月1日	新西兰、澳大利亚

资料来源：《中国加入世界贸易组织法律文件》。

三是澳大利亚和新西兰可以利用世贸组织的争端解决机制，公平、客观、合理地解决与其他国家的经贸摩擦，营造良好的经贸发展环境。如1999年，新西兰、澳大利亚请求在WTO争端解决机制下审查美国对进口新鲜、冷冻羊肉实施的最终保障措施，为本国羊肉出口美国争取合法利益。

在签订自由贸易协定方面，澳大利亚和新西兰两国积极开展双边自由贸易协定谈判，以期减少贸易投资壁垒，简化贸易流程，降低贸易成本，提供市场机会，改善本国在合作伙伴市场的出口竞争力。目前，澳大利亚已经和新加坡、美国、泰国、智利、东盟、新西兰、马来西亚、韩国、中国等17个国家和地区签订了自由贸易协定并生效；新西兰已经和中国、东盟、澳大利亚、马来西亚、韩国等16个国家和地区签订了自由贸易协定并生效。两国已生效的自由贸易协定为羊肉出口贸易的发展提供了便利条件，其中最主要体现在自由贸易协定承诺的关税减让方面。根据自由贸易协定文本内容，与澳大利亚或新西兰签订自由贸易协定的国家均为对方提供了较大力度的羊肉关税减让，大多数国家均将自澳大利亚或新西兰进口羊肉关税削减到零关税。

美国作为澳大利亚羊肉出口的最大目的地，2002年11月两国开始自由贸易协定谈判，2004年5月18日正式签署《澳大利亚—美国自由贸易协定》。根据协定中美国关税减让承诺，美国自澳大利亚进口的鲜冷整头及半头绵羊肉的2.8美分/千克进口关税将自2005年1月1日开始每年等比例缩减至2008年1月1日的零关税，而其他品种（除山羊肉）在协定生效时就能够立刻降为零关税。中国作为新西兰最大羊肉出口目的地和澳大利亚第二大羊肉出口目的地，分别于2008年4月7日与新西兰、2015年6月17日与澳大利亚签署了自由贸易协定。按照关税减让承诺，中国自新西兰、澳大利亚进口羊肉的关税将分别于2016年1月1日、2023年1月1日从最初享受的WTO成员国最终约束税率削减至零关税。自由贸易协定的签订使中国自新西兰、澳大利亚两国进口羊肉税率下降了12～23

个百分点，与其他羊肉进口来源国相比，两国羊肉出口价格优势和竞争优势更加凸显，势必会进一步打开中国市场，见表7。

表7　澳大利亚和新西兰主要自由贸易协定中羊肉关税减让情况

自由贸易协定	签署时间	关税减让情况
澳大利亚—美国	2004年5月18日	①02041010、02042220、02042320、02043000、02044220、02044320：0.7美分/千克→0（协定生效时）；②02042100：2.8美分/千克→0（2008.1.1）；③02042240、02042340、02044100、02044240、02044340：2.8美分/千克→0（协定生效时）；④020450：免税→免税
澳大利亚—泰国	2004年6月5日	0204：32%→0%（2010.1.1）
澳大利亚—智利	2008年6月30日	0204：6%→0%（2009.3.6）
澳大利亚—东盟—新西兰	2009年2月27日	文莱：0%→0% 柬埔寨：35%→0%（2021.1.1） 印度尼西亚：①020410、020423、020430：5%→0%（2010.1.1）；②020422、020441、020450：5%→2.5%（2025.1.1） 老挝：0204：30%→0%（2021.1.1） 马来西亚：0204：0%→0% 缅甸：0204：15%→0%（2021.1.1） 新西兰：0204：0%→0% 菲律宾：①0204（除020450）：5%→0%（2010.1.1）；②020450：30%/35%→5%（2020.1.1） 泰国：0204：30%→0%（2013.1.1） 越南：0204：10%→0%（2016.1.1）
澳大利亚—韩国	2014年4月8日	0204：22.5%→0（2023.1.1）
澳大利亚—中国	2015年6月17日	①020410、020422、020423、020430、020443：15%→0%（2023.1.1）；②020421、020441：23%→0%（2023.1.1）；③020442：12%→0%（2023.1.1）；④020450：20%→0%（2023.1.1）
新西兰—中国	2008年4月7日	①020410、020422、020423、020430、020443：15%→0%（2016.1.1）；②020421、020441：23%→0%（2016.1.1）；③020442：12%→0%（2016.1.1）；④020450：20%→0%（2016.1.1）

续表

自由贸易协定	签署时间	关税减让情况
新西兰—东盟—澳大利亚	2009 年 2 月 27 日	文莱：0%→0% 柬埔寨：35%→0%（2021. 1. 1） 印度尼西亚：①020410、020423、020430：5%→0%（2010. 1. 1）；②020422、020441、020450：5%→2. 5%（2025. 1. 1） 老挝：0204：30%→0%（2021. 1. 1） 马来西亚：0204：0%→0% 缅甸：0204：15%→0%（2021. 1. 1） 澳大利亚：0204：0%→0% 菲律宾：①0204（除 020450）：5%→0%（2010. 1. 1）；②020450：30%/35%→5%（2020. 1. 1） 泰国：0204：30%→0%（2013. 1. 1） 越南：0204：10%→0%（2016. 1. 1）
新西兰—马来西亚	2009. 10	0204：0%→0%
新西兰—韩国	2015. 3. 23	0204：22. 5%→0%（2024. 1. 1）

资料来源：澳大利亚外交贸易部网站、新西兰外交和贸易部网站。

尽管，澳大利亚和新西兰两国羊肉出口的贸易自由化不断提升，但由于羊肉属于传播疫情疫病的高风险产品，为强化进口羊肉检验检疫监管，有效控制检疫和食品卫生安全风险，部分进口国对进口羊肉实行特殊管理要求，羊肉出口还面临一些贸易管制。以中国为例，进口肉类在中国是作为特种商品管理，国家对于进口肉类管制措施严格，实行严格的准入制度和指定口岸制度。在准入制度方面，进口食用羊肉产品的准入条件必须是列入《符合评估审查要求的国家或地区输华肉类产品名单》① 中相应的输出国/地区②、企业③生产的羊肉产品方可对中国出口，该名单实时更新公布变更。2017 年 7 月 26 日更新显示，只有新西兰、澳大利亚、乌拉圭、智利、蒙古 5 个国家的特定羊肉产品允许输往中国（见表

① 2017 年以前为《肉类产品检验检疫准入名单》。

② 输出国/地区准入条件：a. 拟输出国以书面方式向中国国家质检总局提出对华出口肉类产品申请。b. 中方根据拟输出国动物疫情状况决定是否启动准入程序。如启动，则向拟输出国提交《拟输华禽/猪/牛/羊/鹿肉国家卫生管理体系评估调查问卷》。c. 国家质检总局根据中国法律、行政法规规定、食品安全国家标准要求、国内外肉类产品疫情疫病和有毒有害物质风险分析结果，结合对拟向中国出口肉类产品国家或者地区的质量安全管理体系的有效性评估情况，制定并公布中国进口肉类产品的检验检疫要求；或者与拟向中国出口肉类产品国家或者地区签订检验检疫协定，确定检验检疫要求和相关证书。

③ 企业准入条件：中方对输出国拟向中国输出动物源性食品的企业进行注册，获得注册资格的企业可以加入《肉类产品检验检疫准入名单》，未列入名单的企业生产的肉类产品不得入境。

8）。在制定口岸制度方面，只有经过国家质检总局审核批准在《进口肉类指定口岸/查验场名单》中的口岸方可进口羊肉，其他口岸不能通行。该名单实施动态管理，每年公布一次，会对因食品安全和动植物疫病疫情风险防范能力、查验能力、工作质量、贸易需求等因素达不到要求的口岸及时从名单中撤除。根据2017年名单，目前仅有北京局、深圳局等25个直属局的65个口岸可以进口羊肉。以北京为例，目前只有2个进口羊肉指定口岸，分别是首都机场口岸、北京平谷国际路港。

表8　中国羊肉进口准入情况（2017年7月26日更新）

输出国	产品种类及议定书签署时间	备注
澳大利亚	冷冻羊肉（2011年6月23日签署议定书）	①经中国注册的羊肉厂家的注册号为：8、90、101、195、206、217、282、344、394、572、612、686、688、1614、2309、369。②所有注册的羊肉生产加工企业的可食部分包括内脏但不包括头、蹄、肺、胃、肠。③暂停受理澳大利亚下列企业自2017年7月24日起启运的输华肉类产品的进口报检：1620、170、262、533、239、640
	冰鲜羊肉（2011年6月23日签署议定书）	①经中国注册的羊肉厂家的注册号为：686。②所有注册的羊肉生产加工企业的冰鲜羊肉，不包括内脏和副产品
新西兰	冷冻羊肉（2003年10月26日签署议定书）	①经中国注册的羊肉厂家的注册号为：ME9、ME16、ME17、ME18、ME21、ME26、ME34、ME39、ME40、ME42、ME47、ME50、ME56、ME58、ME77、ME78、ME80、ME86、ME87、ME102、ME104、ME112、ME113、ME128、ME130、ME132、ME134、ME136、ME137、ME188、ME500、PH31、PH71、PH134、DSP12/PH30、SPM51、SPM135、ME103、ME118。②除以下特别注明的企业以外，上述企业注册品种为羊肉及其可食用副产品，包括内脏但不包括头、蹄、肺、胃、肠。注册号：ME18、ME21、ME39、ME42、ME47、ME56、ME58、ME86、ME137、SPM51、SPM135的企业注册品种为羊肉及其可食用副产品，包括胃等内脏但不包括头、蹄、肺、肠。注册号：PH149、PH516的企业注册品种只包括绵羊、山羊肠衣，SPM51、SPM135的企业注册品种包括肠衣
	冰鲜羊肉（2017年3月27日签署议定书）	①经中国注册的羊肉厂家的注册号为：ME18、ME39、ME50、ME58、ME78、ME128。②所有注册的羊肉生产加工企业的冰鲜羊肉，不包括内脏和副产品

续表

输出国	产品种类及议定书签署时间	备注
乌拉圭	冷冻羊肉（1998 年 10 月 14 日签署议定书）	①经中国注册的羊肉厂家的注册号为：7、14、22、55、58、344、379、394、104、22/177。经中国注册的中转冷库号码为：23、87。②所有注册的羊肉生产加工企业注册的可食性肉类及其副产品品种不包括胃肠等消化道。③恢复进口乌拉圭 55、394 企业 2015 年 12 月 15 日后生产的羊肉，不包括内脏及其他副产品。暂停乌拉圭自 2016 年 6 月 6 日及以后启运的输华牛、羊肉产品企业：3。恢复乌拉圭自 2016 年 12 月 19 日及以后生产的符合中国要求的输华牛、羊肉企业：3。暂停受理乌拉圭下列企业自 2017 年 7 月 26 日起启运的输华肉类产品的进口报检：3
智利	冷冻羊肉（2012 年 6 月 26 日签署）	①经中国注册的羊肉企业的注册号为：09 – 31、12 – 01、10 – 15、12 – 05、12 – 08、12 – 10、06 – 03（冷库）、13 – 18（冷库）、13 – 19（冷库）、13 – 33（冷库）。②所有注册的羊肉生产加工企业的可食部分但不包括内脏
蒙古	熟制牛羊肉（2012 年 6 月 26 日签署议定书）	①经中国注册的熟制牛羊肉厂家的注册号为：5643171、5470099、2089173、2088118。②熟制牛羊肉产品的生产原料必须来自以下注册号的屠宰企业：5643171、5342074、5470099、4252284、5396565。5643171 注册品种为熟制去骨的：牛羊肉干、酱牛羊肉、卤牛羊肉、熏烤牛羊肉、牛羊排、牛羊肉串、手把羊肉。5470099 注册品种为熟制去骨的：牛羊肉干、卤牛羊肉、牛羊肉松、牛羊肉脯、牛羊肉串、牛羊肉肠。2089173 注册品种为熟制去骨的：水煮牛、羊肉。2088118 注册品种为熟制去骨的：水煮牛、羊肉、油炸牛肉干。上述产品均为可直接食用的熟制去骨产品，且不包括血、头、尾、蹄、内脏等组织

资料来源：国家质量监督检验检疫总局进出口食品安全局网站。

三、发展潜力

（一）资源潜力

从草场资源来看，肉羊是草食性畜种，其饲养离不开草场资源。草场资源的多少，决定着肉羊养殖可利用天然牧草资源水平，决定着肉羊养殖规模发展空间。从各国肉羊养殖发展经验看，中国、澳大利亚和新西兰能够成为世界重要绵羊养殖国，很大程度上得益于本土丰富的草牧场资源。根据 FAO 数据显示，2000 年以来世界永久草场面积小幅波动减少，从 34.17 亿公顷减至 2014 年的

33.16 亿公顷，年平均降幅为 0.22%。但值得注意的是，2009 年至今，世界永久草场面积较为稳定，维持在 33.20 亿公顷左右。与此相似，中国、澳大利亚和新西兰等国永久草场面积近年来也较为稳定。草场资源的稳定在很大程度上保障了肉羊养殖饲草料需求。此外，主要肉羊养殖国家意识到草场对肉羊养殖可持续发展的重要性，不断加强对草业体系发展的重视。通过重视草场的建设与改良，开展科学围栏、放牧等管理，建设利用人工草场，秉持“以栏管畜、以畜管草、以草定畜、草畜平衡”原则，不断改善和提高草场生产性能，保障肉羊养殖的饲草料供给，扩展肉羊等草食畜牧业的发展空间。但是，近年来由于自然气候变化的影响，世界各国草场资源发展面临干旱威胁。如中国个别年份受夏季降水持续偏少的影响草场遭遇严重旱灾，牧草生长受限；澳大利亚受地理位置、复杂多变降雨模式和厄尔尼诺天气影响属于易旱地区，自 2002 年开始遭遇了持续性干旱少雨天气，其中羊肉主产区旱灾尤为严重，造成近年来草牧场面积减少；新西兰因厄尔尼诺气候遭遇着比澳大利亚更频繁和严重的旱灾影响，近年来持续经历夏季干旱，范围更加广泛，影响越发显著（见图 17）。旱灾因其发生频率高、范围广、持续时间长，是对草原危害最为严重的自然灾害之一，不仅直接影响牧草生长、质量和产量，造成草场沙化、退化，而且会影响牲畜饮水和生长，并容易引发草原火灾、鼠害等灾害，进一步加剧对草场的危害，不利于肉羊养殖业发展。有气象学家表示，未来可能将频繁发生这样的极端干旱天气，给草原生态环境发展趋势带来不确定性。

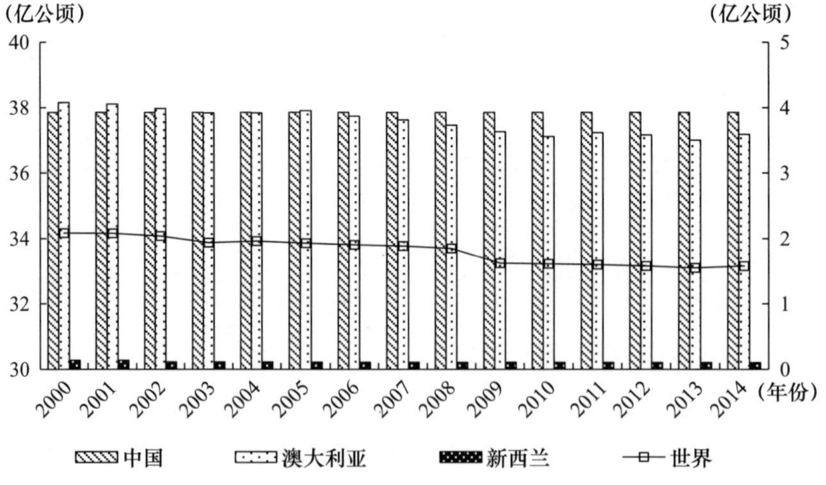

图 17 世界及主要生产国永久草牧场资源变化情况

资料来源：FAO 数据库。

从畜种资源看，世界肉羊资源非常丰富，不仅优良品种繁多，而且养殖规模较大。目前，世界有上百种肉羊品种，其中以无角道赛特羊、萨福克羊、杜泊羊、肉用美利奴羊等优良品种为代表。这些优良肉羊品种生产性能优越，生长发育快、产羔率高、产肉性能好。如无角道赛特羊可全年发情配种产羔，产羔率137%～175%，经过肥育的4月龄公羔胴体重为22.0千克，母羔为19.7千克；萨福克羊产羔率130%～140%，经肥育的4月龄公羔胴体重可达24.2千克，母羔19.7千克，并且瘦肉率高，是生产大胴体和优质羔羊肉的理想品种；杜泊羊被誉为“钻石级”肉羊，4月龄断奶平均日增重300克以上，有出肉率高、耐粗饲、饲料转化率高等优点。优良品种为改良肉羊生产性能、扩大肉羊养殖规模提供了先决条件和发展潜能。此外，世界肉羊养殖规模连年增加，保持了较大规模。2000年以来世界肉羊存栏数量稳步增加，从18.11亿只增至2014年的22.10亿只，年平均增长率达到1.42%。并且，近年来的同比增速保持在1.5%以上。肉羊屠宰数量也从8.07亿只持续增至9.90亿只，年平均增长率为1.46%（见图18）。为未来肉羊产业的进一步扩大发展提供了良好基数。

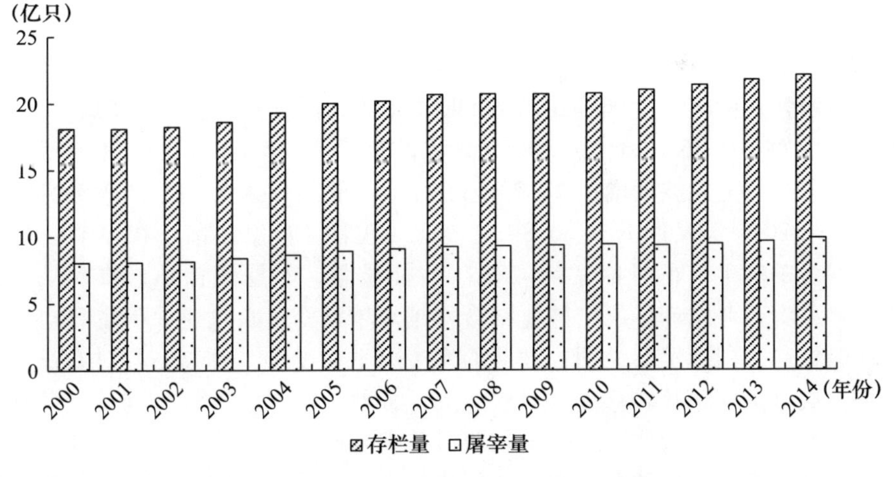

图18　世界肉羊存栏量和屠宰量变化情况

资料来源：FAO数据库。

从技术资源看，肉羊养殖业发达的国家基本实现了肉羊产业的现代化、系统化和可持续发展，其他肉羊养殖国家也朝此方向不断努力。澳大利亚和新西兰作为肉羊养殖业发达国家的代表，肉羊养殖方式成为其他国家学习的典范。澳大利亚肉羊养殖以家庭牧场为生产经营单位，养殖牧场具备良好的放牧条件，配套围栏、饮水、储草棚等基本设施和用于饲草种植、加工等农牧业机械。牧场主良种意识强，建立羊只信息整理收集系统，严格筛选淘汰羊只。自觉执行严格科学的轮牧和载畜量制度，根据草场资源通过大范围放牧、轮牧与小范围围栏划区对不同生长阶段和用途的绵羊进行分群管理。新西兰牧场主以企业管理的方式经营牧场，普遍采用围篱养羊方式，广泛使用农用飞机、电围栏、割草机、打捆机等机械设备，严格按照育种标准进行繁育、种羊登记，注重提高母羊繁殖能力，为怀羔母羊提供有利草场，实行分群、分栏放牧饲养。澳大利亚和新西兰养羊技术与管理制度更为先进，成为其他国家肉羊养殖争相考察的对象，各国根据自身资源条件、产业发展现状，效仿学习先进肉羊养殖技术，不断提升肉羊生产效率。整体来看，世界肉羊养殖管理技术水平正处于不断提升中，尤其是促进肉羊早发情、提早配种、早期断奶、诱发分娩、集中强度育肥、同期发情等现代繁殖技术措施发展较为迅速，为世界肉羊养殖和羊肉生产扩大提供了强大的技术支撑，并且这些技术优势在未来仍将继续发挥作用。

（二）政策支持潜力

从生产政策支持看，农业是国民经济发展的基础，农业的发展状况会直接影响到整个社会的安定和发展速度。对农业实行补贴，是一个国家工业化发展到一定阶段的必然选择，是成功实现现代化国家的基本经验。肉羊养殖作为农业生产的一部分，对其实行支持保护已成为国际普遍做法。根据 OECD 数据，包含澳大利亚、新西兰、中国、美国等在内的 OECD 国家对羊肉的生产者补贴自 2000 年以来波动增加，从 36.66 亿美元波动增至 2015 年的 46.62 美元。其中市场价格支持从 22.56 亿美元波动增至 43.23 亿美元。尽管近年来羊肉生产者补贴水平连续下降，但 2016 年又回升至 50.89 亿美元（见图 19）。目前，在 WTO 框架下，世界各国对羊肉生产的补贴“绿箱化”特征显著，不挂钩补贴、收入支持成为演进趋势，农业科技产学研一体化结合得越来越紧密，农牧业保险也日益成为政府关注的重点。国际经验表明，农业的发展离不开投入，更离不开对农业的支持和保护，通过国家财政转移支付对农业进行补贴，可以维护农民利益，调动农民生产积极性。以中国为代表的国家现阶段羊肉生产发展还要通过加大政府的财政支付来加强生产者支持的总体水平，加快培育生产经营主体、适度规模调整等现代化肉羊产业建设。未来，世界羊肉生产的支持保护力度可能继续波动，对肉羊产业发展起到持续的政策支持效应。

从贸易政策看，英国经济政策研究中心《全球贸易预警报告》显示，随着世界经济增长显著放缓，全球范围内的贸易保护主义倾向变得日益严重。作为全球第一大经济体的美国，2008～2016 年对其他国家采取了 600 多项贸易保护措施，仅 2015 年就采取了 90 项，位居各国之首，贸易保护主义升级势头十分明显。

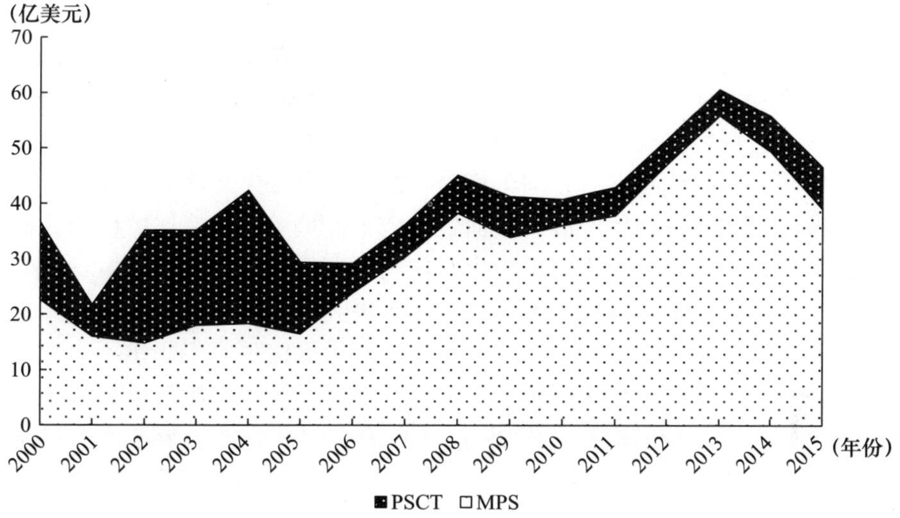

图 19　OECD 国家①的羊肉补贴变化情况

资料来源：OECD 数据库。

但大多数国家深刻吸取 20 世纪 30 年代初爆发世界经济大危机后采取的贸易保护主义给世界经济复苏带来严重阻碍的历史教训，支持全球化和主张全球多边贸易体制仍然是国际社会的主流趋势，更加坚定反对贸易保护主义，承诺市场开放，维护全球多边贸易体系，促进全球自由贸易。目前，世界主要羊肉贸易国家致力于加快世界贸易协定进一步发展，开展双多边自由贸易协定谈判，推进未来羊肉贸易的自由化和便利化进程走向。如主要出口国澳大利亚正与海合会、秘鲁、印度等进行自由贸易协定谈判；新西兰正与印度、俄罗斯/白俄罗斯/哈萨克斯坦关税同盟、欧盟、太平洋联盟等进行自由贸易协定谈判；主要进口国中国也正在与海合会、日韩、以色列、智利、新加坡、巴基斯坦等进行自由贸易协定谈判，与蒙古、加拿大、秘鲁等国的自由贸易协定也进入研究阶段。此外，2013 年中国提出“一带一路”倡议，得到国际社会的高度关注，并获得世界上 100 多个国家的积极响应。随着“一带一路”建设的不断推进，也将给世界羊肉贸易带来新的发展机遇和活力。

（三）未来 5 年生产、出口的趋势预测

从未来羊肉生产趋势看，在草场资源方面，近年来世界及主要肉羊养殖国家永久草场面积较为稳定，注重人工草场的建设，并且对草场的改良和保护加强，

① 包括澳大利亚、新西兰、中国、冰岛、以色列、挪威、瑞士、土耳其、美国、欧盟、哈萨克斯坦、南非。

但干旱等极端气候频繁发生造成草场退化，未来利用草场资源扩大肉羊养殖的空间有限；在畜种资源方面，优良品种为改良肉羊生产性能、扩大肉羊养殖规模提供了先决条件和发展潜能，再加上肉羊养殖规模稳步增加，未来肉羊产业进一步扩大发展具有良好的基础；在技术资源方面，世界肉羊生产技术以澳大利亚和新西兰为标杆不断向现代化发展，肉羊产羔率、产肉率等生产性能不断提升，技术优势将继续发挥作用；在生产政策方面，对肉羊养殖实行支持保护已成为国际普遍做法，以中国为代表的国家对羊肉生产扶持力度将继续加大，政策支持效应将推动肉羊产业发展；在产业冲击方面，近年来世界羊毛羊肉比价大幅下降，肉用效益的凸显使世界肉羊养殖积极性增强。但由于世界肉牛、牛奶供不应求导致产品价格上涨，引发肉牛、奶牛养殖效益提升，肉牛、奶牛养殖对世界肉羊养殖产生了持续冲击。在各种因素综合作用下，OECD－FAO 预测世界羊肉产量均将继续稳步增加，从 2015 年的 1433. 75 万吨一直增至 2026 年的 1751. 53 万吨，保持每年 1% ~3% 的增长幅度。

从未来羊肉出口趋势看，在贸易支持政策方面，世界主要羊肉贸易国家致力于开展双多边贸易开放，通过自由贸易协定谈判、“一带一路”倡议等推进未来羊肉贸易的自由化和便利化进程，再加上已有自由贸易协定中羊肉关税减让承诺的不断推进，为未来羊肉贸易开展提供了发展机遇、活力和空间；在羊肉消费需求方面，羊肉消费在肉类消费中所占比重较低，考虑到羊肉的高营养价值，未来人们对羊肉消费仍将增长，再加上世界人口的增长效应和收入水平的提升效应，未来世界羊肉消费量将增加。OECD－FAO 预测世界人均羊肉消费量将从 2015 年的 1. 71 千克/人持续增至 2026 年的 1. 88 千克/人，世界羊肉消费量将从 1425. 69 万吨增至 1751. 52 万吨，并且羊肉消费需求增加主要由中国主导。在更加开放的贸易环境下，为迎合进口国羊肉消费需求，主要出口国会权衡国内外羊肉需求、调节国内肉类生产结构，调整羊肉出口规模，但总体来看未来世界羊肉出口潜力仍呈现增加趋势，至 2026 年世界羊肉出口量将达到 145. 71 万吨，年增幅在 1% ~2%，见表 9。

表 9　世界羊肉生产、消费、出口预测情况

单位：万吨，千克/人

年份	产量	消费量	人均消费量	出口量
2014	1417. 60	1413. 58	1. 72	139. 56
2015	1433. 75	1425. 69	1. 71	138. 05
2016	1453. 16	1455. 44	1. 73	131. 87
2017	1471. 06	1471. 16	1. 73	128. 46

续表

年份	产量	消费量	人均消费量	出口量
2018	1504.54	1505.24	1.75	129.62
2019	1534.34	1535.36	1.76	132.02
2020	1576.04	1576.95	1.79	133.76
2021	1610.28	1611.43	1.81	135.65
2022	1640.52	1641.03	1.83	137.75
2023	1671.91	1671.54	1.85	139.67
2024	1697.82	1697.60	1.86	141.64
2025	1723.75	1723.75	1.87	143.65
2026	1751.53	1751.52	1.88	145.71

资料来源：OECD－FAO Agricultural Outlook。

第五章　羊毛国际市场研究报告

作为人类利用最早的天然纺织纤维之一，羊毛综合性能优越。随着纺织工业的兴起，羊毛已经逐渐成为毛纺工业的重要原料。毛纺加工中心与羊毛主产国的区别催生羊毛国际贸易蓬勃发展。

一、世界贸易概况

羊毛是世界纺织原料贸易中重要的天然纤维之一，各国通过国际贸易调剂国内余缺。近些年来，受羊毛供给和需求的影响，世界羊毛贸易呈现量减额增，贸易主要品种结构和国别结构较为稳定。

（一）贸易规模变化情况

1. 贸易量整体波动减少，2012 年为贸易量最低点

世界各国的羊毛生产除满足国内加工消费以外，大部分用于出口参与国际贸易。2000 年以来，世界羊毛①出口量整体呈现波动减少趋势，而贸易额小幅波动

① 本报告中贸易羊毛包括原毛、洗净毛和羊毛条三个品种。其中，原毛也称含脂羊毛，是指未经过洗涤、溶剂脱脂、碳化或其他方法处理的羊毛；洗净毛是指原毛经过洗毛工序，去除原毛的羊毛脂、羊毛汗、沙土、草杂等羊毛纤维附带的各种污物杂质，得到的毛纤维；羊毛条是指原毛经过洗毛、制条工序或洗净毛经过制条工序，反复梳理、牵伸、并合使洗净毛顺直平行，并进一步去除杂质、短毛，加工而成的毛纤维。原毛是进行羊毛加工的原材料，洗净毛和羊毛条是经过一定加工程序的羊毛初级加工产品。

增加。从出口量来看，世界羊毛出口量从 2000 年的 138.14 万吨波动降至 2015 年的 97.61 万吨，减少了 40.53 万吨，年平均降幅为 2.29%。世界羊毛贸易量呈现波动减少的原因主要有以下三个方面：一是世界原毛产量大幅下降，再加上世界原毛净毛率小幅下降，导致可用于国际贸易的羊毛数量减少；二是一些原毛进口国为防止国内洗毛业对环境的污染，限制了原毛进口；三是世界毛纺生产能力不振再加上替代性原料的价格竞争，导致世界羊毛需求减少。与此不同，世界羊毛出口额小幅增加，从 2000 年的 37.10 亿美元波动增至 2015 年的 52.38 亿美元，年平均增长率为 2.33%，羊毛贸易额增加主要缘于世界羊毛出口价格上涨的作用。其中，2011 年羊毛出口额达到了历史最高水平，为 67.92 亿美元，是 2000 年水平的近两倍，见图 1。

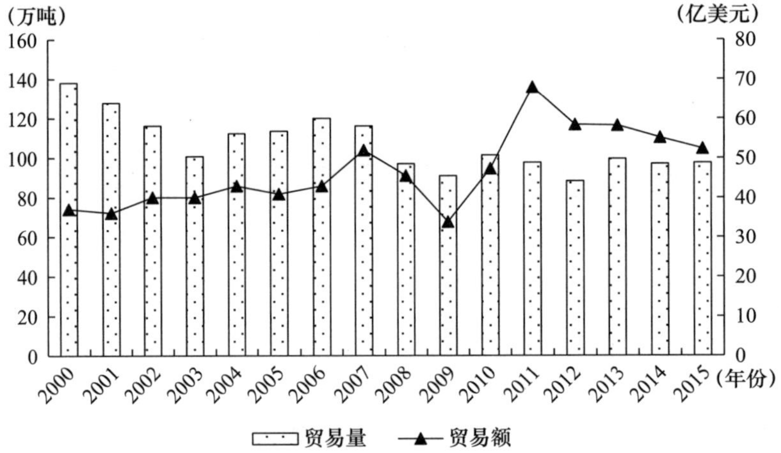

图 1 世界羊毛贸易规模变化情况

资料来源：UN Comtrade 数据库。

2. 贸易价格整体波动上涨，近年来有所下降

在世界羊毛贸易量波动下降的同时，世界羊毛贸易价格整体波动上涨。世界羊毛平均出口价格从 2000 年的 2685.61 美元/吨波动上涨至 2015 年的 5366.29 美元/吨，年平均增长率为 4.72%。世界羊毛贸易价格整体波动上涨是羊毛生产成本上升、原毛供给规模减小作用的结果。值得指出的是，世界羊毛平均出口价格先自 2000 年的 2685.61 美元/吨波动上涨至 2011 年的最高点水平 6951.77 美元/吨，此后羊毛价格持续回落至 2015 年水平，降幅达到 22.81%，见图 2。

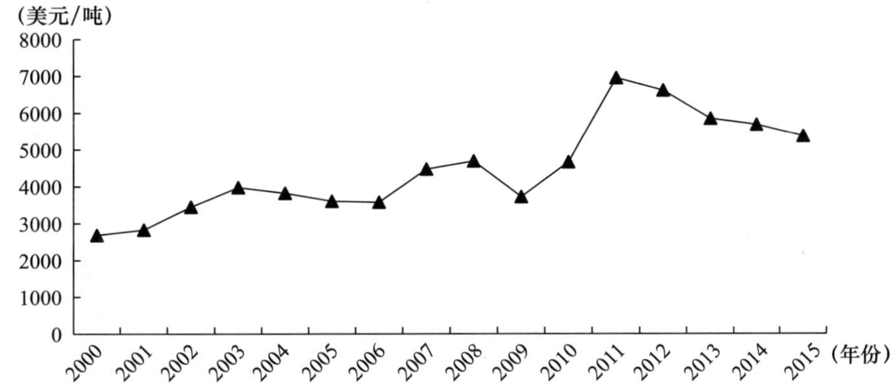

图 2　世界羊毛贸易价格变化情况

资料来源：UN Comtrade 数据库。

（二）贸易产品结构变化情况

1. 出口品种以原毛为主，且越向原毛出口集中

从羊毛出口贸易的品种结构看，世界出口羊毛品种包括原毛（HS51011 未梳含脂剪羊毛和 HS510119 其他未梳含脂羊毛）、洗净毛（HS510121 未梳脱脂剪羊毛，未碳化、HS510129 其他未梳脱脂剪羊毛，未碳化和 HS510130 未梳碳化羊毛）和羊毛条（HS510510 粗疏羊毛、HS510521 精梳羊毛片毛和 HS510529 羊毛条及其他精梳羊毛）三种①。2000 年以来，世界羊毛出口一直以原毛品种为主，并且出口贸易越发向原毛品种集中。具体来看，按照各品种占世界羊毛出口总量的比重，羊毛出口品种大致可以分为两个梯队：第一梯队为原毛，该品种一直是世界羊毛贸易的主要出口品种，其出口量占世界出口总量的比重从 2000 年的 51. 13% 波动提升至 2015 年的 61. 94%，世界羊毛出口表现出向原毛集中的趋势；第二梯队为洗净毛和羊毛条，其出口量占世界出口总量的比重在 15% ~ 25% 之间小幅波动。其中，洗净毛出口量占世界羊毛出口总量的比重从 2000 年的 26. 41% 波动下降至 2015 年的 21. 74%；羊毛条出口量占世界羊毛出口总量的比重从 2000 年的 22. 45% 波动下降至 2015 年的 16. 32%（见图 3）。可见，世界洗净毛和羊毛条出口相对较少，并且在世界羊毛出口品种结构中所占比重越来越低。

① 此外，贸易羊毛还包括羊毛落毛（HS 编码：51031010）和羊毛废料（HS 编码：51032010），由于这两种羊毛在贸易中所占比例极小，不包括在本书研究范围内。

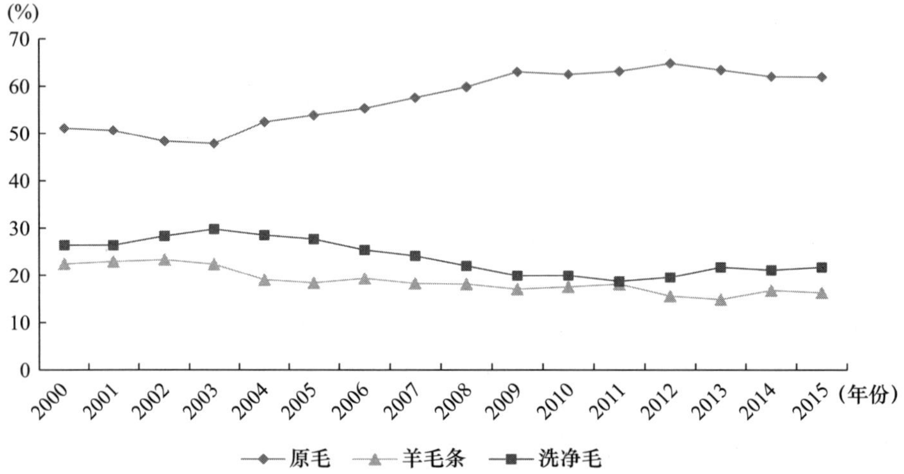

图 3　世界羊毛贸易产品结构变化情况

资料来源：UN Comtrade 数据库。

2. 各品种出口量波动减少，原毛降幅水平最小

从世界羊毛各出口品种的贸易规模看，各品种的出口量均波动减少。原毛作为主要出口品种，出口量从2000 年的70. 63 万吨波动降至2015 年的60. 45 万吨，年平均降幅为1. 03%。并且，2008 年以来，原毛出口量波动较为稳定，在60 万吨上下小幅波动。洗净毛和羊毛条的出口量均先大幅下降，后稳定波动。洗净毛出口量先从2000 年的36. 49 万吨大幅降至2009 年的18. 26 万吨，此后围绕20 万吨水平上下小幅波动；羊毛条出口量先从2000 年的31. 02 万吨大幅降至2009 年的15. 63 万吨，此后围绕15 万吨水平上下小幅波动。与出口量波动不同，世界各品种羊毛的出口额均波动增加。原毛、洗净毛和羊毛条的出口额分别由2000 年的15. 20 亿美元、8. 77 亿美元、13. 06 亿美元波动增至2015 年的28. 61 亿美元、9. 36 亿美元和 14. 41 亿美元，年平均增长率依次为 4. 31%、0. 43% 和 0. 66%（见表 1）。可见，原毛出口额不仅最多，而且增速最为显著。

表 1　世界羊毛出口品种的贸易规模变化情况

单位：万吨，亿美元

年份	原毛出口量	原毛出口额	洗净毛出口量	洗净毛出口额	羊毛条出口量	羊毛条出口额
2000	70. 63	15. 20	36. 49	8. 77	31. 02	13. 06
2001	64. 72	14. 68	33. 73	7. 89	29. 33	13. 52
2002	55. 88	17. 02	32. 74	8. 88	26. 95	14. 14

续表

年份	原毛出口量	原毛出口额	洗净毛出口量	洗净毛出口额	羊毛条出口量	羊毛条出口额
2003	47.91	15.80	29.80	9.27	22.38	14.87
2004	57.96	19.27	31.51	9.57	21.02	13.94
2005	61.18	19.30	31.44	9.03	20.91	12.57
2006	65.76	20.70	30.16	8.71	22.96	13.47
2007	66.90	26.97	28.07	9.00	21.22	16.01
2008	58.58	23.03	21.54	7.47	17.73	15.04
2009	57.79	18.23	18.26	5.42	15.63	10.21
2010	63.37	26.45	20.25	7.14	17.80	13.73
2011	61.69	38.06	18.31	9.92	17.69	19.93
2012	58.20	33.98	17.58	8.67	14.00	15.75
2013	63.15	33.35	21.64	9.05	14.81	15.82
2014	60.24	29.13	20.53	10.02	16.32	16.00
2015	60.45	28.61	21.22	9.36	15.93	14.41

资料来源：UN Comtrade 数据库。

3. 各品种出口价格均波动上涨，原毛价格涨幅最大

从世界羊毛各出口品种的贸易价格看，所有羊毛品种的出口价格均波动上涨。按照价格上涨幅度来看，原毛的出口价格涨幅最大，2000 年该品种的出口价格仅为 2152.11 美元/吨，是出口价格最低的贸易品种，此后波动上涨至 2015 年的 4732.05 美元/吨，年平均增长率为 5.39%。其他羊毛品种的出口价格也波动上涨，但涨幅略低。其中，羊毛条作为羊毛出口中加工程度最深的品种，出口价格最高，从 2000 年的 4210.79 美元/吨波动增至 2015 年的 9044.81 美元/吨，年平均增长率为 5.23%，略低于原毛增速；洗净毛的出口价格居于其次，从 2000 年的 2403.96 美元/吨波动增至 2015 年的 4410.95 美元/吨，年平均增长率为 4.13%，见图 4。

（三）贸易国别结构变化情况

1. 出口以澳大利亚、新西兰为主，中国发展为第三大出口国

从出口国别来看，参加世界羊毛出口贸易的国家近百个。2000 年以来，羊毛出口量居于世界前列的国家一直是新西兰、澳大利亚两大羊毛生产大国，同时中国发展成为世界第三大羊毛出口国。作为羊毛生产大国和强国，澳大利亚一直是世界第一大羊毛出口国，羊毛出口量占世界出口总量的比重长期位居世界首

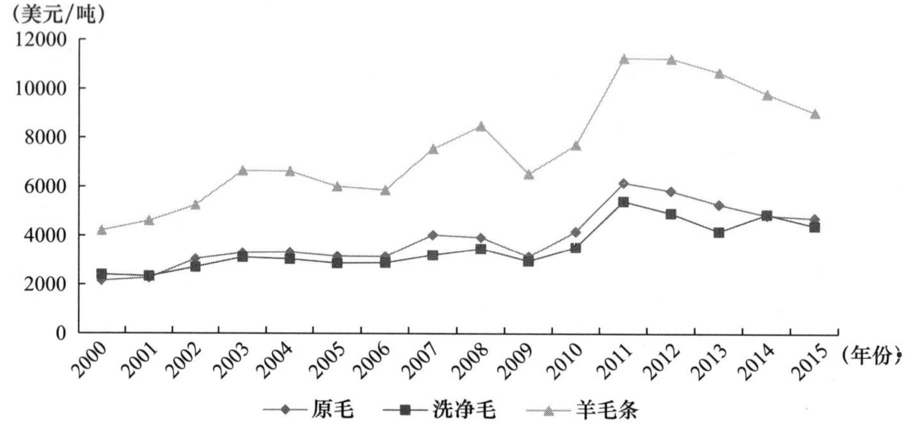

图4 世界羊毛出口品种的贸易价格变化情况

资料来源：UN Comtrade 数据库。

位，尽管比重已从2000年的47.93%降至2015年的35.18%，出口量也从66.21万吨减至34.34万吨，但出口规模仍遥遥领先其他国家；新西兰长期稳居世界第二大羊毛出口国，其出口量占世界羊毛出口总量的比重在13%水平上下小幅波动，2000~2015年，比重从13.57%波动降至13.02%；相较而言，其他国家的羊毛出口量较少，占世界羊毛出口总量的比重也一直低于10%。其中，中国凭借羊毛条生产和贸易优势，发展成为世界第三大羊毛出口国，出口量从2000年的1.42万吨波动增至2015年的6.00万吨，出口量占世界羊毛出口总量的比重也从1.02%升至6.15%，见表2。

表2 世界主要羊毛出口国的贸易规模变化情况 单位：万吨,%

排名	2000年			2005年			2010年			2015年		
	国家	数量	比重	国家	数量	比重	国家	数量	比重	国家	数量	比重
1	澳大利亚	66.21	47.93	澳大利亚	43.93	38.69	澳大利亚	35.76	35.25	澳大利亚	34.34	35.18
2	新西兰	18.74	13.57	新西兰	15.54	13.69	新西兰	13.46	13.27	新西兰	12.71	13.02
3	南非	8.92	6.45	中国	5.95	5.24	中国	6.12	6.03	中国	6.00	6.15
4	法国	5.37	3.89	德国	5.05	4.45	德国	5.17	5.09	英国	3.77	3.86
5	乌拉圭	4.57	3.31	南非	5.02	4.42	乌拉圭	4.06	4.00	南非	3.60	3.69

资料来源：UN Comtrade 数据库。

2. 主要出口国出口价格整体波动上涨，近年价格持续回落

从主要出口国的贸易价格看，世界前三大羊毛出口国的羊毛出口价格均波动

上涨。澳大利亚、新西兰、中国的羊毛出口平均价格分别从2000年的2847.71美元/吨、2161.79美元/吨和2794.48美元/吨波动上涨至2015年的6388.04美元/吨、4493.20美元/吨和8154.76美元/吨，年平均增长率依次为5.53%、5.00%和7.40%。可见，中国羊毛出口平均价格与澳大利亚和新西兰两国的差距逐渐拉开，这与中国羊毛出口品种结构息息相关。2000～2015年，中国越发集中出口高附加值的羊毛条产品，羊毛条出口量占中国羊毛出口总量的比重从53.06%提升至77.76%。而澳大利亚和新西兰基本全部出口低附加值的原毛，导致中国羊毛出口平均价格显著高于两国。值得注意的是，2011年澳大利亚、新西兰和中国的羊毛出口平均价格达到了最高水平，分别为8406.53美元/吨、5206.15美元/吨和11199.73美元/吨。此后三国羊毛出口平均价格开始持续回落至2015年水平，降幅依次达到24.01%、13.69%和27.19%，见图5。

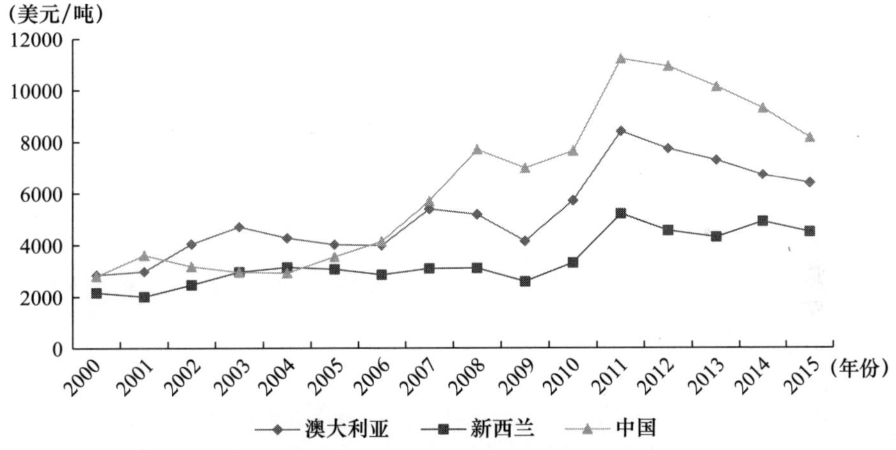

图5 世界主要羊毛出口国的贸易价格变化情况

资料来源：UN Comtrade 数据库。

3. 进口国别结构相对稳定，中国稳居世界最大进口国

从进口国别看，随着世界毛纺织业的区域性转移，中国和部分东南亚国家成为世界主要羊毛进口国，意大利、英国等传统服装纺织国的羊毛进口缩减，但仍是世界前五大羊毛进口国，世界羊毛进口国别结构相对较为稳定。具体来看，2000年以来，中国一直稳居世界第一大羊毛进口国，进口量从30.07万吨波动增至2015年的36.21万吨，进口量占世界羊毛进口量的比重从22.67%提升至41.06%，进口规模远超世界其他进口国，是名副其实的羊毛进口大国，而这主要缘于中国作为世界羊毛加工基地的旺盛羊毛原料需求。与此同时，印度凭借低

廉的生产加工成本优势，纺织工业出现空前大发展，对羊毛原料的需求也增加。羊毛进口量从2000年的5.41万吨增至2015年的9.50万吨，占世界羊毛进口总量的比重也从4.08%提升至10.78%。其中，2002年开始印度赶超英国、德国等成为仅次于中国、意大利的世界第三大羊毛进口国；2009年开始印度又赶超意大利成为并稳居仅次于中国的世界第二大羊毛进口国。意大利受全球纺织业风云变幻和竭力消费成衣影响，羊毛纺织业规模缩减，国内羊毛加工耗用量和消费量减少，羊毛进口量从2000年的20.02万吨减至2015年的5.86万吨，进口量所占比重也从15.09%降至6.64%。英国和捷克的羊毛进口量占世界羊毛进口总量的比重小幅波动，前者从6.84%降至5.15%，后者则从2.33%升至4.88%，见表3。

表3　世界主要羊毛进口国的贸易规模变化情况　　单位：万吨,%

排名	2000年			2005年			2010年			2015年		
	国家	数量	比重	国家	数量	比重	国家	数量	比重	国家	数量	比重
1	中国	30.07	22.67	中国	26.90	26.26	中国	33.02	36.57	中国	36.21	41.06
2	意大利	20.02	15.09	意大利	11.90	11.61	印度	9.50	10.53	印度	9.50	10.78
3	英国	9.07	6.84	印度	9.09	8.87	意大利	6.66	7.37	意大利	5.86	6.64
4	德国	8.05	6.07	德国	6.68	6.52	德国	5.88	6.51	英国	4.54	5.15
5	法国	6.49	4.89	英国	5.65	5.52	捷克	3.86	4.27	捷克	4.31	4.88

资料来源：UN Comtrade数据库。

4. 主要进口国进口价格波动上涨，近年价格持续回落

从主要进口国的贸易价格来看，世界主要羊毛进口国的羊毛进口价格整体呈现波动上涨趋势，但近年来进口价格持续回落。中国、印度和意大利的羊毛进口平均价格分别从2000年的3449.80美元/吨、1906.50美元/吨和3737.77美元/吨波动上涨至2015年的7063.44美元/吨、3304.32美元/吨和8058.04美元/吨，年平均增长率依次为4.89%、3.73%和5.25%。可见，意大利主要进口高价位羊毛，进口产品结构中几乎全部为高附加值的羊毛条直接用于毛纺深加工，主要由于意大利考虑到环境污染、增加就业、创造价值等方面问题，淘汰了国内洗毛行业，将毛纺加工聚焦在利用羊毛原料进行毛纺制品的深加工方面，以寻求更大的利益创造。中国作为世界羊毛生产大国、洗毛基地、毛条制造基地，主要进口澳大利亚、新西兰等国原毛进行加工生产，进口羊毛平均价格水平居中。印度主要是低价位羊毛的进口，羊毛进口平均价格一直最低，与中国、意大利的羊毛进口价格差距明显。此外，自2011年以来，中国、印度和意大利的羊毛进口价格均

开始回落，至2015年降幅分别达到20.41%、32.06%和19.97%，见图6。

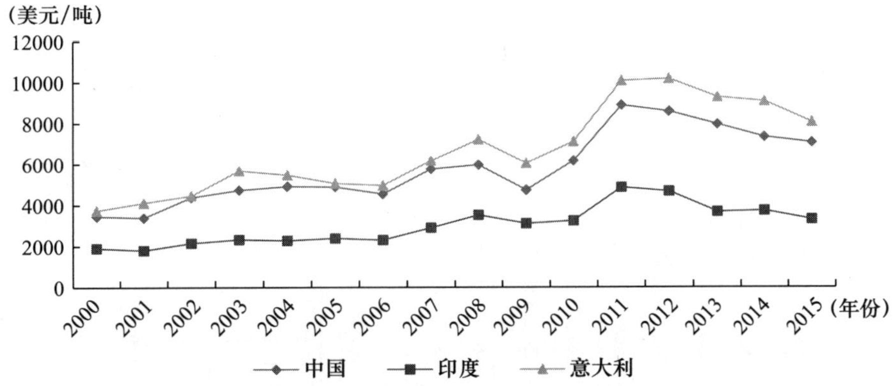

图6　世界主要羊毛进口国的贸易价格变化情况

资料来源：UN Comtrade数据库。

二、主要出口国情况

世界羊毛出口的前两大出口国一直是澳大利亚和新西兰，2015年澳大利亚和新西兰羊毛出口量占世界出口总量的比重分别为35.18%、13.02%。其他国家羊毛出口量相对较少，所占比重基本都在4%以下。因此，本部分对主要羊毛出口国情况的分析，以澳大利亚、新西兰为研究对象。

（一）出口基本情况

1. 出口量波动减少，出口额小幅波动增长

澳大利亚和新西兰作为世界羊毛出口大国，2000年以来羊毛出口规模一直超过其他国家，出口贸易呈现量减额增趋势。从出口量来看，澳大利亚和新西兰羊毛出口量分别从2000年的66.21万吨、18.74万吨波动减至2015年的34.34万吨、12.71万吨，年平均降幅分别为4.28%、2.56%。可见，澳大利亚羊毛出口量下降较为明显，2003年首次跌破40万吨，2009年以来出口量在35万吨水平上下小幅波动。新西兰羊毛出口量小幅下降，2008年以来稳定在12万~13万吨间。从出口量的波动来看，澳大利亚和新西兰两国出口量波动规律较为相似，仅2005年、2012年和2015年的增减变动方向不同。从出口额来看，澳大利亚和新西兰的羊毛出口额波动增加，但增速较小，分别从2000年的18.86亿美元、4.05亿美元波动增加至2015年的21.94亿美元、5.71亿美元，年平均增长率依次为1.01%、2.32%。从出口额的波动来看，澳大利亚羊毛出口额的波动较为剧烈，经历了平稳波动、快速减少、快速增加、持续下降四个阶段，其中2009年

澳大利亚羊毛出口额水平最低，仅为14.41亿美元，2011年最高，达到29.29亿美元。新西兰的羊毛出口额持续小幅波动增加，同样是2009年出口额水平最低，仅为3.35亿美元，2011年出口额水平最高，达到6.29亿美元，见图7。

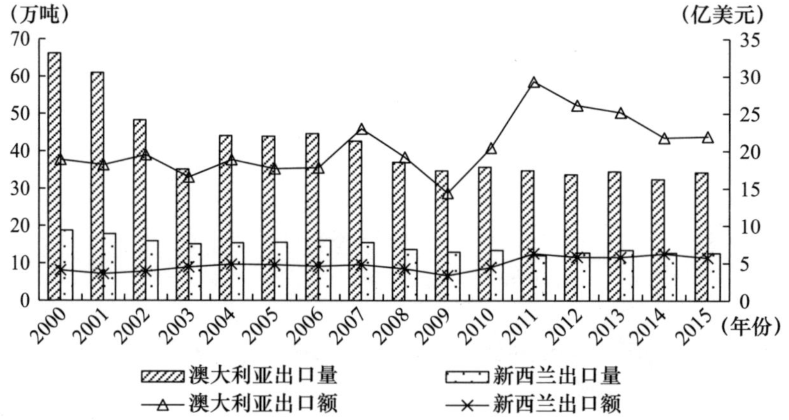

图7 澳大利亚、新西兰的羊毛贸易规模变化情况

资料来源：UN Comtrade数据库。

2. 澳大利亚出口以原毛为主，新西兰以洗净毛为主

从羊毛出口的品种结构看，澳大利亚羊毛出口的品种结构特征与世界羊毛出口表现较为一致，以原毛为主，并向原毛出口集中。而新西兰则是以洗净毛出口为主，原毛出口所占比例低。由图8可见，澳大利亚各品种羊毛的出口量占羊毛出口总量的比重稳定波动。其中，原毛的出口所占比重一直在75%以上，是澳大利亚出口规模最大的品种。2000~2015年，该比重稳步提升，从75.24%增至92.95%，几乎全部羊毛出口均为原毛。而洗净毛和羊毛条的出口所占比重均下降，分别从16.67%、8.09%降至7.05%、0%。考虑到原毛洗毛工序不仅会耗费大量的水资源，产生大量污染严重的洗毛废水，而且由于用工少，无益于增加就业，澳大利亚逐渐淘汰国内洗毛行业，洗净毛和羊毛条等羊毛初加工产品出口减少。而澳大利亚原毛以美利奴细羊毛闻名世界，在世界出口市场上一直具有竞争优势，在产业调整引导下，原毛出口在羊毛出口贸易中越发占有重要地位。

与澳大利亚羊毛出口的品种结构不同，新西兰羊毛出口以洗净毛为主，但洗净毛出口量占羊毛出口总量的比重从2000年的72.72%波动降至2015年的64.78%。新西兰作为羊毛生产大国，有着发达的洗毛工业，对控制羊毛质量更有经验，洗净毛出口具有优势。与此不同，新西兰原毛出口量占羊毛出口总量的

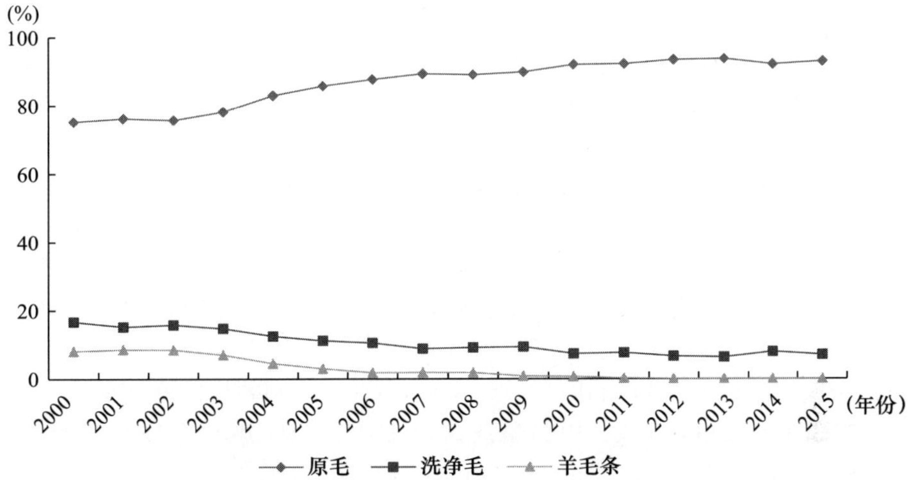

图 8　澳大利亚羊毛出口的产品结构变化情况

资料来源：UN Comtrade 数据库。

比重有所提升，从 26.03% 升至 35.18%（见图 9）。此外，新西兰羊毛条出口非常少，出口量占羊毛出口总量的比重从 2000 年的 1.26% 降至 2015 年的 0.04%，几乎不再出口羊毛条。整体来看，新西兰羊毛出口结构表现出由洗净毛和羊毛条向原毛小幅调整的趋势。澳大利亚和新西兰作为世界前两大羊毛出口国，出口羊毛品种结构差异较大，前者几乎仅出口原毛，后者以洗净毛出口为主、原毛出口为辅。

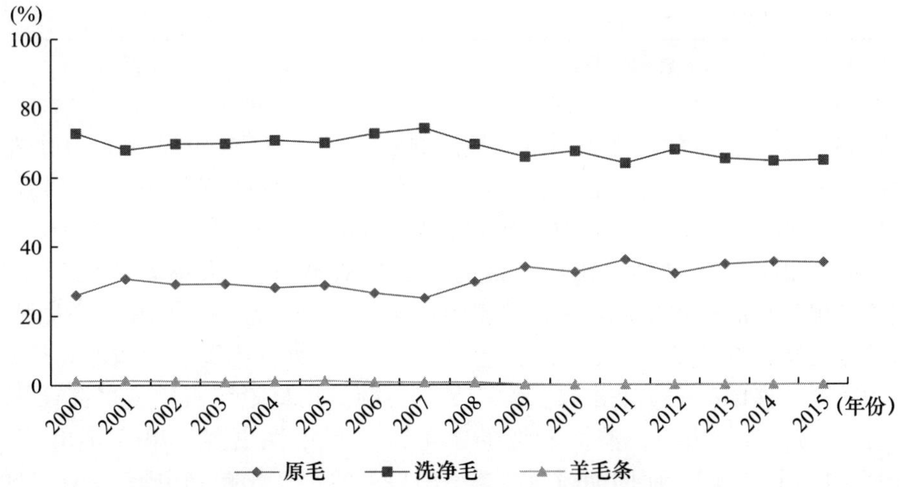

图 9　新西兰羊毛出口的产品结构变化情况

资料来源：UN Comtrade 数据库。

3. 出口国别越发集中，中国为主要出口目的地

从出口国看，澳大利亚和新西兰羊毛出口的主要目的地为中国，并且出口越发向中国集中。具体来看，2000 年澳大利亚的出口目的地近 70 个，但主要将羊毛出口到中国、意大利，出口至两国的羊毛数量占出口总量的比重合计在 54% 的水平。澳大利亚对居于其次的印度、德国、法国等国的出口相对较少，出口量所占比重均不及 10%。此后，澳大利亚的出口目的地大幅减少，至 2015 年不到 40 个。并且由于对中国的羊毛出口量相对稳定波动，对大多数其他目的地的出口量减少，引起对中国出口量所占比重大幅提升，至 2015 年已达到 75.49%，使得中国成为名副其实的澳大利亚羊毛最大出口目的地，出口份额远超其他地区。印度发展成为第二大出口目的国，但澳大利亚对其出口量从 2000 年的 3.98 万吨减少至 2015 年的 2.39 万吨，出口量所占比重从 6.01% 小幅提升至 6.96%。捷克、意大利和韩国居于其后，出口量所占比重均在 5% 以下，见表 4。

表 4　澳大利亚羊毛出口的国别结构变化情况　　单位：万吨，%

排名	2000 年			2005 年			2010 年			2015 年		
	国家	数量	比重	国家	数量	比重	国家	数量	比重	国家	数量	比重
1	中国	24.43	36.90	中国	26.58	60.52	中国	27.26	76.24	中国	25.92	75.49
2	意大利	11.21	16.94	意大利	4.78	10.88	印度	2.63	7.36	印度	2.39	6.96
3	印度	3.98	6.01	印度	2.93	6.68	意大利	1.50	4.19	捷克	1.56	4.56
4	德国	3.38	5.11	捷克	1.38	3.15	捷克	1.41	3.95	意大利	1.44	4.20
5	法国	3.00	4.53	泰国	0.70	1.59	韩国	0.49	1.36	韩国	0.88	2.57

资料来源：UN Comtrade 数据库。

2000 年，新西兰的羊毛出口目的地近 60 个，到 2015 年也保持在 50 个左右，相对澳大利亚出口国别更分散。然而与澳大利亚羊毛出口国别结构表现相似，新西兰也主要向中国出口羊毛，对其出口量从 2000 年的 3.58 万吨增至 2015 年的 7.29 万吨，出口量占新西兰出口总量的比重也从 19.10% 大幅提升至 57.39%，远超其他出口目的地水平，羊毛出口集中性显著加强。此外，英国、意大利、印度和德国也是新西兰的出口目的地，但出口量及其所占比重相对较小，至 2015 年新西兰对这些国家的羊毛出口量均不足 1 万吨，出口量所占比重也都在 8% 以下（见表 5）。整体来看，澳大利亚的羊毛出口集中性更强，2015 年出口量的 75% 都出口到了中国，而同期新西兰羊毛出口量的 57% 出口到中国，出口目的地也更多，相对而言，新西兰羊毛出口的分散程度较高。

表 5　新西兰羊毛出口的国别结构变化情况　　单位：万吨，%

排名	2000 年			2005 年			2010 年			2015 年		
	国家	数量	比重	国家	数量	比重	国家	数量	比重	国家	数量	比重
1	中国	3.58	19.10	中国	4.02	25.84	中国	5.87	43.58	中国	7.29	57.39
2	英国	2.93	15.64	英国	2.03	13.08	英国	1.29	9.61	意大利	0.96	7.57
3	印度	1.54	8.21	意大利	1.35	8.70	印度	1.09	8.07	英国	0.85	6.69
4	意大利	1.44	7.68	印度	1.31	8.40	意大利	1.01	7.49	印度	0.67	5.24
5	德国	1.30	6.91	比利时	1.10	7.07	德国	0.59	4.36	德国	0.65	5.09

资料来源：UN Comtrade 数据库。

4. 对中国出口小幅波动增长，但在中国市场份额下降

澳大利亚和新西兰作为世界排名前列的羊毛出口国，也是中国羊毛的前两大进口来源国，两国对中国的羊毛出口小幅波动增长。2000～2015 年，澳大利亚和新西兰对中国的羊毛出口量分别从 24.43 万吨、3.58 万吨波动增至 25.92 万吨、7.29 万吨，年平均增长率依次为 0.40%、4.86%。其中，澳大利亚对中国羊毛出口规模波动较为剧烈，出口量增减起伏波动，2003 年对中国出口量迎来最低水平 13.94 万吨，2005 年开始对中国出口量围绕 26 万吨水平上下小幅波动。相对而言，新西兰对中国的羊毛出口规模较小，但出口量一直保持稳步增加趋势。从出口量在中国市场的份额来看，澳大利亚对中国的羊毛出口量占世界对中国羊毛出口总量的比重从 2000 年的 71.84% 波动降至 2015 年的 53.71%，与此相反，新西兰对中国的羊毛出口量占世界对中国羊毛出口总量的比重从 10.52% 提升至 15.12%。可见，尽管澳大利亚在中国市场的份额下降，但仍占中国一半以上份额。此外，受澳大利亚市场份额下降的影响，澳大利亚和新西兰二者出口份额合计也下降，从 2000 年的 82.36% 降至 2015 年的 68.83%，虽然仍表现为承包了大部分中国羊毛贸易需求，但中国羊毛的进口来源有所分散，见图 10。

从出口价格看，澳大利亚和新西兰两国对中国出口的羊毛价格经历了小幅波动、快速上涨和持续回落三个阶段。2000～2009 年，两国对中国出口的羊毛价格小幅波动上涨，分别从 2602.95 美元/吨、1911.43 美元/吨上涨至 3994.61 美元/吨、2666.24 美元/吨，年平均增长率为 4.87%、3.77%；2009～2011 年，澳大利亚和新西兰对中国出口的羊毛价格快速上涨，分别上涨至 8053.18 美元/吨、5054.90 美元/吨，达到了 2000 年以来的出口价格最高水平；此后，澳大利亚和新西兰对中国出口的羊毛价格逐步回落至 2015 年的 6108.66 美元/吨、4382.98 美元/吨，见图 11。

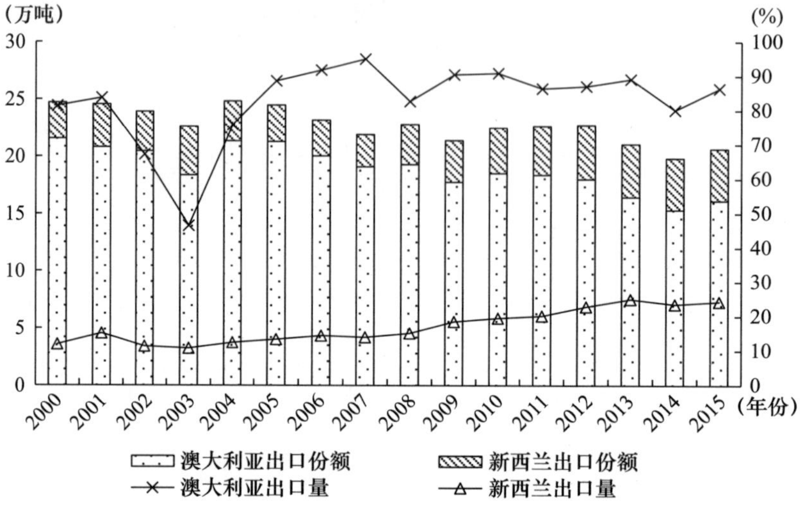

图10　澳大利亚、新西兰对中国出口的羊毛规模变化情况

资料来源：UN Comtrade 数据库。

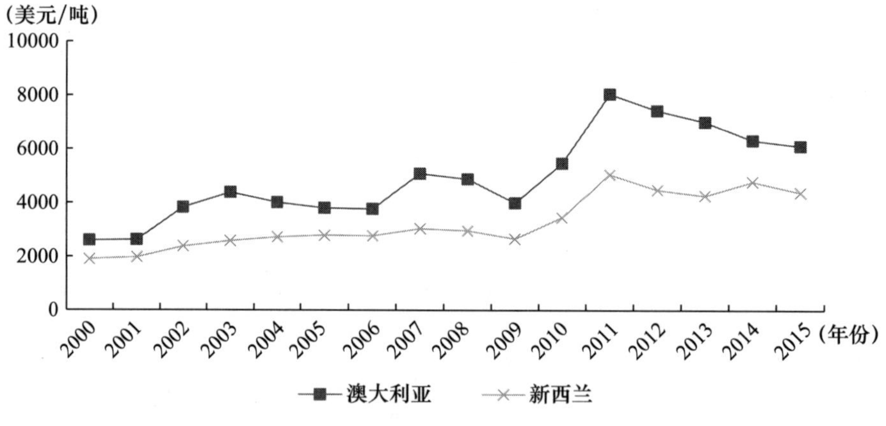

图11　澳大利亚、新西兰对中国出口的羊毛价格变化情况

资料来源：UN Comtrade 数据库。

（二）国际竞争力情况

1. 供给水平位居世界前列

作为衡量羊毛出口国际竞争力的基本指标，一国羊毛供给水平越高，相对应的羊毛生产和贸易的数量优势越明显，更容易凭借数量优势在国际贸易市场上形成竞争优势。从直观体现供给水平的羊毛产量指标来看，2000 年以来，澳大利亚和新西兰的羊毛产量变化与世界羊毛产量变化趋势相同，均有所下降，分别从 67.10 万吨、25.72 万吨降至 2013 年的 36.05 万吨、16.50 万吨，年平均降幅分别达到 4.67%、3.36%。具体来看，2000～2009 年，两国羊毛产量处于持续波动下降阶段，由于前期绵羊养殖业的快速发展，羊毛产量持续增加，而欧美、日本等国经济持续不景气，对羊毛需求下降，使得羊毛库存大量积压。同时受到替代纤维的价格吸引，纺织工业开始调整原料结构，大量使用化纤、棉花等纤维，进一步造成羊毛需求下降。世界羊毛整体供过于求，羊毛价格大幅下跌，国内羊毛生产者生产积极性减弱。再加上遭遇干旱气候、“口蹄疫”等传染性疫情，进一步恶化了绵羊生存和羊毛生产环境，加剧了国内羊毛生产者退出速度，导致此阶段两国羊毛生产持续性走下坡路。2009 年以后，随着世界羊毛生产形势改善，两国绵羊养殖和羊毛生产进入平稳阶段，羊毛产量维持在 36 万吨、16 万吨。虽然澳大利亚和新西兰两国羊毛产量有所下降，但这是顺应世界羊毛供求市场形势的生产调节行为，两国羊毛生产在世界市场的排名一直较为稳定。其中，澳大利亚羊毛产量的排名在 2010 年以前均是世界第一，2010 年开始被中国赶超成为世界第二大羊毛生产国；新西兰的羊毛产量排名一直保持在世界第三。可见，澳大利亚和新西兰两国羊毛供给水平均居世界前列，并且与目前排名世界第一的中国国内羊毛供不应求情况相比，两国的国内羊毛加工消费需求有限，有相对充足的羊毛数量用于出口贸易，在出口目的国市场上更有条件创造和保持规模竞争优势，见图 12。

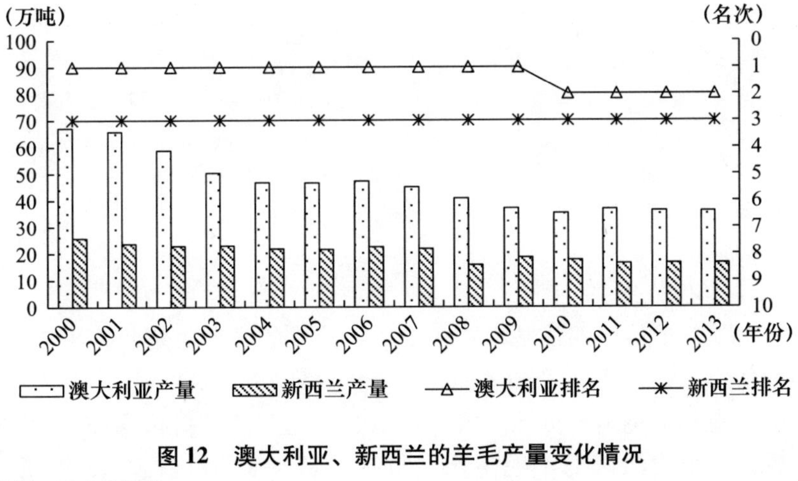

图 12　澳大利亚、新西兰的羊毛产量变化情况

资料来源：FAO 数据库。

2. 单产水平位居世界前列

单产水平是衡量羊毛产出水平的重要指标，在养殖规模一定的情况下，单产水平越高，则羊毛产量越高，越有潜力和能力成为世界羊毛生产大国，在国际市场上获得竞争优势。2000 年以来，澳大利亚和新西兰的羊毛单产水平基本维持稳定，分别在 4.5 千克/只、5.5 千克/只水平上下小幅波动。2000～2013 年，两国羊毛单产水平分别从 4.6 千克/只、5.6 千克/只降至 2013 年的 4.4 千克/只、5.3 千克/只，年平均降幅均在 0.5% 以内。可见，由于澳大利亚主要生产细羊毛，而新西兰主要生产细度较粗的半细羊毛，澳大利亚的羊毛单产水平低于新西兰。两国作为世界主要出口国，羊毛生产性能均较为稳定。并且从羊毛单产水平的世界排名情况来看，除 2008 年以外，新西兰的羊毛单产水平均排名世界第一；澳大利亚羊毛单产水平的排名从 2000 年的世界第二下降并维持在世界第四。总体来看，两国羊毛生产性能较为稳定，单产水平又位居世界前列，具有一定的生产优势和排名优势，见图 13。

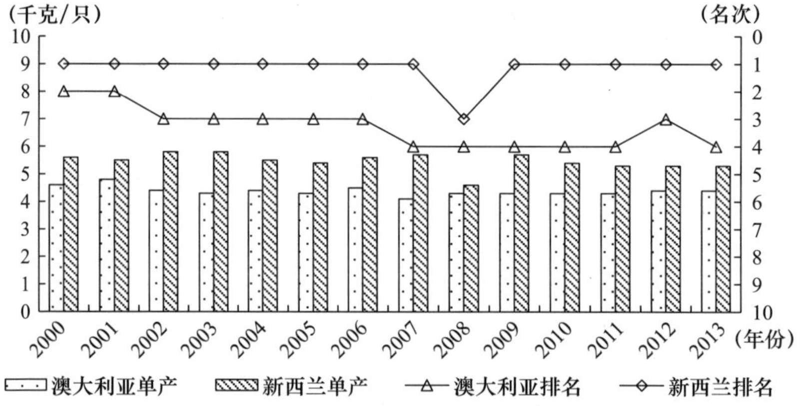

图 13　澳大利亚、新西兰的羊毛单产变化情况

资料来源：FAO 数据库。

3. 生产成本优势增强

生产成本是羊毛价格的最基本构成，生产成本的高低决定着羊毛产品在世界市场上的竞争力。以包含生产成本的生产者价格来看，2000 年，澳大利亚、新西兰、中国、南非、英国等世界主要出口国的羊毛生产者价格均在 2000 美元/吨以下；此后该五个出口国的羊毛生产者价格均波动上涨，至 2015 年澳大利亚、新西兰、南非、英国的羊毛生产者价格依次为 4603 美元/吨、3090 美元/吨、5198 美元/吨和 2429 美元/吨。其中，澳大利亚羊毛的生产者价格仅低于南非水平，主要由于澳大利亚主要养殖生产细羊毛的美利奴细毛羊，而细毛羊养殖要求精细化管理，对圈舍条件要求高，科技投入和劳动力投入也较高，导致羊毛生产成本较高。与此不同，新西兰羊毛的生产者价格仅高于英国水平，这与新西兰主产半细羊毛的生产结构相关。但是从生产者价格的比价来看，将羊毛生产者价格最低的英国作为比照对象，2000 年澳大利亚、新西兰、南非三国①的比价为 2.34、1.96 和 2.25，到 2015 年已分别降至 1.89、1.27 和 2.14，降幅依次为 19.13%、35.02%和 4.77%（见图 14）。可见，澳大利亚和新西兰与英国羊毛生产者价格的比价下降程度更大，反映出在世界前列的羊毛出口国中，澳大利亚和新西兰两国的羊毛生产成本的相对优势在增强，并且较其他国家增强趋势更为明显。

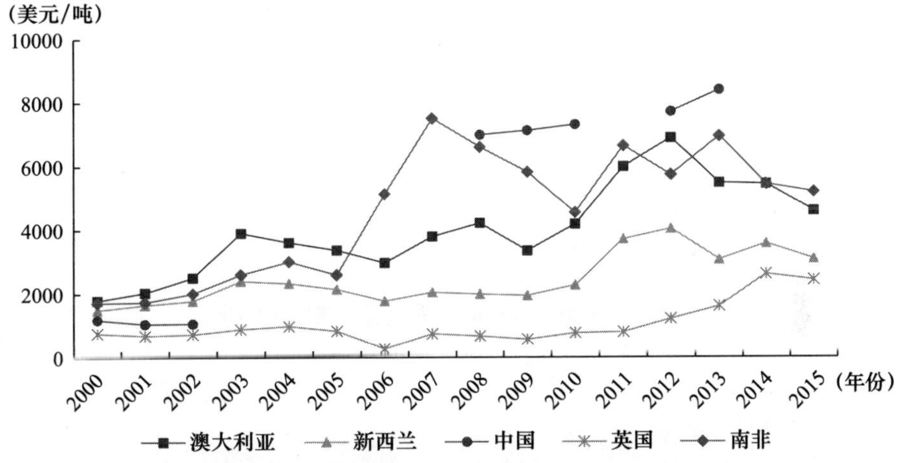

图 14　主要出口国的羊毛生产者价格变化情况

资料来源：FAO 数据库。

4. 出口价格呈现优势

出口价格直观显示了各国羊毛出口的价格竞争优势。从世界前十大羊毛出口国的羊毛出口价格来看，新西兰羊毛出口价格低位波动，澳大利亚羊毛出口价格稍高，但是价格排名居于中下水平。2000 年，新西兰的羊毛出口平均价格为 2161.79 美元/吨，仅高于南非水平，低于英国、中国、乌拉圭、阿根廷等国水平，远低于德国、意大利水平。此后，新西兰羊毛出口平均价格低位平缓上涨，价格波动和水平与英国较为相近，至 2015 年出口价格仅高于英国，出口价格长

① 由于数据缺失，无法比较中国与英国羊毛生产者价格的比价。

期呈现低价优势。与此同时，澳大利亚羊毛出口平均价格从2000年的2847.71美元/吨波动上涨至2015年的6388.04美元/吨，此价格水平高于英国、新西兰、阿根廷、南非四国的羊毛出口价格水平，在世界前十大羊毛出口国中排名第六，处于中间偏后位置。整体来看，澳大利亚和新西兰两国的羊毛出口价格基本处于主要出口国中的中低位水平，出口价格呈现出竞争优势，见图15。

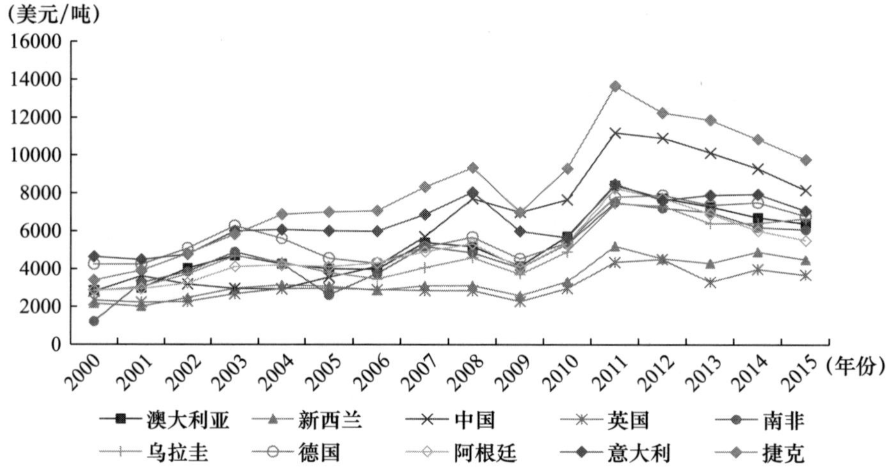

图15 主要出口国的羊毛出口价格变化情况

资料来源：UN Comtrade数据库。

（三）国内政策情况

1. 取消扭曲生产扶持政策，依靠市场机制调节生产

澳大利亚和新西兰是市场经济高度发达的国家，作为世界贸易组织成员国，畜牧业经济体制的自由化程度不断提升，减少了对畜牧业发展产生干预和扭曲的“黄箱”政策，趋向于WTO认可的“绿箱”政策。在此背景下，两国羊毛生产政策也有所调整，取消了对价格和贸易产生扭曲的生产扶持政策，转向对羊毛生产提供服务支撑，农牧场主依据市场行情变化自行调节生产。

从澳大利亚来看，政府从1974年至1997年实施了20多年的羊毛价格支持政策。20世纪70年代，澳大利亚羊毛产业在经历一轮繁荣时期后，羊毛价格开始一路下跌至最低水平，为0.60澳元/千克，国内羊毛产业受价格影响发展低迷。在此背景下，澳大利亚建立实施了羊毛最低保护价方案，防止澳大利亚羊毛价格过低，保护羊毛生产者利益，重振国内羊毛生产。其具体做法是：当羊毛拍卖价格低于预定的最低保护价格时，澳大利亚羊毛公司收购全部羊毛，等到以后年份价格回升再将羊毛出售。澳大利亚的羊毛政策与通常农产品支持政策做法的

不同之处在于澳大利亚羊毛公司的收购资金来源是通过向羊毛生产者按照羊毛产值进行征税获得的，而不是完全由政府财政收入提供。但是这样的价格支持政策仍然没有摆脱终结的厄运，究其原因有二：一是“冷战”结束之后，澳大利亚羊毛主要需求国——苏联解体，外部需求迅速下滑，澳大利亚羊毛出口数量因此大幅度下降，但羊毛收购仍然不断增加，羊毛无法及时销售出去；二是国内制定的最低保护价格水平相对较高，导致财政支出增加，羊毛市场崩盘。20 世纪 80 年代，羊毛市场价格上升接近 1000 澳分/千克，该时期恰逢澳元贬值，羊毛立即成为保值增值的大宗商品，在羊毛生产者的利益要求下，澳大利亚羊毛公司将羊毛保护价从 350 澳分/千克上调到 850 澳分/千克。外需下降，羊毛收购的数量却不断增加，到 20 世纪 90 年代，羊毛收储囤积数量太多，收购羊毛的资金越来越紧张，由此引发的政府财政支出不断增加，囤积的羊毛无法销售出去，又促使羊毛“贬值”，羊毛价格泡沫破灭，最后顺应国内农业管理体制改革，羊毛价格支持政策在 1997 年被迫终止取消。此外，自 1989 年羊毛价格进入泡沫破灭时期，澳大利亚政府又通过对羊毛生产中可变投入进行补贴，保障羊毛生产者的利益，扶持国内羊毛生产。但到 1998 年，该扶持政策也因农业管理体制改革而被取消。

根据 OECD 测算体系，澳大利亚对羊毛的生产者补贴水平（单项产品生产者转移，PSCT）仅由市场价格支持和可变投入品补贴两部分构成。1986 年以来，澳大利亚对羊毛的市场价格支持先从 39.53 百万澳元波动增至 1990 年的 380.09 百万澳元，随后又波动下降至 1997 年的 27.27 百万澳元，1998 年开始澳大利亚不再对羊毛进行市场价格支持补贴；1989 ~ 1998 年，澳大利亚对羊毛的可变投入品补贴一直在 1 亿澳元以下，1999 年开始不再享受该项补贴。从生产者补贴率（%PSCT）[①] 来看，澳大利亚羊毛生产者补贴率变化与生产者补贴水平变化极为相似，先从 1986 年的 1.19% 快速增至 1990 年的 10.15%，后又下降并维持在 1999 年的 0% 水平（见图 16）。可见，自 1999 年开始，澳大利亚对羊毛的生产者补贴水平长期为 0，羊毛生产受到的政府干预减少，转向依靠市场机制进行调节。政府对羊毛产业的扶持从价格支持政策趋向于 WTO 认可的“绿箱”畜牧业政策，如税率改革：2000 年政府对羊毛生产者进行了一轮羊毛税收调查，最终确定将羊毛税率由原先的 4% 降至 2%，缓解羊毛产业发展低迷对羊毛生产者利益的影响；税收使用改革：由于澳大利亚政府不再使用羊毛税收实施最低保护价制度，取而代之的是将羊毛税收投入到羊毛科技研发与市场营销环节，通过这些补贴政策措施来支持羊毛产业发展。税收使用主要投入到澳大利亚羊毛产业创新公司，除了羊毛税收之外，政府拨款与投资者投资也是该公司的经费来源。澳大

① 即特定农产品获得的生产者补贴水平（PSCT）与生产该产品经营收入的比值。

利亚羊毛产业创新公司是公益性质公司，澳大利亚羊毛生产者对该公司持有股份，该公司代表了全体羊毛生产者的利益。澳大利亚羊毛产业创新公司主要从事羊毛产业的项目投资、研发与市场营销活动，服务于羊毛生产者。在科技研发上，实施了农场内研发与农场外研发项目，涉及绵羊选育、农场适应气候变化影响、剪羊毛技术、羊毛产品分选加工等各个环节。而市场营销经费主要用于促进羊毛出口，拓展海外市场，建立羊毛品牌标识、声誉等方面。研发与市场营销经费虽然没有直接用于拨付给生产者，但是经费使用的目的却在于促进羊毛产业发展，因此，经费的最终受益人仍然是羊毛生产者①。

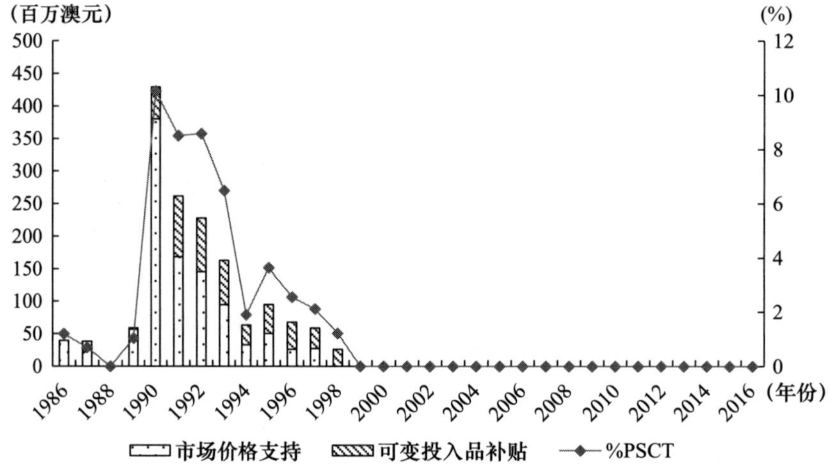

图 16　澳大利亚羊毛的生产者补贴变化情况

资料来源：OECD 数据库。

从新西兰看，20 世纪 70～80 年代，包括羊毛在内的农产品竞争力遭到工业发展的破坏，无法适应国际市场的激烈竞争，出口回报下降。为了促进本国羊毛产业发展，新西兰政府在 20 世纪 80 年代初成立了专门的委员会，对羊毛产业实施高额补贴政策，稳定羊毛价格，其中对投入品的补贴包括化肥补贴、运输补贴等。与此同时，新西兰羊毛市场需求大幅度上升，羊毛价格居高不下，大量生产者纷纷进入，但是 80 年代之后，羊毛市场供给逐步超过需求，羊毛价格开始下跌。为此，新西兰政府着手采取增加财政赤字的方式收购羊毛，以达到维持羊毛生产者基本生活水平的目标。1983 年，羊毛行业收入急速下降，为了保护羊毛

① 周向阳等．澳、新、美羊毛价格政策及对我国的启迪［J］．经济问题探索，2011（11）：186－190.

生产者的利益，并弥补高估汇率和成本提升给生产者带来的损失，新西兰政府又着手实施最低收购价格方案，推行羊毛价格支持政策。新西兰价格支持计划稳定了农场主的收入，羊毛生产的积极性也有所提高。但该时期农业生产补贴与价格支持政策的实施，使新西兰政府财政不堪重负，外债高筑，经常项目赤字巨大，借贷信用下降，国内通胀压力巨大，经济已处于崩溃边缘。1984 年，新西兰的财政赤字已占到国内生产总值的 9%，公共赤字占公共支出的 15%。1984 年，第四届工党政府上台后开始推行以农牧业改革为突破口的经济改革，其宗旨是“创造一个充满活力的市场经济”。在农业领域，减少对农场主的资金补贴，逐渐取消资金补助及其他援助计划，逐步取消在税收、产品检验和技术咨询方面的优惠措施，政府的补贴政策全面转变成指导性政策，羊毛最低价格收购制度同年也被废除。此后，新西兰农业既没有了市场保护，也不再设置贸易壁垒，农业生产者必须面临更加自由的市场竞争。从 20 世纪 80 年代中期的农业改革之后，羊毛的生产者补贴水平大幅下降，1986 年以后至今持续为零支持。国内羊毛生产遵循市场经济规律，农场主根据市场信息反馈调节生产决策，不享有市场价格支持、生产资料补贴等扭曲羊毛生产和贸易的“黄箱”类政策。但是，新西兰羊毛生产的农场主会享受政府提供的一些农牧业“绿箱”政策，包括一般性服务，如农业科研、病虫害控制、培训服务、技术推广和咨询服务等；动植物防疫及食品卫生检疫；自然灾害救济；农业结构调整资助以及环境保护计划下的补贴等方面。

总体来看，澳大利亚和新西兰两国羊毛生产早就不再享受生产者补贴，目前政府提供的生产政策主要为羊毛生产的科技研发、市场营销等各类服务支持。

2. 实行对外开放和自由贸易政策，贸易自由化程度提升

澳大利亚和新西兰都是资源大国、人口小国，利用本土自然资源生产的优势农牧产品供过于求，需要依赖出口来支付从国外进口的货物和服务，可以说，农牧产品出口贸易对两国经济至关重要，是对外贸易依赖型经济。因此，两国基于利益需要，一直坚持实行对外开放和自由贸易政策，通过积极实行多边贸易体制、签订自由贸易协定等方式，创造自由贸易环境，有效提升了羊毛贸易的自由化程度。

在多边贸易体制方面，澳大利亚和新西兰两国均于 1995 年加入世界贸易组织（WTO）。世界贸易组织主要职能是确保贸易在成员国之间尽可能顺畅、自由地流动。世界贸易组织以协商一致方式运作，每个成员的意见都有相同的分量，所有成员必须在作出决定前达成一致意见，所有成员都有义务遵守达成的决定。截至 2017 年，世界贸易组织成员国已达到 164 个，是名副其实的世界最大多边贸易体制。加入世界贸易组织对澳大利亚和新西兰羊毛贸易有利的方面主要体现

在：一是成员国均遵守 WTO《农业协议》，按照协议内容增加市场准入机会、维护公平竞争，削减国内支持、消除农产品价格扭曲，削减出口补贴、促进公平贸易，保护人类健康和动植物生命安全、实施动植物卫生检疫，使得两国羊毛贸易面临更加公平、自由、开放的贸易环境，羊毛产品竞争优势相对进口国更加凸显；二是新国家申请加入世界贸易组织时，若澳大利亚和新西兰是该国羊毛进口的主要供应国，那么两国就拥有该国羊毛最惠国税率的最终谈判权，谈判达成后该国将自约定的实施期开始按照最终约束税率自其他成员国进口羊毛。可见，澳大利亚和新西兰拥有最终谈判权，就可以通过谈判，为本国羊毛出口争取最大的最惠国税率，有利于进一步扩大在成员国市场上的份额，推进羊毛贸易自由化进程加快。例如，在中国申请加入世界贸易组织时，澳大利亚和新西兰就获得了中国羊毛的最惠国税率最终谈判权（见表 6），有利于两国在谈判中讨价还价，为本国羊毛出口到中国争取最大利益。

表 6　中国加入 WTO 的羊毛最惠国税率情况

<table>
<tr><th>税号</th><th>商品描述</th><th>最初配额量和配额内税率</th><th>最终配额量和配额外税率</th><th>实施期</th><th>最终谈判权</th></tr>
<tr><td>510111</td><td>未梳含脂剪羊毛</td><td rowspan="5">253250 吨
1%</td><td rowspan="5">287000 吨
1%</td><td rowspan="8">2004 年</td><td rowspan="5">澳大利亚、智利、哥伦比亚、新西兰、乌拉圭</td></tr>
<tr><td>510119</td><td>其他未梳含脂羊毛</td></tr>
<tr><td>510121</td><td>未梳脱脂剪羊毛，未碳化</td></tr>
<tr><td>510129</td><td>其他未梳脱脂剪羊毛，未碳化</td></tr>
<tr><td>510130</td><td>未梳碳化羊毛</td></tr>
<tr><td>510510</td><td>粗疏羊毛</td><td rowspan="3">68750 吨
3%</td><td rowspan="3">80000 吨
3%</td><td rowspan="3">澳大利亚、智利、哥伦比亚、马来西亚、新西兰、乌拉圭</td></tr>
<tr><td>510521</td><td>精梳羊毛片毛</td></tr>
<tr><td>510529</td><td>羊毛条及其他精梳羊毛</td></tr>
</table>

资料来源：《中国加入世界贸易组织法律文件》。

在签订自由贸易协定方面，除加入世界贸易组织以外，澳大利亚和新西兰两国也积极同成员国开展自由贸易协定谈判，以期进一步减少贸易壁垒，简化贸易流程，降低贸易成本，寻求市场机会，提高本国在合作伙伴市场的出口竞争力。目前，澳大利亚已经和新加坡、美国、泰国、智利、东盟、新西兰、马来西亚、韩国、中国等 17 个国家和地区签订了自由贸易协定并生效；新西兰已经和中国、东盟、澳大利亚、马来西亚、韩国等 16 个国家和地区签订了自由贸易协定并生效。两国已生效的自由贸易协定为羊毛出口贸易的发展提供了更进一步的便利条件，其中最主要体现在自由贸易协定承诺的关税减让方面。根据自由贸易协定文本内容，与澳大利亚或新西兰签订自由贸易协定的国家均为对方提供了较大力度的羊毛关税减让，大多数国家均将自澳大利亚或新西兰进口的羊毛关税削减到零关税。中国作为新西兰和澳大利亚羊毛出口的最大目的地，分别于 2008 年 4 月 7 日、2015 年 6 月 17 日与两国签署了自由贸易协定。按照关税减让承诺，中国对新西兰原产羊毛、澳大利亚羊毛均提供了免税国别关税配额量，对国别配额量内税目羊毛商品进口实行了零关税待遇。其中，对新西兰原产的原毛和洗净毛、羊毛条的国别关税配额量逐年增加，从 2009 年的 25000 吨、450 吨增至 2017 年的 36936 吨、665 吨，之后国别配额数量维持 2017 年水平；对澳大利亚的原毛、洗净毛和羊毛落毛提供的免税国别关税配额量也从 2016 年的 3 万吨持续增至并维持在 2024 年的 44324 吨。自由贸易协定的签订为澳大利亚和新西兰羊毛出口中国提供了优于其他国家的配额优惠、关税优惠，使得两国羊毛贸易优势在中国市场更加凸显。尽管澳大利亚和新西兰对中国羊毛出口享受国别关税配额待遇，但由于羊毛进口主要用于解决国内生产企业原料需求问题，从两国进口享受国别关税配额优惠羊毛的中国企业还面临一些条件限制。除在工商行政管理部门登记注册，具有良好的财务状况、纳税记录和诚信情况，在商务、海关、外汇、工商、税务、质检、社保、环保等方面无违法、违规、失信记录，没有违反《农产品进口关税配额管理暂行办法》和《2016 年羊毛、毛条进口关税配额管理实施细则》行为等前提外，国别关税配额申请者还必须为持有上年国别关税配额且有进口实绩（不包括代理进口）的企业或者羊毛、毛条年加工能力 3000 吨及以上的毛纺生产企业，见表 7。

表 7　澳大利亚和新西兰主要自由贸易协定中羊毛关税减让情况

自由贸易协定	签署时间	关税减让情况
澳大利亚—美国	2004 年 5 月 18 日	51011160：18.7 美分/千克（净毛）→0（2008.1.1） 51011960：18.7 美分/千克（净毛）→0（2014.1.1） 51012140、51012940：20.6 美分/千克（净毛）→0（2014.1.1） 51012170、51012970、51013070：6.5 美分/千克 +5.3%→0（2014.1.1） 51013040：24.4 美分/千克（净毛）→0（2014.1.1） 51051000：6.5 美分/千克 +5.3%→0（协定生效时） 51052100：3.7 美分/千克 +3%→0（协定生效时） 51052900：3.9 美分/千克 +3.1%→0（协定生效时）
澳大利亚—泰国	2004 年 6 月 5 日	1%→0%（2015.1.1）

续表

自由贸易协定	签署时间	关税减让情况
澳大利亚—智利	2008 年 6 月 30 日	510111、510121、510510、510529：6%→0（2014. 1. 1） 510119、510129、510130、510521：6%→0（2009. 3. 6）
澳大利亚—东盟—新西兰	2009 年 2 月 27 日	柬埔寨：7%→0（2021. 1. 1）；印度尼西亚：5%→0（2010. 1. 1）；老挝：5%→0（2021. 1. 1）；缅甸：0. 5%→0（2020. 1. 1）；菲律宾：1%→0（2010. 1. 1）；泰国：1%→0（2009. 1. 1）
澳大利亚—中国	2015 年 6 月 17 日	5101：配额量 30000 吨（2016）→44324 吨（2024 及以后），配额内关税 0%，配额外关税 38%
新西兰—中国	2008 年 4 月 7 日	5101：配额量 25000 吨（2009）→36936 吨（2017 及以后），配额内关税 0%，配额外关税 38% 51010、510521 和 510529：配额量 450 吨（2009）→665 吨（2017 及以后），配额内关税 0%，配额外关税 38%
新西兰—东盟—澳大利亚	2009 年 2 月 27 日	柬埔寨：7%→0（2021. 1. 1）；印度尼西亚：5%→0（2010. 1. 1）；老挝：5%→0（2021. 1. 1）；缅甸：0. 5%→0（2020. 1. 1）；菲律宾：1%→0（2010. 1. 1）；泰国：1%→0（2009. 1. 1）

资料来源：澳大利亚外交贸易部网站、新西兰外交和贸易部网站。

三、发展潜力

（一）资源潜力

从草场资源看，生产羊毛的绵羊是草食性畜种，其饲养离不开草场资源。草场资源的数量和质量，决定着绵羊养殖和羊毛生产规模的发展空间。中国、澳大利亚和新西兰能够成为世界绵羊养殖大国和羊毛生产大国，在很大程度上得益于本地丰富的草牧场资源。根据 FAO 数据显示，2000 年以来世界永久草场面积小幅波动减少，从 34. 17 亿公顷减至 2014 年的 33. 16 亿公顷，年平均降幅为 0. 22%。但值得注意的是，2009 年至今世界永久草场面积较为稳定，维持在 33. 20 亿公顷左右。与此相似，中国、澳大利亚和新西兰等国永久草场面积近年来也较为稳定。草场资源的稳定在很大程度上保障了绵羊养殖饲草料需求。此外，主要绵羊养殖国家意识到草场对绵羊养殖和羊毛生产可持续发展的重要性，不断加强对草业体系发展的重视。通过重视草场的建设与改良，开展科学围栏、放牧等管理，建设利用人工草场，秉持“以栏管畜、以畜管草、以草定畜、草畜平衡”的原则，不断改善和提高草场生产性能，保障绵羊养殖的饲草料供给，扩展绵羊等草食畜牧业的发展空间。但是，近年来由于自然气候变化的影响，世界各国草场资源发展面临干旱威胁。如中国内蒙古、甘肃等主产区个别年份受夏季降水持续偏少的影响草场遭遇严重旱灾；澳大利亚受地理位置、复杂多变降雨模式和厄尔尼诺天气影响属于易旱地区，自 2002 年开始遭遇了持续性干旱少雨天气，其中羊毛主产区旱灾尤为严重；新西兰因厄尔尼诺气候遭遇比澳大利亚更频繁和严重的旱灾影响，近年来持续经历夏季干旱，范围更加广泛，影响越发显著（见图 17）。旱灾因其发生频率高、范围广、持续时间长，是对草原危害最为严重的自然灾害之一，不仅直接影响牧草生长、质量和产量，造成草场沙化、退化，而且会影响牲畜饮水和生长，并容易引发草原火灾、鼠害等灾害，进一步加剧对草场的危害，不利于绵羊养殖业发展和羊毛生产。有气象学家表示，未来可能将频繁发生这样的极端干旱天气，给草原生态环境发展趋势带来不确定性。

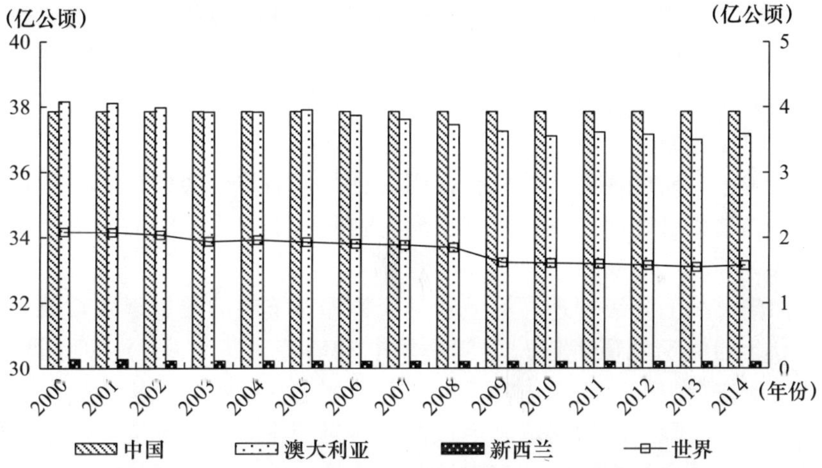

图 17　世界及主要生产国永久草牧场资源变化情况

资料来源：FAO 数据库。

从畜种资源来看，世界绵羊资源非常丰富，优良品种繁多。目前，世界有上百种绵羊品种，按照所生产羊毛类型不同，绵羊品种可以简单分类为三种：一是细毛羊，所产毛纤维属于同一类型，细度在 60 支以上，毛丛长度 7 厘米以上，细度和长度比较均匀，并具有整齐而明显的弯曲，密度大；二是半细毛羊，所产羊毛被毛由同一纤维类型的细毛或两型毛组成，羊毛纤维的细度为 32 ~ 58 支；三是粗毛羊，被毛为异质毛，由多种纤维类型组成，一般含有无髓毛、两型毛、有髓毛和干死毛。粗毛羊产毛量低，毛品质差，只能做粗呢、地毯和擀毡用。细毛羊优良品种以美利奴羊为代表，该品种按照羊的体重、羊毛长度和细度分为强毛型、中毛型、细毛型和超细型，能够生产出产量细度在 60 ~ 120 支、净毛率在

60%～70%的细羊毛。半细毛羊优良品种以新西兰考利代羊为代表，该品种绵羊公羊的剪毛量在10～12千克，母羊剪毛量5～6千克，羊毛长度12～14厘米，细度50～60支，匀度良好，强度大，弯曲明显，油汗适中，净毛率为60%～65%。这些优良绵羊品种产毛性能优越，为改良绵羊生产性能、提高羊毛质量提供了先决条件和发展潜能。

从质量资源看，羊毛生产发达的国家基本实现了羊毛质量的现代化管理体系建设，其他羊毛生产国也朝此方向不断努力。澳大利亚和新西兰作为羊毛生产发达国家的代表，羊毛质量管理体系已成为其他国家学习的典范。澳大利亚的羊毛质量管理从羊品种及饲养放牧管理、剪毛分级人员管理、羊毛分级管理、羊毛质量指标检测程序等方面确保了羊毛质量管理体系的完整性。

首先，注重绵羊品种管理，从羊的品种和养羊放牧源头出发，农场主一般将不同品质的羊分群饲养，每群中把同一羊种中羊龄相同或相近的羊组成若干组放牧饲养，可使羊龄接近的绵羊在相同的饲养放牧条件下长出物理性能相近的羊毛，提高同批羊毛的均匀性，为流通中羊毛的分级分类打下了良好基础。

其次，加强剪毛、分级人员管理，剪毛、分级人员是羊毛商品准备工作的具体实施者，为了提高这些人员的素质，澳大利亚羊毛委员会推行了一套强制性的羊毛分级员登记注册制度，规定所有在澳大利亚从事羊毛分级的分级员均应登记注册、服从管理。

再次，普及羊毛分级管理，剪毛和分级整理对羊毛的质量至关重要。澳大利亚剪毛由专业的剪毛队伍进行，全部采用电动剪毛，每2～3分钟可剪一只羊。剪下的套毛摊在专门的分级除边台上，将毛梢朝上，除边前先集中把有疵点和缺陷的毛从套毛中去除。除边后的套毛根据手感目测按照分级标准进行羊毛分级。

最后，推行质量指标检测，客观检验制度最先由澳大利亚推行，在推行方法上采取"双轨制"，使羊毛顺利步入了凭样出售制度的轨道。羊毛品质最主要的检测指标有毛基、植物质基和纤维平均直径，其他有关指标还有羊毛纤维强力、毛丛长度、色泽等①。新西兰羊毛的检验和质量监控标准都是借鉴国际毛纺组织或者与澳大利亚联合制定，所以其羊毛质量标准和管理体系与澳大利亚基本一致。新西兰羊毛局对牧场管理、剪毛工培训、羊毛分级等都有明确的规定和严格的标准，牧场必须雇用持有新西兰羊毛局培训合格证书的剪毛工、分级员，否则羊毛局将不予认证。澳大利亚和新西兰羊毛质量管理制度更为先进，使得两国羊毛在世界上的声誉经久不衰。其他羊毛生产国争相考察、学习和借鉴，努力提升羊毛生产质量水平。

① 高雅琴，杨志强．我国与澳大利亚羊毛质量管理差距分析［J］．农产品质量与安全，2007（s1）：69－72.

整体看，世界羊毛质量的管理技术水平正处于不断提升中，尤其是在促进绵羊品种管理、羊毛分级管理、羊毛质量检测等现代质量控制技术方面发展较为迅速，为世界羊毛生产提供了强大的质量支撑，并且这些质量管理优势在未来仍将继续发挥作用。

从养殖意愿看，长期以来世界主要羊毛生产国毛肉比价大幅下降，肉用效益凸显使得各国绵羊养殖更加注重羊肉生产，优质羊毛生产积极性减弱。从世界主要羊毛生产国来看，中国毛肉比价自20世纪50年代以来持续下降，已由1952年的4∶1降至目前的不足1∶4，毛肉比价倒置使得细毛羊与肉羊的养殖效益差距进一步扩大。与小尾寒羊等肉羊品种相比，细毛羊的产羔率低，产肉率低，生长速度慢，并且要求精细化管理，对圈舍条件要求高。造成与优质多胎肉羊相比，细毛羊的养殖成本较高、年收益较低。受此影响，农牧户养殖细毛羊的积极性不高，“倒改”、“转产”现象较为严重，使得所产羊毛质量下降，细度逐渐变粗，在长度、弯曲度、强度、色泽等方面的性状也在降低，品种退化严重，细羊毛优良性状在逐渐消失。与中国相似，澳大利亚和新西兰也面临毛肉比价大幅下降的情况，该两国按生产者价格计算的毛肉比价分别从1991年的3.75、1.69下降至2013年的1.80和0.99（见图18）。肉用效益的凸显使澳大利亚和新西兰绵羊养殖品种发生了改变，很多牧场的细毛羊养殖和细羊毛生产积极性减弱，开始用毛肉两用型绵羊替代纯种美利奴羊，并且也增加了绵羊、羔羊的屠宰量，屠宰率显著上升。此外，奶牛养殖业也是澳大利亚和新西兰农业中的主要支柱产业，得益于生产成本低廉、产能巨大和质量一流，澳大利亚和新西兰乳制品在国际市场上具有较强的竞争优势。近年来，由于中国对西方乳制品尤其是婴儿奶粉需求的大幅增长，澳大利亚和新西兰成为中国的主要乳制品进口来源国。根据中国与新西兰（2008年）和澳大利亚（2015年）签订的自由贸易协定，中国自两国进口乳制品关税将分别在12年、9年内逐渐被完全取消，这带来的市场机会将显著促进两国乳制品出口和奶牛养殖业发展。澳大利亚和新西兰饲养绵羊的地区多数也是奶牛主产区，对于牧场主体而言，由养绵羊转为养奶牛的资金及技术门槛较低，导致会有越来越多的自然资源和社会资本从绵羊转到奶牛产业上。这意味着不只肉羊产业发展会对羊毛生产造成威胁，乳制品产业的旺盛也将冲击澳大利亚和新西兰的羊毛生产。整体来看，毛肉比价未来短期内会继续维持在低水平，各国羊毛生产的积极性仍将受肉羊、奶牛等品种养殖的冲击。

（二）政策支持潜力

从生产政策支持看，农业是国民经济发展的基础，农业发展状况直接影响社会的安定和发展。对农业实行补贴，是一个国家工业化发展到一定阶段的必然选择，是成功实现现代化国家的基本经验。

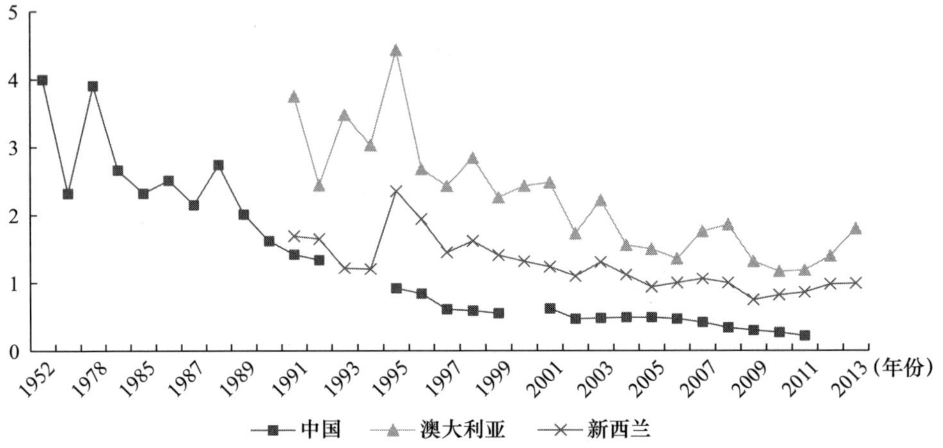

图 18　世界主要生产国的毛肉比价变化情况

注：中国毛肉比价由集贸市场价格计算而来，澳大利亚和新西兰毛肉比价由生产者价格计算而来。

资料来源：《中国畜牧兽医年鉴》、FAO 数据库。

羊毛是绵羊养殖的产品之一，但是由于在农产品中的重要性较弱，世界对羊毛实施的生产支持保护相对有限。根据 OECD 数据，2000 年 OECD 中仅美国、冰岛和挪威对羊毛进行了生产者补贴，三国羊毛生产者补贴水平为 0. 86 亿美元，此后补贴水平波动下降，2015 年仅为 0. 18 亿美元。并且与同为绵羊养殖产品的羊肉相比，羊毛生产者补贴水平远低于羊肉生产获得的补贴水平，2000 年以来基本都不及羊肉生产者补贴水平的 1%，近年来仅在 0. 5% 的水平（见图 19）。可见，包含世界羊毛生产大国在内的 OECD 国家对羊毛的生产者支持水平很低，2000 年以来均不及 1 亿美元，近年来有持续下降趋势，并且远低于同为绵羊养殖产品的羊肉生产者补贴水平，OECD 国家更倾向于对羊肉产品进行补贴。目前，在 WTO 框架下，世界各国对羊毛生产的补贴“绿箱化”特征显著，支持羊毛生产的不挂钩补贴成为演进趋势，重点关注在科技产学研结合、农牧业保险、市场营销服务等方面。未来，在世界各国财政支出水平有限前提下，考虑到羊毛的相对非重要性，世界羊毛生产者支持水平可能将继续下降，羊毛生产调节更多依赖市场机制。

从贸易政策看，英国经济政策研究中心《全球贸易预警报告》显示，随着世界经济增长显著放缓，全球范围内的贸易壁垒和贸易保护主义倾向变得日益严重，逆全球化存在势头强劲。作为全球第一大经济体的美国，从 2008 年到 2016 年对其他国家采取了 600 多项贸易保护措施，仅 2015 年就采取了 90 项，位居各国之首，贸易保护主义升级势头十分明显。但大多数国家深刻吸取 20 世纪 30 年

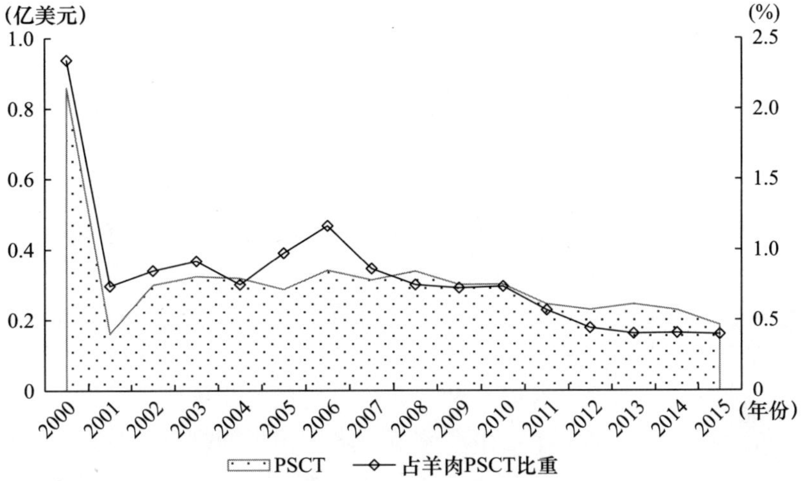

图 19　OECD 国家①的羊毛补贴变化情况

资料来源：OECD 数据库。

代初爆发世界经济大危机后采取的贸易保护主义给世界经济复苏带来严重阻碍的历史教训，支持全球化和主张全球多边贸易体制仍然是国际社会的主流趋势，更加坚定反对贸易保护主义，承诺市场开放，维护全球多边贸易体系，促进全球自由贸易。目前，世界主要羊毛贸易国在积极持续推进区域贸易协定方面的谈判，通过双边贸易协定和区域贸易协定寻求经济体间开放和合作，如主要出口国澳大利亚正与海合会、秘鲁、印度等国家和地区进行自由贸易协定谈判；新西兰正与印度、俄罗斯/白俄罗斯/哈萨克斯坦关税同盟、欧盟、太平洋联盟等进行自由贸易协定谈判；主要进口国中国也正在与海合会、日韩、以色列、智利、新加坡、巴基斯坦等国家和地区进行自由贸易协定谈判，与蒙古、加拿大、秘鲁等国的自由贸易协定也进入研究阶段。此外，2013 年中国提出“一带一路”倡议，得到国际社会的高度关注，并获得世界上 100 多个国家的积极响应。随着“一带一路”建设的不断推进，也将给世界羊毛贸易带来新的发展机遇和活力。未来，世界羊毛贸易的进一步发展仍需仰仗双边和区域自由贸易协定，由双边到区域再到多边的曲线路线，是最终实现多边规则下羊毛贸易全球化的主要路径。

（三）未来 5 年生产、出口的趋势预测

从未来羊毛生产趋势来看，在草场资源方面，近年来世界及主要绵羊养殖国家永久草场面积较为稳定，注重人工草场的建设，并且对草场的改良和保护加

① 包括美国、冰岛、挪威。

强，但干旱等极端气候频繁发生造成草场退化，未来利用草场资源扩大绵羊养殖和羊毛生产的空间有限；在畜种资源方面，优良品种为改良绵羊生产性能、提高羊毛质量提供了先决条件和发展潜能，未来羊毛生产进一步发展具有良好的基础；在质量资源方面，世界羊毛质量控制以澳大利亚和新西兰为标杆不断向现代化发展，绵羊品种管理、羊毛分级管理、羊毛质量检测等现代质量控制技术方面不断发展运用，这些质量管理优势在未来仍将继续发挥作用；在养殖意愿方面，世界毛肉比价处于低水平，肉用效益的凸显使得“倒改”、“转产”现象频发，世界羊毛生产受肉羊养殖冲击，再加上自由贸易协定签署关税减让带来的奶牛等产业发展影响，未来毛用羊养殖和羊毛生产形势仍较为严峻；在生产政策方面，由于世界各国财政支出水平有限，考虑到羊毛的相对非重要性，世界羊毛生产者支持水平可能将继续下降，羊毛生产调节更多依赖市场机制，政策支持效应发挥作用有限。在各种因素综合作用下，国际毛纺组织（IWTO）预测未来短期内世界羊毛产量将继续维持在过去 70 年以来的最低水平，在 115 万吨净毛水平上下小幅波动，见表 8。

表 8　世界及各国羊毛（净毛）产量预测情况　　单位：万吨，%

国家	2015 年	2016 年	2017 年预计		2018 年预计	
			数量	同比	数量	同比
澳大利亚	27.7	26.02	27.69	6.4	26.73	-3.4
南非	3.0	3.03	3.07	1.6	3.14	2.0
阿根廷	2.8	2.64	2.64	0.0	2.61	-1.3
美国	0.72	0.69	0.69	-0.7	0.68	-0.9
中国	17.6	17.96	18.01	0.3	18	0.0
新西兰	11.4	10.86	10.31	-5.1	10.35	0.4
印度	3.9	3.25	3.33	2.4	3.4	2.1
乌拉圭	2.2	1.83	1.84	0.7	1.84	0.0
英国	2.2	2.35	2.35	0.0	2.38	1.2
蒙古	1.7	1.9	2.06	8.1	2.27	10.2
其他	44.2	44.64	44.92	0.6	45.35	1.0
世界	116.6	114.32	117.07	1.5	115.9	-0.1

资料来源：美国绵羊协会《羊毛杂志》（2017 年 5 月）。

从未来羊毛出口趋势来看，在贸易支持政策方面，世界主要羊毛贸易国积极持续推进区域贸易协定方面的谈判，通过双边贸易协定和区域贸易协定寻求经济体间开放和合作，推进未来羊毛贸易的自由化和全球化进程，为未来羊毛贸易开展提供了发展机遇；在羊毛消费需求方面，从经济增长来看，国际货币基金组织（IMF）预测世界经济将继续延续温和低速增长态势，2017～2018年，世界经济的增长速度将在3.5%水平，较之前年份有所提高。其中，中国、美国、英国和日本等羊毛消费国家的经济增长指标较为显著积极，2017年和2018年的预期经济增长率依次分别为6.6%和6.2%、2.3%和2.5%、2.0%和1.5%、1.2%和1.6%，为世界羊毛消费需求增加和羊毛出口贸易提供了良好基础和明显信号。从原料需求看，羊毛面临棉花、化纤等纤维的替代威胁。1995～2015年，世界羊毛与棉花、化纤的价格比率均波动上升。其中，羊毛与棉花的价格比率从3左右波动上升至6.5左右，羊毛与化纤的价格比率从2左右波动上升至5左右。考虑到羊毛相对其他纤维的低水平供给，羊毛与其他纤维的价格比率在未来可能继续保持高位运行，这意味羊毛的价格竞争力越来越不如其他低价的纺织纤维，毛纺企业可能会降低产品中用毛比例，采用棉花或其他纤维作为替代，给羊毛需求量和羊毛出口带来下降威胁。整体来看，在更加开放的贸易环境、世界经济继续温和复苏、主要羊毛消费国经济增长显著等积极因素下，虽然面临棉花、化纤等纤维替代，世界羊毛原料供给低位限制的威胁，但考虑到羊毛纤维在一定程度上不可比拟的优良性能，未来短期内世界羊毛出口贸易更可能在现有水平小幅波动增加。

第六章　鸡肉国际市场

一、世界鸡肉生产现状、分布及特点

（一）世界鸡肉生产现状

肉鸡养殖由于饲料报酬率高、周转快、收益快以及鸡肉高蛋白、低脂肪、低热量、低胆固醇等特点，受到肉鸡从业者的热爱和消费者的青睐，由此产生的需求促使世界肉鸡产业不断发展壮大，鸡肉产量连年攀升（见图1）。1961年以来，世界鸡肉产量一直处于上升趋势，1962～2013年保持年均5.03%的增长率。2013年鸡肉产量为9614.12万吨，是1961年755.59万吨的12.72倍。我国鸡肉产量除了2001年略有下降外，也一直保持稳步递增的态势，1962～2013年年均增长率为6.88%。2013年鸡肉产量为1278.54万吨，是1961年44.50万吨的28.73倍。

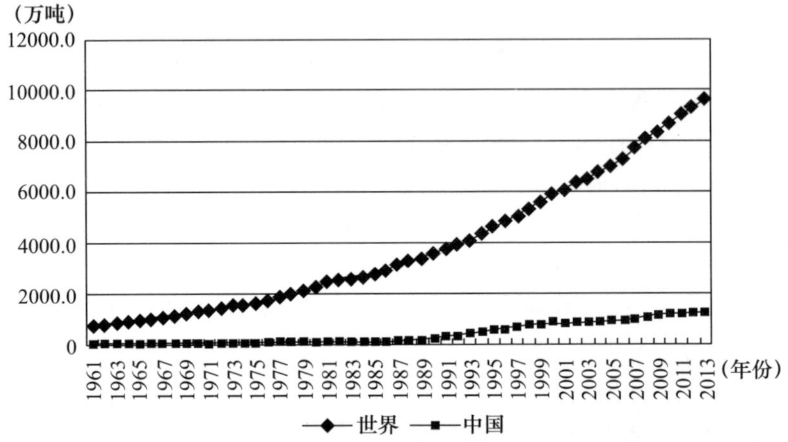

图1　1961～2013年世界及中国鸡肉产量

资料来源：FAO数据库。

（二）世界鸡肉生产分布

在世界鸡肉产量区域格局中占比重最大的是美洲，其占世界比重最小时也为36.51%，超过1/3强；最大时为47.42%，几乎逼近世界产量的一半。美洲鸡肉占世界鸡肉比重由1961年的43.60%下降到1975年的低谷36.51%，接下来从1976年开始逐年恢复攀升，至2004年的新高点47.42%，随后又开始下降到2013年的43.74%，相当于1961年的产量水平。欧洲也是传统的鸡肉主产区，1985年之前鸡肉产量占世界比重维持在1/3以上，但从1975年开始逐年下降，并于1992年被亚洲地区所赶超。亚洲地区鸡肉产量比重1961～2013年整体上呈不断增加的趋势，从1961年的16.04%分别到2012年、2013年的33.84%、33.50%，增长了1倍。此外，非洲和大洋洲不是鸡肉主产区，这两个大洲的鸡肉产量相对比较稳定，见图2。

从2013年世界排名前20位的鸡肉生产国家可以看出，美国的鸡肉产量位居世界第一位，中国和巴西紧随其后，分别位居世界的第二位和第三位。这三个国家的鸡肉产量之和占到世界鸡肉总产量的44.29%，其他17个国家的鸡肉产量虽然均超过100万吨，但其产量之和仅占世界鸡肉总产量的30.58%，见图3。

（三）世界鸡肉生产特点

1. 世界鸡肉产量受需求拉动持续增加

随着世界经济的复苏及人们生活水平的提高，鸡肉由于其自身“高蛋白、低脂肪、低热量、低胆固醇”及价格相对较低的特点，其需求量必将持续增加，由此拉动鸡肉生产逐年递增，但受世界经济整体低迷的影响，未来几年鸡肉生产将

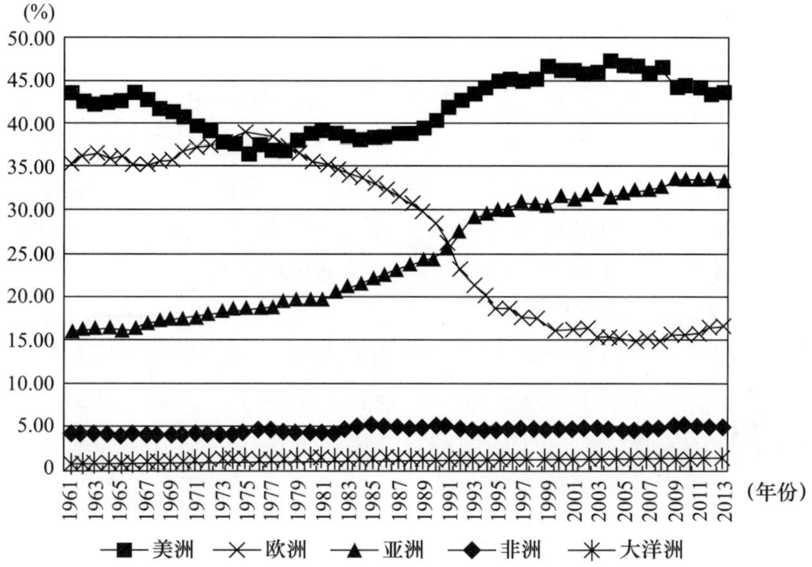

图 2　1961～2013 年世界各洲鸡肉占世界鸡肉产量比重变动情况

资料来源：FAO 数据库。

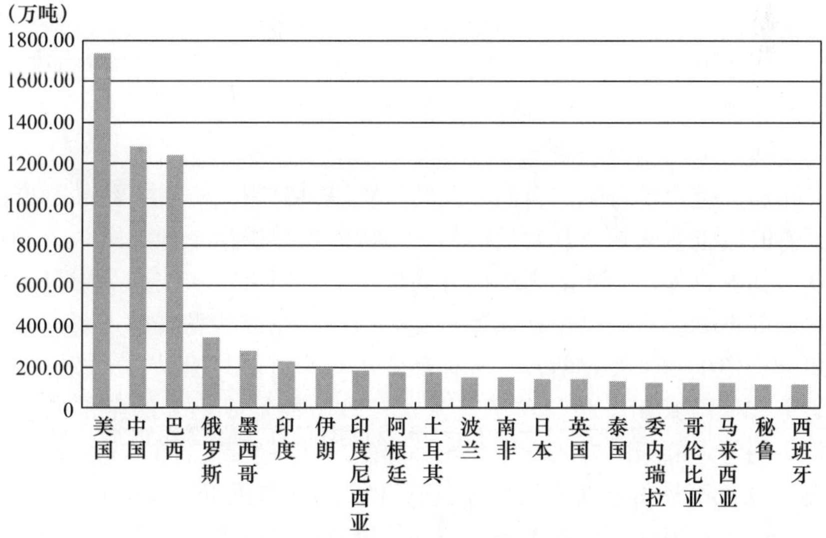

图 3　2013 年世界排名前 20 位国家的鸡肉产量

资料来源：FAO 数据库。

维持缓慢增长的态势。

2. 养殖区域相对集中，亚欧美三足鼎立

从世界主要地区鸡肉产量来看，亚欧美三个地区的鸡肉产量呈现三足鼎立之势。总体来看，美洲地区产量相对稳定，亚洲和欧洲地区鸡肉产量变化幅度很大，二者此消彼长，未来的鸡肉生产还将以这三个地区为主。分国家来看，美国、中国和巴西多年维持世界前三地位，且鸡肉产量明显高于排名第四的国家，但紧随其后的俄罗斯、墨西哥、印度等国产量也在持续增加。

3. 产业模式趋于一体化

从世界范围来看，目前肉鸡的产业化组织程度相对较高，并形成了以美国、巴西、欧盟、日韩为代表的几种产业发展模式，实现了与肉鸡产业链各环节的结合以及相关产业的发展，有助于因地制宜地借鉴并推广具有代表性的产业发展模式，促进世界肉鸡产业的整体发展。

二、产业发展模式及启示

通过对世界以及美国、巴西、欧盟和日本、韩国等主要肉鸡生产地的产业发展以及相关政策的梳理，有以下的国际经验可供我国肉鸡产业发展借鉴。

（一）美国肉鸡产业发展模式

美国肉鸡产业经过多年的发展，逐步形成了高效、成熟的产业模式，以屠宰加工业或大型流通业为主导、产加销整合的纵向一体化经营模式。目前，美国肉鸡99%以上都是由合同生产一体化和公司纵向一体化生产，肉鸡产业已经成为美国食品和农业部门中产业化程度最高的分部门之一。

1. 合同生产一体化生产模式

即公司和养殖户签订生产合同，公司负责提供雏鸡、饲料、药品、疫苗和技术服务，有时候也会向养殖户发放燃料补贴；养殖户提供土地、鸡舍、设备和劳动等，从事饲养管理。生产的肉鸡按合同价全部收回屠宰，按产品数量和质量支付养殖户饲养报酬。合同生产被认为是美国肉鸡产业成功发展的重要因素。这种经营模式的合作机制主要有两种：一种是公司与养殖户共担风险、按一定比例分配利润，即“风险共担、利益共享”方式；另一种是养鸡场的全部风险由龙头企业负担的均等定额报酬方式。即公司和养殖户签订生产合同，养殖户负责投资建厂、提供设备和劳动力以及从事经营管理，公司则负责雏鸡孵化、种鸡培育、鸡的屠宰、运输、饲料供应和鸡舍设备安装以及提供技术服务等，带动养殖户从事专业生产。公司按合同价约定回收养殖户生产的肉鸡，并按其饲养数量和质量提供报酬。这种报酬共享、风险共担的形式实质上是联营合同制。这种协作形式，既有利于发挥广大农户饲养肉鸡的优势，又有利于利用龙头企业的技术、资金、市场、信息和管理等优势，使农户分散的自给性饲养转化为有组织的商品性饲养。从企业角度看，企业采用这种模式主要为了稳定供应，因为屠宰、加工企业对供应量的波动很敏感，一旦供应不足，就会造成设备闲置或利用不足而蒙受损失。与市场比较而言，这种方式能较好地保证产品的质量和供应量的稳定。对农户来说，如果没有公司组织，就会使肉鸡饲养和销售的不确定性增大。由于这种方式的合同双方均保持经济、法律上的独立地位，所以企业和农场都能够发挥自己的经营灵活性。同时，通过合同建立的严格的经济责任和稳定的业务往来关系又保障了双方的经济利益。所以，在肉鸡产业中，合同经营模式占有主导地位。

2. 公司纵向一体化生产模式

即肉鸡饲养、加工、销售都由公司自己统一经营。这种企业通常规模很大，需要大量的固定资产投资和周转资金，在很大程度上提高了公司经营形式的进入门槛，因而肉鸡产业发展中采用这种经营模式的公司数量明显低于采用合同生产的公司。即饲养、加工、销售都归公司，公司实行一体化经营。尽管这种方式减少了各环节之间的交易费用，降低了成本，便于统一管理，并可加快出栏肉鸡投入加工环节以及进入市场的速度，但它在肉鸡产业的发展受到了各种条件的限制。首先，为了防止产业垄断，美国一些州对这种经营形式实行了一定程度的限制。其次，这种企业通常规模很大，需要大量投资，而资金不足的企业则受到了相当程度的限制。因而，肉鸡产业中采用这种组织形式的企业较少。

（二）欧盟肉鸡产业发展模式

欧盟肉鸡产业发展模式是以共同农业政策为基准，各成员国根据自身特点发展的产业化模式。欧盟肉鸡产业经营模式：合同养殖基础上的一体化模式和独立自养的非一体化模式并重。欧盟各国的农业发展经历以及发展水平相近，在规模化发展的过程中逐渐形成了肉鸡产业一体化的经营模式。根据自身特点形成了各具特色的农业协会和合作社，这些组织构成了欧盟国家肉鸡养殖业和加工业的基石，在肉鸡产业发展过程中发挥着重要的作用。合同生产是欧盟肉鸡产业化经营的主要方式，而公司纵向一体化是欧盟蛋鸡产业化经营的主要方式。另外，以荷兰、比利时和波兰（波兰国内甚至仍有很多小型养殖场）为代表的独立饲养的模式，产业链各环节间相互独立，其中养殖环节为独立自养而非合同养殖。

1. 农业协会（合作社）+规模化生产

各具特色的农业协会和合作社在肉鸡产业发展中发挥了重要作用。在肉鸡产业方面，欧盟国家具有社会经济特征的农业协会和合作社，主要有合作社、农业加工社团、农业生产者组织等。这些组织构成了欧盟国家肉鸡养殖业与食品加工业的基石，在肉鸡产业发展过程中起着重要的作用。合作社的主要工作任务是：扩大经营规模，减少中间环节，增强竞争能力；在融资方面互助合作，争取政府支持；发展农产品精深加工，提高附加值；不断完善农产品深加工、卫生防疫、技术培训等农业社会化服务。

2. 非合同的养殖模式

在荷兰，肉鸡产业链并没有选择一体化的模式，各环节相互独立，养殖户为独立自养而非合同养殖。与荷兰相反，法国的肉鸡产业链选择的是一体化模式，养殖户大多为合同养殖户。通过两国养殖户盈利水平的历史比较，发现非合同养殖户的盈利波动比合同养殖户大很多。在行情好的阶段，非合同户的盈利可以达到合同户的3~5倍。而在行情差的时候，非合同户甚至出现亏损。从合同户的角度而言，其盈利水平较为稳定，即使在行情差的时候仍可以赚取稳定的收入。其中最根本的原因在于：在非合同养殖模式中，养殖户自己承担所有价格风险，导致自身盈利水平波动较大；而在合同养殖模式中，部分或者全部价格风险已经从养殖户转移至产业链经营企业身上，合同养殖户相当于买了一份平滑收益水平的保险。

3. 欧盟共同农业政策（CAP）

欧盟的肉鸡生产分散于各成员国，这些国家由于其历史背景、社会现状不同，因而肉鸡生产特点各有不同。然而，各成员国却通过共同农业政策将肉鸡的生产和流通整合到一起。欧盟共同农业政策是1962年由法定主体欧盟委员会制定的，是具有法律约束力的国际法，对各成员国均适用，也融为欧盟各成员国国内法的重要组成部分。其旨在提高劳动生产率，保证食物供应，稳定市场，保证合理的供应价格及确保农业区生活水平。自制定至今，经过不断的调整、改革，已经形成了一套完整的、统一的体系。最大特征是保证稳定和极高的支持价格，以及对农产品进口的限制性规定。欧盟共同农业政策是欧洲一体化得以起步并持续发展的重要因素之一，长期维持着成员国之间的利益均衡，各成员国在发展过程中一直遵循，因而各国在农业各部门产业，包括肉鸡产业的发展中有许多共同特征。欧盟各国的农业发展经历以及发展水平相近，它们在规模化发展的过程中逐渐形成了肉鸡产业一体化的经营模式。欧盟肉鸡产业的发展很大程度上归因于国家政策的支持，同时，各成员国以共同农业政策为基准，根据自身特点形成了各具特色的农业协会和合作社，这些组织构成了欧盟国家肉鸡养殖业和加工业的基石，在肉鸡产业发展过程中发挥着重要的作用。合同生产是欧盟肉鸡产业化经营的主要方式，而公司纵向一体化是欧盟蛋鸡产业化经营的主要方式。

在肉鸡产业规模扩大的进程中，欧盟各国政府的扶持作用非常重要，其中对肉鸡产业的扶持政策主要是在欧盟的农业扶持政策框架内进行的。这些扶持政策作用主要体现在如下三个方面：一是提供优惠贷款，从信贷方面支持农业产业化经营。二是实行价格补贴，对农业生产经营进行保护。欧盟成员国补贴制度是在欧盟共同农业政策（CAP）框架下运行的。1992 年和 2000 年，共同农业政策经过两次大幅度改革之后，欧盟各成员国对农业的主要补贴形式不再与产量挂钩，改为依据不同作物的面积补贴和对牲畜的头数补贴，其“绿箱”政策的属性越来越强。三是积极组织农业科研和技术推广，推进农业技术进步。

（三）日韩的产业发展模式

日本、韩国均处亚洲，人多地少，畜牧业发展较缓。随着工业的迅速发展，工业带动了农业，畜牧业得到了快速发展。在肉鸡产业贸易方面，两国均是以进口为主，而出口较少。两国在发展模式方面有很多的相似之处。

1. 日韩肉鸡的产业化经营模式

日韩模式是在农协和商社的组织下，以农户小规模经营为主体的平行一体化经营模式。尽管肉鸡产业在两国起步均较晚，但随着农业产业一体化进程的加快，两国的肉鸡产业先后采用了一体化的经营模式。其中大多是“农协＋农户”模式，即以农协为主体，各分散农户在农协的指导下从事肉鸡的饲养，农协负责为农户提供产前、产中和产后全方位社会化服务，包括信贷、养殖和防疫技术、饲料、鸡肉加工以及鸡肉销售等。这种肉鸡产业发展贸易格局与两国的国家政策和社会化服务体系不无关系，两国在此方面有着很大的相似之处。

日本的养鸡产业起步于 20 世纪 50 年代末，起步相对较晚，但随着农业产业化进程的加快，60 年代初日本的肉鸡产业开始采用产业化经营方式。日本肉鸡产业主要是通过农协、商社以及各种专业协会发展起来的，这是日本肉鸡产业发展的最大特色。日本肉鸡产业化经营模式可以分为商社型一体化和农协一体化两类。商社型一体化经营模式可以分为两种：一种是从饲料业发起的。日本综合商社属于一种特殊的利益集团，拥有进口饲料的特权。20 世纪 60 年代，随着日本经济的迅速发展，对鸡肉和鸡蛋的需求急剧增加，饲料行业内部的竞争日趋激烈。部分商社为了促销饲料建立种鸡场、孵化场、肉鸡处理加工厂、鸡蛋的分等和包装工厂与超级市场。有的商社还将系统内部的饭店旅馆对鸡肉和鸡蛋的需求联系在一起。另一种是从零售业发起的。这些商社掌握大规模的超级市场和食品加工厂，为了确保鸡肉和鸡蛋的货源，他们建立孵化场、饲料加工厂，甚至养鸡场。日本商社肉鸡饲养模式主要有三种：一是采用合同生产的方式委托给农户，农户提供土地、鸡舍等固定资本和劳动力，公司提供生产资料和技术，公司按合同规定收购肉鸡；二是委托农协饲养；三是直属农场饲养。农协一体化经营模式，即是农协参与肉鸡产业化的发展之中。日本农业协同组合（简称农协）是以农民为主要成员，共同出资建立起来的农民自我服务性质组织，是日本农业产业化的核心力量。协会为农户提供产前、产中和产后全方位的社会化服务，包括技术、资金、物资、产品加工和销售等，90%以上的肉鸡养殖户都参加了相关协会。

政府对龙头企业的扶持是韩国肉鸡产业一体化的主要特征之一，龙头企业向合同农户提供饲料和雏鸡时的价格要低于市场价格是韩国肉鸡产业一体化的另外一个主要特征。同时，龙头企业为了提高生产力，也对农户进行技术和经营方面的指导。日本肉鸡的产业链经营模式和美国、巴西类似，大部分企业实现产业链一体化经营，其中养殖环节主要通过合同养殖衔接。在日本国内，合同养殖的肉鸡产量约占总量的75%。与此同时，日本国内也存在一些养殖环节内部化（即自养）的产业链一体化企业（类似于国内的圣农发展）。从日本国内肉鸡产业链的演进过程来看，除了财务约束，风险分担、提高效率和交易费用最小化等驱动因素外，肉鸡主产区的重新规划安置以及鸡肉分销体系的变迁均对日本肉鸡产业链一体化起到一定作用。

2. 日韩肉鸡产业政策扶持

完善的社会化服务体系促进了肉鸡产业的健康发展。人多地少、农业生产实行农户分散经营是两国的共性。农业产业要实现规模经营，必须存在将各分散农户联系起来的组织，农协正是在这种形势下发展起来的。农协的出现不仅减少了生产、流通的交易费用，提高了农民利益，增加了社会效率，还促使了以农协为主体的肉鸡产业一体化模式的形成。目前，韩国、日本的农业社会化服务体系已经达到了相当完善的程度，而两国的农协在各自的农业社会化服务体系中占有极其重要的位置，也是两国实现肉鸡产业化的重要组织。农协提供的服务渗透到生产、流通、生活等各个方面，为农民提供了生活、生产中各方面的帮助。在肉鸡产业发展中，农协的主要功能是提供饲料、技术指导、鸡肉产品加工、鸡肉销售等服务。

韩国、日本在农业发展过程中，政府的扶持作用占据了突出的位置，提高了农业的比较效益，推进了农业的现代化进程。两国肉鸡产业的发展，在很大程度上得益于各国政府提供的扶持政策。其采用的政策手段主要有：价格支持，对主要农产品采取限定价格；补贴政策，主要对特定地区农户进行直接补贴和在灾害、保险等情形下进行间接补贴；政府对农协的支持，主要通过法律确定农协的合法地位，为农协提供资金支持，以及在某些方面提供税收优惠，如日本政府规定农协不用缴纳所得税、营业收益税和营业税；重视农业技术推广和人才培养，形成了比较完备的农业科研与推广体系。

（四）巴西肉鸡产业发展模式

巴西是世界上最大的鸡肉出口国，巴西充足的饲料资源和先进的集约化生产水平使其鸡肉产品极具市场竞争力，其近年来的发展势头对美国的主导地位构成了很大威胁。巴西是世界肉鸡生产大国，其肉鸡产量仅次于美国和中国，其肉鸡产业发展模式是以加工鸡肉为主体的出口导向型发展模式。

肉鸡产业在巴西的发展历史相对较短，20世纪60年代才被引入，引入初期，发展缓慢。直到进入80年代，一些实力雄厚的养禽公司相继出现，建设了一大批规模机械化养鸡场，并形成了集约化生产体系，使得巴西肉鸡生产快速增长，在拉丁美洲很快取得领先地位。随着巴西肉鸡生产的快速增长，2000~2010年，巴西肉鸡出口持续增长，肉鸡出口量占其肉鸡生产总量的比例超过30%，已成为世界最大的肉鸡出口国。经过30多年的快速发展，巴西逐步形成了以加工肉鸡为主体的、以出口为导向的产业发展模式。低成本、高质量保证了巴西肉鸡产业的持续增长，而纵向一体化产业经营模式是巴西肉鸡产业迅速发展的重要因素。在巴西，超过90%的肉鸡生产来自纵向一体化公司或者合作公司。大型公司都是一条龙模式，有自己的育种和饲养场地，且拥有先进的加工厂。对肉鸡产品进行深加工，对外出口附加值高的肉鸡产品是巴西产业成功发展的重要市场策略之一。巴西肉鸡纵向一体化公司和合作公司都实行较为严格的质量控制项目，保证了较高的肉鸡产品质量。巴西主要以出口加工鸡肉为主，出口市场遍及世界120个国家，鸡肉主要销往俄罗斯、欧盟、日本、中国等国家和地区。巴西肉鸡产业发展模式的主要特点是：

1. 完整的产业化链条

巴西肉鸡产业经营和养殖模式是合同养殖基础上的产业链一体化。巴西的肉鸡生产绝大部分由产业链一体化的企业经营，其中养殖环节主要通过合同养殖模式进行。在巴西国内合同养殖占国内肉鸡产量的75%。巴西是世界上农牧业较发达的国家之一，国内生产的农产品很少直接销售，农户更愿意将产业链延长，对农产品加工后再进行销售，因为这样可以提高产品的附加值，肉鸡产业也不例外。本国生产的鸡肉首先经过肉鸡加工厂加工后再进行内销或出口。在肉鸡加工业的带动下，巴西成长为优质禽肉分割肉和机械化去骨鸡肉方面最具优势及竞争力的出口国。

2. 完善的科研技术体系支持

巴西农牧业的发达，离不开农业科学技术研发和推广的支持。巴西主要的农业科研和推广机构是“巴西农牧业研究公司”和“巴西农牧业技术推广公司”，两公司均隶属于农业部。现在，巴西农牧业研究公司是发展中国家最大的农业科研单位之一，其主要侧重于农牧业的技术发明与科研交流，在成立的22年里，向社会推出科研成果8000多项。其中，肉鸡产业的科研成果近百项。巴西农牧业技术推广公司的使命是将农牧业的新技术直接传授给农业生产者。因而，“科研+推广”的复合体系使巴西在肉鸡业发展中处于优势地位。另外，政府和农民合作组织（多种形式的合作社）在推动巴西肉鸡产业的快速、健康发展中也都发挥了积极作用。

（五）发展模式及产业化方面的启示

1. 采取因地制宜、分类指导的方针

从世界各国畜禽养殖业发展历程来看，由于资源、技术、经济发展水平和发展阶段的不同，呈现出不同的发展模式。土地资源丰富、劳动力相对短缺的美国，采取了大规模机械化的发展道路；人多地少的日本和韩国，采取了资金和技术密集的集约化发展道路；经济发展水平较高、人口和资源相对稳定的欧洲国家，普遍采用适度规模农牧结合的发展道路；草地资源丰富的澳大利亚和新西兰，采取围栏放牧，资源、生产和生态协调的现代草原畜牧业发展道路。我国地域广阔，不同地区自然条件差异较大。就目前而言，国际畜禽养殖业不同发展模式在我国均有存在，其发展经验对我国不同地区畜禽养殖业发展均有借鉴意义。因此，我国畜牧业发展要采取因地制宜、分类指导的方针，要在充分依靠科技和政策扶持的基础上，尽快走出一条适合我国国情的现代畜牧业可持续发展道路。

2. 高度重视产业化组织模式的问题

产业化是畜牧业发展的必然趋势。世界各国受经济、政治和历史等因素的影响，美国形成了“公司+规模化农场”，农场和企业之间采取合同制进行利益联结的产业化模式；欧洲在经历几百年的发展后形成了“农户+专业合作社+专业合作社企业”，农户和企业利益共享、风险共担的产业化模式；日本则采取了“农户+农协（综合性合作社）+公司”，重点通过农协保护农民利益的模式，这些产业化模式都对这些国家的畜牧业可持续发展起到了巨大的推动作用。目前，我国畜牧业产业化模式主要以“公司+农户”为主，但利益联结机制仍然不协调。加快畜牧业产业组织模式创新，进一步密切产加销环节的利益机制，成为我国畜牧业发展所必须解决的问题。

3. 高度重视畜牧科技推广

畜牧业发展的动力有市场的拉动，也有政策的引导，但关键是科技的推动。高度重视畜牧科技的扩散与推广工作是发达国家加强畜牧产业发展的核心环节和主要经验。它们通过逐步建立起相对完善的科研推广体系，向农民提供实用的技术和信息，提高农民畜产品的生产力和竞争力。科研机构和推广部门有机结合，相互配合，形成了一个“农业知识产生—扩散网络”，通过这个网络，农业科学研究的最新知识和技术成果能够迅速传播到每个农户。

4. 进一步配齐、完善价值链

目前我国现代化肉鸡生产所需的良种繁育、商品生产、产品加工及市场销售等环节基本形成，具备了较好的发展基础，但环节细化程度不高，与之配套的诸多服务环节尚未配齐。

在生产环节，美国肉鸡业社会化服务体系完整，专业化程度高，饲养方面分性别饲养、分龄饲养，有专门的机构为饲养农户解决饲料、种鸡、产品销售和技术指导，便于实现规模经济和保证质量。我国目前为生产环节提供的服务不足，严重影响生产的科技化和社会化。在加工方面，美国肉鸡深加工程度高，1997年宰杀后整鸡的销售已小于15%。肉鸡深加工既延长了价值链，提高了产品附加值，同时也能够有效缓解饲料价格的波动对肉鸡生产的影响，而中国的鸡肉制品加工程度仅为5.8%，远低于发达国家鸡肉制品的加工程度（30%）和世界的鸡肉平均加工程度（20%）。在研发方面，由于肉鸡价值链动力模式属于消费者驱动型，针对消费者喜好和肉鸡工业化屠宰加工特点，美国与巴西的大学、研发机构、生物技术公司各自从不同切入点对肉鸡育种、饲料、养殖诸环节进行研发，生产的肉鸡鸡胸肉肥厚、骨架适于加工屠宰，满足消费者需求和加工要求，为提高销量和降低成本做出巨大贡献。在贸易方面，美国有政府部门、各级协会和团体在世界范围内推广美国家禽产品，积极参与解决许多与贸易相关的问题，提供行业最新情报和数据，开展市场调研，举办推广活动和学术研讨会，为价值链各个环节提供指导和服务。而我国在政府、大学、研发机构、财政、信贷、会计和附属产业等方面对肉鸡价值链的参与程度有限，影响价值链的整体效益提高。

5. 提高政府服务

提高政府作为，发展不同层次的协会，协调提高价值链整体竞争力，美国肉鸡业的发展和价值链的完善与美国政府的大力扶持和保护分不开。历史发展过程中肉鸡业生产力的提高、大型企业的发展均受益于美国大萧条时期联邦政府的活动；现阶段美国政府为发展肉鸡产业，对农作物进行大量补贴，使肉鸡产业获得廉价的饲料，使其肉鸡产品极具价格竞争优势。同时，美国政府还通过其他专项补贴政策，如出口信贷担保等补贴项目，鼓励发展海外市场。并在政府层次上不断为美国禽肉出口采取一系列措施以开辟良好的国际环境。除政府之外，美国还发展有各级协会、团体，如美国的“禽肉与禽蛋业出口理事会”，在促进出口上也发挥了极其重要的作用。我国目前此方面还比较欠缺，需要提高政府作为，发展不同层次的协会，提高价值链整体竞争力。

三、世界鸡肉贸易概况

（一）鸡肉贸易量持续增加

全球鸡肉贸易总体上一直保持上升趋势。2000年全球鸡肉进出口量分别约为425万吨和477万吨，2016年已分别增至886万吨和1069万吨。期间，鸡肉进出口量年均增速均为5%左右。然而，并非每年鸡肉贸易都保持增长，有四次明显的下滑。其中，2003～2004年、2005～2006年、2014～2015年，这三次贸易下滑都和禽流感有关；2008～2009年的下滑则是由于金融危机导致经济下行，以及俄罗斯进口配额收紧，见图4。不同的因素对进口和出口的影响力不尽相同。禽流感疫情如果发生在出口型国家，对出口的影响会更大；反之，对进口的影响也更大。究其原因，无论进口和出口都表现出了较强的集中性，区域性比较突出。

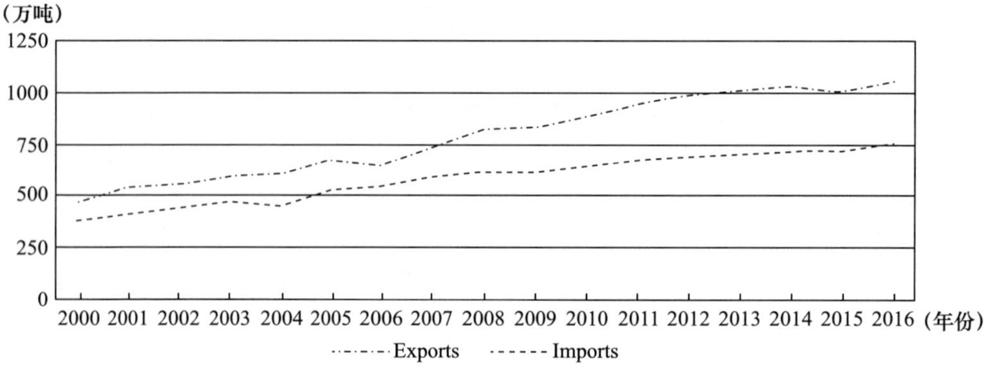

图4 2000～2016年全球鸡肉贸易量

资料来源：USDA。

（二）鸡肉贸易格局的演变

1. 鸡肉出口格局的演变

全球鸡肉产区和销区的区域分布比较突出。主要的鸡肉出口国家或地区为：巴西、美国、欧盟、泰国、中国、阿根廷、土耳其等国。近16年来，巴西、美国和欧盟一直位列出口国或区域的前三。2004年以前，美国是最大的出口国，巴西位居第二。由于2004年美国暴发禽流感疫情，巴西反超美国成为全球最大的鸡肉出口国，并一直持续至今；而欧盟一直位居第三。从出口集中度看，2000年以来，巴西、美国、欧盟鸡肉出口集中度（CR3）先升后降，最低为76%，最高为87%。2008年以后，巴西、美国和欧盟的出口集中度持续下滑，由85%下降到77%（见图5）。总体来看，巴西、美国和欧盟仍然是主要的鸡肉出口地区，但这种格局正在面临挑战，主要的原因则是新兴鸡肉出口国家的崛起。

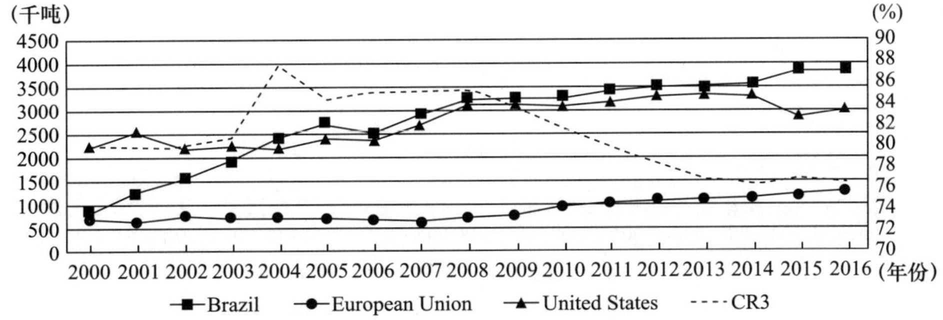

图5 主要出口国家或地区鸡肉出口量

资料来源：USDA。

近十年来，鸡肉出口的格局发生了新的变化，新兴国家逐步崛起。2004 年蔓延全球的禽流感疫情过后，泰国、中国、阿根廷、加拿大的鸡肉出口开始发力，但走势各不相同。泰国一直保持良好的增长态势，并率先成长为第四大鸡肉出口国。2016 年，泰国鸡肉出口达到了 69 万吨的历史新高，是 2014 年的 3.5 倍。中国的鸡肉出口紧随其后，但一直波动较大。2011 年以后，肉鸡出口反而走低。2016 年，中国出口量约为 38.6 万吨。阿根廷一直到 2013 年都保持良好的出口增势，但随后整个国家经济不景气，出口下滑。2008 年以前的四年，加拿大的鸡肉出口和阿根廷非常相近，但 2008 年以后一直走下坡路。土耳其 2008 年以后出口快速增加，起步虽然晚，但增速很快。2003 年土耳其取代阿根廷一跃成为世界第六大出口国。乌克兰、白俄罗斯、俄罗斯三国的鸡肉出口起步于 2010 年左右，随后一直保持增长的态势。其中，乌克兰鸡肉出口表现最好，2013 年超过白俄罗斯，2015 年超过阿根廷，2016 年达到 23.6 万吨的新高，仅次于土耳其（见图 6）。俄罗斯的鸡肉出口是三国中最少的，因为以往主要依赖进口，近年来国内产能持续扩大，出口才开始稳步提升。

2. 鸡肉进口格局的演变

过去 16 年，如根据鸡肉进口前三的格局演变看，全球鸡肉进口格局大概经历了四个阶段。2000 ~ 2002 年，俄罗斯、日本和中国依次是全球鸡肉进口较多的国家，俄罗斯 2001 年进口达到 128.8 万吨历史峰值，也是进口最多的国家。2003 ~ 2010 年，日本进口量平稳增长，维持在 70 万吨左右。但俄罗斯鸡肉进口延续下滑趋势，2010 年同比下滑约 30 万吨，被日本和欧盟超越，位居第三，日本一跃成为世界最大的鸡肉进口国，欧盟位居第二。2011 ~ 2012 年，俄罗斯跌出前三，沙特阿拉伯超越欧盟位居第二。2013 ~ 2016 年，沙特阿拉伯和墨西哥的鸡肉进口一直在增加，2014 年墨西哥超越欧盟成为第三大鸡肉进口国。如根据

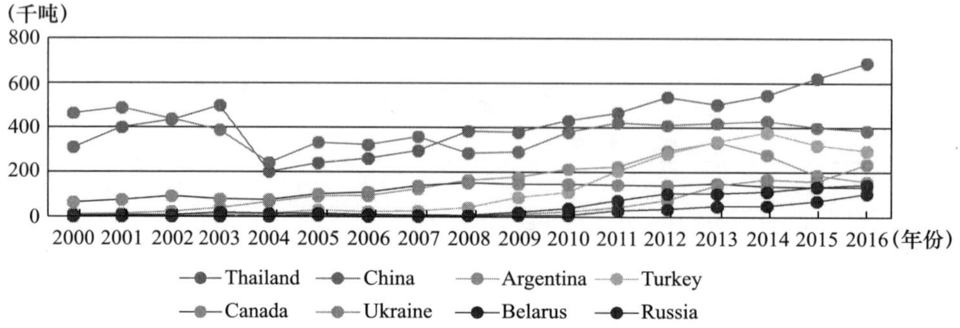

图 6　2000 ~ 2016 年部分新兴国家的鸡肉出口量

资料来源：USDA。

最大进口国演变看，包括俄罗斯时代和日本时代两个阶段。2000 ~ 2009 年，该阶段是俄罗斯作为世界最大鸡肉进口国的时代，其进口量一直维持在百万吨的体量，而第二名的日本，此时最高不过 70 万吨左右，相差极大。2010 ~ 2016 年，俄罗斯养鸡业逐步由外向型向内需型转变，进口大幅下滑，日本成为最大的鸡肉进口国，见图 7。

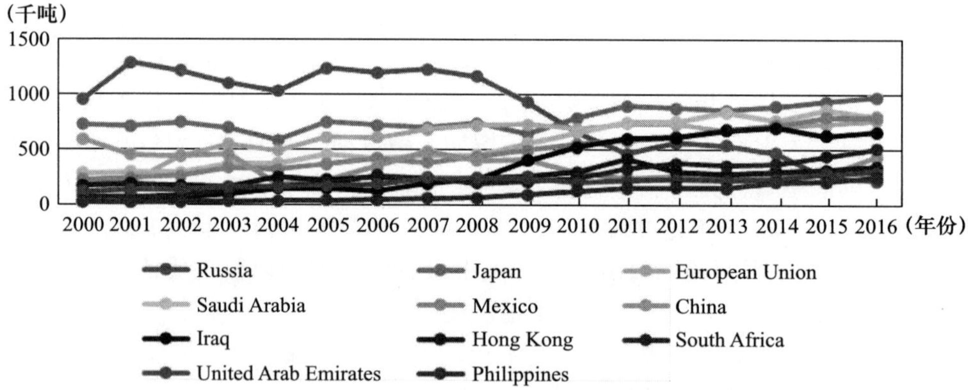

图 7　2000 ~ 2016 年主要鸡肉进口国进口量

资料来源：USDA。

相比主要鸡肉出口国的格局，主要鸡肉进口国的前三名充满变数，国家间的差距没有显著拉开，集中度也较低。从前三名国家的鸡肉进口总量变化看，基本维持在 250 万吨的规模，变动不大。而世界鸡肉进口量处于持续增长的状态，这将导致前三名国家的规模占比下降。2001 年，CR3 占比最高为 53%，随后基本呈下降趋势，2014 年最低为 26.6%，近两年维持在 30% 附近，远低于鸡肉出口前三名 77% 的集中化水平（见图 8）。

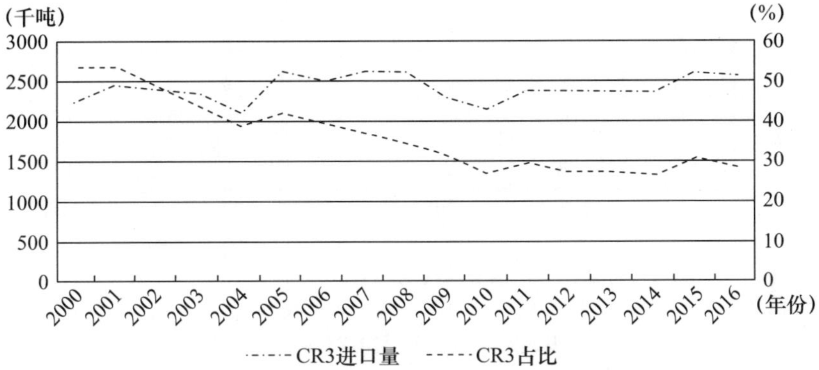

图 8　CR3 国家进口量总和与占比

（三）鸡肉贸易的产品结构

鸡肉的种类非常丰富，主要包括活鸡、整鸡、分割鸡三大类原料产品，以原料加工成的鸡肉制品更是不胜枚举。由于生物安全防控的需要，鸡肉以活禽的形式参与贸易仅是特例，比如内地对香港的出口；而经过屠宰和初加工的整鸡和分割鸡肉才是主流的原料产品。根据在加工和运输过程中的温度处理方式不同，又可以分为冷冻和冷鲜两大类。冷冻的工艺相对简单，对运输的要求较低，保质期长，是一种经济的加工运输手段，但肉质会有损失。冷鲜的要求比较高，对加工和运输都有低温的苛刻要求，且货架期短，成本高，但肉质损失小。为提升产品附加值，鸡肉多被按部位分开包装，并分别出口到不同消费需求的国家，比如对中国的出口中，鸡爪、鸡翅等副产品占有很大的比重。联合国的数据（见图 9）也验证了这种规律。2005～2016 年，全球禽肉贸易中，冻鸡肉占比一直在 50% 左右；其次是冻的整鸡，约占 15% 左右；冷鲜整鸡和初加工鸡肉的比例分别在 3% 和 10% 左右，初加工鸡肉占比在 2016 年甚至下降了两个百分点。最值得关注的是冷鲜分割鸡肉占比上升的现象，11 年来其占比上升了三四个百分点。从绝对值来看，冷鲜分割鸡肉贸易量从 2005 年的约 90 万吨，增长到 2015 年的约 200 万吨，增长了两倍多。

（四）肉鸡出场价格

鸡肉价格是引导国际贸易的指挥棒，不同国家的鸡肉生产成本、供求关系、汇率波动等都会影响价格，越低的价格越有竞争力。2005～2010 年，主要出口国肉鸡出场价格较低，巴西、美国、荷兰的价格非常接近。2000～2014 年，三国

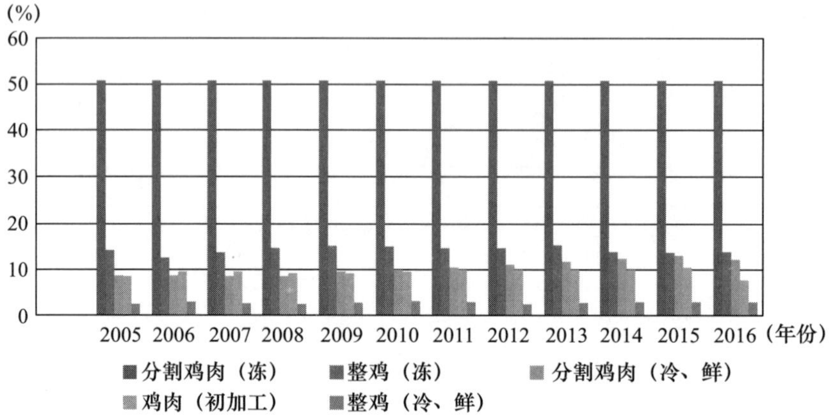

图9　鸡肉产品在全球禽肉贸易中的比重

资料来源：联合国。

的肉鸡价格走势有了明显差异。巴西上涨最快，由2010年的每吨约1100美元快速上涨到每吨2046美元，几乎翻了一番。相比巴西，美国涨幅还不到40%，荷兰每吨仅略抬升70美元。2015年，三国肉鸡价格均有明显下滑，但从肉鸡价格竞争力看，荷兰优于美国和巴西的格局没有改变。一直以来，泰国的肉鸡价格比美国高，但2011年以后，当美国、巴西价格抬升的时候，泰国的肉鸡价格持续保持下滑态势，并在2014年后达到接近甚至低于美国的水平。俄罗斯自大力发展肉鸡生产以来，肉鸡价格近年来跌落得很快，2015年已经接近美国的价格水平。日本、中国和菲律宾三个亚洲国家的肉鸡价格长期处于增长态势，2010年以后，每年都在每吨2000美元以上的高位水平，出口的竞争力较弱。2012年以后，中国肉鸡价格超过菲律宾和日本，成为三国中出场价格最高的国家，其中最大的原因是人民币兑美元升值造成的。然而，中国肉鸡出场价在国际上也有绝对优势，委内瑞拉、不丹、巴拿马、卢森堡和伊拉克等国家的出场价远高于中国，见图10。

四、典型国家鸡肉出口与贸易政策

（一）巴西鸡肉出口情况

1. 出口产品结构

巴西是世界第二大鸡肉生产国，第一大鸡肉出口国。巴西肉鸡产业以出口为导向，出口量约占鸡肉总产量的33%，年产值达到70亿~80亿美元。巴西出口鸡肉产品以冻品为主，占比达到90%以上，初加工产品和冷鲜产品极少。过去十年，冻的分割鸡肉在总出口中的占比平均为57.8%，从趋势上看是先降后升，

2009～2010 年时为低谷，约为 54%，目前为 62%。冻整鸡占比仅次于分割鸡冻品，其占比平均约为 37.7%，其走势为先升后降，2009～2010 年是最高峰。初加工鸡肉产品约为 4%，冷鲜鸡产品仅有 1000 吨左右的规模，见图 11。

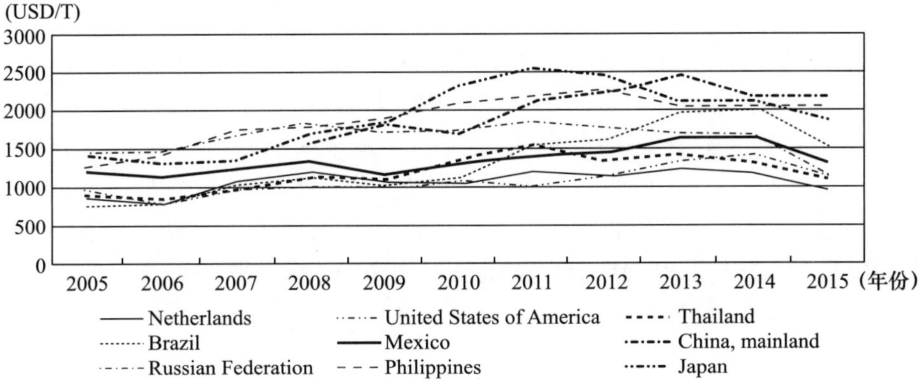

图 10　部分国家养殖场毛鸡价格

资料来源：FAO 数据库。

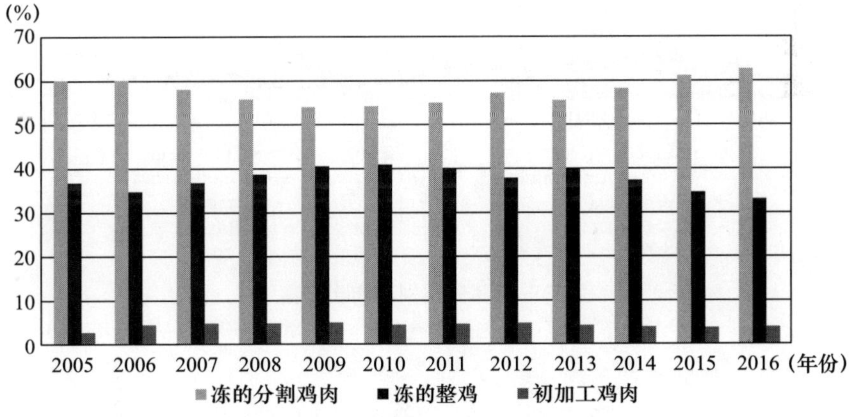

图 11　巴西出口鸡肉品类占比

资料来源：USDA。

2. 主要出口国

巴西鸡肉产品出口到全世界 190 多个国家或地区。沙特阿拉伯是巴西最大的出口国家，清真认证的产品需求旺盛。近十年来，沙特阿拉伯从巴西进口鸡肉总体保持增长态势。2006 年，沙特阿拉伯进口巴西肉鸡为 34 万吨左右，2015 年高达79万吨，增长超过一倍。值得注意的是，不仅沙特阿拉伯鸡肉进口市场几乎被巴西垄断，而且沙特阿拉伯对巴西鸡肉出口的份额由12%上涨到20%，沙特阿拉伯对巴西的重要性有增无减。2010年以前，中国香港或日本曾经是巴西第二大出口目的地，但日本年均进口量一直保持在40万吨上下，而中国香港随着中国大陆进口量的增长而下滑。2011～2015年，日本和中国香港分别为巴西鸡肉产品第二、第三位的出口市场。2006年以后，巴西加大了对中国的出口，同时减少了对中国香港的出口。近十年来，中国从巴西进口的鸡肉快速增长，由2005年的10万吨上升到2016年的48万吨，一跃成为巴西第二大出口国。阿联酋也是伊斯兰国家，巴西的清真鸡肉生产优势使其对阿联酋的出口逐年加大，增长态势稳定，目前是巴西第四大出口国，2016年从巴西进口鸡肉达到30万吨的规模。巴西对南非的出口进展有限，维持在20万吨的规模，与中国香港持平，仅次于阿联酋，见图12。

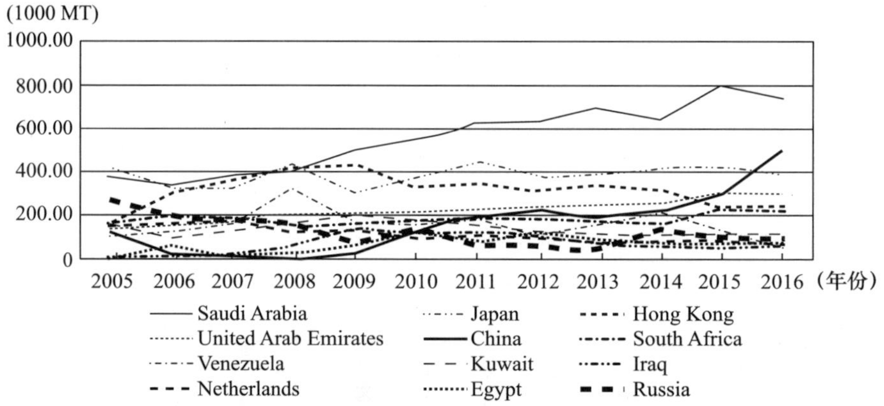

图12　巴西分国别鸡肉出口量

3. 国内生产及贸易政策

2009年，巴西出台一项新的"综合退税"税收促进措施，如出口企业采购的原料货品用于生产出口产品，则货品进口免征5%的工业产品税或9.25%的社会一体化税/社会安全税。这将有利于巴西鸡肉、牛肉企业的饲料采购和设备引进。

（二）美国鸡肉出口情况

1. 出口产品结构

美国是世界第一大鸡肉生产国，第二大鸡肉出口国，养鸡业也是出口导向型产业，出口的禽类约占总量的19%。美国的出口鸡肉产品以冻的1/4鸡腿肉为主，2005 年该产品占比高达 47%，但长期以来总体上呈下降趋势，2016 年占比跌落到 27%。鲜或冷的鸡肉出口比例逐年增加，2005 年时仅占 7%，2015 年已达 18%（见图 13）。2009 年以后，美国冻鸡爪的出口持续下降，这和中国对美国白羽肉鸡“双反”有关。因为美国冻鸡爪的主要出口市场就是中国，而“双反”提高了税收比例，遏制了美国鸡肉产品对中国的倾销。2008 年，美国向中国出口禽类产品价值 43.4 亿美元，其中鸡肉产品 8.54 亿美元，约 50% 的鸡块产品是鸡翼和鸡爪。美国鸡爪价格每磅只有几个美分，而中国每磅高达 60 ~ 80 美分，利润惊人。

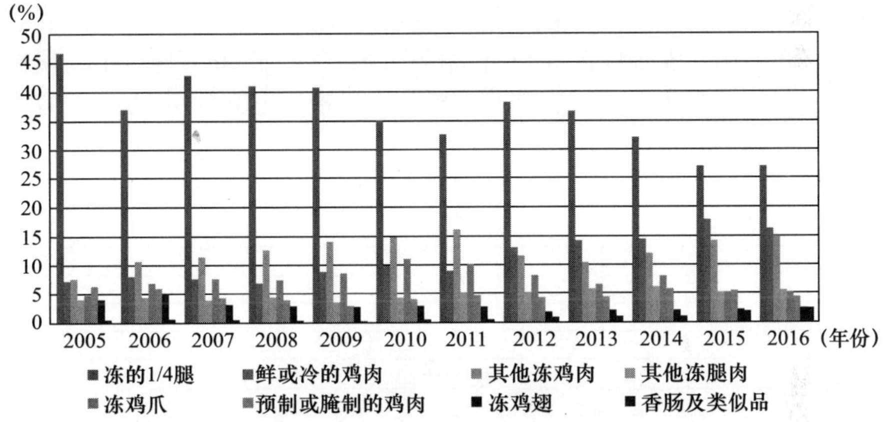

图 13　美国出口鸡肉类别及占比

2. 主要出口国

美国肉鸡产品出口到全国 180 多个国家或地区，2010 年以前，美国最大的鸡肉出口市场是俄罗斯，2005 ~ 2010 年，对其年出口量达到 70 万吨以上，2007 年甚至超过 85 万吨。对于俄罗斯百万吨的进口量来说，美国当时是俄罗斯鸡肉的最大进口国。但从 2005 年开始，美国对俄罗斯的出口占比开始下滑，2005 年为 30%，2009 年下滑至 20%，2010 年暴跌到 9%，2015 年为零。2004 年，中国对美国禽流感解禁后，美国肉鸡开始涌向中国，2005 ~ 2008 年，短短 4 年，增长了 3 倍，达到了约 76 万吨的规模，其低廉的价格严重冲击了中国市场，随后迎来了中国政府的反倾销和反补贴贸易救济政策。2010 年，美国对中国出口仅有约 10 万吨的规模，直到 2013 年才恢复到 28 万吨的水平。2014 年，美国再次暴发禽流感疫情，对中国的出口再次锐减，2016 年时已不足 3 万吨。2009 ~ 2012 年，中国对美国的“双反”政策，迫使美国通过出口中国香港来增加亚洲的鸡肉输出。在此期间，美国对中国香港的出口最高达 54 万吨，中国市场从 2011 年开始复苏，对中国香港的出口同年也下滑。但中国香港的增量不能与中国内地进口的减量相抵，截至2014年禽流感暴发前，美国对中国和中国香港的出口总量也仅达到五六十万吨的规模。2014年以后，中国香港又承担起了转港功能，年进口美国鸡肉30万吨左右，为其第二大出口地区。墨西哥与美国相邻，是美国鸡肉的三大出口国之一，从2012年开始，在俄罗斯、中国及中国香港的出口大幅下滑后，成为美国的第一大鸡肉出口国。美国对墨西哥的出口从历史上看一直保持增长态势，2014年达到70万吨以上的规模，比2006年的时候约增长了两倍多。随后两年，即使有禽流感的因素，但由于采用了区域性贸易限制政策，每年仅略微下滑2万吨。除此之外，美国对加拿大、安哥拉、中国台湾、伊拉克、古巴的出口过去十年也是增长的。加拿大每年约从美国进口20万吨的鸡肉，目前是美国的第三大出口国；安哥拉在2014年高峰期间也达到了20万吨以上，现在是美国第六大出口国。2016年中国台湾和古巴的进口量也上升到16万吨左右，仅次于加拿大，见图14。

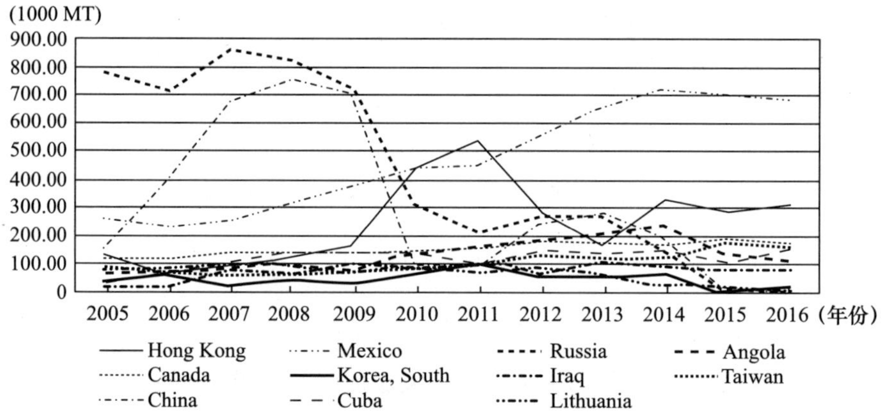

图14　美国分国别鸡肉出口量

3. *产业及贸易政策*

美国家禽业的产业扶持政策主要是通过大豆和玉米的补贴来实现的，因为养殖业的成本中饲料成本约为70%，而饲料的构成主要是玉米和大豆。根据美国2014年《农业法案》的条款，针对玉米、大豆等少数作物的价格损失保障计划和农业风险保障计划维持了饲料原料的低价格。价格损失保障计划，是当玉米和大豆市价低于法案规定的价格后给予的补贴；农业风险保障计划包括县农业风险保障计划和农场农业风险保障计划，当玉米、大豆种植实际收入低于基准收入的86%时，申请者就可获得该项目补贴。另外，阿肯色州投资和就业创造刺激计划对企业经营提供补贴，包括五个项目，分别是提升阿肯色州鼓励计划（Advantage Arkansas）、投资阿肯色州鼓励措施（Invest Ark）、创造退税鼓励措施（Create Rebate）、投资所得税抵免鼓励措施（Ark Plus）和退税鼓励措施（Tax Back）。

美国的家禽贸易政策有贸易保护倾向。2007 年，美国通过法案，规定“不得将拨款用于制定和实施有关中国禽肉产品输美”，2009 年 10 月，美国总统奥巴马正式签署《2010 年农业拨款法案》。该法案第“743 条款”对《2009 年综合拨款法案》第“727 条款”作了修正，规定在满足加强检验核查、增强措施透明度等要求后，允许将拨款用于进口中国禽类或禽类制品。这是对中国禽肉产品的歧视性政策。自 2004 年以后，中美两国承诺放开禽产品贸易，只是中国单边开放了 12 年，直到 2017 年美国提出牛肉出口需求，在两国领导人搭建的新贸易磋商机制下，中国才争取到少量熟食产品输美的进展。其附加条件非常苛刻，只允许四家获得美方认证的禽肉加工企业从美国、加拿大、智利进口冷冻鸡肉，中国加工后，运回美国销售。这表明，美方只承认中国鸡肉屠宰检验体系的等效评估，而不认可养殖环节。实际上，中国的鸡肉产品已经出口到 50 多个国家和地区，包括日本和欧洲，产品质量不逊于美国，而一味地强调中国肉鸡饲养、屠宰技术不达标是毫无道理的。美国和南非的鸡肉贸易争端是源于美国对南非的倾销，中国也有类似的经历。南非为保护当地家禽生产，从 2000 年开始对美国带骨冻鸡块征收了每千克 9 兰特的反倾销税，2015 年美国以删除南非享受《非洲发展和机会法》中的免税待遇为要挟，迫使南非给美国鸡肉 6.5 万吨的免税配额。2016 年首次出口就达到 1.6 万吨。美国对进口中国禽肉采用不对等标准的歧视性保护政策，而出口采取倾销的做法，严重损害了中国企业的权益，导致两国原本应该具有互补性和共赢潜力的市场一路坎坷。

五、世界鸡肉贸易发展潜力

（一）消费市场增长潜力

全球肉鸡业的消费市场正在不断扩大，不仅包括传统的鸡肉生产和消费大国，也包括人均鸡肉消费较低的新兴市场。从人均消费水平看，全球的禽肉消费水平并不高，虽然每年都在增长，但平均人均消费水平尚不足 20 千克。这种消费水平和鸡肉消费大国相比仍有较大的差距。以色列是全球唯一突破 50 千克的国家，2012 年以后开始走下坡路，但仍保持 58 千克的最高水平。美国、澳大利亚、马来西亚、沙特阿拉伯和巴西的人均消费都在 40 千克以上的高位。新西兰的人均禽肉消费在 39 千克，但近三年来每年都能提升 1 千克，相信一两年内，就可以达到 40 千克的水平。人均消费最少的国家是埃塞俄比亚，尚不足 0.6 千克。多数国家的人均消费水平都在均值以下，我国也仅有 11.7 千克的水平（见图 15）。因此，全球人均禽肉消费仍会有平稳的增长，但需求的增长速度将会变得越来越慢。

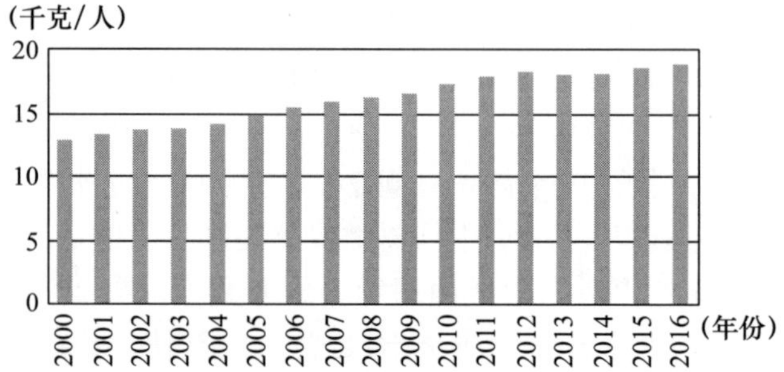

图 15　全球人均禽肉消费均值

人均鸡肉消费量的提升与消费习惯、收入水平有关。有宗教信仰的地区，肉类消费是有差异的，比如伊斯兰教国家的鸡肉消费水平很高，印度某些教派崇尚素食，肉类的整体水平很低。中国是一个注重平衡膳食的国家，且以猪肉消费为主，鸡肉蛋白的摄入水平存在差异，很难达到国外的高水平。收入是影响鸡肉消费的另一个因素，一般而言，收入增加会提高鸡肉人均消费。安哥拉和墨西哥人口增长率较大，GDP 增长稳健，鸡肉需求快速增长。中国也是如此，中国经济增长强劲，人均收入不断提高，肉类的进口也在增加。中东国家占世界鸡肉进口量的 1/4 左右，经济增长、红肉价高、国内产量低等因素给更具竞争力的鸡肉消费带来了活力。

（二）贸易市场发展潜力

鸡肉需求增长给国际贸易带来了新的机遇，在产量增速放缓的前提下，发展国际贸易有利于提高全球肉鸡业的产值。同时，由于资源分布差异，不同国家需要通过国际贸易来平衡国内国外两个市场。经济全球化下，世界鸡肉贸易无论是出口还是进口，都会进一步增长。世界经合组织预计，2016 ~ 2025 年，禽肉贸易的平均增长率仅略高于 2.5%。贸易增长放缓主要是由于新兴经济体的增长放缓以及日益抬头的贸易保护主义政策。在格局变动上，前 5 位的出口国市场份额集中度将接近 90%，中国成为鸡肉出口大国的潜力极大。进口会多元化，其中非洲成为鸡肉进口热门地区的潜力大。

虽然被巴西、美国和欧盟占据了 75% 以上的市场份额，但实现供需平衡或者差异化发展的国家都有可能成为鸡肉出口国。当前泰国是新近崛起的鸡肉出口国，但长期看，中国才最有潜力成为出口大国。首先，中国鸡肉产量位居世界第三，和巴西接近，且当前面临供大于求的困境。其次，约超过 50% 的鸡肉来自于白羽肉鸡，大量的鸡胸肉在国内的售价远低于国外，出口可以获得更大的利润。最后，中国肉鸡工业化水平与发达国家的差距明显缩小，产品竞争力大幅提升。导致当前中国鸡肉产品“走出去”的困境是贸易保护和歧视性政策。而随着中国主导的“一带一路”倡议持续推进，以及自由贸易协定范围的不断扩大，未来中国不仅在新的贸易框架下获得更公平的贸易环境，还赢得了新兴的鸡肉消费市场。比如：西亚地区经济较为发达，信仰伊斯兰教，是世界上最大鸡肉进口地区；中亚农业比较落后，动物蛋白需求较大，其中鸡肉、鸡蛋需求不断增长，受到全球关注；东南亚地区，马来西亚、新加坡华人聚集，且马来西亚是当今最活跃的鸡肉进口国之一。

鸡肉进口方面，非洲的潜力巨大。非洲地区气候干旱，饲料成本高，且生产条件落后，人均收入低，鸡肉作为廉价动物蛋白是最优的选择。目前，非洲有12 亿人口，绝大多数非洲国家的人均禽肉不足 2 千克，远低于世界平均水平。经合组织—联合国粮农组织（OECD－FAO）预测，2015～2024 年，非洲禽肉生产将从 24992.85 千吨增长到 28532.77 千吨，增速达 14.16%；禽肉进口量将从1782.16 千吨增长到 2949.94 千吨，增速达 65.53%；非洲禽肉进口量占生产量的比例，将从 2015 年的 7.13% 增长到 10.34%，占比增长 3.21 个百分点。

（三）未来 5 年鸡肉生产与贸易预测

由于资源约束，世界鸡肉产量的年均增长率逐步下滑。2000～2010 年，世界鸡肉产量年均增长率约为 3.75%，2011～2015 年平均约为 2.32%，2016 年，世界鸡肉产量增长率意外地出现历史性负增长，约为－0.23%（见图 16）。主要

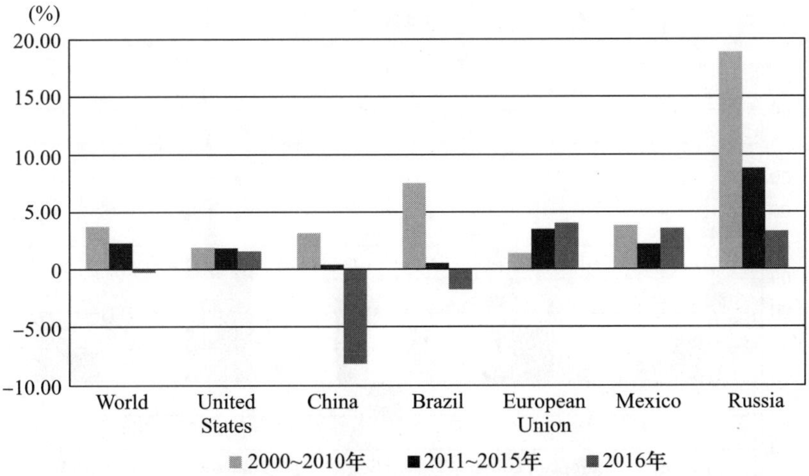

图 16　世界鸡肉产量年均增长率

原因是中国和巴西鸡肉产量下降所致，尤其是中国鸡肉产量下降了8%是最大因素。根据拟合世界鸡肉产量走势分析，预计2017~2020年的年均增长率分别为2.62%、2.55%、2.49%和2.43%。从增长结构分析，欧盟和墨西哥的鸡肉产量快速增长，但由于美国、巴西、俄罗斯增幅下滑，而中国有可能在2018年才结束负增长，预计2016~2020年，世界鸡肉年均增长率不会超过2%。

鸡肉出口继续增长。巴西近年来出口增长率持续下滑，2016年为1.25%（见图17）。巴西出口型导向的政策未变，但在阿拉伯地区的出口增长有限，在南非的出口面临美国的挑战，中国的鸡肉产量下滑给巴西出口带来了机遇。中国正在调整发展速度，进入中高端的新阶段。养殖业因为环保升级正在被全面大范围清退，2017年全国多地的禁限养区企业面临关闭、搬迁和重建。这种产业调整造成的产能下降有可能会持续到2018年，随着合格企业的扩产迎来新的增长。如果中国对巴西鸡肉进口的贸易政策不变，则巴西的鸡肉产量会恢复增长，否则会进一步下滑，有可能负增长。由于欧盟执行高昂的关税和配额政策，本地产业保护得较好，预计鸡肉产量和出口量将会进一步提升。欧盟的鸡肉年均增长率约为4%，出口增长预计会略低于4%。美国鸡肉产量增幅不大，但出口增加明显较快，对墨西哥和南非的出口增幅最大。近年来，墨西哥的鸡肉产量每年增加十几万吨，预计美国对墨西哥的出口会下降。对南非的出口预计会增加，因为美国的出口配额绝大部分尚没有利用。泰国是新兴的鸡肉出口导向型国家，出口量占产量的比重由29%增长到高达40%，超过巴西。其鸡肉出口年均增长率16年来持续增加，2016年高达10%；但产量年均增长率由2%增加到6%，随后下降到5%。预计泰国的鸡肉出口增长率将下降到5%左右的水平。总的来看，2016~2020年，世界鸡肉出口量有望保持年均4%左右的增长。

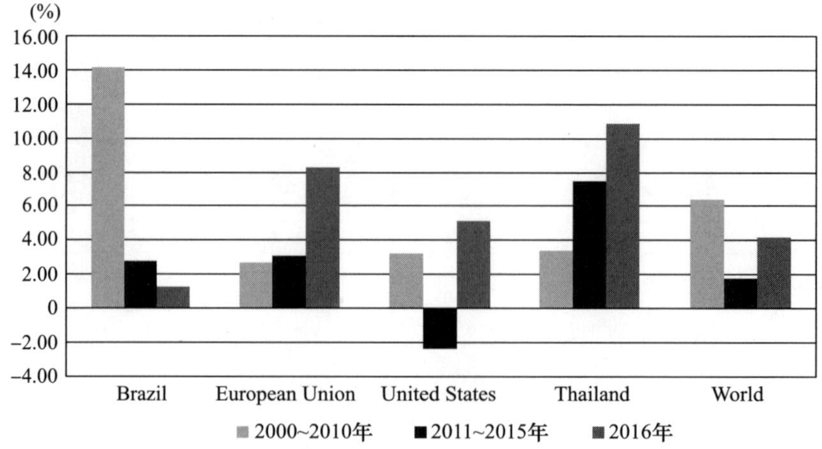

图17　世界鸡肉出口量年均增长率

鸡肉进口前三名国家占进口总量的比量由53%下降到30%，表明日本、沙特阿拉伯和墨西哥的进口总量虽然大，但增速放缓，未来进口增长的动力来自于新兴市场。沙特阿拉伯当前的鸡肉自给率仅有46%（见图18），高企的价格引起民众不满，政府制定了大力发展养鸡业的政策方针，但由于生物安全问题及小规模企业居多，鸡肉产量增速有限，预计未来五年有望达到50%。随着国内产量提升，沙特阿拉伯的鸡肉进口不会有明显增长，预计是稳中下行，很大可能还是负增长。日本的鸡肉自给率达到60%，进口也达到了90万吨以上的历史新高。近三年来，日本年产量增速约为2%，同期进口增速约为4%，反映出日本鸡肉消费的强劲。日本经济未来五年走势较好，预计鸡肉产量会以1.5%的年均速度增长，进口增速约为3%。伊拉克的鸡肉进口量约占总需求的50%，达到67万吨，主要来自欧洲。2016年，伊拉克暴发禽流感疫情，家禽业陷入萧条。加之本国经济动荡，鸡肉产量仅有16万吨的规模，对于巨大的需求而言杯水车薪。近五年来，80%的鸡肉依赖进口，预计未来五年伊拉克的鸡肉进口年均增长率不低于7%。中国的鸡肉进口目前达到43万吨的水平，2016年几乎翻了一番。该水平下，2009年中国对美国鸡肉发起了“双反”调查。巴西、俄罗斯、波兰等国都欲加大对中国的鸡肉出口，加之国内鸡肉产量下降，预计未来五年中国鸡肉进口年均增长率约为2%。南非多年的保护政策推动了国内鸡肉产量的快速增长，但进口增加更快。2008年，南非鸡肉进口量占总消费的14%，2016年上涨到27%，预计2020年达到31%，进口年均增长率约为16%。综合来看，鸡肉进口保持增长，但年均增长率低于出口，约为2%。

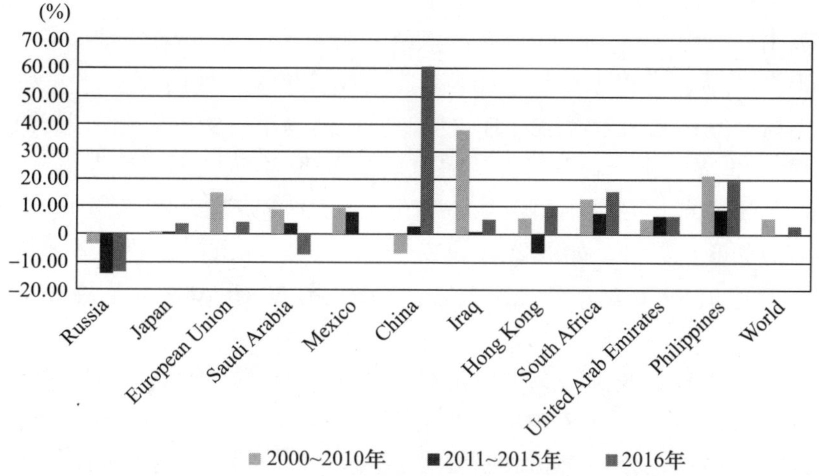

图18　世界鸡肉进口年均增长率

经济全球化背景下，世界鸡肉产量增速趋缓，但国际贸易却相对活跃。鸡肉产品通过细分化、差异化的国际市场，实现了产品价值最大化。资源的分布是不均衡的，国际贸易也使得鸡肉产出过剩和短缺国家之间实现了有效配给。发展鸡肉国际贸易毋庸置疑是一种实现产业共赢的有效途径。进口增加国家供给，也给本国家禽企业带来了挑战，贸易保护主义借势滋生。贸易争端每天都在全球鸡肉贸易的舞台上上演，给贸易自由化和平等化的主旋律蒙上驱之不散的阴影。禽流感疫情和食品安全是某国鸡肉产品进入国际市场的必备通行证，也是全球性挑战，但多重标准使得国际贸易充满变数。如今，全球鸡肉产量和贸易仍在增长，产品日益丰富，格局不断变化，市场竞争和权威性规则需要重塑和推行。

六、中国鸡肉贸易概况

（一）发展历程

1. 活鸡贸易

我国的活鸡出口主要是黄羽肉鸡，满足东南亚国家和我国港澳地区的消费偏好，用以消费；而活鸡进口主要是白羽肉鸡种鸡，用来投入生产，满足生产投入需要。

（1）活鸡出口。据 FAO 统计，1961 ~ 1966 年我国活鸡出口量持续上升，并于 1966 年达到第一个小高峰，为 2635. 0 万只；然后，活鸡出口量又于 1970 年回落到一个低谷，为 1217. 0 万只。接下来，活鸡出口量在小幅回落中持续上升，1978 年出口数量为 1885. 0 万只，1997 年出口数量达到 4640. 9 万只，1978 ~ 1997 年，平均年增长速度为 5. 39%。但从 1998 年开始，由于东南亚国家发生金融危机，活鸡出口出现下降，1999 年有所恢复，2000 年达到历史最高水平 4757. 8 万只。2000 年以后，活鸡出口持续下降，特别是 2003 年我国发生“非典”，2004 年又发生禽流感，之后禽流感时有发生，使得活鸡出口受到重创，急转直下，再加上 2008 年世界发生金融危机，活鸡出口在 2009 年达到历史低点，并从此在低谷中徘徊。2013 年，活鸡出口数量为 716. 8 万只。活鸡出口金额变化与其出口量呈现出类似的变化趋势，如以 2000 年为分水岭，之前出口金额总体上持续增长，2000 年到达峰值 9978. 6 万美元；之后大幅减少，并于 2009 年后在 3000. 0 万美元上下波动。

（2）活鸡进口。我国活鸡进口量以 1998 年为界，1998 年以前，活鸡进口基本呈波动中下降态势；1988 年进口量最大，为 445 万只，1998 年最低，为 65. 2 万只。1999 ~ 2007 年活鸡进口在波动中缓慢上升，并呈现年度间交替增减的特点，即上一年增加，下一年就减少，而且进口水平很低。2007 年后连续 4 年增加，2013 年达到 319. 0 万只，但进口量远低于 20 世纪 80 年代末期水平。一定程度说明20世纪80年代末期是引进国外优良种鸡的扩张期。活鸡进口金额总体上在波动中呈增加趋势，尤其在2007年以后，增幅较大，2013年为5070.0万美元，其间平均增长速度达到20.0%，见图19。

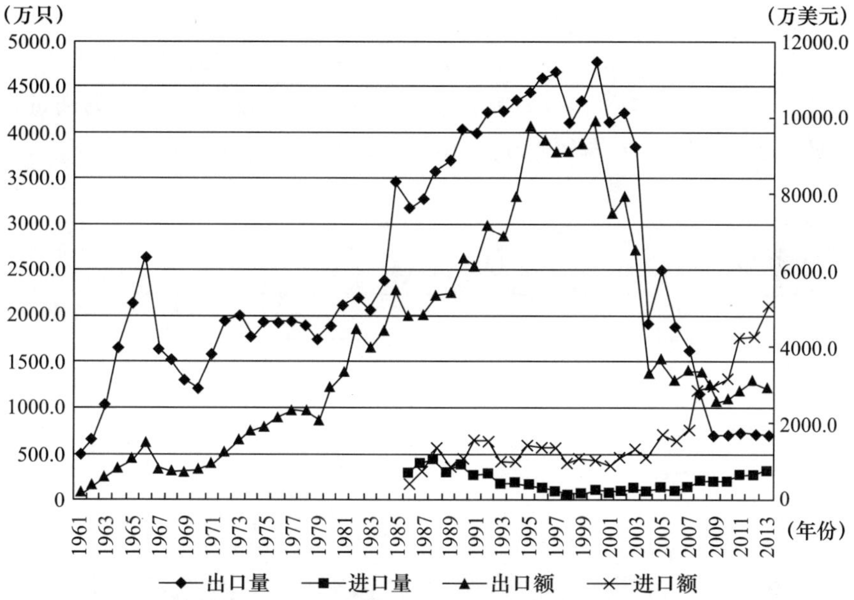

图19　我国活鸡进出口量及金额变化趋势

资料来源：FAO数据库。

从活鸡贸易量及金额来看，整体上我国活鸡处于贸易顺差地位，1980～2003年贸易量和金额差距较大，2000年贸易量和金额差距达到最大，分别为4653.7万吨和8955.3万美元，2000年后进出口差距逐渐缩小。然而，从活鸡贸易金额看，2009年以来处于贸易逆差地位。

2. 鸡肉贸易

（1）鸡肉出口。20世纪80年代以前，我国鸡肉出口一直处于低水平徘徊，1961年、1978年、1989年出口量分别为0.3万吨、3.5万吨、3.1万吨。1990～1996年，鸡肉出口量以年均43.4%的速度快速增长，1996年达到2000年前的最大值30.40万吨，1997年基本持平。1998年由于东南亚金融危机，出口量下降，之后有所恢复，2000年达到最大值37.3万吨。但从2001年以后出口量快速下降，2004年、2006年达到低谷（期间暴发禽流感）。2006年以后，产品出口又得以恢复，出现增长，年均增速为7.7%，但明显低于20世纪90年代的增速（低29.78个百分点）。鸡肉出口额的变动趋势与出口量基本保持一致，2013年鸡肉出口量为15.3万吨，出口金额为39501.7万美元。

（2）鸡肉进口。1996年之前，鸡肉进口量很低，但是逐年稳定上升，1996年达到阶段性高点30.8万吨。1997年、1998年连续两年下降，1999年、2000年大幅度增加，2000年进口达到最大值80.0万吨。随后，鸡肉进口量接连下降，2004年达到低谷，之后是连续4年快速增加，然后又连续3年下降。2004年后，鸡肉进口量波动较大。2004年的进口量仅为2000年的22.6%，2011年是2000年的48.2%。鸡肉进口额的变动趋势与进口量趋于一致，2013年鸡肉进口量为54.0万吨，进口金额为92726.0万美元，见图20。

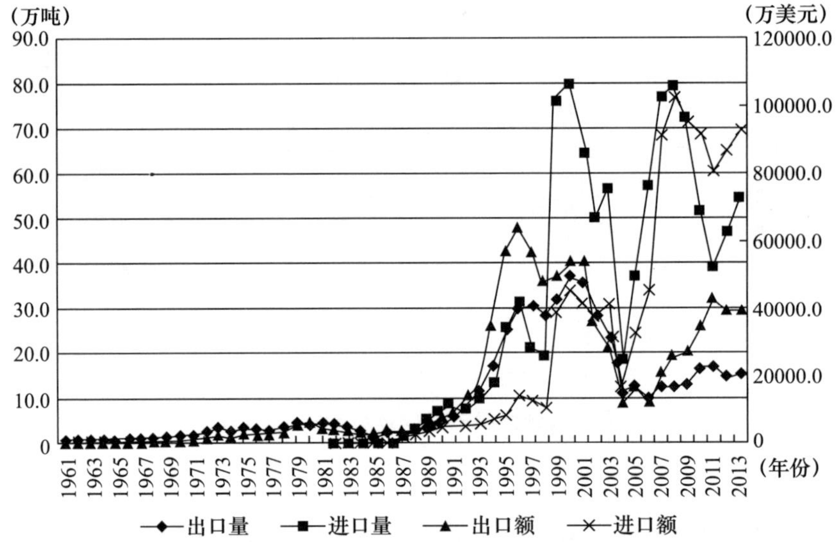

图20　我国鸡肉进出口量及金额变动趋势

资料来源：FAO数据库。

从贸易量来看，1996年以前我国鸡肉进口、出口数量相差不大，1997年之后差距逐步显现。1997～1998年，处于贸易顺差，1999年之后一直处于贸易逆差，成为鸡肉净进口国。2013年进口量比出口量多38.7万吨，进口量是出口量的3.5倍。从贸易额看，2001年及以前为贸易顺差，2002年及以后为贸易逆差。2013年进口额比出口额多53224.3万美元，前者为后者的2.3倍。

3. 鸡肉制品贸易

（1）鸡肉制品出口。1995年以前，我国鸡肉制品出口量处于非常低的水平。从1995年开始，出口量及金额持续快速攀升，2003年、2004年受“非典”和禽流感影响，出口量出现下降，但很快恢复。1995～2007年，年均增速为

43.1%，2002 年、2007 年达到两个峰值，分别为 16.0 万吨和 24.0 万吨。2008 年由于全球金融危机导致的经济危机出现出口量回调，但 2009 年以后逐年恢复增长，年均增速为 15.0%，2013 年达到最高水平 28.9 万吨。鸡肉制品出口额与出口量表现出类似的变动趋势，2013 年出口额为 129603.2 万美元，见图 21。

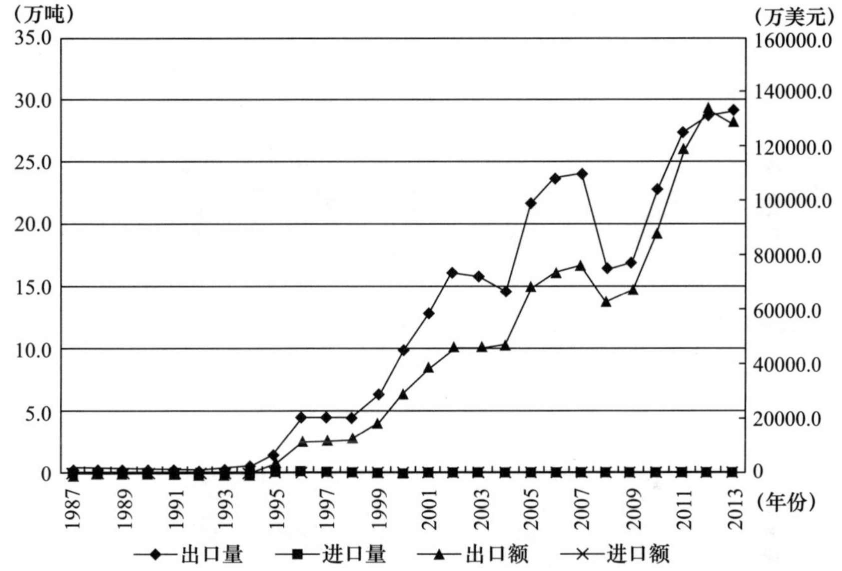

图 21 我国鸡肉制品进出口量及金额变动趋势

资料来源：FAO 数据库。

（2）鸡肉制品进口。1987 年仅为 2 吨，3.7 万美元；最高时为 2006 年的 1202 吨，265.9 万美元；2013 年又下降为 18 吨，15.4 万美元。

1994 年之前，我国鸡肉制品进出口量相差不大，但从 1995 年开始，由于鸡肉制品的出口量迅速增加，使我国鸡肉制品出口量明显大于进口量，且差距逐年扩大。虽然 1998 年、2003 年、2004 年、2008 年受到各种冲击，鸡肉制品出口量有所减少，但贸易顺差仍然很大。2013 年，鸡肉制品出口量进一步增加，是进口量的 16039.2 倍。最低是 1995 年，出口量是进口量的 21.9 倍。这一定程度说明鸡肉制品是我国的优势产品（见图 21）。

综合鸡肉及鸡肉制品总量的进出口情况，1996 年之前，我国鸡肉及鸡肉制品总量的进口和出口相差不大，但从 1996 年开始，差距逐步显现。其中，1999 年和 2008 年进出口差距达到两个峰值，进口量比出口量分别多 38.2 万吨和 49.6

万吨。从二者总量来看，1999 年之前，除 1989 ~ 1991 年外我国处于贸易顺差地位；1999 年及之后，除 2004 年和 2011 年外均处于贸易逆差地位，见图 22。

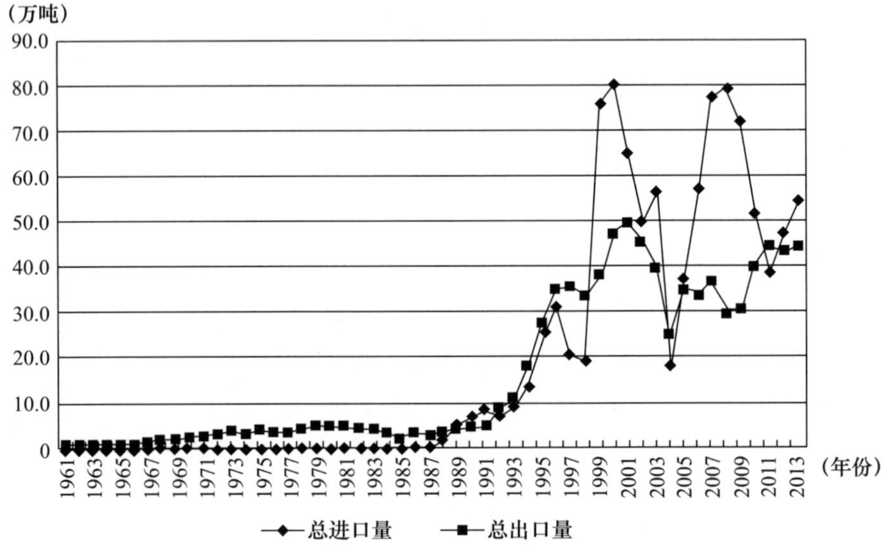

图 22　我国鸡肉及制品总量进出口变动趋势

资料来源：FAO 数据库。

4. 鸡肉分国别出口情况

中国鸡肉出口到世界 120 多个国家或地区，近年来，年出口量均超过 40 万吨，不足国内鸡肉总产量的 4%，是一个典型的内需驱动的市场。中国鸡肉出口主要集中在日本和中国香港，两地之和平均占中国总出口量的 83.4%，其中 2006 年最高达到 89.56%，2015 年最低为 77.39%，总体上看两地市场份额占比呈下降趋势。日本每年平均从中国进口约 20 万吨的鸡肉产品，几乎全是预加工鸡肉，品种单一，年进口量波动较大。而中国内地对香港市场的出口增长形势比较明朗，2015 年中国内地出口香港鸡肉约 9.1 万吨，2016 年增长到 16.4 万吨，增幅达 80%。其增长动力来自于冻鸡杂、冻鸡块、预加工鸡肉和冰鲜鸡的增长。2007 年以前，韩国是中国第三大鸡肉出口国，近十年来从中国进口的鸡肉产品都是预加工品类。2007 年高峰期进口超过 1.2 万吨，但随后进口量逐年下降，现在已不足 0.4 万吨，排名跌至 11 位。中国对马来西亚的出口近十年增长较快，2005 年时仅数百吨，2007 年增至 9000 多吨，2015 年增长到约 3 万吨。2007 年以后，马来西亚成为中国第三大鸡肉出口国。这主要得益于冻鸡块进口的快速增长，而预加工鸡肉则明显下滑，2010 年时还有 0.2 万吨的进口，2015 年时仅有

200 吨。2016 年，日本和马来西亚因为中国暴发禽流感而减少了进口，两国都减少了约 10 万吨的规模。巴林、澳门、荷兰、阿富汗、蒙古是中国鸡肉出口的重要市场，但年出口量不足万吨，从进口趋势上看，仍有进一步扩大出口的潜力，见图 23。

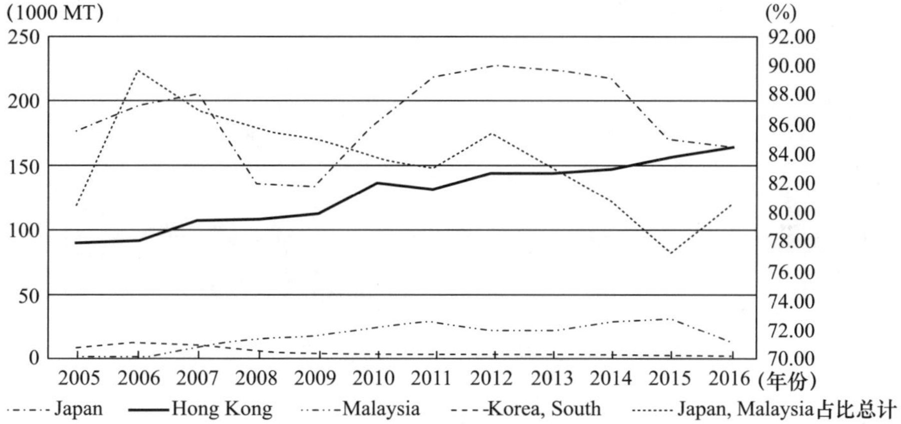

图 23　中国分国别鸡肉出口量及占比

（二）贸易现状

1. 鸡肉进出口在世界鸡肉贸易中的地位

1961 年以来，我国鸡肉出口量占世界鸡肉出口总量的比重有涨有跌，但大都在 5% 以下的水平，其中有几个比较明显的波动周期。1961 ~ 1975 年，鸡肉出口占世界比重逐年上升，从 1961 年的 1.13% 上升到 1975 年的第一个峰值 5.00%；1976 ~ 1985 年，鸡肉出口所占世界比重持续下降，从 1976 年的 3.66%，下降到 1985 年的 0.87%。随后，从 1986 年开始我国鸡肉出口量占世界鸡肉出口总量的比重又持续上升，从 1986 年的 1.77% 上升到 1996 年的第二个峰值 5.67%。1998 年受东南亚金融危机影响下降到 4.79%，之后又回升到 2000 年的 5.41%。但 2000 年后一直下降，2006 年达到一个新的谷底 1.19%，接下来几年一直呈低位状态，我国鸡肉出口在世界出口贸易的地位下降，2013 年所占比重仅为 1.20%。

1988 年之前，我国鸡肉进口量占世界比重一直处于较低水平，均未超过 1%。1988 年开始我国鸡肉进口量占世界比重开始呈现明显增长的态势，并呈现出一定的周期性波动。1988 ~ 1996 年，鸡肉进口量占世界同类产品进口量的比重由 1.23% 逐渐增加到 6.80%，1997 年、1998 年连续下降，1999 年达到最高 13.72%，之后又连续下降到 2004 年的谷底 2.71%，然后连续上升到 2007 年的 8.92%，2010 年又降到 4.90%，接下几年低位徘徊，2013 年为 4.78%，见图 24。

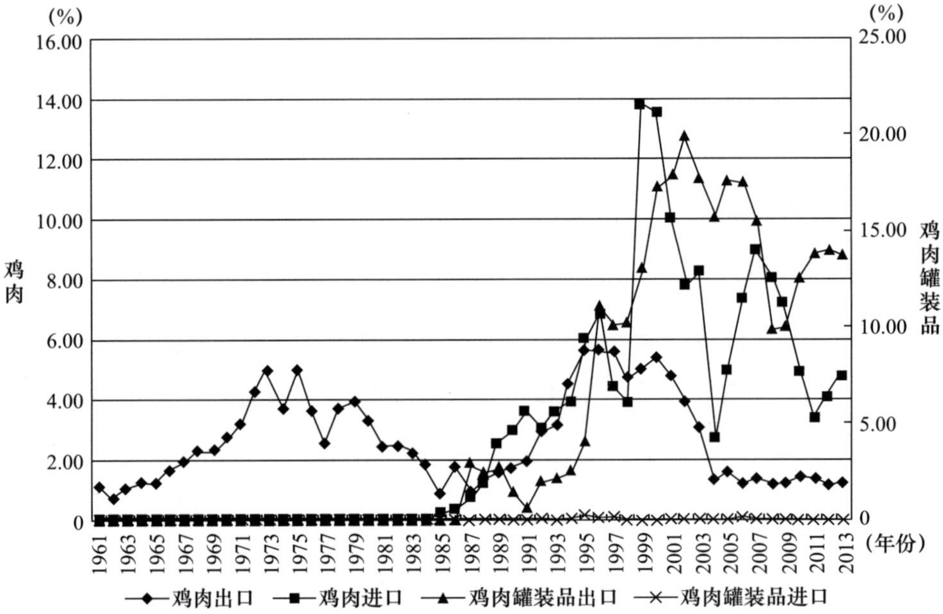

图 24　我国鸡肉及鸡肉制品进出口量占世界同类产品的比重

资料来源：FAO 数据库。

2. 鸡肉制品进出口在世界肉鸡贸易中的地位

1996 年以前，我国鸡肉制品出口量占世界同类产品出口量的比重比较低，基本上都维持在 5.00% 以下的水平。1996 年增速明显，虽然 1997 年、1998 年有所下降，但之后快速上升到 2002 年的最大值 20.02%，占世界比重 1/5 强，充分显示了我国鸡肉制品在世界的优势地位。2002 年后，我国的“非典”和禽流感导致鸡肉制品出口比重下降，2005 年、2006 年虽有所回升，但之后的世界金融危机导致的世界经济衰退，使得 2008 年、2009 年的比重下降到 10% 以下，2010 年后有所回升，2013 年的比重是 13.80%，与最高点相比，减少了 6.22 个百分点。

鸡肉制品进口量占世界同类产品进口总量的比重处于较低水平，最高是 1995 年的 0.19%，其他年份大多在 0.05% 之下，2013 年仅为 0.001%，见图 24。

（三）贸易特征

1. 进出口产品类别差异明显

我国肉鸡产品出口2003年以前主要以冻鸡块、鸡杂碎为主，2003年及以后以肉鸡加工品为主。1995年冻鸡块及杂碎占肉鸡产品出口总量的95.87%，2000年为74.34%，2005年为25.17%，2008年为23.46%。2009~2012年，我国肉鸡产品出口以肉鸡加工品（鸡罐头、其他制作或保藏的鸡腿肉、其他制作或保藏的鸡胸肉、其他制作或保藏的鸡肉及食用杂碎）为主。2009年肉鸡加工品出口额占肉鸡产品出口总额的67.52%，之后3年出口额年平均增速为21.87%，所占比重也逐年增加，到2012年肉鸡加工品出口额占肉鸡产品出口总额的74.08%。

2005年以前，我国肉鸡产品进口主要以冻鸡块、鸡杂碎为主，从2005年起，鸡爪进口超过50%。1995年冻鸡块及杂碎占肉鸡产品进口量的99.97%；2000年约为100%；2005年为32.41%，而同期鸡爪占肉鸡产品进口量的51%；2008年冻鸡块及杂碎占比为37%，同期鸡爪占比为57.44%。从2009年到2012年，冻鸡爪的进口额占肉鸡产品进口总额的比重逐年下降，从2009年的56.13%下降到2012年的37.25%。而冻的鸡翼（不包括鸡尖）的进口额占肉鸡产品进口总额的比重则连续3年上升，从2009年的8.03%上升到2012年的42.29%。

2. 鸡肉产品进出口地区比较集中

我国是一个鸡肉生产大国、消费大国，进口大国、出口弱国。鸡肉出口主要对象国（地区）为日本、中国香港，鸡肉进口以美国、巴西和阿根廷为主。其中，活鸡、鲜冷产品主要出口到中国香港、澳门地区，加工品主要出口到日本、欧盟、韩国以及中国香港。中国进口的鸡肉主要是冻的带骨鸡块、鸡翼和鸡爪以及其他冻鸡杂碎。中国鸡肉出口增速明显慢于进口增速。随着世界肉鸡产业的迅猛发展，肉鸡产业的国际竞争日趋激烈。

3. 肉鸡产品国际竞争力总体较弱

从鸡肉的出口价格、生产成本和质量控制以及人民币升值对鸡肉出口的影响及国际市场占有率、显示性比较优势指数、贸易竞争力指数的研究表明，我国肉鸡产业的国际竞争力总体较弱。中国的鸡肉出口受国内鸡肉生产供给量、人民币兑外币汇率变动、是否加入世贸组织因素的影响显著。特别是在全球陷入经济危机的形势下，面对国外质优价廉鸡肉的冲击，加上贸易保护主义的逐渐抬头以及各种各样的技术性贸易壁垒，中国肉鸡产业产品的出口道路更加艰难。

（四）贸易政策

中国对鸡肉的进口没有配额和高额关税壁垒，这和欧盟完全不同。除与产品质量的相关规定外，有两个限制政策：一是自2016年8月30日起，中国对原产于美国的白羽肉鸡产品继续执行为期5年的4.1%反补贴税率和46.6%～73.8%的反倾销税率。二是国家质检总局限制发生高致病禽流感疫情国家的禽类及相关产品进口，限制发生低致病禽流感疫情州或省的禽类及相关产品进口。该规定受到美方的指责，认为中国对高致病禽流感疫情国家采取以国家为限制范围超出了OIE的区域限制的标准。但欧盟对中国禽流感期间的禽产品封关采取同样的做法，OIE的通行做法未必适合各国的具体国情。

（五）存在问题

1. 药残超标现象严重，监控体系滞后

药残超标或含违禁药物是目前导致我国鸡肉出口受阻的主要原因。我国肉鸡饲养周期短、密度大、疫病种类多、发病率高，因此，不可避免地会大量使用抗生素。但有的养鸡户在长期生产过程中形成了“有病治病，无病防疫”的观点，在饲养过程中滥用抗生素、激素等药物的现象屡见不鲜，有的甚至使用有霉变或农药残留的饲料，由此生产出来的鸡肉产品往往药残及有毒、有害物质严重超标，导致我国肉鸡产品贸易中药残事件屡屡发生。这不仅有损我国肉鸡产品在国际市场的声誉，使得肉鸡产品出口被国外的“绿色贸易壁垒”拒之门外，而且也造成国内消费者对肉鸡食品质量安全的担忧。这种状况如不尽快改变，我国肉鸡产品也将失去国内消费市场。我国药残检测方法和监控体系的相对滞后，有关部门对兽药生产、经营企业的监督管理不力是造成这一问题的主要原因。

2. 进口冲击越来越大

2009年3月，美国参议院通过了限制进口中国禽肉产品的727条款，同时欧盟市场迟迟不能打开，鸡肉出口不容乐观；另外，目前中国已准许美国、巴西的鸡肉产品进入中国，与国外不同的是，国内鸡胸肉不值钱，价格靠鸡副产品拉动，美国、巴西相对便宜的鸡副产品的进入对我国肉鸡市场有相当的冲击，它们的养殖成本、粮食价格比中国低，且已有一个很好的胸肉市场，它们的鸡副产品在国内基本上没什么价值，但进入我国却有很高的利润。

3. 产业集中度和国际竞争力仍然较低

我国肉鸡产业区域布局不够优化，特色优势不够明显，规模效应不突出，还处于“零、散、小”的状况，集团化、产业化程度还有待进一步提高。由于肉鸡产业市场准入门槛低，行情好时大家一哄而上，行情差时又快速退出，造成市场大起大落，波动明显，严重影响整个产业的发展。与国外相比，美国最大的肉鸡生产企业年屠宰肉鸡超过20亿只，而我国最大的肉鸡生产企业年屠宰肉鸡仅1亿只，美国前十位肉鸡生产企业生产了全国72.3%的鸡肉，而我国前十位累计不到12%，差距还非常明显。虽然我国已是世界第二大鸡肉生产国，肉鸡产量占世界总产量的比例已经超过15%，但肉鸡出口量不足世界总量的2%，且是继俄罗斯之后的鸡肉第二大进口国，每年鸡肉进口量约是出口量的5倍。肉鸡产品消费量超过国内生产量的事实，与我国作为农业大国和鸡肉生产大国的地位极不相称。

4. 国际家禽巨头进入增加了行业生存难度

近年来，国际家禽巨头在中国的发展步伐明显加快，尤其是2010年以来国际家禽巨头在我国开设的一体化家禽企业明显增多。国际家禽巨头进入中国，为本土企业提供了学习先进技术、管理和商业模式的平台，有利于增强行业发展活力，提高行业发展水平。但同时，这也无疑增加了国内企业的生存难度。从短期来看，国际家禽巨头挤压了部分中小企业的发展空间，但这并不伤及本土肉鸡企业发展的要害，因为，市场始终是优胜劣汰，大企业都是从具有竞争力的中小企业发展而来的，没有竞争优势的中小企业被淘汰是定局，仅仅是被国内大企业挤压还是被外资企业挤压的问题。然而，从长期来看，国际家禽巨头从种鸡、饲料到产品，从生产到消费，形成闭合的产业链，中国企业有可能会面临国际家禽巨头带来的垄断，值得我们警惕和思考。

（六）政策建议

1. 充分运用WTO规则

鸡肉产品能进口到中国的任何国家，也必须允许中国同样的产品及数量进入其市场。因此政府部门要加快修订相关法规，调整检验检疫政策，在不违反WTO原则的前提下，控制国外鸡肉产品大量进口而给国内市场带来的冲击。同时，有关执法机关对鸡肉走私要加大专项打击力度，坚决把走私鸡肉拒于国门之外，从而避免给国内市场带来冲击。

2. 加大出口政策扶持力度

国家的政策扶持应主要体现在降低税费标准上。目前冻鸡产品因技术壁垒森严，出口日趋艰难。加工出口熟食品成为打破技术壁垒，加快肉鸡产业发展的有效途径。尽快修改肉鸡熟食品增值税计征办法，使农产品征税政策更为合理。应参照工业产品的抵、征税办法，按同一税率征、扣。同时，提高肉鸡熟食品的出口退税率，由13%提高到17%，达到工业品的退税水平。对家禽的检疫收费标准，目前国家规定，禽兔、鸟类检疫收费标准为0.2～0.25元/羽，产品检疫收费标准为0.2～0.3元/羽。实际操作中，对销售鸡雏、宰前毛鸡、加工成品分别收取检疫费，加重了企业和农民负担。建议有关部门重新制定标准，降低检疫费。为确保食品安全，企业、畜牧和质检部门都对肉鸡产品进行检测和检验，且检验力度和密度还要加强，检验费用会不断增加，生产成本也会随之增长。建议国家财政建立专款，用于检验检疫，以减轻企业负担。

肉鸡企业的发展壮大是肉鸡产业持续发展的关键，农户利益的合理保障是肉鸡产业可持续发展的基础。各级政府要加大对肉鸡产业的支持力度，重视对肉鸡产业化经营的资金投入，设立专项资金，重点用于支持科研项目攻关、技术推广和产业化经营项目的基础设施建设。在养殖用地，流动资金贷款和财政贴息支持、养殖机械设备补贴，养殖用电，良种补贴，种、肉鸡生产准入制度管理，疫苗管理等各个方面继续加大支持以及管理力度，在保证农民增收创收的同时保护龙头企业的利益。继续加强肉鸡业发展的基础设施建设，不断加大农村水井、电力、道路、电信等基础设施建设，方便饲料运输和鸡流通。搭建好信息直通车，有效提高养殖户与外界的沟通和交流。制定完善的肉鸡产业政策保护体系，尽快落实扶持家禽业发展的有关政策，实行必要的补贴政策。建立动物疫情紧急贷款制度和政策性保险基金，尽快推进肉鸡生产保险、质量保险和出口信用保险的试点工作，由中央、地方财政、企业和农户共同出资，建立肉鸡产业保险基金。建立紧急鸡肉代储制度。

第七章　鸡蛋国际市场

一、世界鸡蛋生产现状、分布及特点

（一）世界鸡蛋生产现状

随着世界经济的发展和人们生活水平的日益提高，各国对包括鸡蛋在内的畜禽产品的需求越来越大。鸡蛋是人们日常饮食中蛋白质的重要来源之一，得到广大消费者的青睐，受鸡蛋需求的驱动，世界蛋鸡产业不断发展壮大，也促使世界鸡蛋产量不断攀升，见图 1。

1961 年以来，世界鸡蛋产量一直处于上升趋势，其中，1985 年开始，我国鸡蛋产量超过美国，稳居世界第一，并呈现逐年递增的趋势，我国蛋鸡产业的快速发展对带动世界鸡蛋产量的增长做出了巨大贡献。2008 年以来，受世界金融危机和禽流感等因素的影响，全球鸡蛋产量增速有所放缓。但从总体来看，1961 ~2013 年世界鸡蛋产量的平均增长率高达 3. 05% 。2013 年世界鸡蛋产量达到 6826. 25 万吨，是 1961 年的 1438. 43 万吨的 4. 75 倍。

（二）世界鸡蛋生产分布

在世界鸡蛋产量区域格局中占比最大的是亚洲，其在 1988 年超过欧洲成为世界鸡蛋产量第一大洲，而欧洲的鸡蛋产量比重呈现明显的逐年下降趋势。虽然在 1985 年以前美国是世界第一大鸡蛋生产国，但美洲的鸡蛋产量比重亦呈现逐年下降的趋势。此外，非洲和大洋洲不是鸡蛋主产区，这两个大洲的鸡蛋产量占世界产量的比重不足5%，且相对比较稳定，见图2。

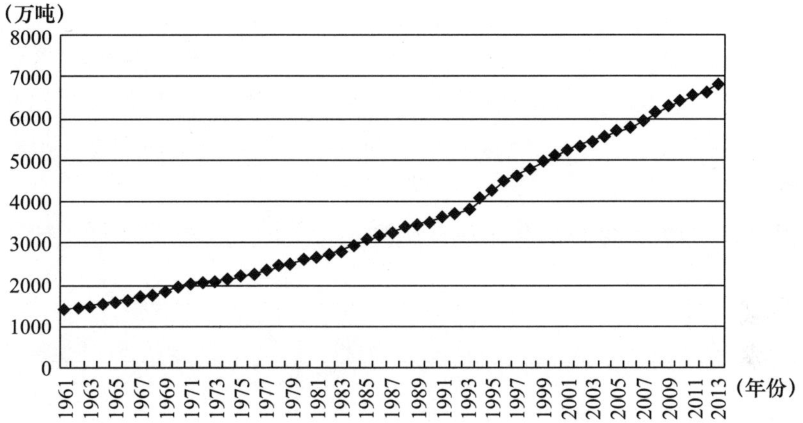

图1　1961～2013年世界鸡蛋产量

资料来源：FAO数据库。

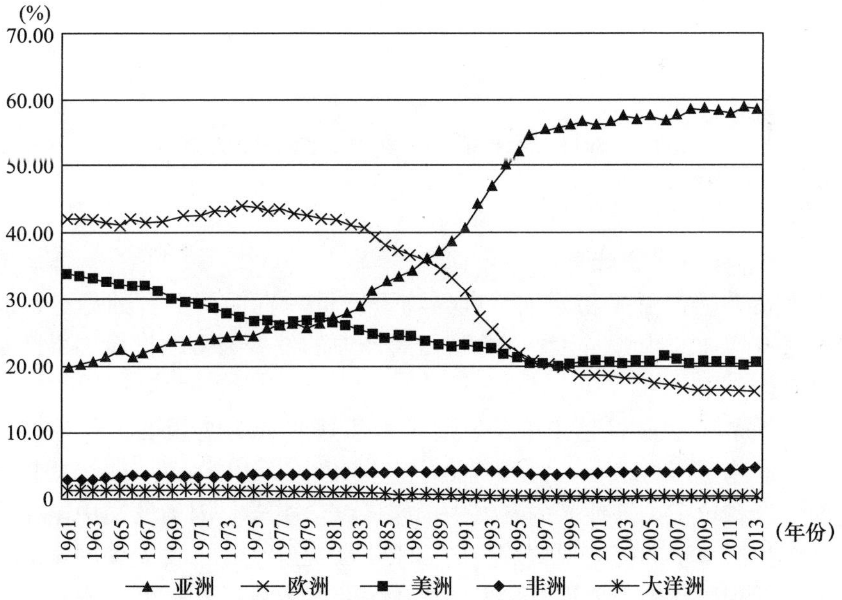

图2　1961～2013年各洲鸡蛋产量占世界鸡蛋产量比重变动情况

资料来源：FAO数据库。

亚洲是世界鸡蛋的主要产区。由图3可知，2013年我国的鸡蛋产量位居世界第一位，印度和日本分别位居世界的第三位和第四位。中国、印度和日本三国的鸡蛋产量占到世界鸡蛋总产量的45.12%。美国、墨西哥、巴西的鸡蛋产量分别位居世界第二位、第五位和第七位，这三个国家鸡蛋产量占世界鸡蛋产量的15.12%。此外，俄罗斯、印度尼西亚、乌克兰、土耳其的鸡蛋产量也在100万吨以上。

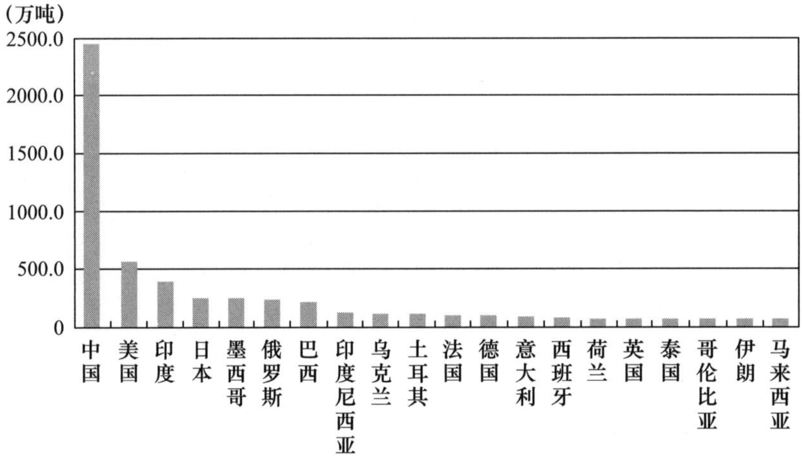

图3　2013年世界排名前20位国家的鸡蛋产量

资料来源：FAO数据库。

（三）世界鸡蛋生产特点

（1）世界鸡蛋产量平稳增加。世界鸡蛋产量一直保持上升的趋势，而且增长的绝对量有增加的趋势，其中，中国蛋鸡产业的发展为带动世界鸡蛋产量上升起到了关键性作用。

（2）蛋鸡养殖区域日趋集中，发展中国家逐步成为鸡蛋的主产地区。从世界主要国家的鸡蛋产量来看，世界鸡蛋主产国正由发达国家向发展中国家转移，尤其是向亚洲和拉丁美洲地区的发展中国家转移。主要是因为发展中国家人口的迅速增加和生活水平的提升导致鸡蛋的需求不断提升，使得发展中国家的鸡蛋供给受到很大的刺激，极大地提升了发展中国家蛋鸡养殖的积极性，发展中国家占世界鸡蛋市场的份额将会进一步增大，鸡蛋的生产新中心转移到了亚洲和拉丁美洲。

（3）蛋鸡养殖呈现出一体化发展趋势。就目前的蛋鸡养殖来看，随着组织化程度的提高，蛋鸡产业内的一体化发展趋势非常显著，尤其是日本的发展模式，实现了与蛋鸡养殖有关的各个环节和各个行业的有机结合，促进了蛋鸡养殖的一体化发展。

二、产业发展经验及启示

通过对世界以及美国、欧盟和日本等主要鸡蛋生产国的产业发展以及相关政策的梳理，以下国际经验可供我国蛋鸡产业发展借鉴。

（一）美国的经验及启示

自19世纪50年代起至今，美国经历了农民家庭农场养殖、大城市郊区农场养殖、集约化大型基地模式三个阶段，目前已经成为世界上第二大鸡蛋生产国，建立了先进的集约化产销体系，市场集中度进一步提高，形成了跨国产业一体化经营。综合来看，美国蛋鸡业走的是一条可持续发展之路。自从美国农民家庭农场养殖模式衰退后而兴起的大城市近郊专业化养殖模式兴起，美国蛋鸡业总是追求经济效益、环境效益和社会效益三个层面的协调发展。因此，综合考察美国蛋鸡业发展历史和模式，对促进我国蛋鸡产业可持续发展具有现实的借鉴意义。

1. 坚持市场导向原则

在20世纪50年代之前长达100多年的传统家庭农场养殖过程中，美国农民仅仅是将蛋鸡的养殖与种植业产品（特别是玉米）综合利用结合在一起，养殖规模小，技术水平低下，产品基本是以满足自身的营养需求为主。这一时期美国的蛋鸡产业市场导向还不是很明显，但是进入20世纪50年代之后，随着近郊专业化养殖模式兴起，美国蛋鸡产业发展的市场导向原则便成为整个产业发展的基本原则，特别是近郊专业化养殖模式本身就是市场导向的产物。在近郊专业化养殖阶段和现在的一体化养殖阶段，美国蛋鸡产业发展的每一步，都紧密地与上游市场（饲料等原料市场）和下游市场（国内市场或国际市场）结合。因此，可以认为以市场导向为基本原则的美国蛋鸡业的发展是以消费驱动为主。

这一点对我国蛋鸡业的发展启示是：我国自改革开放以来，为了满足广大居民的需求，各界历来注重禽蛋供给，而缺乏对消费市场的考察，缺乏以市场需求引导蛋鸡业的发展。目前，我国蛋鸡产业已经进入了生产过剩阶段，已经处于一个重大转折时期。因此，今后我国蛋鸡产业应坚持以市场导向为基本原则，战略上从供给驱动型向消费驱动型模式转变，这是保障我国禽蛋产业可持续发展的根本所在。

2. 注重成本控制，不断提高规模经济效益

规模经济效益是指由于规模的扩大导致长期平均成本的大幅降低以及经济效率和收益的提高。大规模养殖场进行成本控制和注重规模经济效益是美国蛋鸡业

的基本特征之一，美国农场测算成本收益大体上包含了以下内容：一是测算规模经济效益，注重测算农场的规模成本与收益；二是注重降低流通成本，采用技术改造、实施机械化运作，促使流通与规模匹配；三是在产业链条中注重交易费用的降低，即采用合同的方式，稳定上游要素资源的供应和下游市场渠道，或采用与上游或下游兼并的方式，实施垂直一体化发展的策略，使蛋鸡原料供应、养殖、加工等成本内部化。

这一点对我国蛋鸡业发展的启示是：我国目前蛋鸡养殖规模较小，各类蛋鸡养殖场均面临着严峻的市场风险，在我国农村地区蛋鸡养殖业的比较收益仍然高于粮食等种植业的基本现状下，进一步推进成本控制和提高规模经济效益是促进我国蛋鸡养殖业健康发展的必由之路。

3. 实行专业化生产，注重产业布局，强调各区域协调发展

包括蛋鸡生产在内，美国的农业基本上是专业化生产，这也是美国农业新经济区别于传统农业的标志之一。在美国南北战争结束后，美国的农业不断向西扩展，到第二次世界大战前，西部地区农业资源的开发已有很大进展，农业的专业化布局基本上定型了。“二战”期间和战后随着整体经济和国内外市场的变化，美国农业的专业化布局继续发生了一些变化，经过近些年的进一步调整，形成了目前以西北、西南等区域为主的禽业布局状况。此外，随着美国蛋品加工业的发展，蛋品加工企业也逐渐向西部大的饲养厂附近转移，而不是再向市场靠拢，从而形成了饲养与加工的聚集区，进而缩减了加工商的货源半径。另外，美国各州均生产鸡蛋，为了有利于生产者、销售商和消费者能判定鸡蛋质量的好坏，以进一步提高禽蛋的商业效率，美国制定了统一的鸡蛋标准，促使各州之间协调发展。

这一点对我国蛋鸡业发展的启示是：目前，我国各个地区也均生产鸡蛋，但各地区间在技术效率上差异很大。虽然近年来我国蛋鸡生产逐步向一些优势区域发展，但目前尚缺乏对我国禽蛋优势区域布局的规划，更缺乏各地之间协调发展的机制。没有逐步提高的农业专业化程度，就不可能有比较高的农业劳动生产率和产出水平。因此，今后我国应提高蛋鸡专业化生产的水平，科学合理规划蛋鸡生产布局，并出台相关标准等，使各地蛋鸡生产能够协调发展。

4. 科技支撑是蛋鸡产业持续发展的基础

农业科学技术推广应用的程度，决定着农业生产力的发展水平。美国蛋鸡产业之所以高度发达，从根本上说，它们把更多更新的科学技术与本国的自然资源密切地结合起来，从而创造出了更高水平的商品农业经济。建立协调高效的农业科技教育、研究和推广体制，广泛而又大规模地推广应用现代特别是高新农业科学技术，是美国农业新经济发展的基本方针之一，也是美国的骄人成就之一。机

械工程技术、良种化技术、生态农业技术、数据化技术、信息技术等不断应用于蛋鸡的生产、加工和市场上，极大地促进了美国蛋鸡产业的持续发展。

这一点对我国蛋鸡业发展的启示是：必须加大我国蛋鸡生产的技术体系开发，尽快形成一整套的系统工程进行蛋鸡生产的研究、推广和应用，并注重和企业结合，使研究产出能够符合现代生产水平的要求，并尽快整合各类资源，推进我国鸡蛋专家系统的建设，以科技武装和保障我国蛋鸡业。

5. 法律约束和政策控制是美国蛋鸡业健康发展的基本保障

美国针对其蛋鸡业的发展，制定了相关的法律规定，以保障美国蛋鸡业健康有序发展。这些法律规定和政策主要包括：一是美国联邦立法规定了牲畜饲料和应急计划、干旱援助家禽农户援助，以及环保项目。牲畜行动的其他项目包括环境质量奖励计划，该计划给符合资格的农民和农场主提供技术，教育和财政援助，以解决土壤、水及相关的土地的自然资源问题，有利于环保和成本效益。二是美国环保局提供了具体涉及农业动物（包括鱼类和其他水生动物）生产的国家环保要求的信息。三是美国饲养场行动计划制定了针对具体的动物饲养操作规程。四是农业政策从生产逐步扩大到贸易领域，美国依据其卫生和植物检疫法规，以及关税、配额和其他政策调节其蛋鸡的贸易。

这一点对我国蛋鸡业发展的启示是：在产业发展过程中，除了积极呼吁行业制定规范外，政府必须以强有力的法规措施和政策措施解决蛋鸡产业发展过程的公共问题，例如环境、贸易以及养殖户的利益等。

（二）欧盟的经验及启示

1. 集约化的种养结合模式是产业发展的必由之路

欧盟地区的家庭农场式的发展模式非常适合我国小规模蛋鸡养殖场，在部分有条件的地区可以推行这一模式，正好也能配合我国刚提出的发展家庭农场的政策，这种家庭农场式的经营模式是建立在专业化、机械化、标准化、信息化的基础上，同时也要与种植业结合，既能解决蛋鸡养殖过程中的废弃物处置问题，也能利用好资源和保护好环境。

2. 消费者对产品的市场价值倾向将决定一个产业的发展内涵

欧盟地区在2012年已经实施了传统笼具禁养的政策，就目前看，实施的效果还不错，虽然养殖成本提高了，但适合特色养殖的要求，使得生产出的鸡蛋能够具有较好的品质，鸡蛋的价格也比较高，也就弥补了养殖成本增加额。

我国蛋鸡产业发展中，虽然有部分地区采用散养的方式进行蛋鸡养殖，但从总体的鸡蛋供给和需求的现实状况出发，笼养蛋鸡仍然是我国主要采用的方式。虽然如此，却可以从欧盟禁止笼养蛋鸡的福利政策中，找到对我国蛋鸡产业发展的一个重要启示，即消费者对产品的市场价值取向将决定一个产业发展的内涵。

在欧盟以及其他发达国家和地区，鸡蛋产品除了具有营养与食用价值之外，还具有生态价值和社会价值。在高度发达的市场经济中，消费者不断重视包括鸡蛋在内的生态价值和社会价值，而且也愿意为较高的生态价值和社会价值的农产品支付更高的价格。在一个产业发展的过程中，产品的价值是该产品的基本价值，而产品价值是通过市场的交易体现的，一旦消费者认识到产品价值之外的生态价值和社会价值，且逐步建立起更为宽广的价值体系之后，将通过产业链的反向调节作用，倒逼生产，也将对包括鸡蛋在内的农产品生产环境给予更多的关注甚至会有更为苛刻的要求。因此，从欧盟禁止笼养这一动物福利的政策看，我国的蛋鸡产业应高度重视对消费者鸡蛋价值认知的引导，从而实现更高的鸡蛋溢价；同时，也应密切关注消费者的需求行为，通过消费需求实现对鸡蛋产业链的优化，以进一步促进我国蛋鸡产业向可持续发展方向推进。

（三）日本的经验及启示

日本的蛋鸡养殖主要由家庭农场进行，而且日本一般采用一体化经营模式与家庭农场对接。在日本，一般以合同方式实行农户与孵化场、饲料企业、加工企业的对接，同时，企业向农户提供建设鸡舍的图纸，传授饲养的技术。农户按照龙头企业提供的资料和技术，建造鸡舍养鸡，然后龙头企业派专车到农户农场回收鸡蛋。这样，龙头企业把农户的合同生产同自己生产总计划连接起来，并且农户是在龙头企业的严格控制下从事生产的。此外，龙头企业在边远农村地区发展一体化的蛋鸡产业，所以土地价格和劳动力成本低，加上全部生产由农户承包，积极性高，人力资本管理成本较低。

通过对日本蛋鸡产业的发展梳理，对我国蛋鸡产业发展的主要启示在于提高组织化水平是实现蛋鸡产业可持续发展的基本保障。在我国，虽然蛋鸡养殖逐步呈现规模化的趋势，但养殖的主体仍然以分散的农户为主，因此借鉴日本蛋鸡产业的组织模式，重视组织蛋鸡养殖场（户）之间的合作并与鸡蛋供应链密切对接，是完善我国鸡蛋产业链的重要启示。

三、世界蛋品贸易概况

（一）蛋品贸易量持续增长

全球蛋品进出口在2013年以前，基本保持上升的态势。2000年，全球蛋品进出口量分别约为106万吨和113万吨，2013年分别增长到244万吨和251万吨。13年间，无论进口还是出口都保持了非常高速的增长，其中进口年均增速为6.59%，出口年均增速为6.33%。2014年，进口首次呈现下滑趋势，2016年进口量跌至193万吨，略高于2008年的水平。出口直到2015年达到274万吨的历史新高后，才出现大幅下滑，2016年约为251万吨，回到2013年的水平（见

图4）。总的来看，蛋品进出口的走势非常相似。和鸡肉的进出口贸易走势不同，蛋品贸易保持了13年的稳定增长，即使在2008～2009年的金融危机期间，欧盟国家陆续开始放弃传统的笼养蛋鸡系统，转向福利状况更好的富集化鸡笼系统和散养系统，导致本国鸡蛋产量下滑，进出口明显增加。蛋品贸易也受国际禽流感疫情的影响，欧洲是蛋品贸易的主要地区，生物安全状况良好，历史上禽流感很少发生。2015年全球禽流感疫情蔓延到了欧洲，蛋品贸易大幅下滑。

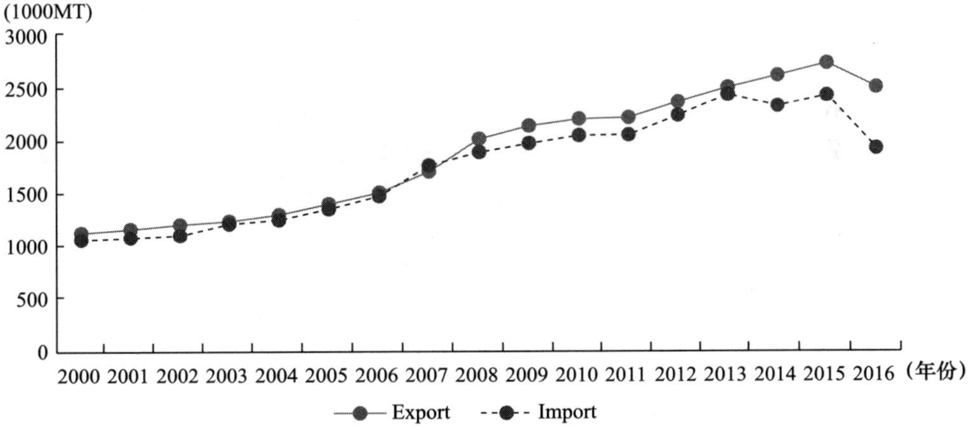

图4　2000～2016年全球蛋品进出口量

资料来源：FAO、UN。

（二）蛋品贸易格局的演变

1. 蛋品出口格局的演变

现阶段全球蛋品出口的格局是在2009年以后基本定型的，位于前九的国家为荷兰、土耳其、波兰、德国、西班牙、比利时、美国、马来西亚和中国。在此之前，除荷兰和德国外，其余国家均未能稳定在前十名不变。2009年以后，除法国外，其余国家基本稳定在前十名，从2012年开始，现有的格局基本稳定。从前三名的格局变化看，除荷兰一直保持最大的蛋品出口国地位以外，第二、第三名一直处在变化之中。2011年以前，比利时、西班牙、德国、马来西亚、美国、中国均曾进入前三行列。2011年以后，以荷兰、土耳其、波兰为代表的新的蛋品出口格局逐步形成（见图5）。自2000年以来，荷兰的蛋品出口量一直处在世界前列，2014年前基本是上涨的，最高时曾年出口达73.5万吨。2014年荷兰暴发禽流感，蛋品出口大幅下滑，2016年约为57万吨。波兰从2002年的蛋品出口就开始增长，只不过前期的基数太低，仅有0.9万吨的体量，在国际贸易的比重极小。但14年来，以年均26.9%的超高增速快速追赶，2009年以15.6万吨的规模一跃成为世界第二大蛋品出口国。波兰的蛋品出口仅在2014年出现轻微下滑，随后继续增长，2016年已达25.3万吨。土耳其蛋品出口增长从2007年开始，虽然比波兰晚，但年均增速高达37.5%。2006年时仅为1.2万吨，2011年以18.9万吨的规模超过波兰位居第二，2014年时甚至高达29万吨，这是除荷兰以外国家历史上的最好水平。次年，因为禽流感疫情出口受挫，2016年又攀升至接近29万吨的峰值。

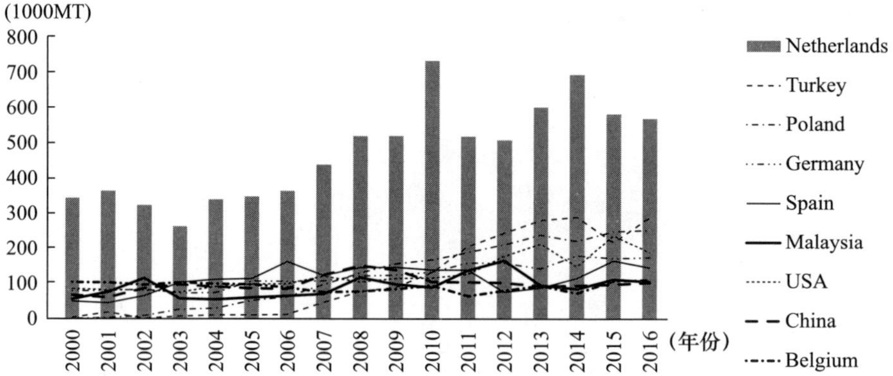

图5　主要出口国家蛋品出口量

资料来源：FAO、UN。

蛋品出口国前三位的集中度在38%～46%的区间，2010年以前呈下降趋势，2010年以后震荡徘徊在42.5%的水平。由于荷兰蛋品出口的绝对体量较大，超过世界出口总量的20%，在前三出口国家中的占比超过50%，因此三国出口总量与荷兰出口量走势相似，三国集中度和荷兰出口占比的走势也非常相似（见图6）。然而，2010年前后，荷兰在三国出口总量中的平均占比分别为61.8%和54.6%，下降约7个百分点；而CR3的占比在2010年前后均为42.5%，变化不大，这表明荷兰主导前三国家出口集中度的能力减弱，而土耳其、波兰对稳定三国占比的作用增强。

2. 蛋品进口格局的演变

欧洲国家是世界上最大的蛋品进口地区，德国、荷兰、法国、英国、意大利等欧洲国家是主要的蛋品进口国。德国是世界上最大的蛋品进口国，在过去的16年里，德国一直位居第一，且进口规模远远高于其他国家。2000年，德国蛋品进口量约为25万吨，2010年达到55万吨的新高，2016年回落到51万吨，16年来进口量整整翻了一番。蛋品进口格局的变换主要受后续几位排名的影响，

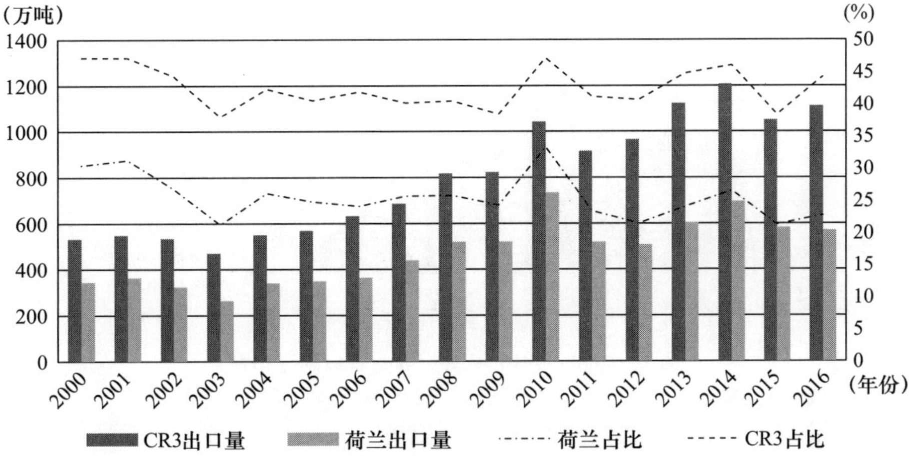

图6 CR3国家蛋品出口量及占比

资料来源：FAO、UN。

2009～2010年前后的格局有着较大的不同。2010年以前，从进口总量看，法国位居第二位，荷兰位居第三，中国香港位居第四，英国位居第五，其年均进口量分别为12.4万吨、11.6万吨、8.4万吨和6.7万吨。2010年以后，荷兰因为推行蛋鸡福利养殖以及本国的禽流感疫情，蛋品进口量居高不下，超过法国稳定在第二位的水平。2000年，荷兰蛋品进口量约为6万吨，2014年达到33万吨的峰值，2016年回落到28万吨的水平。中国香港的进口一直是平稳增长，2010年以后的进口增速明显加快，位居第三。尤其是2013年亚洲暴发较大范围的禽流感疫情，中国香港作为蛋品贸易的周转口岸，2014年的进口量达到15万吨的峰值。2007年，法国蛋品进口量达到21万吨的峰值后，近十年来不断下滑，2010年时大幅下滑到9万吨，仅次于中国香港，位居第四。2014年时，法国的主要进口国暴发禽流感，导致法国的进口量下滑到了16年来的最低谷，仅为7万吨左右，已经跌出前五名，见图7。

蛋品进口国前三位的集中度在30%～50%，波动较大。2003～2009年，以德国、法国、荷兰三国为主的进口量快速增长，2002年三国的进口量约为50万吨，2010年达到84万吨，增幅超过60%，年均增速约为6.7%。同期的世界蛋品进口量的年均增速略高于8%，因此，三国的集中度呈下降趋势。数据显示，2002年CR3占比约为43.91%，2010年波动下滑到40.81%。2010～2013年，德国进口量大幅下滑，法国跌出前三，虽然中国香港有少量增长，但德国、荷兰、中国香港新格局的进口总量呈下降趋势。此时的世界蛋品进口总量却一路上升，并在2013年达到峰值，导致CR3占比在2013年下降到了32.54%的最低水平。

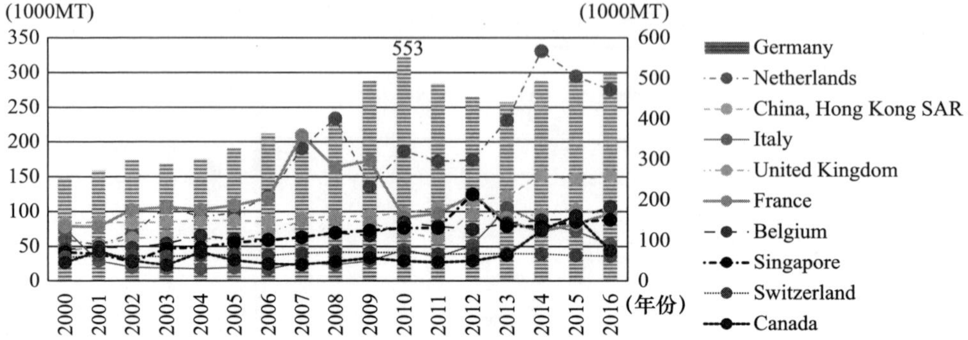

图 7　2000～2016 年主要蛋品进口国进口量

资料来源：FAO、UN。

2014 年以后，CR3 国家的蛋品进口量仍能稳定在 94 万吨左右，但世界蛋品进口总量因禽流感的影响下滑，2016 年 CR3 占比上升至 48.62% 的最高水平，见图 8。

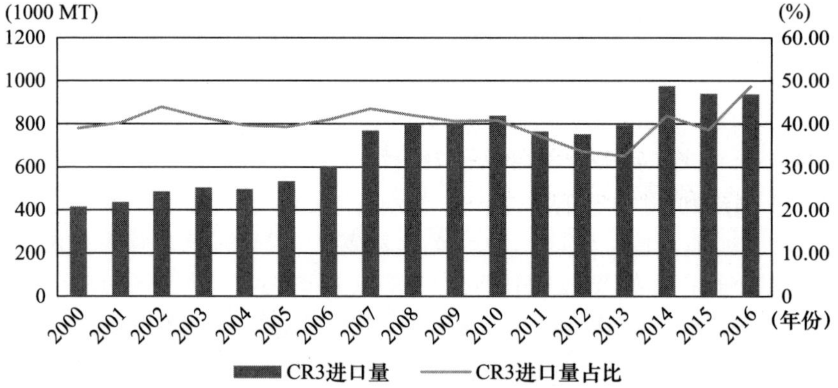

图 8　CR3 国家蛋品进口量总和与占比

（三）蛋品贸易的产品结构

蛋品的种类非常丰富，主要包括壳蛋、蛋粉和蛋液三大类产品。壳蛋的范围较广，可细分为鸡蛋和其他禽蛋，受精蛋、加工蛋和鲜蛋等；蛋粉由新鲜鸡蛋经一系列工艺加工干燥而成，分为全蛋粉、蛋黄粉、蛋白粉，广泛用于糕点、肉制品和冰激凌等食品加工行业。蛋液是通过巴氏消毒和特殊的包装的液体蛋产品，包括全蛋液、蛋黄液和蛋白液，用途和蛋粉类似。无论是蛋粉还是蛋液，通过工厂化的标准化生产不仅可以保留鸡蛋的营养，而且解决了手工打蛋导致的细菌超标、致病菌残留、蛋壳残留等实际问题，由于通过杀菌处理和无菌包装，货架期比新鲜壳蛋要长很多。壳蛋、蛋粉和蛋液产品占比变化不大，壳蛋占比最为稳定，约为84%；蛋液、蛋粉占比分别约为13%和3%（见图9）。联合国粮农组织数据显示，2011年以前，鸡蛋在壳蛋中的占比约为97%，鸭蛋等仅为3%。2011年以后，鸡蛋占比有所下降，但仍超过90%。鲜鸡蛋在鸡蛋中的占比约为54%，受精鸡蛋和加工蛋预计为46%。

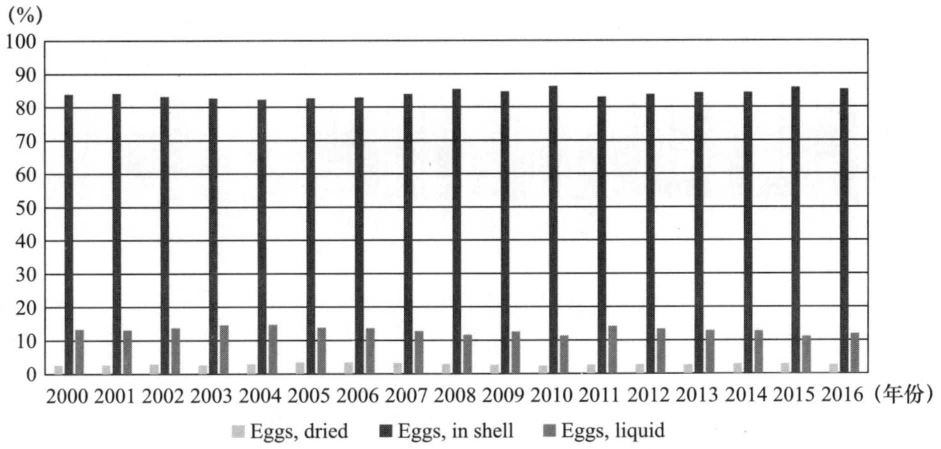

图9　不同类别蛋品在全球蛋品进口中的比重

资料来源：FAO、UN。

（四）鸡蛋出场价格

中国香港的鸡蛋生产价格在主要蛋品进口国家或地区中是首屈一指的，2000年其出场价已达到4411美元/吨的高水平，2008年甚至超过了5000美元/吨。同期，中国大陆鸡蛋生产价格不到950美元/吨。可见，在香港发展蛋鸡养殖的绝对成本非常高，以至于香港目前仅保留了部分活鸡和生猪的肉类应急产能，而蛋品需求全部依赖中国内地供应和国际贸易途径解决。土耳其、德国、荷兰、波兰和法国五个欧洲国家相比，土耳其和德国的鸡蛋出场价格最高，法国、波兰和荷兰依次降低。总体来看，土耳其的出口价格要高于德国。从趋势上看，土耳其和德国的价格走势相近，分别由2000年的1138美元/吨、1033美元/吨上涨到2011年的2543美元/吨、2708美元/吨；2011年以后价格开始下降。而荷兰和法国的价格走势相近，2003年以后，两国鸡蛋出场价格差距扩大，荷兰的成本优势显现，法国的成本相对走高。波兰在2007年以前，相对荷兰和法国的鸡蛋出场价比较高，但2007年以后虽然仍高于荷兰，但已经明显低于法国（见图10）。

中国、美国、墨西哥、巴西是鸡蛋生产大国，2000～2014年，鸡蛋出场价格几乎均在增长；2014年禽流感疫情暴发，除美国外，其余几个生产国的价格均有所下滑。

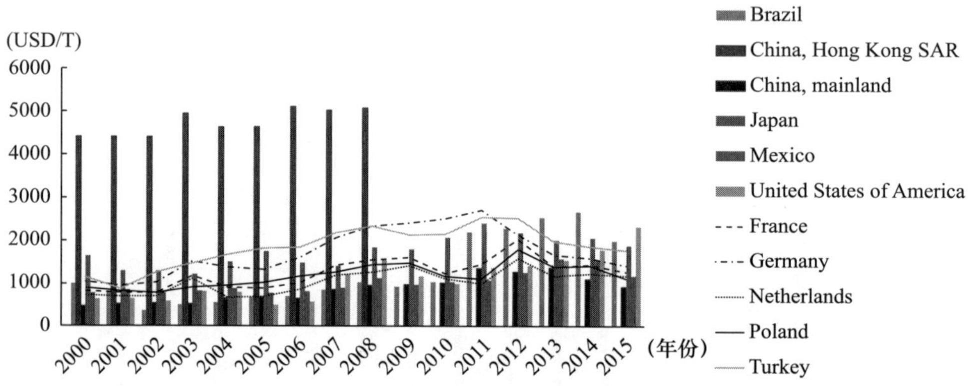

图10　部分国家养殖场鸡蛋价格

资料来源：FAO数据库。

四、典型国家蛋品出口情况

荷兰和波兰两个欧盟成员国是如今世界第一和第三大蛋品出口国，共同执行欧盟的相关法令。欧盟议会法案规定，从2012年起，欧盟成员国需全面限制传统笼养蛋鸡的生产，而传统生产方式生产的蛋品无法在欧盟成员国内销售。欧盟将鸡蛋纳入危机储备基金类目，在动物疫病、贸易冲击、消费者信任危机和生产者重大损失等触发条件下，可通过预算资金给予市场支持。欧盟对鸡蛋进出口实行许可证管理，并通过进口关税配额和特殊保障措施，防范进口对国内产业的冲击。土耳其的饲料原料依赖进口，但是土耳其的《生物安全法》限制了转基因饲料原料的进口，推升了养殖业成本。

（一）荷兰蛋品出口情况

1. 出口产品结构

荷兰蛋品出口类别占比年度变化相对平稳，尤其是蛋粉的占比最低，仅为2%左右（见图11（a））。壳蛋是荷兰蛋品出口的主要产品，16年来，壳蛋的产品占比在80%附近波动，蛋液则在20%的水平波动。壳蛋中，其他禽蛋最高时不足0.8万吨，鸡蛋占据主导地位。2014～2016年，鲜鸡蛋在壳蛋中的占比由91%下降到86%，受精鸡蛋、腌制蛋、其他禽蛋占比上升到24%，其中，受精蛋的比重由10%上升到了12%，见图11（b）。

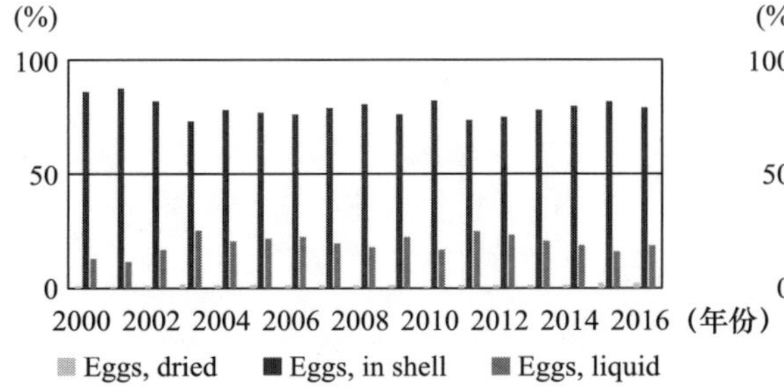

(a)

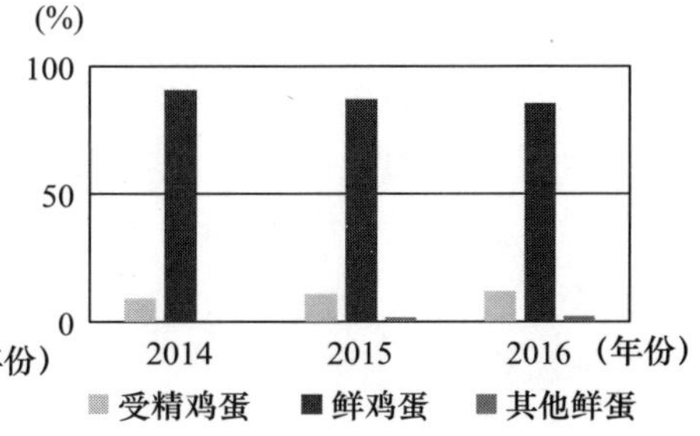

(b)

图 11　荷兰蛋品

资料来源：FAO、UN。

2. 主要出口国

荷兰蛋品出口到100多个国家和地区，但主要市场在德国、比利时、英国、法国和瑞士等欧洲国家，荷兰对五国的出口超过总出口的80%，最高时达92%。德国是荷兰的第一大蛋品出口国，年均约60%的蛋品由荷兰出口到德国。2000～2010年，荷兰对德国的出口持续增长，由20万吨增长到55万吨（见图12），年均增速约为10.65%；同期，对德国的出口占比由55%增长到74%。2010年荷兰对德国的蛋品出口快速增长，缘于德国从2010年起超市将停售笼养鸡蛋，而德国的供给不足，进口激增。受2010年底“二噁英污染事件”以及2011年荷兰发生禽流感的影响，2011年荷兰对德国的出口下滑。2012年，欧洲全面禁止笼养蛋鸡，荷兰加大对比利时的出口，出口量由往常的4万吨规模暴涨至20万吨，

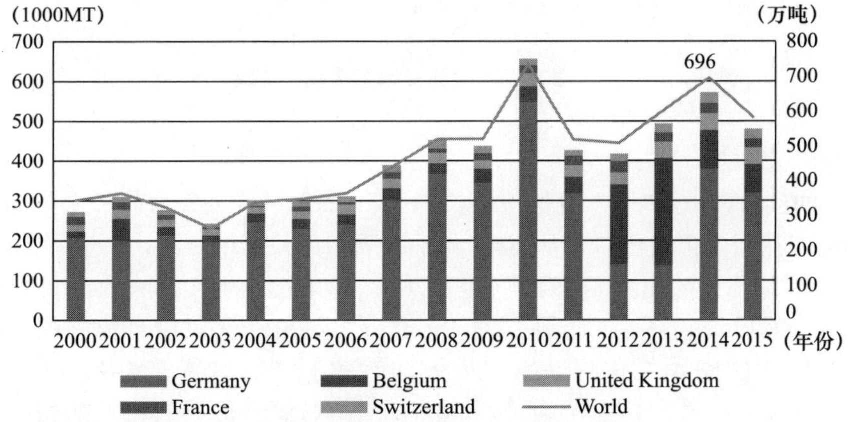

图 12　荷兰分国别蛋品出口量

2013 年高达约 27 万吨。这些年，荷兰对比利时的出口占比分别达到 39% 和 45%，而德国仅为 28% 和 23%，首次退居为第二大出口市场。2014 年以后，荷兰对比利时和德国的出口恢复正常。近年来，荷兰对英国、法国和瑞士的出口增长量较少，2015 年的出口量分别为 4 万吨、2 万吨和 3 万吨，占比分别为 7%、4% 和 4%。

（二）波兰出口情况

1. 产品结构

2001 年以来，波兰出口的蛋品超过 90% 是壳蛋，10% 左右是蛋液，蛋粉的占比极少（见图 13）。2003 年壳蛋占比最高时达到 98.24%。2012 年以前，波兰出口的壳蛋为鸡蛋，2012 年以后，有数千吨的其他禽蛋出口。荷兰和意大利是德国壳蛋的主要消费国，同时德国、捷克和荷兰、丹麦是波兰加工蛋品的主要市场。

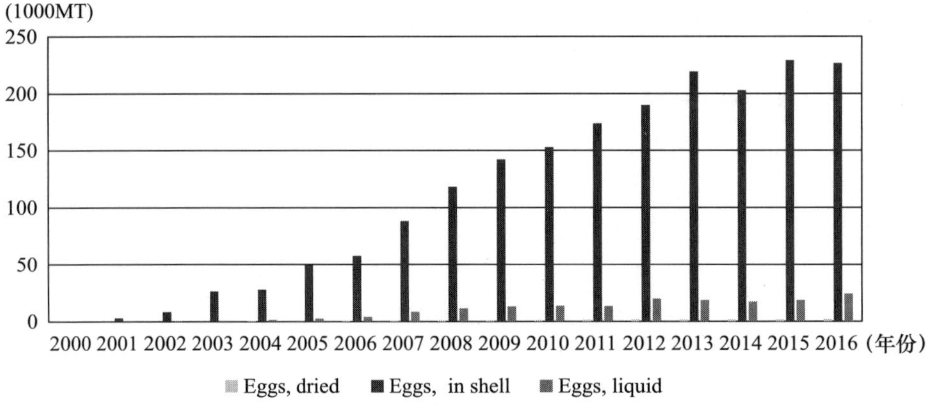

图 13　波兰蛋品出口类别

2. 主要出口国

波兰的出口量 16 年来一直保持增长态势，2010 年甚至成为第二大蛋品出口国。2004 年波兰的蛋品出口是从 2004 年加入欧盟后快速增长的，一直到 2012 年德国均成为其最大的出口目的地（见图 14）。2004 年时对德国的出口量约为 0.64 万吨，2012 年已达 7.1 万吨，增长了 9 倍多。2012 年以后对德国的出口下滑，2014 年大跌至 4 万吨后反弹，2016 年恢复到 7 万吨。在 2013 年和 2014 年两年下跌期间，荷兰成为了波兰第一大蛋品出口国。波兰对荷兰的蛋品出口提速起始于 2008 年，往年最多时出口不足万吨，2008 年跃升至 2 万吨，直到 2013 年达到 6 万多吨才开始下滑。2012 年以前，捷克是波兰的第三大蛋品出口国，2011 年高峰时接近 3 万吨，随后开始波动，2016 年约为 2.3 万吨。2012 年，波兰对意大利的出口仅为 1.2 万吨，2013 年暴增至 5 万吨，随后下行，2016 年约为 2.5 万吨，略高于捷克，近 4 年来取代捷克成为波兰的第三大出口国。波兰的出口与荷兰和土耳其不同，没有占据绝对优势的市场。2010 年对德国出口最多时，其占比仅为 38.82%，2016 年已下降到 28.27%。2010 年，波兰对前三出口国的出口量占总出口量的比重最高，约为 69.77%，2016 年下滑至 57.06%。

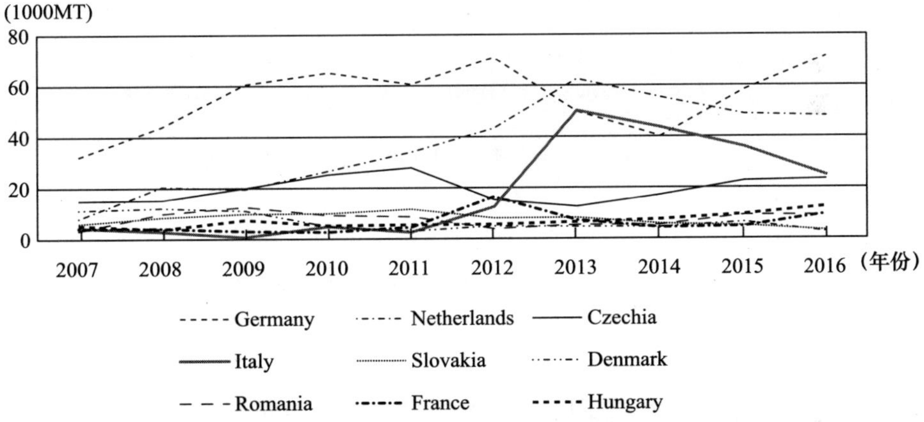

图 14 波兰分国别蛋品出口量

（三）土耳其蛋品出口情况

1. 出口产品结构

土耳其出口的蛋品基本上以壳蛋为主，其占比超过 98%；壳蛋中，95% 的比重为鲜鸡蛋。而蛋粉、其他禽蛋、蛋液之和不足 1 万吨，可以忽略。

2. 主要出口国

土耳其的蛋品出口在 2007 年以前是非常少的，2006 年以前仅出口 1 万吨左右。2007 年以后，由于伊拉克的大量进口，土耳其的出口量不断攀升，2013 年约为 26 万吨，2016 年约为 25 万吨（见图 15）。土耳其的出口对伊拉克的依赖极大，近十年来的平均占比约为 84%，最高时达 94%。近年来，土耳其的第二大出口国是叙利亚，但出口量并不大，最高时不到 3 万吨。

五、世界蛋品贸易发展潜力

（一）消费市场增长潜力

人均鸡蛋占有量反映全球的供应能力。2000 年，全球人均鸡蛋占有量仅有

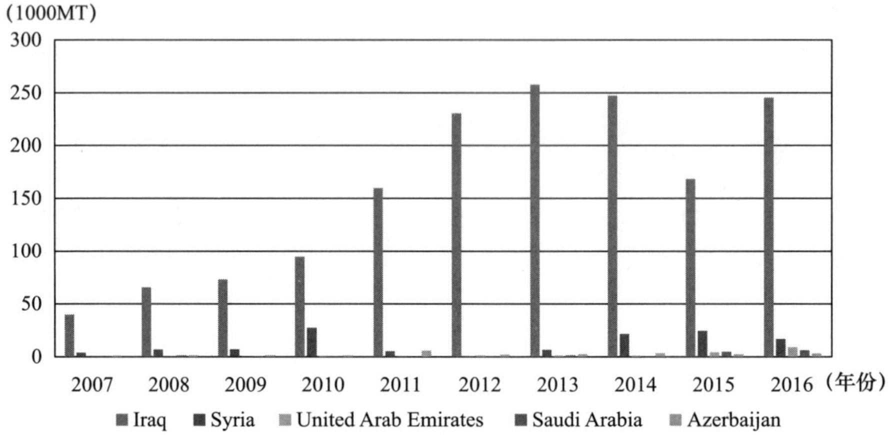

图 15　土耳其分国别蛋品出口量

11.39 千克，2014 年为 12.98 千克，年均增长 0.92%。据此推算，2015～2017 年的人均占有量将分别达到 13.11 千克、13.24 千克和 13.37 千克，全球鸡蛋产量 2017 年也将达到 1 亿吨的历史新高。2014 年，亚洲人均鸡蛋产量约为 9.35 千克，欧洲和美洲分别达到 14.8 千克和 14.9 千克，非洲仅为 2.6 千克，大洋洲为 7.83 千克。2000～2014 年，全球约 58% 的鸡蛋产自亚洲，亚洲的年均增速约为 2.4%；非洲产量占比约为 4%，但增速最快，约为 3%；欧洲产量占比下降到 15.7%，增速最低，约为 1%；美洲产量占比约为 21%，增速和亚洲接近。全球鸡蛋产量增长的动力来自于亚洲和美洲。同期，亚洲、美洲年均人口增速约为 1.1%，非洲为 2.6%，欧洲则为 0.1%。因此，长期来看，非洲的人均鸡蛋产量仍会在低位徘徊。近年来，非洲人均鸡蛋产量仅为 2.6 千克，世界平均水平已达 12.98 千克，因此非洲的产量增长空间较大。受现有环境条件、经济发展水平和饲料供给约束，非洲短期的供应很难有明显提升，见图 16。

（二）贸易市场发展潜力

蛋品出口的潜力来自于欧洲和美洲，进口的潜力来自于亚洲和非洲。欧洲国家的鸡蛋人均产量最高，供给充足的背景使得欧洲蛋鸡产业的结构升级进程加快。当前，欧盟已经禁止传统笼养的生产方式，并尝试减少抗生素的使用，技术壁垒逐步提高。因此，出口欧盟的难度将进一步增强。从产量上看，欧盟的人均鸡蛋产量仍然在增长，欧盟的出口动力持续增强，这导致欧盟的“蛋品贸易圈”更加封闭。德国、法国、比利时、意大利和英国等几个主要蛋品进口国前五的贸易国均是欧盟成员国。

鲜蛋的贸易有区域限制，但也有例外。一直以来，韩国的鲜蛋进口国是中国，

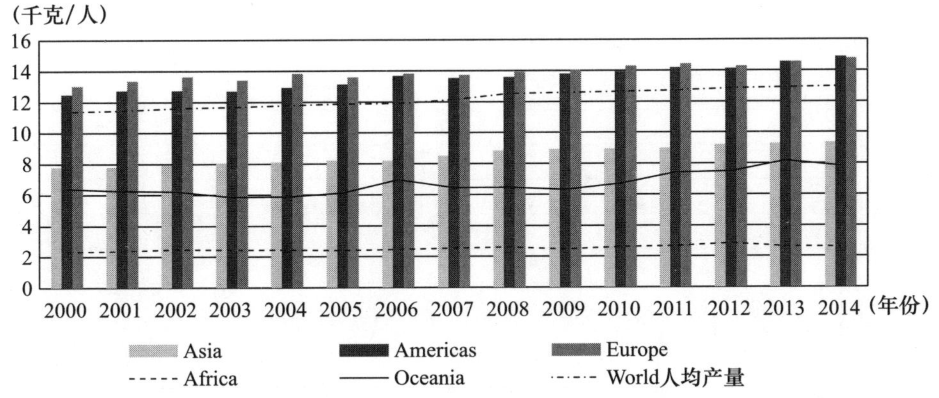

图 16　全球人均鸡蛋产量均值

但 2017 年初韩国暴发了禽流感疫情，导致大量存栏蛋鸡被扑杀，国内供应短缺。中国也有禽流感疫情，韩国选择从美国进口鲜蛋。同时，韩国一方面取消了鸡蛋进口关税，以便有效降低进口鸡蛋的价格；另一方面，首次批准了蛋加工品的进口。全球不断发生的疫情使得韩国的进口国不断调整，鸡蛋供应的波动性增强。目前，全球面临禽流感的威胁日益严峻，未来蛋品贸易或许更加动荡，加工蛋制品的贸易比重将会提升。

（三）未来 5 年蛋品生产与贸易预测

蛋品进口方面，2000～2015 年，世界蛋品进口增速持续下滑。2016 年，全球暴发的禽流感疫情导致世界进口量下降了 21%，而往年的进口量均保持增长但增速放缓的态势（见图 17）。2010 年以后，德国的鸡蛋产量结束了近 10 年的下滑，开始恢复性增长，进口随之下滑。但在 2014 年德国遭遇了禽流感疫情，迫使进口回升，但疫情过后，德国仍会回到产量增长和进口下滑的趋势上来。尽管荷兰是第一大蛋品出口国，但预计 2017 年蛋品进口会增加。主要是因为 2017 年荷兰曝出了食品安全丑闻，大量的荷兰鸡蛋被曝出含杀虫剂芬普尼（Fipronil）成分，在欧洲各国引起了震动，荷兰产鸡蛋面临下架风险，进口将会增加。未来几年，欧洲的蛋品进口增长动力来自于几个尚没有执行欧盟笼养禁令的国家，比如法国。亚洲的经济形势表现良好，且人均鸡蛋产量较低，因此长期来看鸡蛋产量和进口都将增长。中国香港是重要的贸易口岸，因此中国香港的蛋品进口有望快速增长。美洲的人均蛋鸡产量并不低，但国家间差距明显。墨西哥的人均鸡蛋产量为 25 千克，而加拿大不足 2 千克，牙买加则更低。加拿大的人均蛋品消费接近 20 千克，进口需求将长期存在。预计正常贸易环境下，未来 5 年世界蛋品进口增长应为年均 2% 左右。

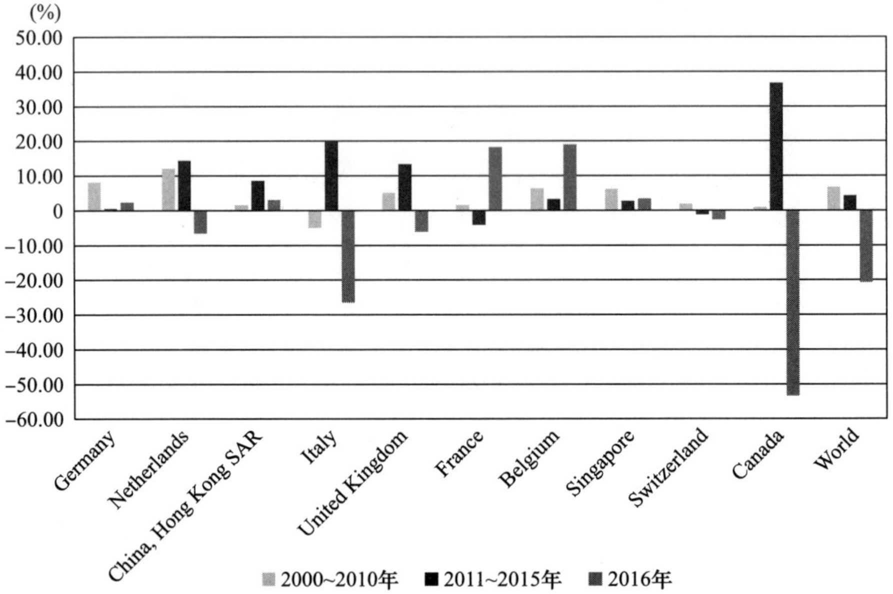

图 17　2000～2016 年世界蛋品进口年均增长率

蛋品出口方面，受进口增加的影响，蛋品出口仍会进一步增长。荷兰的主要市场仍在欧洲，但重心会向亚洲倾斜，尤其是对中国香港的出口较少，有提升空间。波兰和土耳其的市场单一化，前者主要依赖欧盟，后者主要依靠伊拉克。波兰的出口潜力受到欧盟高人均产量的限制，增长会进一步下滑。伊拉克和叙利亚经济和社会充满动荡，国内蛋鸡稳产的能力面临挑战，给土耳其的蛋品出口提供了市场，但也因为社会动荡给边境开放带来不确定因素，这会造成出口的大起大落，对土耳其蛋品出口企业的影响较大。近年来，欧洲屡次发生严重的食品安全事件，损害了欧盟蛋品品牌形象，为美国、中国、马来西亚等国家的蛋品出口提供了良好的契机。美国的蛋品主要出口到墨西哥、加拿大两个邻国，中国香港是其第三大出口市场。2016 年，美国部分洲发生了禽流感疫情，影响了美国鸡蛋对加拿大的出口。由于美国在加拿大和墨西哥的蛋品进口中拥有绝对的市场份额，且在中国香港的出口量持续增长，因此预计禽流感疫情后美国的蛋品出口会恢复性增长。美国的主要蛋品出口市场虽然在美洲，由于加拿大和牙买加的人口限制，仍需要向亚洲转移，中国香港和阿拉伯联合酋长国的出口比例会进一步提高。亚洲的鸡蛋贸易需求增长，有助于中国、马来西亚等鸡蛋生产大国的出口。当前，中国的出口市场主要在香港，未来在“一带一路”沿线国家的出口会逐步增长，特别是对中亚和新加坡的出口市场潜力巨大。预计在正常生产和贸易环境下，欧盟、土耳其的出口不会有明显增长，美国和亚洲国家的出口增长是全球蛋品出口增长的主要贡献力量。预计未来 5 年全球蛋品出口年均增长约为 4% 左右，见图 18。

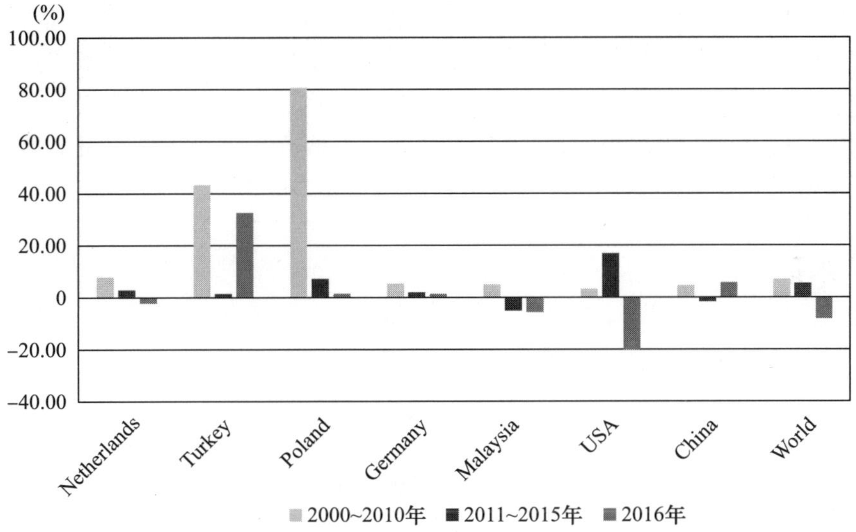

图 18 世界蛋品出口量年均增长率

由于全球蛋品贸易的出口和进口国高度集中在欧洲，重大区域政策对世界蛋品贸易的影响趋同性极强。欧洲的蛋品贸易圈在技术壁垒的保护下将更加封闭，但美洲和亚洲的蛋品贸易比重未来将会提升。从长远来看，亚洲的经济增长在全球表现抢眼，巨大的人口和较低的人均鸡蛋产量表明其需求空间巨大，亚洲将成为推动全球蛋品贸易增长的新引擎，这对中国而言是个重大机遇。中国必须加大食品安全管控力度，控制好细菌超标和药残问题，在蛋品贸易的国际舞台上创造更大的价值。

六、中国蛋品贸易概况

（一）发展历程

随着社会经济的发展和养殖技术的进步，中国已经成为了世界第一大鸡蛋生产国，在生产数量和生产质量上与过去相比都有了显著的提高。在国际贸易方面，我国鸡蛋产品与国外的联系也越来越多。

1. 进口

我国鸡蛋产品主要依靠本国生产，对于进口的依赖很小。从图 19 中可以看出，1961 年以后，我国鸡蛋进口可以分为三个阶段：第一阶段（1985 年之前），我国几乎不从国外进口鸡蛋产品，这与我国当时的政治和经济条件有很大的关系。第二阶段（1986 ~ 1995 年），我国国民经济水平和人民生活水平与改革开放之前相比有了很大的提高，我国从国外进口的鸡蛋有很大的增长，在 1992 年达到最高的 4459 吨，进口金额达到 296 万美元。但这一阶段的鸡蛋进口量呈现出“快涨快落”的现象，1992 年达到顶峰后，进口量迅速下降。第三阶段（1996 年至今），在 1996 年以后，我国鸡蛋进口又进入了一个低水平时期，在 2005 年进口量达到最低点，年鸡蛋进口量只有 25 吨。虽然近几年鸡蛋进口量有所上升，但每年鸡蛋进口总量还不到 400 吨，进口额也不到 200 万美元。

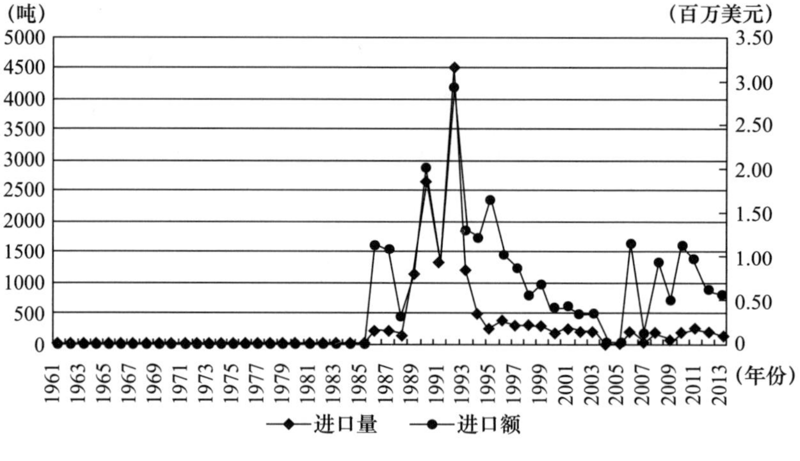

图 19　1961 ~ 2013 年我国鸡蛋进口量及进口额变化趋势

资料来源：FAO 数据库。

2. 出口

自 1961 年以来，我国鸡蛋出口可以分为三个阶段：第一阶段（1978 年以前），改革开放以前，我国鸡蛋出口呈缓慢上升趋势，这一阶段鸡蛋出口量经历了 3 个上升期和 2 个下降期，出口量在 4 万吨左右波动。但这一阶段出口额一直保持上升趋势，在 1975 年出口额达到这一阶段的最大值 3861. 4 万美元。第二阶段（1979 ~ 1995 年），这一时期我国鸡蛋出口量进入两个非常平稳的时期，出口量分别保持在 5. 5 万吨和 3 万吨的水平上，但这一时期鸡蛋出口额开始下降。第三阶段（1996 年至今），在经历了近 6 年的平稳以后，从 1995 年开始我国鸡蛋出口呈现出迅速上升的态势。出口量从 1995 年的 2. 7 万吨到 2008 年的 14. 5 万吨，上升了 4. 4 倍。同时，鸡蛋产品的出口额也以较快的速度发展，从 1995 年的 4236 万美元上涨到最高 2010 年的 13063 万美元，涨幅为 208. 4%，见图 20。

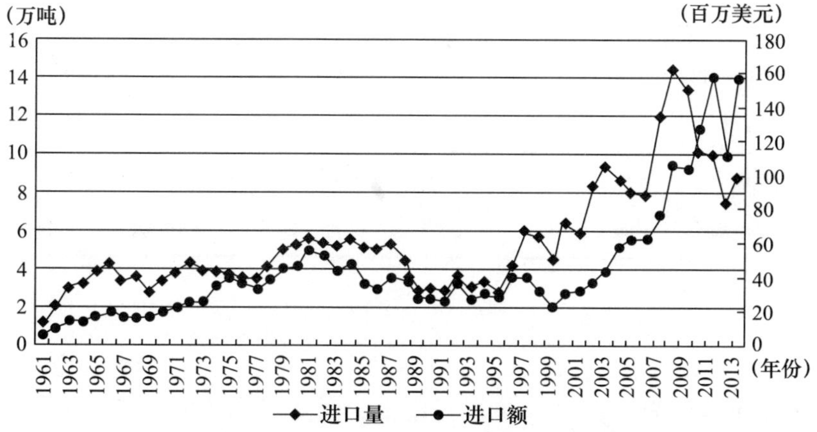

图 20　1961～2013 年我国鸡蛋出口量及出口额变化趋势

资料来源：FAO 数据库。

（二）贸易现状

1. 鸡蛋贸易的国内外地位

由我国鸡蛋贸易发展的历程来看，我国鸡蛋在国际贸易中主要还是以出口为主，但总体上与我国鸡蛋的生产量和消费量比较来说，用于贸易的鸡蛋比例非常小。从 2013 年鸡蛋贸易数据来看，当年我国用于出口的鸡蛋不到总产量的 0.5%。虽然我国鸡蛋出口量占国内产量的比例小，但因为我国鸡蛋产量的基数较大，在世界鸡蛋出口中仍占有非常重要的作用，2013 年我国鸡蛋出口量占世界鸡蛋贸易量比重接近 4%。

2. 鸡蛋贸易结构

与发达国家相比，我国鸡蛋产品的结构较为单一，产品增值不足。按照 FAO 的统计指标体系，在贸易中将鸡蛋产品分为带壳鸡蛋（Hen Eggs，in Shell）、干蛋黄（Eggs，Dried）和蛋液（Eggs，Liquid）三种主要蛋品类别，2005 年以来三种产品的贸易量和贸易额分别如表 1 和表 2 所示。

表 1　2005～2013 年我国鸡蛋产品出口量变化　　单位：万吨

种类	2005 年	2006 年	2007 年	2008 年	2009 年	2010 年	2011 年	2012 年	2013 年
带壳鸡蛋	7.99	7.82	11.88	14.44	13.39	10.02	9.97	7.42	8.79
干蛋黄	0.15	0.15	0.26	0.34	0.20	0.15	0.11	0.17	0.13
蛋液	0.50	0.51	0.31	0.32	0.32	0.34	0.36	0.39	0.40

资料来源：FAO 数据库。

表 2　2005～2013 年我国鸡蛋产品出口额　　　单位：千万美元

种类	2005 年	2006 年	2007 年	2008 年	2009 年	2010 年	2011 年	2012 年	2013 年
带壳鸡蛋	6.24	6.25	7.69	10.55	10.41	12.71	15.79	11.20	15.61
干蛋黄	0.43	0.45	0.90	1.80	0.94	0.74	0.68	1.11	0.96
蛋液	0.84	0.87	0.55	0.68	0.72	0.76	0.88	1.04	1.07

资料来源：FAO 数据库。

如表 1、表 2 所示，我国鸡蛋类产品的出口主要还是以带壳鸡蛋为主，即以鲜蛋、皮蛋和咸蛋为主。2013 年带壳鸡蛋、干蛋黄和蛋液出口量分别占鸡蛋类产品出口量的 94.4%、1.4% 和 4.3%，出口额分别占 88.8%、5.4% 和 6.0%，说明带壳鸡蛋产品虽然出口量大，但平均价格却远低于干蛋黄和蛋清产品，在 2013 年带壳鸡蛋的价格只有干蛋黄的 23.7% 和蛋清的 66.9%。从出口趋势来看，2005～2013 年，带壳鸡蛋和干蛋黄出口量都呈"倒 V"形的发展趋势，2008 年是这两种产品出口最多的一年。

（三）贸易特征

1. 鸡蛋出口以鲜蛋为主

从对我国鸡蛋贸易的历史发展和现状分析中我们可以发现，我国鸡蛋产品以带壳蛋为主，目前 95% 的鸡蛋产品都是带壳蛋，其中又以鲜鸡蛋为主。但随着我国蛋品加工业的发展，我国深加工蛋制品的出口量也在增加。但我国蛋液和干蛋黄在国际市场的竞争力整体上还不如带壳蛋产品，在世界贸易中所占的比重还较小。

2. 鸡蛋出口地集中

我国鸡蛋产品的出口地和出口目的地都比较集中。从目的地看，中国香港、中国澳门、美国和日本是我国鸡蛋产品最主要的出口国家和地区，近几年我国对这 4 个国家和地区鸡蛋出口规模占全国总出口的比重超过 90%。从出口地看，在地域上主要集中在东部沿海省份。从出口规模看，主要集中在离中国香港、中国澳门和日本比较近的深圳、大连、青岛和拱北海关。

3. 鸡蛋产品的国际竞争力较弱

虽然我国鸡蛋产业发展速度较快，但在产品质量和出口量占生产量比重上与美国、荷兰等世界单品生产强国相比还有较大的差距。在蛋禽养殖方面还没有形成规范的养殖标准和质量检测与监督体系，同时，由于我国农业生产主体长期以来都是以家庭为单位的小规模生产为主，生产技术和加工技术都还有待提高。特别是蛋制品加工技术还比较落后，蛋制品主要是皮蛋、咸蛋、槽蛋、冰蛋、全蛋粉、蛋白粉、蛋黄粉等传统品种，与国外蛋制品加工强国相比，还有较大差距。例如，目前国外巴氏杀菌液体蛋制品在澳大利亚、欧洲、日本和美国已经占鸡蛋产量的30%～40%，我国这一比例却不足1%。

（四）存在问题

一是蛋鸡养殖、加工生产者不能充分满足国内一些消费者对高端蛋品的需求。近年来，随着人们收入提高、禽流感暴发，以及伪劣鸡蛋等食品安全问题曝光，一些消费者寻求消费质量相对安全的进口鸡蛋，导致鲜鸡蛋进口增加。

二是蛋鸡自主育种能力还没有完全形成。目前，我国一些蛋种鸡企业还需要进口部分孵化用受精鸡蛋。进口来源国垄断的技术优势，使我国在进口价格确定等方面受到限制。

三是我国新兴蛋品出口市场不稳定。由于我国蛋品出口品种以鲜鸡蛋为主，受到养殖成本提高、市场价格波动、运输距离等因素影响，加之近年来禽流感频发，我国对非洲、欧洲、大洋洲和南美洲的蛋品出口常年处于波动状态。

（五）政策建议

1. 改善出口服务，加强规模化蛋品企业标准化生产

从目标市场的结构看，亚洲市场在我国蛋品出口贸易中始终占据着重要地位。一方面由于地缘优势，另一方面是近些年来我国劳动力、饲料等要素成本逐渐升高，提高出口市场竞争力压力增大，国外进口鸡蛋在价格上显示出一定优势。为此，要保持出口市场结构多元化，必须要通过减免出口环节费用，如检验检疫费用，以抑制蛋品出口成本持续升高。此外，对于规模化的蛋品企业要加强标准化生产及管理要求，以切实提升我国出口蛋品的整体质量安全水平，并建立相应的风险应对措施，增强在遇到突发事件时国际市场对我国蛋品质量的信心。

2. 进一步提升蛋品深加工能力，挖掘产业附加值

近年来，我国精深加工蛋制品出口增长较快，但在蛋品出口中所占份额较小。我们要继续通过政府引导和市场整合促进加工蛋品出口，提升蛋品附加值。一要加大对国内蛋品出口加工企业的扶持力度，提高其国际市场竞争力；二要进一步加大财政支持力度和信贷支持力度，鼓励其增加资金投入以提升新技术的开发与研制能力；三要通过政策引导和政策优惠，加强整合蛋品加工行业的企业资源，支持规模型加工企业的发展，打造国际知名品牌。

3. 大力推进蛋品研发创新

我国是世界最大的蛋品生产国，但蛋品出口规模始终较低，所占世界蛋品的出口份额也较小，其中，很重要的原因是我国蛋品出口科技含量低。应不断加大科研资金投入，提高对包括禽蛋营养与加工工艺等基础科学以及蛋品加工业中关

键技术研究的科技攻关能力；不断加强蛋品生产过程中的质量管理和控制，建立健全与国际先进标准相接轨的禽蛋标准；通过禽蛋业产、学、研、销相结合，加大对科技推广体制的改革和创新力度，支持企业采取高新技术，增加蛋品出口的科技含量。

参考文献

［1］ Copeland C. Clean Water Act：A Summary of the Law ［J］. Congressional Research Service Reports，2008.

［2］ Fengying Nie. Fluctuation and Cycle of Pork Price in China ［C］. Contributed Paper Prepare for Presentation at the International Association of Agricultural Economists Conference，Beijing，China，August 12 – 22，2009.

［3］ 北京东方艾格农业咨询有限公司．中国肉牛屠宰加工行业分析［J］．中国食品工业，2009（2）．

［4］ 毕鉴琨，陈兵，李栋等．2014 年国际奶业形势分析与展望［J］．中国奶牛，2015（6）．

［5］ 曹暕，谭向勇．主要发达国家奶业政策分析及对中国的启示［J］．世界农业，2010（8）．

［6］ 曹暕，王玉斌，赵曼．发达国家奶业相关政策分析及对我国的启示［J］．西北农林科技大学学报（社会科学版），2007（6）．

［7］ 陈兵．2016 年国际奶业形势分析与展望［C］．第八届中国奶业大会论文集，2017 – 06.

［8］ 陈兵，毕鉴琨，刘琳等．2013 年我国奶业贸易分析［J］．中国奶牛，2014（4）．

［9］ 陈兵，孔雷．2013 年 6 ~ 9 月份国际奶业市场分析［J］．中国奶牛，2013（22）．

［10］ 陈兵，杨秀文．2012 年国际奶业形势分析与展望［C］．第四届中国奶业大会论文集，2013.

［11］ 陈中彬，陶红军．美国猪肉产业政策评述［J］．中国猪业，2014（11）．

［12］ 董晓霞等．规模化养殖与环境保护［M］．北京：中国农业科学技术出版社，2014.

［13］ 高观．中国生猪屠宰行业现状及趋势发展［J］．中国畜牧杂志，2014（20）．

［14］郭东生．对我国羊绒业及其产品市场变化的分析研究［J］．山东纺织经济，2003（2）．

［15］郭利亚，王玉庭，张养东等．中国奶业发展现状及主要问题对策分析［J］．中国畜牧杂志，2015（20）．

［16］国家肉牛牦牛产业经济研究室．肉牛产业发展竞争力研究［J］．畜牧经济，2015（1）．

［17］韩杜．日本奶业发展政策及启示［J］．黑龙江畜牧兽医，2013（4）．

［18］韩杜．生猪规模化经营及市场调控的国际经验启示——以日本为例［J］．中国畜牧杂志，2012，48（6）．

［19］黑龙江省政协赴丹麦、瑞典考察团，何伟志．赴丹麦、瑞典畜牧业考察报告［J］．农业经济与管理，2011（6）．

［20］黄伟忠．丹麦生猪产业发展与质量安全监管［J］．中国畜牧业，2014（16）．

［21］科学技术部农村与社会发展司中国农村技术开发中心．中国奶业科技发展战略［M］．北京：中国农业出版社，2006.

［22］李国江，郑武峰．日本北海道地区酪农的奶牛业生产［J］．中国奶业，1995（4）．

［23］李竞前，于福清，王树等．2015 年年度中国奶业贸易分析报告［J］．中国奶牛，2016（5）．

［24］李琴．部分发达国家奶业政策的启示［N］．东方城乡报，2009－12－01.

［25］李胜利．世界奶业发展报告（精）［M］．北京：中国农业大学出版社，2014.

［26］李胜利，王林昌，武新宇等．从美国奶业发展看中国奶业［J］．中国畜牧杂志，2013（4）．

［27］李顺．中国畜牧业发展历程分析及趋势预测［J］．畜牧经济，2010（12）．

［28］廖菁．丹麦生猪养殖环境治理的经验及启示［C］．中国畜牧兽医学会养猪学分会五届三次理事会暨生猪产业科技创新发展论坛，2012.

［29］刘成果．中国奶业史［M］．北京：中国农业出版社，2013.

［30］聂凤英，张学彪．中英猪肉贸易协议对国内猪肉市场的影响分析［J］．农产品市场周刊，2012（24）．

［31］潘耀辉．中国畜牧业生产和肉类消费大趋势［J］．中国畜牧杂志，2010（12）．

［32］曲峻岭，董晓霞．新西兰奶业发展概况及环境保护政策［J］．中国食物与营养，2014（8）．

［33］司智陟，曲春红．中国农产品展望报告（2016～2025）［R］．牛羊肉分报告，2015.

［34］谭莹，李大胜．生猪的规模化养殖与环境保护：困境及选择——基于美国生猪产业养殖经验［J］．中国农学通报，2010（13）．

［35］谭莹，邱俊杰．WTO 原则下发达国家畜牧业补贴经验与中国生猪补贴政策研究［J］．经济问题探索，2012（2）．

［36］陶红军，吴秋萍．美国猪肉生产及其相关政策评述［J］．中国畜牧杂志，2015（6）．

［37］陶箭．日本奶业发展经验［J］．世界农业，2011（7）．

［38］王济民等．中国畜牧业发展阶段特征与制约因素及其对策［J］．农业展望，2006（2）．

［39］王莉，沈贵银等．中国草食畜牧业发展研究［M］．北京：中国农业出版社，2015.

［40］王敏，何忠伟，刘芳等．新西兰奶业发展现状及经验借鉴［J］．世界农业，2016（9）．

［41］王明利．中国生猪产业波动规律及调控对策研究［M］．北京：中国农业出版社，2013.

［42］王义俊．欧盟关于牛奶及奶制品的政策［J］．政策与管理，2003（6）．

［43］王秀东．日本乳业补贴对中国的借鉴研究［J］．经济研究导刊，2011（3）．

［44］肖海峰等．中国绒毛用羊产业经济研究（第三辑）［M］．北京：中国农业出版社，2014.

［45］肖海峰等．中国绒毛用羊产业经济研究（第四辑）［M］．北京：中国农业出版社，2015.

［46］徐雪高，陈洁，李靖．中国畜牧业发展的历程与特征［J］．中国畜牧杂志，2011（20）．

［47］于洪霞，胡尔查，何宝祥等．日本乳业的发展现状及对中国乳业的启示［J］．中国畜牧杂志，2012（12）．

［48］袁祥州．美国 2014 年农业法案对奶业安全网的调整及其影响（上）［J］．世界农业，2015（5）．

［49］张存根．中国畜牧业经济发展 60 年变迁［J］．中国牧业通讯，2009

(19).

[50] 张新焕等．中国畜牧业发展的时空演变及趋势分析 [J]．干旱区地理，2003 (3).

[51] 张学彪，聂凤英．2009 年我国猪肉市场回顾与后市展望 [J]．农业展望，2010 (3).

[52] 张学彪，朱增勇，聂凤英．近期中国猪肉价格快速上涨原因分析及后期走势判断 [J]．农业展望，2015 (8).

[53] 张莹，肖海峰．我国羊毛羊绒加工业发展现状及趋势分析 [J]．农业经济与管理，2014 (2).

[54] 张莹．中国羊绒产业链主要环节及纵向协作研究 [D]．中国农业大学博士学位论文，2015.

[55] 张滢．以合作社为核心的丹麦猪肉产业组织体系：组织架构、制度特性与经验借鉴 [J]．中国农村经济，2016 (1).

[56] 中国奶业年鉴 (2016 卷) [M]．北京：中国农业出版社，2016.

[57] 中国生猪屠宰流通市场的情况解析 [J]．北方牧业，2016 (9).

[58] 中国羊绒产品销售情况不容乐观 [J]．毛纺科技，2011 (11).